D0416231

Astrologie
2003

Photographie : Geneviève Dorion-Coupal
Maquillage : Shantal Bard
Coiffure : John Adams

Données de catalogage avant publication (Canada)

D'Amour, Andrée
  Astrologie 2003

  1. Horoscopes.   I. Titre.

BF1728.A2D37   133.5'4042   C88-030391-3

DISTRIBUTEURS EXCLUSIFS :

• Pour le Canada
  et les États-Unis :
  MESSAGERIES ADP★
  955, rue Amherst
  Montréal, Québec
  H2L 3K4
  Tél. : (514) 523-1182
  Télécopieur : (514) 939-0406
  ★ Filiale de Sogides ltée

• Pour la France et les autres pays :
  VIVENDI UNIVERSAL PUBLISHING SERVICES
  Immeuble Paryseine, 3, Allée de la Seine
  94854 Ivry Cedex
  Tél. : 01 49 59 11 89/91
  Télécopieur : 01 49 59 11 96
  Commandes : Tél. : 02 38 32 71 00
               Télécopieur : 02 38 32 71 28

• Pour la Suisse :
  VIVENDI UNIVERSAL PUBLISHING SERVICES SUISSE
  Case postale 69 - 1701 Fribourg - Suisse
  Tél. : (41-26) 460-80-60
  Télécopieur : (41-26) 460-80-68
  Internet : www.havas.ch
  Email : office@havas.ch
  DISTRIBUTION : OLF SA
  Z.I. 3, Corminbœuf
  Case postale 1061
  CH-1701 FRIBOURG
  Commandes : Tél. : (41-26) 467-53-33
               Télécopieur : (41-26) 467-54-66

• Pour la Belgique et
  le Luxembourg :
  VIVENDI UNIVERSAL PUBLISHING SERVICES BENELUX
  Boulevard de l'Europe 117
  B-1301 Wavre
  Tél. : (010) 42-03-20
  Télécopieur : (010) 41-20-24

Pour joindre l'auteur :
C.P. 5051
Sainte-Adèle (Québec) J8B 1A1
andreedamour@yahoo.com
Site Internet : http://ca.geocities.com/andreedamour

Pour en savoir davantage sur nos publications,
visitez notre site : **www.edhomme.com**
Autres sites à visiter : www.edjour.com • www.edtypo.com
www.edvlb.com • www.edhexagone.com • www.edutilis.com

© 2002, Les Éditions de l'Homme,
une division du groupe Sogides

Tous droits réservés

Dépôt légal : 3ᵉ trimestre 2002
Bibliothèque nationale du Québec

ISBN 2-7619-1735-9

Gouvernement du Québec – Programme de crédit d'impôt
pour l'édition de livres – Gestion SODEC.

L'Éditeur bénéficie du soutien de la Société de développe-
ment des entreprises culturelles du Québec pour son programme d'édition.

Nous reconnaissons l'aide financière du gouvernement du
Canada par l'entremise du Programme d'aide au développe-
ment de l'industrie de l'édition (PADIÉ) pour nos activités
d'édition.

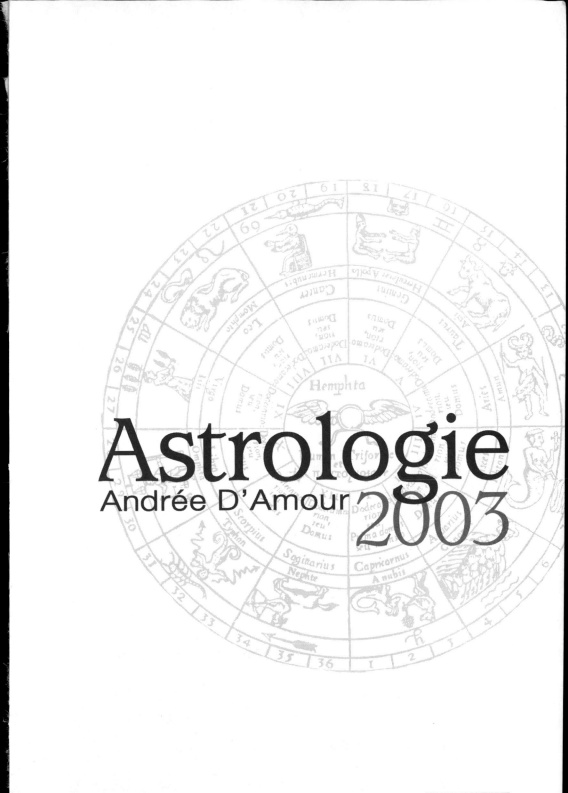

Astrologie

Andrée D'Amour

2003

LES ÉDITIONS DE L'HOMME

À vous, amis et fidèles lecteurs, qui me témoignez votre confiance depuis tant d'années, et à vous, mes nouveaux lecteurs et amis, deux fois merci.

Comme il se doit, l'usage veut que le masculin l'emporte encore sur le féminin dans la langue écrite. Cela ne veut pas dire, chères lectrices, que je ne m'adresse pas à vous, vous l'aurez compris.

Mot de l'auteur

Chers lecteurs et lectrices,

Au moment où j'écris les premiers mots de ce livre, soit le 17e jour de novembre 2001, le ciel déverse sur nos têtes des aspects bénéfiques qui accordent jugement et honnêteté à ceux qui sont ouverts aux sollicitations des planètes. Mercure, qui favorise l'intellect et le système nerveux, se trouve en bon aspect avec Jupiter, lequel confère jugement et intégrité, le tout en harmonie avec mon signe natal, le Poissons. J'ai donc l'accord du ciel pour commencer ce travail énorme d'écriture, sans doute long et minutieux, mais que j'adore et dont je ne saurais plus me passer.

Pour la 22e année consécutive, il me semble toujours aussi important de vous livrer le message des astres, analysant et interprétant pour vous le ciel de l'an 2003. Ce n'est pas une mince tâche, mais avec l'aide d'en haut, je trouverai en moi les ressources nécessaires pour mener à terme ce gigantesque travail. Parce qu'au fil des ans, j'ai su gagner votre confiance et vous faire entrevoir la vie sous un angle plus global et plus positif, je ne puis me désister : je dois écrire cet ouvrage.

Nous voici quelques mois après la tragédie qui a ébranlé New York, nos voisins américains et le monde entier. Sans doute avons-nous été touchés davantage, nous Québécois, par le drame effroyable qui a touché cette ville que nous connaissons bien, si proche de nous en distance et par l'affection que nous lui portons. En tant que Nord-Américains, nous avons brutalement pris conscience que nous n'étions pas invincibles. L'argent n'achète ni la sécurité ni le bonheur. Souhaitons que cette leçon nous soit profitable et qu'elle nous oriente vers une meilleure compréhension de l'interaction entre les êtres de la planète Terre.

Les sceptiques doutent bien souvent de l'influence des planètes sur nos vies et n'y voient que des hasards. Pourtant l'histoire témoigne éloquemment de faits et d'événements qui ont «coïncidé» avec des transits planétaires. Par exemple, la Première Guerre mondiale (1914-1918) fut déclarée pendant une conjonction, rencontre de deux planètes violentes, soit Saturne et Pluton qui transitaient alors par le signe du Taureau. Quant à la Deuxième Guerre mondiale (1939-1945), elle fut déclarée sous la quadrature de ces deux mêmes planètes violentes, Saturne se trouvant alors en Taureau, et Pluton en Lion.

Comment ne pas voir que l'opposition de ces deux planètes violentes, Saturne en Gémeaux et Pluton en Sagittaire qui allait se faire en août et novembre 2001 puis se resserrer à la fin de mai 2002, présiderait à un grave conflit? Laisser passer cet aspect majeur sans le signaler eut été de l'incompétence de ma part; cela ne m'est pas arrivé, Dieu merci!

Par chance, l'opposition est moins dure que la conjonction et que le carré. En cette année 2002, nous avons la chance de pouvoir discuter et négocier pour l'obtention d'une paix relative, mais qui a des qualités. Et en 2003, il n'y aura plus d'opposition Saturne-Pluton: quel soulagement!

Espérons et prions le ciel de nous accorder sa miséricorde. Nous en aurons bien sûr encore besoin… À présent, je vous invite à plonger dans *Astrologie 2003*. Rien ne vaut l'optimisme par ces temps de noirceur. Je crois vous en offrir en abondance entre ces pages. Puissiez-vous y puiser des réserves pour le jour, la semaine, le mois, l'année tout entière, elle n'en sera que meilleure!

Cher lecteurs et lectrices, je vous souhaite une bonne année 2003! Et une lecture agréable et vivifiante!

Regard sur l'an 2003

La plus belle chose dont nous pouvons faire l'expérience est le mystérieux.
ALBERT EINSTEIN

NETTEMENT PLUS SYMPATHIQUE

L'an dernier fut conforme aux données célestes, mais 2003 est nettement plus sympathique. Après une étude exhaustive des principales configurations planétaires de 2003, il apparaît qu'après un début d'année plutôt difficile nous pourrons espérer une paix relative en juin et surtout en juillet 2003.

LA VIE CHANGE DE COULEUR

Passant du violet au mauve clair, la vie change de couleur. La deuxième année du nouveau millénaire laisse entrevoir un avenir fait de rêves et d'espoirs, comme si elle avait besoin de répit après un accouchement douloureux. Rien n'étant parfait, août et septembre apportent quelques remous et soubresauts, mais l'année se termine sur une note heureuse. C'est la conclusion apaisante à laquelle j'en suis arrivée.

Fait à remarquer, nous ne commençons pas 2003 en période d'éclipses comme ce fut le cas depuis 1999. Selon mes calculs et après déductions, c'est un bon présage.

NOUS NE SERIONS PAS NÉS

Le fait de suivre le mouvement (transit) des planètes favorise l'appréciation de la vie qui nous est prêtée en ce moment précis de l'évolution humaine, animale, végétale et minérale. Et puisque nous vivons en ce début du XXIᵉ siècle, c'est que nous avons en nous-même la force et le courage de mener à bien notre mission. Autrement nous ne serions pas nés!

RITUEL

L'expérience millénaire prouve hors de tout doute que les déplacements sidéraux, éclipses, lunaisons et autres manifestations célestes sont en corrélation étroite avec nos entreprises humaines. Si vous êtes de ceux qui n'y croient pas, observez attentivement la position des astres et leur influence sur les événements; vous tirerez des enseignements de ces voyages stellaires qui se déroulent à la manière d'un rituel.

TRANSITS PLANÉTAIRES

Prévisibles, calculables, et par conséquent utiles en tant que calendrier planificateur, les transits planétaires sont la matière première de ce travail d'astrologue que je fais dans le but de vous aider à trouver le chemin le plus court menant à la réalisation de soi, à l'équilibre et au bonheur.

À l'aide des principaux transits planétaires de l'année 2003, je vais tenter de décoder les effets produits sur la collectivité et sur chacun d'entre nous. Prévoir l'avenir et se préparer à y faire face sans trop d'appréhension, voilà la mission que je me donne en écrivant ce livre.

DES SAUTS ET DES BUTTES

L'année 2003 est faite de sauts et de buttes. Elle s'ouvre sur un mois de janvier qui apporte un vent d'espoir que rien ne saurait retenir. Et si février a mauvaise mine, mars paraît raisonnable. Deux éclipses en mai et une dissonance majeure au début de juin nous ramènent à la réalité. La période du 15 avril au 15 juin n'est pas fameuse non plus, il faudra se serrer les coudes.

LES MONTAGNES RUSSES

Changement de tempo ensuite: les 16 derniers jours de juin et tous ceux de juillet sont excellents. Il en va de même jusqu'à la mi-août. À partir de là et jusqu'au 15 septembre, il y a encore quelques remous qu'il nous faudra affronter. Enfin, octobre est bon et novembre, malgré ses éclipses totales, se défend bien. Décembre termine l'année sur une note positive. Comme je l'évoquais plus haut, nous parcourrons des montagnes russes tout au long de l'année !

AMÉLIORATION

Si 2002 laisse un souvenir aigre-doux, 2003 aura meilleure réputation. Malgré quelques coups durs, nous pourrons nous en tirer à bon compte. Ce sera du moins l'opinion de la plupart d'entre nous à la fin de l'année, on dira qu'il y a eu amélioration. Or, qui dit amélioration dit détente. Nous terminons l'année avec un large sourire. Précisons cependant que certaines nations l'auront encore une fois échappé belle !

ESPACE TEMPS

L'espace temps dans lequel nous nous déplaçons présentement semble se laisser apprivoiser le plus lentement possible. Je parlais en 2001 et 2002 de ralentissement au niveau du progrès, d'attentes nécessaires pour les mieux nantis de la planète. Mais tout arrêt du progrès a un goût amer, celui du retour en arrière. Qui d'entre nous accepterait de retourner à la période de la grande noirceur? Personne assurément !

MAL DE VIVRE

Voilà qui explique en partie le mal de vivre que ressentent plus fortement que les autres les jeunes qui sont au début de leur vie et de leur carrière, du fait même de leur empressement à se faire une place au soleil et à réussir. Il est toujours difficile de différer un projet, et cela à tout âge. Et bien pire, de le voir compromis, faute de moyens et d'occasions de le mettre sur pied.

APPRENDRE, COMPRENDRE, AIMER

Il faut apprendre pour comprendre, et comprendre pour aimer. Les trois sont indissociables et ne vont pas l'un sans l'autre. Essayons donc d'apprendre, de comprendre et d'aimer ensemble. Ça nous fera passer une meilleure année !

LA VALSE DES PLANÈTES

Les planètes lentes du système solaire effectuent une valse qu'il vaut la peine d'observer et de commenter. La préférée, la chérie des corps célestes, Jupiter est la plus rapide d'entre toutes. Nous débuterons donc avec elle pour ensuite analyser les transits de Saturne et d'Uranus qui nous réservent toutes deux des surprises. Terminons notre tour de valse par Neptune et Pluton, plus stables lorsqu'elles sont vues à l'intérieur du kaléidoscope devant lequel nous sommes placés, face à ces lointaines planètes.

JUPITER EN LION ET EN VIERGE

Le grand bénéfique Jupiter débute l'année en Lion (ce n'est pas un jeu de mots) pour valser gentiment en Vierge le 27 août 2003, où il se tiendra pendant une année. On peut donc dire que les sept premiers mois de l'année appartiennent au Lion, et les cinq derniers à la Vierge. Nouvelle réjouissante qui devrait faire naître un large sourire sur leurs visages!

Ce que Jupiter apporte à ses heureux hôtes déborde du contexte habituel. Les limites reculent, le champ d'action s'agrandit, l'influence personnelle s'amplifie, la santé est bonne ou s'améliore de façon remarquable. On voit souvent des cas de guérisons sur les plans physique, moral ou spirituel survenir sous la poussée favorable de Jupiter.

RÉCOMPENSE

Pour que Jupiter relâche complètement ces effets bénéfiques, le Lion devra mettre un couvercle sur son trop-plein d'orgueil et d'ambition personnelle, et la Vierge aura intérêt à accorder à son travail et à ses projets une concentration totale, un dévouement de tous les instants.

Cela dit et fait, les deux signes y trouveront leur compte. La récompense qui les attend est de taille, ils n'ont rien connu d'aussi valorisant depuis belle lurette. Cette assurance leur permettra d'agir avec plus d'aplomb et les rendra plus heureux qu'ils ne l'ont été depuis 12 ans, temps que Jupiter prend pour faire son tour de piste.

À CONTRETEMPS

Jupiter qu'on appelle avec raison le «grand bénéfique» n'est pas toujours constant et, lorsqu'il valse à contretemps, ses effets sont négatifs. Il apporte des nuages à quelques reprises cette année, qui donneront lieu à des problèmes de société, d'argent, de politique et de religion. Le mois de février, le début de juin et la fin d'août surtout sont délicats. On note une recrudescence de risques concernant le climat, l'aviation, l'électricité, la télévision, le cinéma et les ondes en général.

PROJETS ULTRAMODERNES
Les projets ultramodernes, l'exploration spatiale et la défense nationale, par exemple, peuvent se trouver en difficulté et mal fonctionner, occasionnant ainsi des pertes considérables par accident, négligence ou malfaisance planifiée par des ennemis de la liberté que nous connaissons en Amérique et en pays développés.

RIEN D'IRRÉPARABLE
Le terrorisme idéologique peut influer défavorablement sur les affaires pendant un temps, mais rien d'irréparable n'est à redouter cette année, les bons courants dépassant les mauvais et réduisant à l'état «d'incidents déplorables» les événements qui auraient pu être qualifiés de catastrophes.

HONNÊTETÉ IRRÉPROCHABLE
Pendant ces périodes, les sciences dites «occultes» seront décriées. On s'en prend à tout ce que l'on ne peut expliquer scientifiquement. Les chercheurs et les étudiants ne doivent pas se décourager, la persistance de ceux dont l'honnêteté est irréprochable sera récompensée. Quant aux autres, tant pis, ils l'auront cherché…

SCANDALE
Des scandales éclatent dans divers domaines, mais la corruption est la plus grande source d'étonnement et de désapprobation. Épargnant les uns et fustigeant les autres, la justice a du mal à s'imposer, elle-même étant éclaboussée. La religion n'est pas épargnée non plus et des systèmes politiques s'effondrent. On pourra dire que même si 2003 est difficile par moments, il n'est en tout cas ni banal ni ennuyeux!

À TEMPO
Par chance, il y a de longs moments où la chorégraphie de Jupiter est harmonieuse, des périodes où cette planète nous apporte de grands bienfaits. La valse à tempo va de la mi-juin à la mi-août, le 1er juillet marquant une date particulièrement heureuse dans le

domaine politique, social, économique et surtout éducatif et hospitalier.

PARAPSYCHOLOGIE

Au cours de ces périodes, la parapsychologie est considérée avec un certain détachement et davantage d'objectivité. Sa réputation étant meilleure, certains de ses braves défenseurs décident de se lancer dans des études sérieuses faites sans parti pris. Dans un but louable, ils cherchent et trouvent des réponses déconcertantes mais essentielles à la compréhension des lois universelles. Une décision importante en ce sens est prise autour du 1er juillet, au moment où se produisent d'autres événements heureux dont nous serons tous informés le temps venu.

PORTEFEUILLE

La fin d'octobre et de novembre est sous le coup de bons aspects jupitériens, ce qui nous avantage personnellement et collectivement. Les bien matériels, le commerce, les biens immobiliers, les terres et les terrains surtout, les placements fonciers et boursiers sont avantagés. Notre portefeuille prend un peu de volume, les dettes s'allègent juste assez pour nous faire plaisir et pour nous rassurer. L'année se termine bien. Jupiter est calme, nous sommes tranquilles.

SATURNE ET SON PAS DE DEUX

Pour sa part, la lourde Saturne se promène lentement entre le Gémeaux qu'elle ralentissait et le Cancer qui doit commencer à restreindre ses dépenses d'énergie, de temps et d'argent. Ce pas de deux s'inscrit au programme le 3 juin. Rien de dramatique, mais disons que la facilité s'absente pour un assez long moment de la vie du Cancer et des ascendants Cancer. Cela n'arrive qu'une fois tous les 28 ans environ, son déplacement à travers les douze signes ayant besoin de ce laps de temps pour parcourir les 360 degrés du zodiaque et en faire le tour.

PAR CHANCE

Les Gémeaux se sentent mieux dès le mois de mai et les Cancer commencent à ressentir le poids des ans et de leurs actes passés. Si vous êtes de ce signe, n'allez pas croire que l'enfer vous est assigné comme lieu de résidence à perpétuité, que non! Par chance, Saturne a décidé d'être gentille en 2003, ce qu'elle n'était ni en 2001 ni en 2002. Vous serez à même d'en apprécier les effets contraires et en serez sans doute estomaqués.

DE BONNE HUMEUR

De bonne humeur, notre noire Saturne en 2003 ? Oui, absolument. Son action bénéfique se fait sentir de la mi-mai à la mi-août, mais surtout de la mi-octobre à la fin de décembre. Les signes les plus valorisés par sa présence sont les Poissons et Scorpion, ainsi que les Vierge et Taureau. Quant au Cancer, l'influence est mixte.

STABILITÉ ET TRAVAIL BIEN FAIT

Vous voyez, cher Cancer, il n'y a pas lieu de paniquer. Tabler sur la stabilité et sur le travail bien fait et être rigoureusement honnête et consciencieux dans son travail et dans ses engagements sociaux et personnels fera de vous un gagnant. Le chemin sera un peu plus long que prévu, mais pour peu que vous mettiez du cœur à l'ouvrage, vous atteindrez votre but.

CONSERVATISME ET LIBÉRALISME

Au plan politique, le conservatisme s'allie au libéralisme. Étrange alliance, mais qui semble donner de bons résultats. Ce qui est sûr c'est que certains se délecteront. On y perdra son latin, très certainement !

MÉLANGE D'AUDACE ET D'EXPÉRIENCE

Au plan humain, les jeunes s'unissent à leurs aînés dans une sorte de coalition spontanée, parfois organisée. Ce mélange d'audace insouciante et de sage expérience est du meilleur effet sur la communauté. Enfants et grands-parents sont du même avis, ne reste que les parents à convaincre. Ça ne devrait pas être trop difficile si on sait s'y prendre… Pour ces éléments, juin et surtout juillet sont prometteurs, et des projets précis se concrétisent à la fin d'octobre et au début de novembre.

URANUS ET L'INATTENDU

Uranus, planète de l'inattendu, valse d'un pied sûr, passant du Verseau, signe qu'elle domine et occupe depuis maintes années, en Poissons, signe qui lui est étranger. Comme changement de rythme, on ne fait pas mieux… ou pire selon la position qu'on occupe. Autrement dit, pour certains c'est le bonheur, pour d'autres c'est la révolution et le chaos.

SURPRISES FOUDROYANTES

La valse d'Uranus à travers les signes couvre 84 ans. De courte durée, ce passage va du 10 mars au 15 septembre 2003, mais il faut savoir que Uranus reviendra en Poissons l'an prochain et pour longtemps. Mieux vaut s'y attendre et se préparer autant que possible à des surprises foudroyantes comme l'éclair, mais toujours excitantes. Pour autant qu'on puisse se préparer à l'action d'Uranus, bien entendu!

LE DOUX POISSONS

Imaginez le doux Poissons aux prises avec l'intransigeante Uranus: tout un spectacle à contempler! Disons aux natifs du début du Poissons qu'ils s'attendent au mieux et se préparent à tout, afin de ne pas être totalement pris au dépourvu. Les natifs du début du Sagittaire, du début du Gémeaux et du début de la Vierge doivent aussi tenter d'examiner les circonstances dans lesquels ils vivent. Des changements s'annoncent. Ils ne sont pas au bout de leurs surprises…

TOUT DEVIENT POSSIBLE

Quant aux sensibles Poissons, ils doivent s'endurcir sinon ils souffriront. Prévoyant tout cela, le ciel leur a accordé des qualités d'adaptation exceptionnelles grâce auxquelles ils arriveront à désamorcer le drame potentiel et obligeront le sort à tourner en leur faveur. Avec du courage et de la volonté, on peut transcender le mal et même le transformer pour en faire un bien.

Tout redevient possible pour les natifs du Poissons, et pour ceux du Cancer et du Scorpion. Cela fait passablement de gens heureux!

VALSE RAPIDE

Collectivement, cette valse rapide d'Uranus a de quoi titiller la curiosité. Que ce produit-il quand une planète comme Uranus, qui gère le Verseau, se balade dans le signe du Poissons, lui-même géré par Neptune, deux planètes aux antipodes l'une de l'autre, surtout lorsque cette dernière habite le Verseau? Chose certaine, la religion n'est pas en état de grâce. Toutes les religions sont remises en question, et cela dans tous les pays et dans toutes les cultures.

INVERSION

Il y aura une inversion totale des rôles qui influencera sans doute les relations hommes-femmes, la sexualité, la procréation, la politique et les idées en général. Renversements, inversions, ce qui était un bien devient un mal et vice-versa. De quoi donner à réfléchir… !

PSYCHOLOGIE ET PSYCHANALYSE

La psychologie (représentée par Uranus) continue d'être utile, mais elle est dépassée par une science plus actuelle : la psychanalyse (représentée par Neptune). La psychanalyse se révélant imparfaitement précise, une autre science humaine, relevant de Pluton celle-là, vient détrôner les deux autres. Quelle est cette science au juste et quelle sera son influence sur les êtres humains ? Cela reste à voir…

Ce qui est sûr, c'est que 2003 apporte des développements fulgurants concernant la connaissance de la psyché humaine. C'est encourageant pour les malades souffrant de troubles psychiques et pour les personnes qui les aiment.

NEPTUNE EN VERSEAU

Neptune passe l'année en Verseau, signe qu'elle habite depuis janvier 1998. Lente valse que la sienne, elle prend environ 165 ans pour faire le tour des 12 signes du zodiaque. Dans ce signe, Neptune accroît les facultés de pressentiment, la foi, l'idéalisme. On peut croire que le travail de Neptune n'est pas accompli puisqu'elle continue à habiter le Verseau, signe du nouveau millénaire.

PAS D'ACCORD

Neptune s'oppose à Jupiter en février, puis de nouveau au début de juin. Puis elle se calme et ne fait plus parler d'elle jusqu'à la fin de l'année. Elle n'est pas d'accord avec nous, ni même tolérante à notre endroit. Les qualités qu'elle infuse, idéalisme, amour du prochain, foi et inspiration, sont en perte de vitesse c'est le moins qu'on puisse dire. Ce qui relève de Neptune se trouve défavorisé au détriment d'Uranus, planète plus moderne et plus mouvante, mais aussi plus violente.

SCANDALE

Eau potable, drogue, alcool et tabagisme, infections, inondations, dégâts maritimes et déchets nucléaires risquent de provoquer des scandales à cause de l'avidité de certains individus pour l'argent, cela sans égard pour la vie humaine ou pour la survie de la planète. Procès et faillites se multiplient pendant ces périodes. Certains d'entre nous sortent grandis de ces expériences, améliorés, lessivés souvent, mais allégés et paradoxalement plus heureux…

INSPIRATION ET PRESSENTIMENT

Les Verseau, Gémeaux et Balance obtiennent de Neptune d'importantes faveurs. Leur inspiration étant quasiment illimitée et leur pressentiment juste, ils n'ont pas à s'excuser d'avoir la foi et d'y croire, c'est justement ce qui fait leur force cette année. De plus, ils ont de la chance avec l'eau et les liquides de toutes sortes, gaz, mazout, pétrole et produits chimiques, ces matières allant jusqu'à faire parfois leur richesse. Pour traiter les dépendances, nul n'est mieux placé que les natifs de ces signes ou leurs ascendants. Ils ont le don et parfois du génie.

PLUTON EN SAGITTAIRE

La valse la plus lente de toutes, c'est Pluton qui l'exécute. Faisant le tour du zodiaque en environ 240 ans, son mouvement elliptique laisse songeur. Son action est directe, fortement sexuelle et créatrice. Elle marque la régénération et la survie, mais aussi la mort qui précède la résurrection.

Pluton est la grande réformatrice. Ceux qui sont sous son joug en savent quelque chose. Demandez à un Sagittaire de vous dire ce qui s'est produit et continue de se produire dans sa vie depuis janvier 1996. Vous comprendrez que Pluton ne badine pas, elle agit !

SENS VISIONNAIRE

Pluton favorise les domaines de la philosophie, de la perception des choses, du sens visionnaire, de la clairvoyance. Elle donne à ceux qui savent les recevoir des enseignements et des qualités précieuses dont ils peuvent s'enorgueillir, ce qu'ils ne font pas par respect pour eux-mêmes. De nos jours, nul n'est aussi clairvoyant que celui ou celle qui a le Sagittaire comme signe solaire, lunaire ou ascendant, le fait est indiscutable…

DISCRÉTION ET JUGEMENT

Encore faut-il traiter le sujet avec discrétion et jugement, Pluton n'accordant ses faveurs qu'à celui qui l'a mérité. Il n'est pas donné à tous ni même souhaitable de posséder et d'utiliser des dons de voyance, les responsabilités qui y sont reliées étant très lourdes et dépassant immanquablement les profits qu'on en retire. Une personne ne doit utiliser ses dons que lorsqu'elle a été désignée par le sort et percevoir cet avantage comme un devoir.

PART DE CHANCE PURE

La part de chance pure, cette chose formidable qui nous tombe dessus sans que nous n'ayons fait quoi que ce soit pour la mériter, existe en astrologie sous le vocable «nœud ascendant de la Lune».

Ce «nœud» chanceux circule à partir du 1er janvier 2003 jusqu'au 15 avril 2003 dans le signe du Gémeaux. Les natifs du premier décan surtout, soit ceux du 21 au 31 mai, jouissent d'une grande part de chance pure. Celle-ci pourra se traduire différemment pour les natifs du signe et pour ceux dont l'ascendant est dans ces degrés du Gémeaux. Chose certaine elle est disponible pour eux et active.

Souhaitons à ces chanceux de la sagesse et du discernement afin qu'ils puissent en tirer le meilleur parti. Que leur bonne fortune s'éternise!

À partir du 15 avril et jusqu'à la fin de 2003, la chance pure se tourne vers le Taureau. Parce qu'il voyage à «reculons» lorsqu'il est vu de la Terre, le nœud ascendant de la Lune se tournera ensuite vers les natifs du 12 au 20 mai. Ceux-ci auront droit à une grande part de bonne fortune. Ils sont libres de l'utiliser comme ils l'entendent, mais s'ils tentent gentiment le sort, ils recevront en retour des réponses affirmatives.

Chacun trouve son tour à la roulette de la vie. C'est le leur, félicitons-les sans les envier, nous aurons nous aussi notre tour!

DANS LA VOÛTE ÉTOILÉE

Comme vous pouvez le constater, chaque planète a son rythme propre, qui semble réglé comme une horloge suisse et suit son cours sans compromis. Lever la tête et observer ce qui se passe dans la voûte étoilée nous émerveille, se pourrait-il que tout cela soit sans conséquence? Ce sera à vous d'en juger, l'année terminée…

Sur ce, bonne continuation de vie et bonne chance à tous, chers lecteurs!

Bélier

DU 21 MARS AU 20 AVRIL

1ᵉʳ DÉCAN : DU 21 MARS AU 31 MARS
2ᵉ DÉCAN : DU 1ᵉʳ AVRIL AU 10 AVRIL
3ᵉ DÉCAN : DU 11 AVRIL AU 20 AVRIL

Compatibilité sexuelle et amoureuse

La compatibilité sexuelle et amoureuse entre les signes du zodiaque ayant été commentée de toutes sortes de manières, je me permets de porter à votre attention les constatations suivantes basées sur des données millénaires. Vous verrez qu'elles sont encore aussi justes de nos jours qu'elles l'ont été au cours des siècles passés.

Dans cette analyse, j'ai utilisé le Soleil natal comme point de départ, mais il faut retenir que c'est la planète Mars qui régit la sexualité proprement dite. Les recherches que j'ai entreprises tendent à nous apporter une meilleure connaissance de nous-mêmes dans ce que nous avons de plus personnel, de plus intime, de plus secret. Par extension, cela nous aidera à comprendre les besoins de nos partenaires de vie.

En abordant le sujet de la compatibilité, je ne vous propose pas de règles vous dictant la manière de mener votre vie sexuelle. Cependant, vous le constaterez certainement, sexualité et astrologie font bon ménage. C'est un duo sur lequel on aurait avantage à compter plus fréquemment. Naturellement, en vous livrant à vos observations, vous devrez tenir compte de votre signe ascendant. Car il arrive que deux personnes dont les signes ne sont pas en accord aient des ascendants qui, eux, sont parfaitement compatibles. Vous l'aurez compris, il convient, là comme ailleurs, d'examiner toutes les riches possibilités dont nos natures humaines sont dotées en tenant compte de l'influence des astres sur nos vies.

Ces notions générales vous indiquent donc vos tendances naturelles. Je crois sincèrement qu'elles pourront vous inciter à aller plus loin dans la recherche de l'harmonie sexuelle. Ne serait-ce qu'à ce titre, je suis persuadée qu'elles vous seront utiles.

BÉLIER-BÉLIER

Les deux tempéraments sont régis par une pulsion sexuelle très forte. Celle-ci est plus facile à contrôler chez la femme que chez l'homme, qui souffre parfois d'éjaculation précoce et de problèmes d'érection. Son orgueil lui interdisant d'en discuter, il devra régler son problème, sinon sa partenaire ira chercher ailleurs son plaisir. Satisfaite, elle est fidèle. Lui…

Si les deux partenaires entretiennent une relation privilégiée et sont d'un calibre intellectuel comparable, leur relation sera houleuse mais passionnante.

BÉLIER-TAUREAU

Très sexué, le Bélier est gourmand de plaisirs charnels. Il en veut souvent. Sensuel, le Taureau est avide de sensations fortes et se comporte au lit comme un gourmet. Les partenaires des deux signes ont intérêt à se satisfaire sexuellement sinon la situation sera rapidement invivable. Jalousie de l'un, possessivité de l'autre, la relation sera passionnée… et incertaine.

S'ils s'aiment vraiment, ils en viendront à une entente sexuelle convenable. Sinon ils se sépareront avec fracas.

BÉLIER-GÉMEAUX

Le couple se complète bien sexuellement. Les partenaires ne passent peut-être pas des heures à faire l'amour, mais quand ils le font, c'est bien. Le Gémeaux comble le Bélier de caresses dont il a le secret et ne se montre pas réticent aux suggestions souvent coquines de l'autre. Ils jouent ensemble et s'amusent follement au lit.

Tout se passe au niveau de la communication. S'ils se parlent et ne se cachent rien, cela peut durer éternellement. Ou presque…

BÉLIER-CANCER

Deux tempéraments opposés se rencontrent : leur union ne peut être que difficile. Il n'est pas dit qu'elle satisfera les deux partenaires. Si la femme est Cancer, la relation sexuelle peut s'installer dans un contexte malsain où la domination de l'autre est totale. Il lui faudra partir avant le drame.

Si la relation sexuelle est satisfaisante pour les deux partenaires, cela tient du miracle. L'un rêve, mais quand il s'éveillera il sera sans doute trop tard.

BÉLIER-LION

Les besoins sexuels du Bélier sont vite satisfaits, tandis que ceux du Lion mettent du temps être comblés. Si la femme est Lion, le Bélier doit lui faire la cour et veiller aux préliminaires. Si c'est elle qui est Bélier, l'entente sexuelle est meilleure. Elle sait apprivoiser son Lion. Tous deux aiment séduire et sont adeptes des jeux érotiques.

L'entente sexuelle entre eux est excellente, les chances de succès élevées. Comme couple, on trouve rarement mieux.

BÉLIER-VIERGE

La compatibilité sexuelle entre eux est bonne, mais le Bélier doit comprendre que le natif de la Vierge ne sait pas toujours comment tirer plaisir de son corps et encore moins satisfaire l'autre. Dès que celui-ci découvre les techniques adéquates, il ou elle devient un bon partenaire sexuel pour le Bélier, qui n'a guère de patience au lit.

Les deux se plaisent et satisfont leurs caprices. Pourvu que la terre du Vierge n'éteigne pas le feu du Bélier.

BÉLIER-BALANCE

Mars recherche Vénus. Ils s'attirent sexuellement, mais la chaude nature du Bélier se contente mal de la tiède Balance parfois frigide. Si la femme est Bélier et l'homme Balance, le septième ciel est moins haut, donc plus aisé à atteindre. La satisfaction vient toutefois après des expériences assez douloureuses.

L'entente sexuelle n'est pas garantie. Un coup de foudre peut-être passionnant, mais la séduction de la Balance pourra être fatale au Bélier.

BÉLIER-SCORPION

Ce sont deux natures à fortes tendances sexuelles, deux énergies qui se complètent et se comprennent sexuellement. Pour le Bélier, c'est l'accouplement rêvé. Le Scorpion fait l'amour par besoin charnel, l'autre par esprit de conquête. Les deux le font par désir conscient ou inconscient de créer ou de procréer.

La relation sexuelle satisfaisant les deux partenaires, leur attraction mutuelle pour la chose leur permet de belles expériences.

BÉLIER-SAGITTAIRE

Ils sont deux signes de feu mus par une ardeur sexuelle incomparable. Cependant, le coup de foudre sexuel guide le Bélier alors que le Sagittaire a un vif besoin de romance. Si le Bélier comble le goût d'exotisme de son partenaire et le suit dans ses voyages rêvés ou concrétisés, ils feront l'amour longtemps, et avec bonheur.

S'ils ne tempèrent pas leur activité sexuelle, la relation entre ces deux êtres épris de sexe aura des effets négatifs sur leur santé...

BÉLIER-CAPRICORNE

L'entente sexuelle de ces partenaires est à la limite du supportable. Ils se font du bien, pour ensuite se faire du mal et en viennent parfois à se détruire. Parfois, leur activité sexuelle dépasse les bornes. Tour à tour esclave ou maître, leur situation est explosive. Le drame couve, le sadomasochisme n'est pas loin.

Le sexe unit ces êtres, mais au détriment de leur esprit, qui risque de perdre ses valeurs dans une telle union charnelle. L'un est la victime de l'autre, c'est inévitable.

BÉLIER-VERSEAU

Entre ces deux natures dominantes, l'entente sexuelle demeure possible. Mars et Uranus se font la guerre au lit comme ailleurs. L'impulsif Bélier doit se retenir et le Verseau n'est pas facile à contenter sexuellement. Les deux ont des concessions importantes à faire pour se satisfaire mutuellement.

Si le Bélier s'adapte aux caprices du Verseau, et si le Verseau accepte qu'il y ait des temps morts dans leur relation, c'est gagné.

BÉLIER-POISSONS

Voici un tempérament sanguin versus un tempérament lymphatique : c'est le dominant contre le dominé. Les besoins sexuels pressants du Bélier lassent le Poissons indolent et rêveur. L'harmonie sexuelle n'est donc pas facile à atteindre, sauf pour ceux dont l'ascendant est du même signe solaire. Il ne peut en être autrement.

Possible si le Bélier patient et amoureux se défoule autrement, et si le Poissons est plus entreprenant, ce qui est rare, disons-le...

Prévisions annuelles

SYMPATHIQUE ET PRIMESAUTIER

L'année nouvelle augure bien pour les natifs du Bélier. Les deux sexes trouvent de quoi se régaler dans le superbe repas cosmique préparé en leur honneur par une Providence empressée de leur être agréable.

Enfants gâtés, ils ne se rendent pas compte de la chance qu'ils ont d'être nés sous ce signe sympathique et primesautier. En 2003, l'occasion leur est donnée d'apprécier les qualités qui les rendent inégalables et leur assurent la suprématie dans leur domaine. Ils la saisiront et en feront un plat de roi et de reine, à leur image.

JUPITER, GAGE D'OPTIMISME

La majorité des planètes majeures du système solaire font des ondes harmonieuses au Bélier. Gage d'optimisme, Jupiter le grand bénéfique commence l'année en Lion et habite ce signe ami jusqu'en septembre. Joie de vivre, expansion, chance, ce bon aspect lui assure la sécurité physique, psychique et matérielle pendant les huit premiers mois de 2003.

Sans être mauvais, le reste de l'année n'apportera pas autant de facilité ou de félicité. Les natifs auront raison d'agir vite et de prendre le meilleur pendant qu'il passe.

CROISSANCE PERSONNELLE

Le Bélier commence une période de 12 mois particulièrement utile au niveau de la croissance personnelle. L'âge n'ayant rien à voir avec le besoin de s'éloigner des stéréotypes et le goût de redevenir soi-même, le Bélier s'assume. Placé devant l'inéluctable, il n'a pas le choix. Son attitude sereine vis-à-vis de l'adversité qui se présente est remarquable. On ne peut s'empêcher de l'admirer.

ÉTERNELLEMENT JEUNE

L'ego est remis à sa place, la tolérance remplace l'orgueil et la condescendance, la sagesse empêche l'irresponsabilité «inconsciente» dont il abusait dans le passé. Porté à réfléchir sur sa vie et sur son devenir, il est conscient du rôle qu'il joue dans la société et prend les moyens pour se faire entendre. Rien ne lui fait peur. La nouvelle année marque un grand pas en avant pour le natif homme ou femme, jeune ou moins jeune, et éternellement jeune !

SOCIALEMENT ET PROFESSIONNELLEMENT

Socialement et professionnellement, les grandes conjonctures planétaires de l'année concernent directement le Bélier. Malgré cela, il semble vouloir vivre les remous qui touchent l'humanité de l'extérieur, sans s'engager personnellement. Comme s'il regardait un spectacle pas toujours beau à voir, mais sans lever le petit doigt, sans faire un geste. Une sorte de sclérose des émotions l'affaiblit temporairement.

SE RENDRE UTILE

Cette situation est altérée par les événements de mai et juin qui le touchent profondément. Poussé par le désir de se rendre utile, il tente d'entrer en action et réussit des prodiges. Il ne regrettera pas d'avoir pris position pour les moins nantis, les sans-abri et les déshérités. Un jour, ceux-ci lui revaudront sa bonne action.

NOBLE, FIDÈLE ET SINCÈRE

Dans certains cas extrêmes mais réels, le Bélier doit lutter pour reconquérir son autonomie. Ne pas s'en laisser imposer par certaines personnes qu'il croit plus fortes et plus intelligentes que lui est indispensable. Cette impression est fausse, il doit se tenir debout. Noble dans son attitude, fidèle dans ses engagements et sincère dans ses paroles, il s'attire la protection de l'au-delà. C'est une force dont il ne saurait se passer.

L'ASCENDANT FAIT FOI DE TOUT

Cette année, l'ascendant fait foi de tout. Il est capital de le connaître et d'en faire la recherche si on ignore son heure de naissance. Rien de plus facile quand on se connaît le moindrement, je vous l'assure. *Les secrets des 12 signes du zodiaque,* un livre sur les principes généraux de l'astrologie que j'ai publié l'an dernier vous renseignera. Sinon, ayez recours à des spécialistes comme moi qui trouveront aisément votre ascendant par les traits physiques et de caractère, et par l'hérédité astrale. Cela ne ment pas.

LES MEILLEURS CETTE ANNÉE

Les meilleurs ascendants cette année sont le Lion, la Vierge, le Gémeaux et le Taureau. Les ascendants Poissons, Scorpion et Cancer sont utiles, mais on peut dire qu'ils ont tous des bémols. Quoi qu'il en soit, les natifs ont de quoi travailler. Avec du bon bois on fait du bon feu! À défaut d'avoir un tel ascendant, le Bélier recherchera la compagnie de ces signes solaires, ascendants et lunaires. Un bon entourage fera toute la différence.

RÊVES ET RÉALITÉS

Les Bélier réalisent plusieurs de leurs rêves en 2003, mais les dures réalités de la vie gâchent un peu leur bonheur. Ils devront faire des sacrifices. La vie demande à plusieurs des comptes qu'ils sont incapables de régler parce que, pris de court, ils n'ont pas les ressources nécessaires. Par conséquent, ils auront un besoin urgent de s'informer et de lire attentivement les tendances de l'année qui débute. Les planètes sont un guide utile, ils en conviendront en décembre prochain.

BONNE NOUVELLE

Bonne nouvelle: aucune éclipse mauvaise ne teintant leur ciel, ils sont protégés de leurs propres excès. Leur mégalomanie légendaire devrait s'atténuer en juin, date d'entrée de la lourde Saturne en Cancer, signe qui leur est défavorable. Prévenus, ils feront en sorte d'atténuer les effets négatifs de ce transit.

NATIFS CIBLÉS

Carré de Saturne oblige, de juin à décembre, certains natifs ciblés, soit ceux qui sont nés entre le 21 mars et le 8 avril, ont le devoir de prendre soin de leur santé, à défaut de quoi des suites néfastes sont à redouter sinon immédiatement, du moins au cours des années qui suivent. Plus précisément, c'est dans sept ans que ces Bélier sauront s'ils ont bien ou mal agi. L'année 2010 n'est pas loin quand on y songe…

PART DE CHANCE PURE

La part de chance pure gérée par le nœud ascendant de la Lune joue un rôle bénéfique et protège les natifs du 21 au 31 mars. La période chanceuse va du 1er janvier au 15 avril. Ce qui est entrepris ou perfectionné alors est fait à l'enseigne de la facilité et de l'expansion. Des gains sont possibles aux jeux de hasard et par spéculation boursière, foncière et immobilière. Dame chance est au rendez-vous. Titiller gentiment le sort, question de vérifier si sa chance naturelle est toujours active, les amusera. En principe, les Bélier adorent le jeu!

VIVRE EN 2003

Vivre en 2003 est à la fois un défi et un privilège pour chacun de nous. En tant que natif du Bélier, un rôle précis vous a été assigné en cette période de l'évolution humaine. Il ne vous reste qu'à l'assumer et à en jouir. Nul ne peut éviter son destin…

Bonne année, cher Bélier!

Prévisions mensuelles

JANVIER

Un acte de douceur a souvent plus de pouvoir sur le cœur des hommes que la violence et la barbarie.

MACHIAVEL

ÉMINEMMENT FAVORABLE

Janvier débute en trombe. Hommes et femmes du signe occupent une place de choix dans la famille et la société. Ils en sont conscients et s'en réjouissent. Ne leur reste plus qu'à assumer les responsabilités que la vie décharge sur leurs solides épaules. Elles sont assez légères pour ne pas entraver leur liberté et pour leur laisser le temps de vivre, ce qu'ils n'ont pas eu le loisir de faire à souhait depuis un bon moment.

Bélier, vous aimerez ce janvier 2003 pour plusieurs raisons, la plus importante étant qu'il vous est éminemment favorable.

VIE PRIVÉE ET PROFESSIONNELLE

La vie privée et professionnelle du natif est conforme à sa volonté. Ses ambitions et désirs sont satisfaits ou en voie de l'être. Il ne doit pas se retirer du jeu, mais au contraire jouer ses cartes majeures faisant preuve d'audace, de courage et pourquoi pas, de témérité. Pas question de reculer, le succès est à ce prix !

UNE PLACE AU SOLEIL

Natifs du Bélier, c'est le moment de profiter des occasions offertes par un sort généreux dont profiteront aussi quelques Verseau, Balance et Gémeaux. Vous pourrez sortir des sentiers battus, innover, vous faire une place au soleil ou vous voir confirmé dans celle que vous occupez présentement. Votre situation devrait être enviable, sinon vous n'avez pas trouvé le bon filon.

Explorer le territoire

Continuer à explorer le territoire, chercher sans relâche à améliorer son sort, voilà de quoi vous occuper au cours du mois. Les planètes l'affirment, c'est en janvier que vous trouverez le maillon manquant. À partir de là votre vie prendra une nouvelle direction. Bien joué. Le grand bénéfique Jupiter vous aide, vous êtes en progrès, bravo!

À l'étranger

L'amour, la vie sexuelle, le travail et le sport se vivent le plus souvent à l'étranger et avec des étrangers. Vous êtes en voyage ou comptez partir. C'est de bon augure et cela vous incitera à exprimer vos sentiments affectifs et amoureux. De plus, cela favorise l'éclosion de talents cachés que vous désirez exploiter. Ne vous gênez pas pour exposer vos idées, vos intentions et vos «œuvres» à votre conjoint ou partenaire amoureux, il vous soutiendra entièrement.

Nervosité

La créativité est palpable, mais un Mercure rétrograde vous rend nerveux, inquiet. Cessez de vous tracasser, mangez bien et faites une marche avant de vous coucher, vous dormirez mieux. Gardez à l'esprit que les lenteurs administratives et autres sont dues à des grèves et à des tracasseries auxquelles vous ne pouvez rien changer. Dégagez-vous de toutes les responsabilités qui ne vous appartiennent pas.

Déblocage

Prenez patience chers Bélier des deux sexes. Un déblocage s'annonce pour le 21 janvier. À partir de là, la vie reprend son cours normal. Vous passez rapidement de l'idée à l'acte. Études reprises, recyclage, spécialisation, changement d'emploi ou de direction, débuts dans un nouveau métier, une nouvelle carrière, vous avez toutes les chances de mener à bien ce que vous commencez. Agissez pendant que vous en avez la liberté. À compter de juin, ce sera moins facile, prenez de l'avance.

HOROSCOPE HEBDOMADAIRE

Du 1ᵉʳ au 4 janvier: Bonne année 2003! La Nouvelle Lune du 2 en Capricorne montre un ralentissement au travail et dans les entreprises qui vous intéressent. Soignez votre santé, vos nerfs, méfiez-vous des accidents et soyez prudent dans vos rapports avec les enfants.

Du 5 au 11 janvier: Exubérance, générosité, chance croissante en amour, vous faites fureur. Sexuellement, rien n'est trop difficile quel que soit le but que vous souhaitez atteindre. Le climax est accessible, le contact direct.

Du 12 au 18 janvier: Semaine passionnante pour les ascendants Bélier, Lion et Sagittaire. Sinon c'est moins exaltant mais bon quand même. La pleine Lune du 18 en Cancer accroît votre sensibilité et votre imagination.

Du 19 au 25 janvier: Il pourrait advenir un heureux événement familial, une naissance. Les enfants, surtout les fils, vous donnent satisfactions et honneurs. Les divertissements sains et les sports de plein air sont au programme.

Du 26 janvier au 1ᵉʳ février: Vous extériorisez des énergies par le travail, le sport, l'exercice. Les risques accidentels sont accrus, ralentissez. La nouvelle Lune du 1ᵉʳ en Verseau parle d'attirance pour l'automobile, la moto, l'avion, les appareils électriques, les ordinateurs, les gadgets dernier cri et pour les voyages.

CHIFFRES CHANCEUX

10-20-21-35-37-49-60-62-63-70

FÉVRIER

Ce n'est pas d'un tête-à-tête ni d'un corps à corps, c'est d'un cœur à cœur dont nous avons besoin.

ANONYME

MOIS DES AMOUREUX

Février est le mois des amoureux et le 14 février la fête de l'Amour. Vous n'avez pas besoin de rappel à l'ordre sexuellement, mais votre cœur ne donne pas sa pleine mesure. Un accrochage survient dans votre couple touchant la sensibilité et la sensualité. Votre vie amoureuse n'est pas ce qu'elle devrait être.

INVITER ENFANTS ET PARENTS

Il serait bon d'inviter les enfants et les parents à se joindre à la fête que vous vous proposez de donner, même si vous devez jouer la comédie. Par chance, rien ne transparaît du tumulte qui vous agite. Vous savez créer des diversions utiles à votre cause. Souhaitons que rien ne soit grave et que l'harmonie se rétablisse rapidement, mais il semble que cela ne se fera pas immédiatement.

QUELQUES CONSEILS

Malgré ces restrictions, je me permets quand même de vous souhaiter une joyeuse Saint-Valentin! Un conseil: évitez de manger trop de friandises et de chocolat. Non seulement votre tour de taille en souffrira, mais l'estomac et le foie s'en ressentiront. Pendant que nous y sommes, pensez aussi à ménager votre cœur, votre circulation sanguine laisse à désirer. Faites examiner vos yeux régulièrement par un spécialiste, on n'est jamais trop prévoyant en matière de santé.

VOYAGES ET AVENTURES

Voyages et aventures sont au programme de certains audacieux. Pour la plupart, ils sont en sécurité. Quelques-uns partent en safari, d'autres à la mer, d'autres encore se contentent d'explorer les environs. Tous découvrent des éléments qui ravivent leur intérêt pour les langues et cultures étrangères et pour les civilisations anciennes. Cette ouverture sur le monde est fascinante et pourrait être rémunératrice.

EXPÉRIENCE

Une aventure romantico-sexuelle est possible en pays lointain. L'érotisme vous domine, mais le cœur ne fait pas partie de l'investissement. C'est une chance, car une fois revenu, il n'est pas sûr que vous désirerez répéter l'expérience. Bien qu'excitante, elle pourra laisser un goût amer. Vous en jugerez le mois prochain.

CONTRE-INDICATIONS POUR CES ASCENDANTS

Les croisières sont à éviter, surtout si vous êtes ascendant Lion, Verseau, Taureau ou Scorpion. Une opposition entre Jupiter et Neptune m'oblige à vous recommander la prudence avec l'eau et les aliments. Alcool, drogue, médicaments, prescrits ou non, présentent des risques. Soyez attentif au moindre symptôme, à la moindre infection. Même sans symptômes, il serait sage de faire des examens de contrôle.

YOGA, MÉDITATION, CONTEMPLATION

La méditation et la contemplation n'ont pas beaucoup d'adeptes chez les natifs du Bélier. Le yoga? Trop calme, ennuyant, me direz-vous. Il serait temps de revoir vos opinions et d'y accorder un peu d'attention, question de vous familiariser avec les pratiques courantes de détente naturelle, ainsi que d'autres techniques respiratoires, qui font partie de ces disciplines.

SANTÉ ET LONGÉVITÉ

On travaille mieux lorsqu'on est détendu, c'est prouvé. Les problèmes se règlent en quatre minutes, les idées surgissent et bouillonnent, l'esprit fonctionne mieux. La santé et la longévité, accrues par les techniques de relaxation, sont deux aspects à considérer.

HOROSCOPE HEBDOMADAIRE

Du 2 au 8 février : Cette semaine est favorable à l'extériorisation des énergies par le sport et l'exercice. Vous êtes attiré par la vitesse, la chasse, les armes, les jeux sexuels et la séduction. Votre magnétisme attire les personnes qui sont sensibles aux charmes de votre signe.
Du 9 au 15 février : La vie amoureuse n'est pas de tout repos. Amitiés et affections sont remises en cause. Un flirt au travail est mal engagé. Soignez vos blessures d'amour-propre, vos malaises physiques, en particulier dans la région du cœur.

Du 16 au 22 février : La pleine Lune du 16 en Lion exalte les facultés extrasensorielles et vous expose à des expériences extrêmement excitantes. On ne s'embarrasse pas de ce qui vient après, on vit le moment présent sans se poser de questions. La semaine est amusante et même drôle par moments.

Du 23 février au 1er mars : Vous bénéficiez d'une belle énergie qui force l'admiration. Votre capacité de travail et de récupération est décuplée ainsi que votre puissance sexuelle qui peut s'exprimer dans la pratique d'un sport extrême. Une peine sourde persiste hélas…

CHIFFRES CHANCEUX

9-17-22-23-31-32-44-49-55-68

MARS

L'élite, c'est celle ou celui qui rend service.

MARIE GÉRIN-LAJOIE

CONTENTS DE LEUR SORT

Le mois de mars annonce le printemps. L'espoir de jours plus doux et ensoleillés caresse nos joues endurcies par le vent d'hiver. Pour certains d'entre vous, c'est l'anniversaire de naissance. Jusqu'à ce jour, vous avez été en veilleuse. Votre vie s'est passée en catimini, sans grandes difficultés, mais sans grandes joies non plus. On croirait que vous avez hiberné et que vous commencez tranquillement à vous éveiller.

ASCENDANTS CHANCEUX

Reste que c'est un bon mois pour le travail et pour les affaires. Les Bélier ascendant Gémeaux, Lion, Sagittaire et Poissons bénéficient d'une chance peu commune. Ils ont un ascendant chanceux, aussi bien tirer parti de leur personnalité, qui se trouve avantagée par rapport à leur signe, et en conserver le meilleur. En principe, ils gagnent beaucoup d'argent et sont contents de leur sort.

À SURVEILLER EN MARS

Au mois de mars, les effets de la planète Mars sont à surveiller pour tous les Bélier. Ceux-ci sont bousculés par le passage de Mars en Capricorne, soit en mauvais aspect avec leur signe natal. Les ascendants Bélier, Capricorne, Cancer ou Balance sont les plus secoués. Rien de rassurant, mais voyons ce qu'il convient de faire pour vous protéger des tendances nocives de cette planète qui régit le signe depuis toujours.

UN PEU DE PRUDENCE

Un peu de prudence vous permettra d'aller plus loin au cours de ce mois et une grande partie du suivant. Disons les choses en face, vous n'avez pas la vie facile et vos mauvaises dispositions n'aident pas. Vous tendez à être cassant, buté, colérique, à enfreindre le règlement pour le plaisir de provoquer l'autorité, à vous montrer dur et implacable. C'est le côté sombre du Bélier, quand il se fait mauvais.

Du point de vue de la sexualité, ce n'est pas votre mois. Votre froide passion peut vous conduire à la méchanceté et à l'agressivité. Et jusqu'à la violence verbale ou physique il n'y a qu'un pas que, j'espère, vous ne ferez pas !

PHYSIQUEMENT

Les risques de maladies transmissibles sexuellement sont accrus, de même que celles-ci : infections, affections des articulations, maladies des genoux, de la peau, contusions, traumatismes à la suite d'accidents ou d'incidents déplorables et évitables. Vous avez connu de meilleurs jours, mais en cas de chirurgie ou de soins par radiologie ou laser, les chances sont de votre côté. N'ayez crainte, une fois le diagnostic posé, tout ira bien.

RESSOURCES

Par chance, vous avez des ressources qui vous permettent de repousser les échéances et de passer ce mauvais moment sans séquelles durables. Grâce à la sociabilité qui vous caractérise, aux relations et aux contacts que vous avez su cultiver au fil des ans, la prise de conscience est moins dure. Mais vous devez y mettre du vôtre.

LA DERNIÈRE DU GENRE

Si vous dominez votre impatience et maîtrisez votre bouillant caractère, si vous contrôlez vos pulsions sexuelles et ne jouez pas sur les plates-bandes d'autrui, vous êtes en mesure de déjouer le sort et vivrez un mois raisonnable. Sinon la suite risque d'être douloureuse. Jupiter aidant, vous vous en remettrez. Vous aurez pris une leçon que vous n'oublierez pas. À toutes fins utiles, la dernière du genre.

SURPRISE AGRÉABLE

Une surprise agréable attend les Bélier ascendant Poissons et Scorpion : le 10 mars, le passage d'Uranus en Poissons bouscule leur existence de façon positive. En effet, des événements surviennent et vous obligent à effectuer un virage à 90 degrés. Rien de comparable depuis longtemps. Les ascendants Cancer sont également surpris, mais pas toujours de façon agréable. Il faut voir chaque cas en particulier.

À ceux du 21 au 31 mars, nos souhaits de bon anniversaire !

HOROSCOPE HEBDOMADAIRE

Du 2 au 8 mars : La nouvelle Lune du 2 en Poissons promet un ralentissement de vos activités. Vous avez jusqu'au 4 pour régler un conflit ou un procès dans les meilleures conditions possibles, ou pour réparer un tort causé.

Du 9 au 15 mars : Si rien ne va au travail, quittez-le au lieu de perdre votre temps à discuter. Vous trouverez un boulot compatible avec l'ambition et l'énergie qui vous caractérisent. N'écoutez pas les critiques et agissez.

Du 16 au 22 mars : La pleine Lune du 18 en Vierge met l'accent sur la santé et sur le travail. Si la santé tient, l'argent rentre. Sinon vous vous referez plus tard. Vos enfants et petits-enfants vous font honneur.

Du 23 au 29 mars : Le Soleil entre dans votre signe, vous avez de l'aide côté santé et sécurité. Un rayon de lumière céleste vous illumine. Soudain vous retrouvez la grâce. La bonne humeur fera le reste.

Du 30 mars au 5 avril : Études, enseignement, voyages, démarches auprès des autorités et des gouvernements, tout cela vous est favorable. La nouvelle Lune du 1er en Bélier attire la chance et les compliments.

CHIFFRES CHANCEUX

19-20-21-35-37-39-40-48-57-62

AVRIL

L'espoir est une créature avec des ailes qui se perche dans l'âme et chante un air sans paroles.

EMILY DICKINSON

PÂQUES ET VOTRE ANNIVERSAIRE

Pâques et le printemps reviennent, et avec eux l'espoir renaît. La plupart d'entre vous célébrez votre anniversaire de naissance, ce qui vous apporte une période de chance et de plénitude. Vous charriez des tonnes d'énergie et débordez d'assurance. Parce que vous sentez qu'avril sera agréable, vous envisagez ce mois avec ardeur et enthousiasme. Fonçant sur les obstacles, vous les réduisez à néant. Qui sait, votre véritable adversaire c'est peut-être vous-même. Investiguer la question vous serait utile.

AMOUR ET SEXE

Du 1er au 20 avril, amour et sexe subissent des perturbations. Vos problèmes sentimentaux semblent liés à des difficultés sexuelles – physiologiques ou psychologiques – que vous refusez de reconnaître et dont vous ne voulez pas parler. Les contrariétés qui en découlent s'amplifient, dramatisent votre situation conjugale et nuisent à vos succès professionnels.

Monsieur, voyez un sexologue, Madame, une sexologue, ou entreprenez ensemble une thérapie de couple et réglez le problème une fois pour toutes.

PERSONNE AU TRAVAIL

Une personne avec qui vous travaillez, que vous voyez à la banque ou dans l'organisation de vos affaires pourrait être responsable de la situation actuelle. Si tel est le cas, éloignez-vous d'elle pour un temps. Il serait préférable d'attendre avant de prendre une décision définitive au sujet d'une liaison, d'une amitié amoureuse ou d'une relation dont vous ne pouvez prévoir l'issue. Le feu vient de passer au rouge, vous êtes averti.

REVIREMENT COMPLET

Revirement complet à compter du 21 avril. Vous appréciez la latitude que vous laisse Mars passée en Verseau, signe ami, mais c'est l'arrivée de la belle planète d'amour Vénus dans votre signe qui vous transporte au septième ciel. Vénus nous visite une fois par année. Cette année, elle vous accorde ses faveurs du 21 avril au 16 mai. Ne laissez pas passer cette chance, d'autant plus qu'elle agit doublement, soit au niveau sentimental et sexuel.

Les influences bénéfiques de Mars, votre planète maîtresse, ajoutées à celles de Vénus vont vous influencer vivement. Votre corps et votre esprit vont en profiter, votre énergie et votre volonté aussi, votre vie sexuelle en sera agrémentée, l'amour vous sourira, l'art et la beauté vous profiteront.

Non seulement vous tenez la pêche, mais vous êtes aimant et aimé.

EN NET PROGRÈS

Avec l'aide d'amis sincères et travailleurs, vous réalisez des objectifs à court terme, cela aussi bien sur le plan personnel que social, matériel, professionnel et sportif. Vous remportez des victoires importantes qui confirment la direction que doit prendre votre vie. En net progrès, vous coulez des jours heureux.

INSTINCT ET PRESTIGE

Au travail, vous suivez votre instinct et les résultats dépassent vos espérances. Un haut niveau de perfection est atteint dans le domaine que vous affectionnez. De l'expertise, voilà ce que vous recherchez en toute chose. Vous parvenez au but, on vous félicite, c'est grisant.

Le printemps accroît votre prestige et vous place en position de force. Malheur à qui vous barre le chemin! «Il faut battre le fer pendant qu'il est chaud» est la maxime qui vous inspire. Vous le faites vite et bien.

Cher Bélier, bon anniversaire et Joyeuses Pâques!

HOROSCOPE HEBDOMADAIRE

Du 6 au 12 avril : Il y a dans votre garde-robe des odeurs qui pourraient vous trahir. Gare à vous si vous trichez en amour, votre partenaire pourrait bien s'en apercevoir. Imaginez la scène ! Attendez au 21 du mois pour déclarer votre amour.

Du 13 au 19 avril : Ne courez pas de risques, tout est sujet à caution. Portez un casque protecteur, des lunettes, selon la circonstance. La pleine Lune du 16 en Balance est traîtresse, il faut vous en méfier.

Du 20 au 26 avril : Le dimanche de Pâques entame une période de détente et de satisfaction. Votre intérêt pour l'ultramoderne, vos aptitudes à inventer, votre habileté à créer de nouveaux produits et à générer de nouveaux courants d'idée vous permet de jubiler. Côté cœur, tout est discret, parfois secret. Vous le préférez ainsi.

Du 27 avril au 3 mai : La vie est plus attrayante. L'érotisme, les enfants, les placements et la spéculation occupent une grande partie de votre temps. La nouvelle Lune du 1er en Taureau annonce argent et profit, c'est chouette.

CHIFFRES CHANCEUX

4-9-17-21-28-32-41-49-50-67

MAI

Peut-être que cette humble herbe attend, possesseur d'un secret, que l'homme formule enfin la question dont elle serait la réponse.

ANDRÉ GIDE

ACCORD DE VÉNUS ET DE MARS

Vous avez en mai l'accord des deux planètes qui régissent la vie sentimentale et sexuelle. Vénus et Mars, vos locomotives, vous conduisent à un train d'enfer. Vénus transite votre signe, vous accordant santé, chance et prospérité. De son côté, Mars lance des ondes de fermeté, d'élan et de virilité vous permettant de réaliser vos objectifs. Les résultats sont concrets, ils ne se font pas attendre. Vous êtes au travail, en pleine production. La récolte sera bonne.

FEMMES ET HOMMES DU SIGNE
Les femmes du signe sont autoritaires, déterminées, entreprenantes. Les hommes apprécient ces qualités. Elles sont aimées et respectées dans les milieux qu'elles fréquentent où elles jouent un rôle de plus en plus marquant. Les hommes sont égaux à eux-mêmes, stables dans leur comportement. Pour eux comme pour les femmes, le travail est utilisé à des fins pratiques, et cela demeure intrigant. Parfois le sexe se mêle aux affaires d'argent, ce qui n'est pas banal.

TONIQUE ET STIMULANT
Les grandes planètes du système solaire évoluent en votre faveur : vous avez le sens de la recherche et de la détection. Et en outre, la clairvoyance de Pluton, le pressentiment de Neptune, l'indépendance d'Uranus, plus la sagesse de Saturne et l'opportunisme de Jupiter. Que désirer de plus tonique et de plus stimulant !

ÉCLIPSES ET BAISSE PSYCHIQUE
Deux éclipses, l'une lunaire totale le 15 mai en Scorpion, l'autre solaire et annulaire le 31 mai en Gémeaux, se produisent ce mois-ci. Elles ne devraient pas trop vous incommoder. Vers le 15 mai, les Bélier ascendant Scorpion, Lion, Verseau et Taureau ont le moral à plat. Il faut empêcher la déprime de s'installer et s'entourer de gens positifs. Ne pas déménager, ne rien changer et s'en tenir à la routine vous est conseillé. De l'aide extérieure est disponible, vous n'avez pas de quoi vous inquiéter outre mesure.

ÉCLIPSES ET BAISSE PHYSIQUE
Vers le 31 mai, les Bélier ascendant Gémeaux, Vierge, Sagittaire et Poissons sont quelque peu malmenés physiquement. Une baisse de résistance physique se fait sentir. Rien de sérieux mais mieux vaut observer ces phénomènes, ils ont de quoi surprendre les non initiés.

Bonne fête des Mères aux mamans Bélier !

HOROSCOPE HEBDOMADAIRE

Du 4 au 10 mai : Voici une semaine idéale pour conclure des ententes, signer des contrats, vous engager pour une période assez longue. Vos décisions sont fermes et définitives, vos promesses tenues. En amour, c'est le nirvana.

Du 11 au 17 mai : Malgré l'éclipse lunaire du 15 en Scorpion, une aide inespérée vient de votre côté. L'affection vous entoure d'un voile protecteur. Vous devez sacrifier certains proches. Ne le regrettez pas, il peut s'agir d'une véritable libération. Remerciez plutôt la Providence !

Du 18 au 24 mai : Le temps est à l'action, investissez-vous dans votre travail. Ne rechignez pas devant la besogne et donnez toute votre énergie. Si vous n'en avez plus, il est temps de changer d'emploi, vous perdez votre temps et votre santé, c'est évident.

Du 25 au 31 mai : Spéculation, placements audacieux, accroissement de la fortune à la suite de circonstances exceptionnelles et grâce à des gains chanceux. L'éclipse solaire du 31 en Gémeaux n'empêche rien.

CHIFFRES CHANCEUX

1-9-21-24-32-33-45-47-51-69

JUIN

Il faut accomplir le possible pour toucher l'impossible.

SIMONE WEIL

DÉBUT DU MOIS EMBÊTANT

Le début du mois réserve des embêtements à presque tout le monde. La morosité est généralisée, le danger réel. La dissonance Jupiter-Neptune, hyperactive dans le ciel du 1er au 12 juin, affecte surtout ceux dont l'ascendant se trouve en Lion, Verseau, Taureau ou Scorpion. Ceux-ci doivent vivre modestement et éviter toute forme de compromission au travail, en affaires, au foyer et dans leur famille. On cherche le scandale. Soyez d'une honnêteté rigoureuse pour passer le test, sinon vous risquez d'être lapidé sur la place publique.

BIEN S'ENTOURER ET SE SOIGNER

Il est impératif de bien vous entourer et de fuir la publicité adverse. S'il est assez facile de vous faire une bonne réputation, il est plus facile encore de la perdre. Ne vous exposez pas à avoir mauvaise presse et soignez votre image. Soyez prudent et méfiez-vous des maladies contagieuses, des produits délétères, ou encore des intoxications alimentaires dues à l'eau polluée ou contaminée. Méfiez-vous aussi des croisières et de l'onde perfide. Des vies risquent d'être perdues.

BONNE FIN DE MOIS

La mi-juin marque un remarquable revirement de situation, et cela dans un sens positif. La tendance s'améliore pour tous. En tant que Bélier, vous profitez d'une configuration planétaire harmonieuse entre Saturne et Uranus, qui adoucit les peines et aplanit les difficultés. Les ascendants les plus avantagés sont les Poissons, le Scorpion et le Cancer, mais tous les natifs bénéficient de sagesse dans leurs prises de position ainsi que dans la conduite de leur vie privée.

L'ANCIEN ET LE NOUVEAU

L'ancien et le nouveau se marient avec succès. Vous récoltez les fruits de vos efforts et de la persévérance dont vous avez fait preuve au cours des années précédentes. Études sérieuses et scientifiques, travaux dans l'ultramoderne, les tendances révolutionnaires et conservatrices se conjuguent pour vous apporter l'espoir nécessaire à l'épanouissement personnel, social et matériel. Vous avez le meilleur des deux mondes.

NE REMETTEZ PAS À PLUS TARD

Saturne quitte le Gémeaux pour passer en Cancer le 3 juin, il faut agir pendant que la liberté vous privilégie encore. Libérez-vous des responsabilités qui ne vous appartiennent pas, d'affaires traînantes et que vous pouvez liquider. Sinon les deux prochaines années seront pénibles. Ne vous endettez pas et réglez vos comptes. Ne remettez pas à demain, ne temporisez pas, il pourrait être trop tard. Le mois vous est favorable. À vous d'en extraire le miel et de ne laisser que le fiel !

UN ANGE

Vous êtes parmi les favoris du sort, cher Bélier. Saisissez l'occasion de démontrer vos multiples talents et de faire profiter les autres de vos «célèbres» intuitions. Vous êtes un ange, ce qui en étonne plusieurs. La vie nous réserve parfois d'étranges surprises...

C'est le mois de la fête des Pères et le 24, la fête nationale des Québécois. Bonne fête à tous!

HOROSCOPE HEBDOMADAIRE

Du 1er au 7 juin: Vous avez le teint frais et le regard franc, c'est bon signe. Vos amours sont stables. La passion fait place à des considérations plus pragmatiques comme le travail, le budget, l'argent et les ressources.

Du 8 au 14 juin: C'est le moment de réaliser des plans, des projets, des ambitions. Après cinq années d'efforts, vous obtenez le succès désiré, l'emploi convoité, le respect auquel vous avez droit. La pleine Lune du 14 en Sagittaire vous parle de voyages à l'étranger. Plaisant et sécuritaire, partez en paix!

Du 15 au 21 juin: Contrôler son appétit, surveiller le pèse-personne, faire de l'exercice avec ou sans contrôle médical, selon l'âge et la condition physique sont les conseils de la semaine. Pour ne pas vieillir avant le temps, faites tout ce que vous pouvez pour rester jeune. Vous avez des outils, utilisez-les.

Du 22 au 28 juin: Fruits et légumes sont abondants, consommez-les frais de préférence. Les buffets froids sont pour vous, ils tempèrent les effets du surcroît de chaleur qui vous est nocif. Méfiez-vous des rayons directs du soleil. Portez des crèmes protectrices, des lunettes, un chapeau.

Du 29 juin au 5 juillet: La nouvelle Lune du 29 en Cancer incite à la prudence dans la consommation des aliments et de l'eau. Baignade et sports nautiques sont à pratiquer sous surveillance. Obéissez aux consignes.

CHIFFRES CHANCEUX

5-8-20-22-23-37-39-46-47-63

JUILLET ET AOÛT

La vie, c'est cette chose qui passe pendant que nous perdons un temps précieux à essayer de comprendre en quoi elle consiste.

LÉO BUSCAGLIA

LE BÉLIER PREND LA VEDETTE

Les vacances d'été sont arrivées. Fêtes et congés se succèdent à un rythme endiablé. À la suite du bel aspect du 1er juillet entre Jupiter et Pluton dans des signes amis, le Bélier prend la vedette pendant ces deux mois où il tiendra le haut du pavé. Son rayonnement s'étend au-delà de la famille et du milieu de travail et occupe une place de choix dans la société. Qu'il en profite pour passer à l'action!

BONNE CHANCE!

Orgueilleux et fier, le Bélier adopte des allures de conquérant. Pourtant il est sensible à ce qui touche sa famille, ses parents, ses ancêtres et sa progéniture. Attendant le moment propice, il opère des redressements de dernière minute qui l'avantagent financièrement. Ceux-ci le rendent indépendant de fortune, ou, du moins, très à l'aise. La chance se manifeste sous forme d'occasions à saisir. À vous de la reconnaître et d'effectuer les virages qui s'imposent afin de laisser la voie libre aux bons augures.

LA VIE AU FOYER

Aimant la fête, le Bélier s'amuse comme un enfant. Soutenu par la présence de parents et d'amis, il est content, mais son bonheur n'est pas sans nuages. Vénus, qui régit les sentiments, voyage en Cancer, un signe qui ne lui convient pas. Il fait donc face à des problèmes familiaux; sa vie au foyer n'est pas aussi rose qu'il le souhaiterait. Mais la fin de juillet ramène la paix souhaitée dans ses amours et dans ses amitiés.

CONFLITS DUS AU SUCCÈS

Ses parents, ses frères et sœurs ou ses enfants sont en conflit entre eux, avec son conjoint ou avec lui-même. Le Bélier s'efforce de décoder les sources de discorde afin de réduire l'impact négatif que ces tensions produisent dans la famille. En grande partie, ces conflits sont dus au succès qu'il remporte et qui fait l'envie de tous. Des jaloux rôdent autour de lui. Ce n'est qu'à la fin de juillet qu'il retrouve la paix souhaitée. Août sera de loin meilleur au niveau affectif et sentimental, il sera heureux de l'apprendre.

ASCENDANTS TOUCHÉS

Le 30 août apporte une dissonance entre Jupiter et Uranus que ceux qui sont ascendant Vierge, Poissons, Gémeaux ou Sagittaire goûtent plus fortement. Une médecine qu'ils n'aiment pas. Il leur est déconseillé d'aller de l'avant de manière résolue, sans égard pour les limites d'autrui ni pour leurs propres limites. Les voyages en avion sont à remettre, la terre et l'eau n'étant pas sécuritaires. Il devra s'abstenir de prendre des risques entre le 15 août et le 15 septembre. Le feu est à surveiller, les coups de soleil aussi, car ils sont particulièrement sournois.

LES AUTRES VONT MIEUX

Les autres natifs vont mieux et sont en sécurité, mais le monde autour d'eux se transforme et apporte des changements comme il le fait pour chacun de nous. S'adapter aux nouvelles circonstances s'impose, c'est évident.

C'est fête nationale des Canadiens (1er juillet) et celle des Français (14 juillet). Bonne fête et bonnes vacances à tous!

HOROSCOPE HEBDOMADAIRE

Du 6 au 12 juillet: Période valorisante socialement et matériellement. Soins corporels, cures de santé et régimes améliorent votre qualité de vie. Le cœur est inquiet, instable, insatisfait. Il faut réévaluer vos concepts.

Du 13 au 19 juillet: La pleine Lune du 13 en Capricorne indique un besoin de repos et de détente. Prenez des vacances. Loin des tensions et de la routine habituelle, vous refaites le plein d'énergie.

Du 20 au 26 juillet: Il est question de mariage, de naissance dans la famille. Association d'affaires, longs voyages, spéculation boursière et immobilière, chance aux jeux de hasard, la vie vous sourit.

Du 27 juillet au 2 août: Votre vie affective et sentimentale retrouve sa splendeur, l'amour vous ouvre les bras. La nouvelle Lune du 29 en Lion rapproche les jeunes. Jeux et sports sont au programme.

Du 3 au 9 août: C'est la semaine idéale pour prendre des vacances en toute sécurité. Vous avez le cœur en fête. Vous exprimez vos sentiments avec tendresse, votre vie de couple va bien et les liens se resserrent autour de votre famille. Vous êtes heureux.

Du 10 au 16 août: L'eau tempère le feu qui vous anime, mais prenez des précautions avec cet élément, surtout si vous avez les yeux bleus. C'est un signe d'ascendant Poissons, Scorpion ou Cancer. La pleine Lune du 12 en Verseau permet d'élucider certains mystères vous entourant.

Du 17 au 23 août: Natifs du 27 mars au 4 avril, prenez soin de vous et de votre santé. Pour retarder le vieillissement et éviter la dépression, refusez de vous épuiser par le travail, les sports et les activités sexuelles.

Du 24 au 30 août: L'opposition Jupiter-Uranus du 30 se fait sentir chez les ascendants Poissons, Vierge, Gémeaux et Sagittaire. La nouvelle Lune du 27 en Vierge favorise le travail, l'ordre, la discipline. Il faut ranger, nettoyer, faire des confitures et «engranger» des provisions de soleil.

Du 31 août au 6 septembre: Fin des vacances et des congés d'été. Vous êtes prêt à attaquer l'automne. Jupiter passe en Vierge avec le Soleil, Mercure et Vénus. Ascendant Vierge, vous avez le vent dans les voiles!

CHIFFRES CHANCEUX

8-17-22-27-31-32-42-43-55-67

SEPTEMBRE

L'amour est inépuisable, et ce qui est inépuisable est toujours nouveau.

KRISHNAMURTI

DERNIÈRE CHANCE

Septembre vous offre une dernière chance. Ce que vous n'avez pas fait par négligence, ce que vous avez fait insuffisamment bien ou mal, enfin ce que vous auriez aimé réaliser mais n'avez pas pu effectuer, tout cela redevient possible. Revenez sur une décision injuste qui tracasse votre conscience, utilisez votre pouvoir pour redresser les torts causés sans le vouloir ou par faiblesse de caractère, à qui ne le mérite pas.

UN BÉLIER FAIBLE

Un Bélier faible de caractère? Ça existe parfois chez les ascendants doubles. Les ascendants Poissons, Vierge, Gémeaux et Sagittaire sont influençables et parfois mous. Ils doivent se faire violence pour contre-carrer les autres, surtout s'ils les croient plus forts et plus intelligents qu'eux. Ce n'est pas toujours facile…

PLACEZ VOS PIONS

Le moment est idéal pour oser, cher Bélier de toute ascendance. Ce que vous direz arrivera. Vous n'en reviendrez pas et regretterez de ne pas l'avoir fait plus tôt. Tant pis pour le passé, c'est le présent qui compte et le vôtre est brillant. Imposez votre volonté, utilisez votre force et placez vos pions. La partie vous appartient pour peu que vous désiriez la jouer. Bonne chance!

C'est fête du Travail au Canada le 1er septembre, bonne fête!

HOROSCOPE HEBDOMADAIRE

Du 7 au 13 septembre: Vous faites preuve d'adaptabilité aux lois nouvelles, ce qui vous rend service au travail et dans votre vie privée. Votre autorité doit s'exercer humainement. À la pleine Lune du 10 en Poissons un mystère s'éclaircit.

Du 14 au 20 septembre : Natifs du 29 mars au 8 avril, Saturne vous recommande la prudence du côté de votre santé et de votre sécurité personnelle. Évitez de vous mêler des problèmes sociaux et politiques. Unions et syndicats ne sont pas pour vous !

Du 21 au 27 septembre : Prenez soin de votre santé et si tout va bien de ce côté, intéressez-vous à celle de votre conjoint. La Lune du 25 en Balance accentue le besoin de protection.

Du 28 septembre au 4 octobre : Soleil et Vénus en Balance, votre signe opposé, vous conseillent d'être attentif aux moindres signes de fatigue. Votre partenaire est le plus fort en ce moment. Ne soyez pas inquiet, c'est cyclique.

CHIFFRES CHANCEUX

1-17-20-26-27-33-34-47-59-60

OCTOBRE

Le monde n'avance que grâce à ceux qui s'y opposent.

E. YOUNG BRUEHL

MOINS DE FACILITÉ

Octobre vous apporte moins de facilité. Tous les natifs sont confrontés à leurs limites et font face à des empêcheurs d'avancer. Un frein leur est imposé à la suite d'événements extérieurs sur lesquels ils n'ont pas de prise. Ces événements ont des répercussions négatives sur leur progression. Rien de tragique, mais il y a de quoi vous donner le temps d'approfondir vos problèmes et de peser les conséquences de vos actes.

RESTRICTIONS ASSEZ SÉVÈRES

Les personnes nées entre le 1ᵉʳ et le 6 avril font face à des restrictions assez sévères. Il peut s'agir de leur santé qui fléchit, de l'âge qui fait son œuvre, de leur moral qui tend à décliner. Ce qu'il leur faut: rester dans le coup, se mêler aux jeunes, sortir, rencontrer des gens différents et nouveaux, voyager si possible et élargir leurs horizons.

BESOIN DE CALME

La contemplation de leur nombril n'apportant rien qui vaille à ces natifs non plus qu'aux autres, il leur faut apprendre à retenir leurs pulsions sexuelles et à maîtriser leur impulsivité. C'est de calme dont ils ont besoin. Mieux vaut prévenir que guérir, vous feriez mieux de consommer des suppléments alimentaires et de ménager votre système nerveux. Pour un meilleur octobre, ne prenez pas de risques et évitez d'en dire trop long.

Le 13 octobre c'est le jour de l'Action de grâces, bon congé!

HOROSCOPE HEBDOMADAIRE

Du 5 au 11 octobre: À compter du 9, les choses tournent en votre faveur en amour. À la pleine Lune du 10 en Bélier, vous aurez un regain de passion pour la personne aimée. Ne résistez pas à la tentation, elle est si jolie!

Du 12 au 18 octobre: Le cœur est plus heureux, pourtant vous êtes nerveux. Votre conjoint et les personnes autour de vous vous tapent sur les nerfs. Éloignez-vous de l'action pendant quelques jours, ça fera du bien à tout le monde.

Du 19 au 25 octobre: Projets secrets, héritages, testaments, dettes et impôts, rien n'est clair. Méfiez-vous de votre associé, voire de votre conjoint. À la nouvelle Lune du 25 en Scorpion, mettez de l'ordre dans vos affaires.

Du 26 octobre au 1ᵉʳ novembre: Vous avez de l'intérêt pour ce qui concerne la mort. Vous faites des rêves où l'occultisme et les rites d'initiation jouent un rôle. Vous ne croyez rien, il vous faut des preuves. Le détective en vous se réveille, vous allez pincer les malfaiteurs.

CHIFFRES CHANCEUX

1–9–11–21–24–32–33–41–42–67

NOVEMBRE

Pour connaître la moindre chose sur soi-même, il faut tout savoir sur les autres.

OSCAR WILDE

BON ASPECT

Le 1er novembre apporte un bon aspect planétaire entre deux planètes majeures, Jupiter et Saturne. Cela se passe dans les signes de la Vierge et du Cancer. S'il s'agit de votre signe ascendant, vous avez de la veine, vos projets financiers réussissent. Sinon il faut travailler plus dur, mais la réussite sera encore plus gratifiante.

DEUX ÉCLIPSES

Deux éclipses totales se font dans le ciel du mois. La première, lunaire, le 8 novembre en Taureau, la deuxième, solaire, le 23 novembre en Sagittaire. Mieux vaut restreindre vos appétits et attendre à la mi-décembre pour mettre en route de nouveaux projets, les anciens devant idéalement être terminés avant le 2 novembre.

BAISSE DU TONUS MORAL

Le 8 décembre indique une baisse généralisée du tonus moral. Les ascendants Taureau, Lion, Scorpion et Verseau sont plus affectés par cette éclipse. Les autres sont à l'abri et c'est tant mieux. Nous avons besoin de gens en forme pour remonter la pente car, il faut le préciser, tous les humains, animaux, plantes et métaux sur terre sont affectés. Le climat peut nous inquiéter. Il faudra bien y voir un jour.

BAISSE DE VITALITÉ GÉNÉRALE

Le 23 novembre indique une baisse de vitalité générale. Les ascendants Sagittaire, Poissons, Vierge et Gémeaux sont en manque de résistance. Malades et inquiets pour leur santé, ils doivent se soigner à la moindre alerte. Si vous êtes un Bélier diffus, instable, peu sûr de vous, il se peut que vous ayez l'un de ces signes comme ascendant. Prenez les précautions qui s'imposent et vous serez en sécurité.

PROMPT À JUGER

On est prompt à juger, ne vous exposez pas à la critique. Si tout le monde est contre vous, réfléchissez. Il peut y avoir un message dans cette attitude négative envers vous, votre compagnie, vos associés ou investisseurs. Ne prenez pas parti sans avoir pesé le pour et le contre et écoutez les conseils de gens neutres dans cette affaire.

HOROSCOPE HEBDOMADAIRE

Du 2 au 8 novembre : Vivez cette semaine en douceur, sans chercher à innover et vous contentant de la routine habituelle. C'est la meilleure façon de vous rassurer face à l'éclipse lunaire totale du 8.

Du 9 au 15 novembre : L'énergie remonte au galop. Vous reprenez confiance en vous, vos paroles coulent comme du miel. Vous aimez et êtes aimé passionnément. Quelle chance vous avez, profitez-en bien !

Du 16 au 22 novembre : Tout se passe en cachette, ce n'est pas sain. Ne vous exposez pas à des occasions de revers. Évitez ceux qui vous culpabilisent et vous traumatisent. Ils ne valent rien de bon, fuyez-les.

Du 23 au 29 novembre : L'éclipse solaire totale du 23 en Sagittaire peut ne pas vous toucher. Aidez ceux qui souffrent. Si vous êtes en perte d'autonomie ne soyez pas orgueilleux, demandez de l'aide.

Du 30 novembre au 6 décembre : Établissez solidement vos projets. Natifs du 1er au 8 avril, n'embrassez pas plus large qu'il vous en faut. Ne vous alourdissez pas, n'assumez pas de nouvelles charges, libérez-vous.

CHIFFRES CHANCEUX

6-7-13-21-26-27-39-44-50-68

DÉCEMBRE

Toutes les spéculations sont grises. Mais éternellement vert est l'Arbre d'or de la vie.

GOETHE

DERNIER MOIS DE L'ANNÉE

Sauf les natifs du 30 mars au 7 avril qui requièrent plus d'attention, le dernier mois de l'année ne pose pas de risques côté santé et sécurité. Il n'en demeure pas moins que quelques-uns sont sujets aux maladies de langueur et aux affections pulmonaires, à des problèmes d'ossature, de la tête ou des organes de la tête. La dépression, rare chez le Bélier, pourra affecter certains d'entre vous. Sans en nier la possibilité, espérons que ce ne soit pas le cas. Pour la plupart, l'année finit bien.

AVIS SPÉCIAL

Avis spécial : les natifs âgés de 14, 21, 28, 35, 42, 49, 56 ans et de tous les multiples de 7 sont plus sensibles aux coups durs. Il faut les encourager à continuer, les protéger contre eux-mêmes et les aider à franchir le cap. La montagne est escarpée, le rocher à pic. Il leur faut de bonnes chaussures, du soutien physique et moral.

ASCENDANTS ET TENDANCES NÉGATIVES

Ascendants Cancer, Capricorne, Balance et Bélier des âges mentionnés, soyez sur vos gardes et tentez par tous les moyens de conserver les forces physiques et morales dont vous avez hérité à la naissance. Plus que les autres, vous êtes exposés à certaines tendances négatives. Il faut résister. Si vous n'y arrivez pas seul, voyez un bon médecin. Il posera un diagnostic fiable et vous traitera adéquatement. Une condition : suivez ses conseils, sinon c'est peine perdue.

QUELQUE CHOSE D'UTILE

Au lieu de vous apitoyer sur votre sort, faites quelque chose d'utile. Cherchez de l'aide auprès de ceux qui ont des problèmes semblables aux vôtres. Allez vers la délivrance des peines passées, qu'elles soient affectives, amoureuses ou morales. Les difficultés se résorberont en juillet 2004. Ça peut sembler long au Bélier qui n'a guère de patience, mais il sortira grandi de l'épreuve.

FIN D'ANNÉE GAIE

Malgré ce qui précède, la fin d'année est gaie. Prévoyez un regain de volonté, d'énergie et de dynamisme vous permettant une fin d'année amusante et désordonnée, comme vous les aimez. Vous vous animez tant que vous en oubliez vos soucis. Merveilleux remède que l'action pour un Bélier !

VIVE LA LIBERTÉ

L'année se termine sur une note heureuse. Affection, tendresse et amour se joignent pour vous consoler des ennuis, petits et grands. Vous ne regrettez pas 2003. Vous avez connu des moments sublimes, peu de gens peuvent en dire autant. Liquidé, votre karma ! L'avenir vous appartient, vous pouvez l'affronter en toute quiétude. Ne laissez rien ni personne retenir votre bonheur. Vive la liberté !

HOROSCOPE HEBDOMADAIRE

Du 7 au 13 décembre : La pleine Lune du 8 en Gémeaux favorise la bonne humeur, puis annonce une dégringolade à la suite d'ennuis de cœur. Vos nerfs sont fragiles, il faut vous méfier des risques d'accidents.

Du 14 au 20 décembre : Votre père, grand-père ou tuteur peut vous apporter des désagréments. La famille n'est pas d'accord avec vous. Dommage, mais les circonstances changeront bientôt. Gardez le moral, le climat s'améliorera.

Du 21 au 27 décembre : La nouvelle Lune du 23 en Capricorne est mauvaise. Métier, travail et santé sont touchés. Mettez de l'eau dans votre vin. L'alcool réchauffe, vous n'en avez pas besoin. Joyeux Noël !

Du 28 au 31 décembre : La fin d'année est joyeuse, placée sous le signe de l'amour. Rien de traditionnel dans vos célébrations. Vous êtes unique, on apprécie votre sens de l'humour et on s'amuse bien en votre compagnie.

CHIFFRES CHANCEUX

1-9-21-24-35-41-41-55-69-70

Bonne année 2004, cher Bélier!

Taureau

DU 21 AVRIL AU 21 MAI

1er DÉCAN : DU 21 AVRIL AU 1er MAI
2e DÉCAN : DU 2 MAI AU 11 MAI
3e DÉCAN : DU 12 MAI AU 21 MAI

Compatibilité sexuelle et amoureuse

La compatibilité sexuelle et amoureuse entre les signes du zodiaque ayant été commentée de toutes sortes de manières, je me permets de porter à votre attention les constatations suivantes basées sur des données millénaires. Vous verrez qu'elles sont encore aussi justes de nos jours qu'elles l'ont été au cours des siècles passés.

Dans cette analyse, j'ai utilisé le Soleil natal comme point de départ, mais il faut retenir que c'est la planète Mars qui régit la sexualité proprement dite. Les recherches que j'ai entreprises tendent à nous apporter une meilleure connaissance de nous-mêmes dans ce que nous avons de plus personnel, de plus intime, de plus secret. Par extension, cela nous aidera à comprendre les besoins de nos partenaires de vie.

En abordant le sujet de la compatibilité, je ne vous propose pas de règles vous dictant la manière de mener votre vie sexuelle. Cependant, vous le constaterez certainement, sexualité et astrologie font bon ménage. C'est un duo sur lequel on aurait avantage à compter plus fréquemment. Naturellement, en vous livrant à vos observations, vous devrez tenir compte de votre signe ascendant. Car il arrive que deux personnes dont les signes ne sont pas en accord aient des ascendants qui, eux, sont parfaitement compatibles. Vous l'aurez compris, il convient, là comme ailleurs, d'examiner toutes les riches possibilités dont nos natures humaines sont dotées en tenant compte de l'influence des astres sur nos vies.

Ces notions générales vous indiquent donc vos tendances naturelles. Je crois sincèrement qu'elles pourront vous inciter à aller plus loin dans la recherche de l'harmonie sexuelle. Ne serait-ce qu'à ce titre, je suis persuadée qu'elles vous seront utiles.

TAUREAU-TAUREAU

Leur liaison est un long duo sexuel. Lorsqu'ils font l'amour, c'est une rapsodie, lorsqu'ils se chamaillent c'est une cacophonie. Au lit, tout doit être propre, sentir bon, être soyeux au toucher. Ils se parfument, se bichonnent; ils vouent un culte à l'amour. S'ils se plaisent sexuellement, c'est pour toujours. Rien ne pourra les séparer, sauf la mort.

Il arrive parfois une fausse note dans cette harmonie lorsque l'intérêt financier se mêle à l'attrait physique. Dommage!

TAUREAU-GÉMEAUX

La magie de l'amour peut altérer le verdict mais en principe le lent et langoureux Taureau ne se satisfait guère des désirs changeants du capricieux Gémeaux qui n'aime pas traîner au lit. Sitôt dit, sitôt fait. Pas pour le Taureau qui reste sur sa faim pendant que le Gémeaux va faire la noce ailleurs.

La jalousie peut causer un drame. Le plus souvent, les deux veulent se séparer après un intermède enflammé. Mais ils restent amis.

TAUREAU-CANCER

Ce sont deux natures romanesques mais bien différentes qui s'attirent sexuellement et qui vont se plaire pendant des années. Souvent, le Taureau attaque et s'occupe des préliminaires. Le Cancer est dans son lieu préféré, la Lune. L'attraction est forte entre eux, mais le tout est de savoir si elle résistera à toutes les lunes.

La précision et le rêve les unissent charnellement. Ce couple a un bel avenir si le Taureau sait aiguillonner le désir de son partenaire et s'il aime voyager.

TAUREAU-LION

Voici deux natures à puissance sexuelle maximale. Aucun n'admet aisément la soumission sexuelle. À court terme, ce peut être sublime, mais à long terme cela devient risqué. Le Lion est chasseur, le Taureau va en souffrir. Si la femme est Lion et l'homme Taureau, les chances de réussite sont meilleures, mais si les deux sont jaloux, le drame est quasi inévitable.

L'attraction est souvent fatale entre ces signes opposés. L'union homosexuelle a plus de chances de satisfaire les partenaires à moyen terme.

TAUREAU-VIERGE

Deux natures passionnées et sensuelles qui se rencontrent au lit ne peuvent que connaître des relations intenses et satisfaisantes. La volonté du Taureau de faire plaisir à son partenaire est évidente. Il fait tout pour lui être agréable, même ce qu'il n'aime pas. Par chance, la liste des interdits est courte.

Ce couple est voué au succès, d'autant plus qu'ils partagent le même intérêt pour l'érotisme et l'entente sexuelle.

TAUREAU-BALANCE

Ces deux-là sont faits pour l'amour. La sensualité a priorité sur la génitalité, ce qui n'empêche pas le désir de s'exprimer librement et d'arriver au climax désiré. Ni l'un ni l'autre ne reste sur sa faim, les deux partenaires se satisfont entièrement, sinon ils se quittent illico. La chose est rare, heureusement.

Pour mettre du piquant dans leur relation, le Taureau montre plus d'inventivité que la Balance. Il faut lui mettre des balises.

TAUREAU-SCORPION

Deux contraires s'attirent pour un moment de passion. Ce sont des ébats sexuels dont ils se souviendront tous les deux. Un sentiment sans nom les unit, souvent sans qu'ils ne sachent pourquoi. Les deux recherchent consciemment ou non la souffrance, le karma. Ils ont trouvé chaussure à leur pied.

La durée de leur relation sexuelle est idéalement courte. S'ils s'entêtent, ça peut durer, mais l'un des deux en sera meurtri.

TAUREAU-SAGITTAIRE

La pression exercée par le Taureau sur son partenaire sexuel est constante. Si leur appétit à tous deux est gargantuesque, ça peut aller, mais si l'un se satisfait au détriment de l'autre, on peut entrevoir la fin prématurée de cette union volcanique. Le plus souvent c'est tout simplement génial.

L'entente sexuelle entre ces deux natures amoureuses et romantiques est naturelle. S'ils se quittent, c'est par accident.

TAUREAU-CAPRICORNE

Ce sont deux êtres sensuels aux féroces appétits sexuels et amoureux. Il leur faut parfois une aide extérieure pour atteindre le niveau de satisfaction désiré. Cela ne va pas sans risques. Le Taureau est jaloux, malheur à l'autre s'il se fait prendre à le tromper ou encore à nouer une autre relation sans son accord tacite ou sans sa participation.

Les corps vibrent à l'unisson, mais les désirs sont différents. L'un veut l'amour d'abord, l'autre l'argent. Ce n'est pas irréconciliable.

TAUREAU-VERSEAU

L'attrait sexuel entre eux est immédiat. Ils s'attirent, mais fatalement, comme le papillon recherche le feu, pour se brûler les ailes. Jeunes, ils peuvent plaider l'ignorance. Plus âgés, ils savent ce qu'ils font. Le Taureau possessif est incompris du Verseau. Au lit comme ailleurs, il souffre de sa froideur.

Le Taureau est amoureux et sensuel, le Verseau ambigu. Les problèmes sexuels sont fréquents et causent la séparation.

TAUREAU-POISSONS

Leur compatibilité amoureuse est évidente, mais l'entente sexuelle n'est pas automatique. L'un a de grands appétits, l'autre suit ses caprices. Si le Taureau s'occupe des préliminaires, ça va, mais si l'homme est Poissons, c'est la femme qui devra faire les avances. Ça risque d'être moins excitant sexuellement.

La sexualité n'est pas ce qui soude la relation. Le comportement sexuel bizarroïde de l'un doit être compris et accepté de l'autre.

TAUREAU-BÉLIER

Leurs rôles sexuels sont mal définis. Si l'homme Taureau accepte de laisser le rôle de dominant à la femme Bélier, ça peut être intéressant. Sinon ils se satisferont à l'occasion, mais ils seront sur des longueurs d'ondes différentes durant toute la durée de leur union romantico-sexuelle.

S'ils ont besoin l'un de l'autre pour diverses raisons, ils peuvent trouver un terrain d'entente sexuel approximatif, mais satisfaisant.

Prévisions annuelles

TRÉSORS D'ÉNERGIE POSITIVE
La nouvelle année recèle des trésors d'énergie positive pour les natifs du Taureau. Débutant lentement, certains diront péniblement, l'année s'améliore au fil des mois pour se terminer dans l'apothéose. Il sera utile aux natifs de suivre régulièrement les transits planétaires, en particulier les déplacements du grand et bénéfique Jupiter, pour profiter au maximum de la chance quand elle se manifestera et minimiser l'impact négatif quand ce sera nécessaire.

SÉRIEUX ET PROFONDEUR DE VUE
L'an neuf est principalement axé sur le sérieux et sur la profondeur de vues. Les grands principes philosophiques les laissant froids, les natifs de tous âges et de toutes conditions sociales sentent que le temps est à l'absorption de nouvelles façons de vivre, mieux adaptées aux réalités du monde actuel et plus techniques qu'émotives. C'est une année de réflexion qui s'ouvre pour eux. Elle aura des effets bénéfiques qu'ils seront à même de comptabiliser lorsqu'elle se terminera.

SAGESSE DE SATURNE
Héritant d'une large part de la sagesse de Saturne, les Taureau ont intérêt à faire preuve d'économie et de tempérance en ce qui a trait à leur consommation d'énergie, notamment dans les passions charnelles et sexuelles qui les animent. Leurs qualités innées sont amplifiées, ce qui constitue un progrès majeur. On sait le Taureau près des choses de la terre, il aimera 2003.

ATTRIBUTS À UTILISER
Voici une liste des principaux attributs à utiliser pour bénéficier des largesses du sort: endurance, résistance, travail, calme, patience, contrôle de soi, fidélité, dispositions aimantes, inclination aux plaisirs sains, attraction pour les manifestations des arts et de la beauté sous ses formes concrètes, talent vocal et musical, voix forte et bien placée qui impose le respect.

TENDANCE MINIMALISTE

Un sain rafraîchissement des idées et des désirs fait du bien, sans compter que la tendance minimaliste qu'ils affectionnent et adoptent le plus naturellement du monde les aide à vivre de façon plus satisfaisante et plus longtemps. *Moins* signifie *plus* pour le Taureau cette année. Vous le constaterez vous-même si vous êtes du signe, c'est tout à fait exact.

DÉPENSES INATTENDUES

Jupiter transitant en Lion, signe incompatible avec vous, cher Taureau, pendant les huit premiers mois de l'année, cet aspect présage des dépenses inattendues et dont vous auriez pu vous passer. Mais vous devez payer vos dus à la société qui vous alimente et vous fait vivre. Les impôts sont un mal nécessaire, les natifs doivent se soumettre aux lois comme les autres. Si cela coûte plus cher que prévu, vous pourrez vous refaire pendant les quatre derniers mois de 2003. Jupiter passant alors en Vierge, vous en ressentirez les bienfaits et aurez les fonds nécessaires pour faire face à toutes les dépenses.

LES IMPÔTS

Il y a deux certitudes dans la vie, la première : on doit mourir, la deuxième : on doit payer ses impôts. Pourquoi se faire mourir à payer des impôts, direz-vous. C'est une question d'attitude. On n'a qu'à les payer sans se faire mourir et ne plus en parler !

GAINS INESPÉRÉS

Les quatre derniers mois de l'année indiquent des gains d'argent inespérés. Selon l'usage que vous faites de vos dons et talents et selon l'attitude que vous adoptez pendant cette période, ce peut être la fortune. Les occasions sont là, il suffit d'y avoir recours et de faire un geste dans leur direction. Le premier pas coûtera, mais ceux que vous ferez ensuite vaudront cent fois la peine qu'ils vous auront coûtée.

PÉRIODE FASTE

Cette période faste durera un an. Cela vous donnera le temps de trouver ce qui convient à votre tempérament et comblera vos besoins de confort. Le job idéal ou le boulot rassurant, les voyages espérés, le mariage enrichissant, la naissance attendue, tout cela est rendu possible par la grâce de Dieu et de Jupiter, son bras droit, quand il est question de chance et de bonheur.

QUELQUES AVERTISSEMENTS

Quelques avertissements s'imposent cependant. Ils vous seront servis le moment venu, et au cours de la période probante. Il vous suffit de savoir que le positif pèse plus lourd dans la balance que le négatif. Malgré quelques accrochages mineurs, vous bénéficiez d'une année constructive et enrichissante. Bien sûr, vous devrez aider les planètes. Ne dit-on pas «Aide-toi et le ciel t'aidera.» Au travail, cher Taureau!

ÉCLIPSES NOCIVES

L'éclipse lunaire totale du 15 mai ne vous aide pas moralement et l'éclipse lunaire totale du 8 novembre a le même effet déstabilisant. Averti, vous tiendrez compte de ces remarques et passerez à côté de dépressions et de malaises psychiques qui auraient pu être durs. La science astrologique, qui étudie le fonctionnement des planètes et l'influence qu'elles ont sur les humains est là pour nous prévenir des dangers, afin que nous puissions les contourner ou du moins en minimiser l'impact. C'est un avantage à ne pas sous-estimer.

CHANCE PURE

La part de chance pure représentée par le nœud ascendant de la Lune arrive à compter du 15 avril dans votre signe. Elle y restera tout le reste de l'année et jusqu'en 2004. Cet aspect bénéfique vous rejoint au moment de votre anniversaire de naissance ou presque. C'est un bon présage, vous m'en direz des nouvelles...

LES PLUS CHANCEUX

Les plus chanceux sont les natifs du troisième décan, soit ceux du 12 au 20 mai, mais les autres ne sont pas laissés pour compte. Ils profitent aussi d'une large part de chance. Par exemple, d'août à décembre, les personnes du premier décan ont l'aide de Jupiter. Natifs du 21 avril au 1er mai, ne laissez pas passer l'occasion. Provoquez la chance et allez la chercher où elle se trouve, c'est-à-dire dans l'effort et le travail. La récompense sera énorme.

SOMME TOUTE

Somme toute, en tant que natif du Taureau, vous continuez à vous tracasser et à subir les coups du sort, mais vous avez de quoi lutter et vous défendre. C'est un avantage que vous n'aviez pas auparavant. Nul doute, vous reconnaîtrez la chance quand elle passera et la saisirez au vol. Ainsi, vous passerez une bonne année.

L'an 2003 se termine sur un air de victoire et de dépassement de soi. C'est un air que vous aimerez !

Bonne année, cher Taureau !

Prévisions mensuelles

JANVIER

Les illusions tombent les unes après les autres comme les écorces d'un fruit, et le fruit, c'est l'expérience.

GÉRARD DE NERVAL

TENDANCES CONTRADICTOIRES

Vous vivez le début de l'année 2003 sous des tendances contradictoires. D'un côté vous êtes stimulé au travail, décidé à surmonter les difficultés. Vous désirez réussir votre vie professionnelle et, de façon plus générale, votre existence. De l'autre, vous êtes obligé de remettre à plus tard la réalisation de certains projets qui vous tiennent à cœur. Déçu, contrarié, vous boudez. Attention de ne pas crier votre mécontentement sur tous les toits, vous risquez des représailles.

PROBLÈMES DE SANTÉ ET AUTRES

Ceux qui ont abusé des plaisirs sensuels et sexuels et des bonnes choses de la vie risquent des problèmes de santé reliés au cœur. Ennuis au travail, revers sociaux et professionnels sont également possibles. Sans dramatiser, vous aurez raison de limiter les dépenses de temps, d'argent et d'énergie. Face aux problèmes divers qui vous échoient, rien de mieux à faire que de prendre votre mal en patience.

À COMPTER DU MILIEU DU MOIS

À compter du milieu du mois vous êtes en mesure d'assumer des responsabilités et de foncer, mais encore là, la santé peut vous mettre des bâtons dans les roues. Si c'est le cas remettez à plus tard vos grandes ambitions et soignez-vous. Rien d'autre à faire. Côté pratique, attendez au 16 janvier pour accomplir des gestes ayant des répercussions sur votre vie personnelle et familiale, ce sera plus sûr.

LA JUSTICE ET VOUS

Jupiter voyageant en Lion, un signe en mauvais aspect avec le vôtre, il vous faut être prudent avec la loi. La justice et vous n'êtes pas amis. Le moindre écart de conduite, la moindre désobéissance sociale pouvant aboutir à des suites légales, sans compter les peines et énervements que cela suppose, mieux vaut vous tenir coi.

SÉPARATIONS, DIVORCES

Le temps n'est pas propice aux séparations ou aux divorces, ils sont à déconseiller complètement. Les frais encourus dépassant les gains que vous pourriez escompter, cela tant au plan sentimental que financier, mieux vaut remettre à plus tard toute action dans ce sens. Vous êtes prévenu, il vous appartient d'en décider.

SE MARIER, S'ASSOCIER

Se marier ou s'associer en affaires sous de tels auspices est également proscrit. L'union risque d'être brève et chaotique, sans compter qu'elle pourrait être ruineuse dans les deux cas. Il est préférable d'attendre au mois d'août ou après pour prendre une décision éclairée et définitive.

S'INCLINER

Mettre votre orgueil de côté et ne pas manipuler ou vous laisser manipuler vous éviteront des bévues, alors que le cabotinage sera nuisible ce mois-ci. Soyez-en conscient et prenez-en note. Jupiter est une planète bénéfique, mais quand elle est mal disposée envers nous, il faut s'incliner et se concentrer sur ce qui fonctionne, soit en misant sur nos talents intellectuels. En ce moment, vous êtes champion de ce côté.

HOROSCOPE HEBDOMADAIRE

Du 1er au 4 janvier : La nouvelle Lune du 2 en Capricorne indique la possibilité d'un long voyage. Vous êtes sérieux sans être ennuyeux. Retenez vos tendances extrémistes, elles sont dangereuses. Vous avez de la chance dans vos études et vos affaires d'argent, mais vous devez surveiller votre santé.

Du 5 au 11 janvier : La semaine est favorable aux travaux intellectuels, mais votre énergie est inconstante. Soyez prudent avec l'eau et le feu. Votre conjoint ou votre associé vous cause des problèmes, pour alléger la situation limiter les discussions oiseuses.

Du 12 au 18 janvier : Votre état de santé vous inquiète. Vos points sensibles sont le cœur, les artères et l'appareil génito-urinaire. Méfiez-vous des risques d'accidents, surtout au moment d'une intervention chirurgicale. Choisissez soigneusement vos médecins et suivez leurs conseils. La pleine Lune du 18 en Cancer atténue les risques.

Du 19 au 25 janvier : Vous avez un regain de vigueur, votre goût des combats et vos mécanismes d'autodéfense sont accrus. Vous prenez la relève et avez de quoi vous battre contre des injustices qu'on menace de vous faire subir. Au travail !

Du 26 janvier au 1ᵉʳ février : Vous êtes encouragé à vous extérioriser par le sport et l'exercice. Vous avez envie des voyages aventureux, mais n'hésitez pas à les remettre s'ils mettent votre santé en danger. La nouvelle Lune du 1ᵉʳ en Verseau vous porte à dépenser pour une voiture, un ordinateur, des appareils ménagers, etc.

CHIFFRES CHANCEUX

3-13-22-23-37-38-43-44-59-67

FÉVRIER

Rien ne vaut ce jour d'aujourd'hui.

GOETHE

PROBLÈMES EN VUE

Des problèmes sont en vue, je dois vous prévenir. Jupiter en Lion s'opposant à Neptune en Verseau le 16 du mois, vous êtes dans un dilemme. Évitez de tomber dans la fosse aux lions, ne provoquez pas le malheur. Votre famille et votre réussite sociale et professionnelle sont au cœur du problème. Essayez de minimiser les dégâts en ne vous plaçant pas en situation conflictuelle et en vous efforçant de gagner du temps. Le temps c'est de l'argent, aujourd'hui plus que jamais.

Persister ou lâcher prise

Si la situation est intolérable quittez-la sans regret, abandonnez la partie. Vous n'allez pas mourir pour des raisons matérielles. Surtout que dès septembre prochain, vous aurez ce qu'il faut pour vous tirer de tous les pétrins où vous vous êtes fourré maladroitement, ou par ignorance. Il faut persister ou lâcher prise, c'est aussi simple que ça.

Les plus affectés

Les plus affectés par ce qui se passe actuellement ont un ascendant Lion, Verseau, Scorpion ou Taureau. Méfiez-vous de l'onde perfide, des paradis artificiels, des empoisonnements et de la contagion, enfin ne voyagez pas au loin et ne prenez ni l'avion ni le bateau. Ces règles de base suivies, vous devriez passer ce mois sans trop de mal.

Consolations côté cœur

Des consolations côté cœur sont à escompter en février. C'est heureux, car c'est justement le mois des amoureux. Allègement des peines, relâchement des tensions légales et autres, chance dans les entreprises où l'amour et l'affection jouent un rôle, c'est le gros lot à la loterie de l'amour et des sentiments. Disons que ça remonte le moral.

Vénus vous aime

Belle planète régnant sur ce qui est agréable et embellit la vie, Vénus passant en Capricorne vous aime. Cela se traduit par des offres alléchantes au plan artistique et esthétique, dans le travail et le métier si vous exercez une profession libérale ou un art. D'un côté vous êtes «malchanceux» et de l'autre vous êtes très chanceux. Ça fait jaser les commères et les compères qui n'en reviennent pas de ce qui vous arrive.

Du courage

Vous ne pouvez pas refuser le plaisir qu'on vous propose, ce serait trop demander. Pourvu que la santé n'ait pas à en souffrir, acceptez sans crainte, vous n'aurez pas à subir les foudres du sort pour l'avoir fait. Bien des gens envient votre bonheur. Ils n'ont qu'à vous imiter et à négliger les apparences pour s'intéresser au principal, soit à la personne. Race, couleur, religion, âge, rang social, sexe ou situation économique, rien à faire, nul tabou ne vous arrête. Vous bravez tout par amour. Il faut le souligner, votre attitude exige du courage.

PATIENTEZ JUSQU'EN SEPTEMBRE

Si vous êtes lié à une autre personne que celle que vous aimez, patientez et attendez en septembre pour défaire les attaches légales et autres qui vous retiennent. Vous serez alors en mesure d'agir concrètement et d'entreprendre des procédures pour vous séparer ou divorcer. Cela, sans difficultés majeures.

L'ESPOIR NOURRIT

Un peu d'endurance vous permettra d'aller loin. Ayez recours à vos réserves personnelles et patientez jusqu'à ce que le «bon moment» soit arrivé. Vous serez à même d'apprécier la différence dans votre vie privée et vos affaires d'argent. L'espoir nourrit, vous êtes sain et sauf.

Joyeuse Saint-Valentin à tous!

HOROSCOPE HEBDOMADAIRE

Du 2 au 8 février: Évitez les excès. Ce sont eux qui sont les plus nuisibles à la santé et au portefeuille. La vie affective et amoureuse vous offre des joies importantes en compensation.

Du 9 au 15 février: L'amour vous retient de faire des bêtises. À défaut d'amour, optez pour l'amitié. Pour vous réconcilier avec la vie que vous menez, rien de mieux. Ne vous découragez pas, il y a de l'aide en vue.

Du 16 au 22 février: La pleine Lune du 16 en Lion se vit sous l'aile protectrice de ceux qui nous veulent du bien. Ne cédez pas à l'orgueil. Colère, tyrannie, domination, jalousie et témérité sont vos ennemis.

Du 23 février au 1ᵉʳ mars: Méfiez-vous du feu, des armes, du scandale. Vous avez tendance à vous faire remarquer alors qu'il faudrait vous faire oublier pour un temps. La passion et la colère vous font voir rouge. C'est la couleur du sang, prudence.

CHIFFRES CHANCEUX

2–11–23–26–30–41–44–52–58–60

MARS

L'amour digne de ce nom n'est pas tellement différent de la foi.

N. SÔSEKI

LE PIRE EST PASSÉ

Vous pouvez affronter le mois de mars en sachant que le pire est passé. C'est réconfortant. Il y aura bien en juin un réveil des énergies négatives qui vont vous frapper, mais vous serez mieux armé pour leur faire face. On apprend de ses fautes et de ses erreurs, l'expérience est à ce prix. Après juin, vous roulerez sur quatre roues motrices. Tout redeviendra lumineux, l'harmonie s'installera pour un long moment.

EN ATTENDANT

En attendant, le mois de mars est nettement plus sympathique. Une grande provision d'énergie est disponible, vous en recevez des bouffées de la planète Mars qui séjourne en Capricorne, signe ami. Profitez-en pour reprendre des forces et pour faire des gestes concrets dans le but d'améliorer votre sort.

PROBLÈMES AMOUREUX ET LÉGAUX

Ne vous préoccupez pas tant d'amour et de sentiments, de ce côté, ce n'est pas fameux. Vous avez d'autres problèmes à régler pour le moment. Voyez à consolider votre travail et vos affaires d'argent. C'est dans ces domaines que vous êtes le plus vulnérable. Il y a également les problèmes légaux ou juridiques qui vous donnent des maux de tête. Si vous n'en avez pas, bénissez le ciel, vous êtes verni. Les gestes accomplis sagement sont couronnés de succès, vous n'avez qu'à vous en féliciter. Un petit effort, cher Taureau, ça fonctionnera, vous verrez!

GRANDE INTELLIGENCE

Vous avez entre le 4 et 21 de ce mois pour utiliser votre grande intelligence avec le maximum de rendement. Subtilement, sans le dire à personne, vous allez aux sources et découvrez des informations pertinentes. Ce qu'on vous révèle vous aide à décrypter les signes, à comprendre la logique de ce qui se produit dans votre vie actuelle. Vous voyez que tout n'est pas que « coïncidence ». C'est un pas dans la bonne direction.

ESPRIT SAGACE ET ÉCLAIRÉ

L'esprit est sagace et éclairé, ce sont les circonstances extérieures qui sont brumeuses et inquiétantes. Ne vous laissez pas avoir, protégez votre système nerveux, dormez bien et gardez votre jugement sain. C'est grâce à la raison et non à la passion que vous abolirez les ennuis, petits ou grands, qui vous menacent. Le ciel vous envoie une chance : celle de bénéficier d'une excellente résistance nerveuse et d'un sens pratique développé. Utilisez ces qualités pour atténuer les pertes et pour vous sortir d'embarras. Persistez dans vos recherches, vous êtes sur la bonne voie !

HOROSCOPE HEBDOMADAIRE

Du 2 au 8 mars : La nouvelle Lune du 2 en Poissons favorise l'expansion des facultés intellectuelles. Vous manifestez de la compréhension à vos proches, montrez de l'intérêt pour les études, le recyclage, la parapsychologie, l'occultisme, les questions existentielles et morales. La loi doit être respectée, évitez les conflits légaux.

Du 9 au 15 mars : C'est une bonne période pour stabiliser votre état de santé et pour avoir recours à des traitements spécialisés. Votre guérison est assurée en cas de maladie ou de chirurgie. Vos nerfs sont solides, vos réflexes sûrs.

Du 16 au 22 mars : La pleine Lune du 18 en Vierge met en évidence votre sensibilité et votre quête de perfection. Vous procurer de nouveaux vêtements, arborer une nouvelle coiffure vous aide à retrouver le moral.

Du 23 au 29 mars : Cette semaine vous offre la possibilité de réaliser des projets avec des amis. Ils se passionnent pour les mêmes choses, ont les mêmes intérêts intellectuels ou scientifiques. Attention, toute atteinte à la loi peut vous coûter cher !

Du 30 mars au 5 avril : La nouvelle Lune du 1er en Bélier favorise les relations avec la jeunesse. Les jeux et les sports, le théâtre, la musique et les spectacles vous sortent du marasme. N'hésitez pas à y participer, cela vous détendra.

CHIFFRES CHANCEUX

7–8–20–22–31–32–45–46–61–69

AVRIL ET MAI

Je suis réellement un homme quand mes sentiments, mes pensées et mes actes n'ont qu'une finalité : celle de la communauté et de son progrès.

ALBERT EINSTEIN

PÂQUES, ANNIVERSAIRE ET ÉCLIPSES

C'est Pâques et votre anniversaire, vous avez doublement raison de célébrer. Tout va bien pendant le mois d'avril, mais le mois de mai avec son éclipse lunaire totale du 15 mai en Scorpion, votre signe opposé, vous invite à quelque prudence. Votre équilibre psychique doit être préservé. Méfiez-vous de l'entêtement et de la passion dévastatrice et mettez-vous à l'abri des peines auxquelles vous pourriez être exposé.

L'éclipse solaire partielle du 31 mai en Gémeaux ne vous menace pas. Vous avez une bonne santé, même si elle requiert un minimum de tempérance et de retenue, à cause de Jupiter qui voyage en Lion, signe en mauvais aspect avec le vôtre. Les excès auxquels vous tendez sont un effet direct de ce carré, il y a lieu de soigner votre régime, votre diète.

AMITIÉ POUR LES PAUVRES

Vous avez de l'amitié pour les pauvres, les malades, les faibles, les déshérités du sort. Vos dons psychiques et magnétiques sont mis au service du soulagement de la maladie et des misères humaines. Si vous êtes médecin ou soignant, vos patients n'ont de cesse de vous remercier pour vos bons soins. Vous avez le don de les calmer et de les rassurer. Utilisez ces dons pour vous-même, ne vous négligez pas.

GUÉRISON

Quelques-uns sont guéris grâce à votre aide d'une façon qu'ils qualifient de «miraculeuse». C'est peut-être vrai en un sens... Peu importe, le fait est que vous pouvez vous autogérer et aider autrui à recouvrer la santé. Soyez généreux, distribuez votre énergie à ceux qui sont en panne de résistance, vous en recevrez le double en récompense.

VÉNUS ET L'AMOUR

La belle Vénus guidant nos amours et régnant sur votre signe passe en Taureau d'où elle lance des phéromones odorantes. Du 16 mai au 9 juin, vous êtes particulièrement sexy. Si votre vie sexuelle n'est pas sans remous, votre vie affective et sentimentale est tout ce qu'il y a de réjouissant. Sinon prenez les devants et draguez. Personne ne résiste à votre charme pourvu que vous n'en mettiez pas trop.

PORTEZ DU BLEU

Vos qualités artistiques et esthétiques sont mises en valeur. Votre bon goût mérite des félicitations. En ce qui a trait aux vêtements, à la coiffure et à la décoration, vous faites fureur. Vous ne suivez pas la mode, vous la créez. Portez du bleu pour éloigner l'agressivité d'une personne envieuse et méchante. Pas d'amour fatal en vue? Tant mieux! La fin de cette période marque une nette amélioration. Sur l'échelle des valeurs personnelles et matérielles vos parts grimpent, c'est encourageant.

Pâques se fête le 20 avril, Joyeuses Pâques et bon anniversaire à tous les natifs du Taureau. C'est le mois de la fête des Mères au Québec, bonne fête à toutes les mamans!

HOROSCOPE HEBDOMADAIRE

Du 6 au 12 avril : Votre travail et votre vie sexuelle sont avantagés. L'instinct de conservation vous préserve de bien des risques et périls. En cas d'incident déplaisant ou d'accident, vous êtes sauf. Des grèves sont possibles.

Du 13 au 19 avril : Profitez de cette semaine pour terminer un travail, un projet. Mars vous prodigue volonté et énergie et de bonnes idées. La pleine Lune du 16 en Balance adoucit les mœurs, la musique aide.

Du 20 au 26 avril : Il est temps de réduire vos activités. Au travail, au lit, dans les sports que vous pratiquez, limitez vos prouesses et soignez votre cœur, vos veines et vos artères. Obéissez à la loi, c'est nécessaire.

Du 27 avril au 3 mai : Conflit entre vous et une personne qui pourrait être Verseau. Les tensions s'accumulent, il faut voir à vous défouler sainement. La nouvelle Lune du 1er en Taureau excite les sens, gare à vous !

Du 4 au 10 mai : Pas d'audaces insensées ! Vous tendez à dramatiser, à aggraver la situation. Colère et jalousie sont vos ennemis. L'injustice est punie. Il est à souhaiter que vous n'ayez pas affaire avec la justice, elle serait implacable.

Du 11 au 17 mai : L'éclipse lunaire totale du 15 en Scorpion vous rend déprimé ou survolté. Vous avez du mal à conserver votre équilibre. Vénus atteint votre signe le 16, encore une fois, l'amour sauve tout !

Du 18 au 24 mai : Laissez-vous emporter par le vent de sensibilité et de générosité qui vous assaille. Il fait doux, cela incite à diminuer la pression au travail. Un peu de paresse intelligente vous fera du bien.

Du 25 au 31 mai : L'éclipse solaire du 31 en Gémeaux vous conseille d'être attentif. Limitez vos déplacements, ne courez pas de risques, mangez frais, surtout si vous êtes ascendant Gémeaux, Vierge, Poissons ou Sagittaire.

CHIFFRES CHANCEUX

6-11-23-24-30-31-44-49-50-67

JUIN

Une vie à laquelle l'examen fait défaut ne mérite pas qu'on la vive.

PLATON

DISSONANCE PLANÉTAIRE
Une dissonance planétaire se produit au début de juin entre Jupiter en Lion et Neptune en Verseau, deux signes qui ne vous conviennent pas. Il s'agit d'une opposition, moins dure que le carré en principe, mais il faut s'en méfier. Chacun de nous est affaibli par cette configuration, nous traversons collectivement un moment difficile.

VOUS PLUS QUE D'AUTRES
Pourquoi vous plus que d'autres direz-vous… Vrai, mais je n'y peux rien croyez-le. Une fois prévenu, vous courez moins de risques. Puisque ce qu'il faut faire est moins important que ce qu'il vous faut éviter pour minimiser les risques, je vais vous dire ce qui vous nuira le plus. Ainsi vous pourrez réagir et ne pas vous laisser prendre au piège.

À ÉVITER
Parmi les choses à signaler à la fin de mai et au début de juin, on trouve ceci: tendance à prendre vos illusions pour des réalités, projets désordonnés et utopiques, erreurs de psychologie, mensonge, mauvaise utilisation des subterfuges, risques de vous faire berner par des charlatans, tendance à induire les autres en erreur par désir de profit matériel ou sexuel.

DANGERS
Voici ce qui représente des dangers: consommation d'alcool, de drogues, de médicaments non prescrits et même prescrits, d'eau, de liquides, risques d'intoxications, de feu, d'explosions, d'empoisonnements, d'infections dues aux produits de la mer, dangers lors de croisières, de voyages en avion, risques de dépendance à de nouvelles religions. L'orgueil est source de bien des malheurs, surveillez toute inclination inhabituelle en ce sens.

VOUS ÊTES PRÉVENU

Voyant ce qui se passe en vous et autour de vous, vous êtes surpris de voir à quel point il est utile d'être prévenu. Vous appréciez maintenant la lucidité qui découle des signes célestes à leur juste valeur. Ceux qui se moquent de ces indications planétaires ont tort. Les impudents paient cher le prix de leur impertinence, vous avez la preuve irréfutable sous vos yeux. Malheureusement cette fois-ci, la facture risque d'être salée. Vous n'êtes pas de ceux-là, j'espère…

BELLE FIN DE MOIS

Une belle fin de mois s'annonce pour vous. Saturne et Uranus transitant par les signes amis du Cancer et du Poissons, vous refaites surface et trouvez de quoi vous stimuler. Rien d'envahissant mais c'est réconfortant. Possédant l'art de rénover et d'embellir les vieux meubles et objets, vous vous créez un intérieur confortable et même luxueux. On aime être invité chez vous, votre table est belle et généreuse, votre hospitalité reconnue.

LES PLUS CHANCEUX

Au travail et dans les affaires, faites confiance à votre jugement et à votre cœur. Quand raison et passion s'allient chez vous, vous ne vous trompez jamais. Les plus chanceux actuellement ont un ascendant Cancer, Poissons ou Scorpion. À ceux-là, rien ne résiste!

C'est le mois de la fête des Pères et de la fête nationale des Québécois (24 juin). Bonne fête et bon congé à tous!

HOROSCOPE HEBDOMADAIRE

Du 1er au 7 juin: La période est idéale pour stabiliser les amours et les amitiés. Saturne entrant dans le signe ami du Cancer le 3, sagesse et sens des responsabilités sont accrus et viennent à votre secours.

Du 8 au 14 juin: Tout va bien côté cœur, mais vos sens sont exacerbés. Patience, la semaine prochaine est propice au sexe. La pleine Lune du 14 en Sagittaire indique un voyage. Les étrangers vous attirent.

Du 15 au 21 juin : Délivré de votre mal de vivre, vous relaxez. Il est temps de vous mettre à l'heure du jour et de regarder dehors : c'est l'été. Cultiver son potager, prendre soin des fleurs, rien de mieux pour le moral.

Du 22 au 28 juin : Il fait trop beau pour travailler, prenez congé. C'est fête un peu partout, joignez-vous aux fêtards et amusez-vous. Le temps est à la célébration, non à l'effort. Distrayez-vous.

Du 29 juin au 5 juillet : La nouvelle Lune du 29 en Cancer parle de bonne bouffe, de bons vins et de saine paresse. Un bon livre, un fauteuil, une limonade fraîche, beaucoup de fruits et de légumes et, santé !

CHIFFRES CHANCEUX

2-5-15-22-23-30-36-46-55-62

JUILLET

Qui ne sait pas doit se taire.

ANDRÉE D'AMOUR

INTUITION SUPÉRIEURE

Le 1er juillet, un bel aspect Jupiter-Pluton accroît les facultés extra-sensorielles. Clairvoyance et intuition sont en effervescence. Vous pressentez des choses étonnantes et elles se matérialisent, à votre grande surprise. Les manifestations de vos dons se font presque malgré vous. Vous vous impressionnez vous-même, il y a de quoi !

PHÉNOMÈNES PARANORMAUX

Vous ne croyez pas vraiment aux phénomènes paranormaux, mais la réalité s'impose : vous êtes en train de devenir un homme ou une femme de l'ère du Verseau. Devinant qu'une nouvelle tranche de vie s'ouvre devant vous, vous finissez par accepter ces qualités que vous avez du mal à définir et qui vous horripilent en principe, mais vous décidez de vivre avec. De toute façon, vous n'avez pas le choix !

UN HOMME NOUVEAU, UNE FEMME NOUVELLE

Tout le monde l'affirme, vous vous transformez. C'est exaltant, inattendu, mouvementé mais charmant, puisque le changement se fait dans un sens positif. Vous n'avez rien connu de mieux depuis des lunes! Profitez bien de vos dons, ils viennent du ciel, n'en concevez pas trop d'orgueil. Les plus forts sont Taureau ascendant Lion, Sagittaire ou Bélier. Si vous en êtes, c'est tant mieux. Sinon ne vous désolez pas, cette pluie d'abondance touche tous les natifs!

C'est la fête nationale des Canadiens le 1er juillet et la fête nationale des Français le 14 du même mois: bonne fête à tous!

HOROSCOPE HEBDOMADAIRE

Du 6 au 12 juillet: Espoirs enthousiastes, projets audacieux, désirs de réalisations immédiates, ces tendances font de vous un chef. Vous vous faites des amis sûrs. Votre santé s'améliore grâce au repos et à la détente.

Du 13 au 19 juillet: La pleine Lune du 13 en Capricorne favorise les plaisirs des sens. Économie et tempérance font partie du jeu. Vous n'êtes pas avare mais sympathique et équilibré. Votre santé est bonne.

Du 20 au 26 juillet: La période conseille de surveiller votre santé en limitant vos célébrations et en faisant de l'exercice. L'eau est un bon remède. Dans l'eau et sur l'eau, vous êtes bien, c'est un calmant hors pair.

Du 27 juillet au 2 août: La nouvelle Lune du 29 en Lion suggère le calme et la patience. Des larmes sont possibles, mais elles sécheront vite. Le soleil revient le 30, vous serez content d'avoir fait des efforts.

CHIFFRES CHANCEUX

10-17-19-20-34-37-44-45-59-66

AOÛT

La véritable maturité va toujours de pair avec une profonde compassion pour le monde, pour les gens.

LAWRENCE DURRELL

BON MOIS D'AOÛT

Les natifs du Taureau connaissent un bon mois d'août. Sagesse et fantaisie se joignent pour agrémenter leur vie. Le quotidien est palpitant. Pas une seconde d'ennui, pas un jour n'est perdu. À croire que le temps s'est arrêté… Pourtant certains natifs de la fin du Taureau ont soif de bonnes choses, à eux il faut enseigner la patience. Leur tour viendra, qu'ils ne désespèrent pas !

PROTECTION DE JUPITER

À compter du 27, Jupiter passe dans le signe ami de la Vierge. Vous êtes en mesure de commencer à réaliser les beaux projets que vous caressiez depuis longtemps, sans oser en parler, de peur qu'ils ne vous échappent. Plus de cachettes, pas d'hésitation, il faut passer à l'action tout en ayant la sagesse d'attendre le moment propice. Le début de septembre est idéal pour entreprendre de nouveaux projets, toutes les chances étant de votre côté. En attendant voyez ce qui suit…

CÔTÉ CŒUR

Côté cœur, rien n'est sûr avant le 22 du mois, donc la prudence s'impose dans votre vie sentimentale. Après cette date, le cœur est plus tendre. Vénus, belle planète d'amour et d'amitié, transite par le signe ami de la Vierge, à l'instar de Jupiter. Ces deux planètes bénéfiques se trouvent en harmonie avec vous, ce qui signifie qu'amour, mariage, enfants, union libre, association amour/affaire, art et beauté seront sous le signe de la chance. Vous pouvez faire de beaux projets en amoureux.

DOUBLEMENT PROTÉGÉ

Vous êtes doublement protégé par Vénus et par Jupiter pendant la dissonance Jupiter-Uranus du 30 août. Comme assurance, vous ne pouvez demander mieux. L'opposition Jupiter-Uranus du 30 août provoque des remous dans le monde et autour de vous. Taureau ascendant Vierge, Poissons, Gémeaux ou Sagittaire, vous êtes ébranlé par l'actualité et les nouvelles qui nous parviennent. Un rien vous énerve, imaginez dans quel état vous serez après les bouleversements qui surviendront.

CHARITÉ BIEN ORDONNÉE...
Si vous êtes chaviré, prenez le temps de calmer vos angoisses et de vous refroidir les sangs avant de faire quoi que ce soit. Croyez-en les planètes, il est préférable de prendre soin de vous et de votre espace avant de songer à aider l'univers. «Charité bien ordonnée commence par soi-même», cela s'applique à vous en ce moment. Ne regardez pas ailleurs que dans votre cour, là où l'action se passe.

SÛR POUR PERSONNE
Il n'est sûr pour personne de voyager en avion ou en bateau. Sur terre, les trains, cars, motos et autos présentent aussi des risques pour la sécurité personnelle et publique. Des glissements de terrain à la suite de tremblements de terre sont possibles, surtout dans les pays et lieux des signes touchés. Il y en a beaucoup, en voici quelques-uns...

LIEUX ET PAYS À RISQUES
Les États-Unis, surtout Los Angeles, San Francisco et Las Vegas. Aussi le Québec et, en France, Paris, la Côte d'Azur, la Provence. En Europe et ailleurs, la Grèce, l'Égypte, la Turquie, l'Espagne, le Portugal, la Thaïlande, l'Afrique du Nord, Hawaï, Taïwan, le Japon, la Corée, l'Afghanistan et les Philippines. Les grandes îles du monde et les pays arabes ne sont pas à l'abri. Il faut redoubler de vigilance.

VACANCES
Pour la plupart, tout va relativement bien. Il est question de vacances. Toucher le sable, la terre, les plantes, les arbres, les fleurs, les animaux de ferme et de compagnie, tout cela vous met en joie. Sans oublier la bonne bouffe, les grands crus, l'alcool et la musique. Les jeunes et les enfants complètent ce tableau idyllique de ce que devraient être vos vacances.

PLAISIRS BUCOLIQUES

Les vacances passées à cultiver la terre et à faire un potager sont les plus belles. D'autant plus que c'est votre élément et qu'il vous ragaillardit. Ne vous privez pas des plaisirs bucoliques, vos vacances n'en seront que meilleures. N'oubliez pas la baignade, les sports nautiques, le golf, le tennis, la randonnée en montagne et la bicyclette, ils vous conviennent parfaitement.

HOROSCOPE HEBDOMADAIRE

Du 3 au 9 août: Ce qui vous sauve, c'est l'intelligence fine dont vous faites preuve dans vos jugements et raisonnements. Votre système nerveux est solide, vos réflexes sont sûrs, vos réparties amusantes, et vous êtes branché.

Du 10 au 16 août: Votre énergie sexuelle est puissante, votre fertilité accrue, soyez averti. La pleine Lune du 12 en Verseau peut vous faire verser des larmes. Consolez-vous vite, le soleil brille à l'horizon: c'est l'été.

Du 17 au 23 août: Prenez soin de vous et protégez votre peau à l'aide d'une crème pour empêcher les rayons solaires d'attaquer votre épiderme. Surveillez votre peau, votre cœur et vos yeux.

Du 24 au 30 août: La nouvelle Lune du 27 en Vierge apporte de bonnes nouvelles, mais la dissonance Jupiter-Uranus du 30 atténue les retombées positives. Patience, avec Jupiter et Vénus rien n'est à craindre.

Du 31 août au 6 septembre: Vous faites des expériences positives grâce aux bons aspects actuels de votre vie. C'est complètement fou, mais ça va durer un an. Vous avez le temps de vous acclimater au bonheur.

CHIFFRES CHANCEUX

8-9-22-27-31-33-42-43-59-67

SEPTEMBRE ET OCTOBRE

Paradoxalement, c'est dans la croissance et le changement que se trouve la vraie sécurité.

ANNE MORROW LINDBERGH

LE TEMPS DE LA RENTRÉE

Septembre est le temps de la rentrée et l'automne est une saison qui vous est chère. Chaque année à pareille date, vous sentez un renouveau. Vous profitez de la jeunesse éternelle de celui et de celle qui veut encore et toujours apprendre. Vous avez raison, septembre est magnifique, mais octobre et novembre seront encore meilleurs. À vous de boire le vin quand il est tiré. Et n'oubliez pas de faire des provisions pendant que la terre vous fait cadeau de cette abondance!

DÉCISIONS RADICALES

Sur un rythme plus *up tempo* et dans une dimension plus vaste, le temps vous presse d'agir dans le but d'améliorer le sort des moins nantis. Comprenant les lois et mécanismes qui nous régissent, vous êtes capable de comprendre les conclusions auxquelles nous en venons, bon gré mal gré, mais qui en brusquent et en déroutent plusieurs.

Des décisions radicales sont adoptées. Elles dureront ce qu'elles dureront, mais il est urgent de prendre position. On ne peut laisser aller les choses dans une telle débandade, ce serait indécent. En 2003, c'est impensable d'en être réduit à ça…

DONNER À LA SANTÉ

Il faut donner à la santé, à l'éducation, aux services sociaux. Au lieu de maugréer, vous êtes content. Les taxes augmentent encore? Tant pis, on fera avec. Mais il y a des comptes à rendre et vous êtes parmi les premiers à exiger des preuves pour chaque sou dépensé. Transparence, honnêteté, rigueur et professionnalisme sont des valeurs que vous respectez. Sinon le test sera raté. Vous approuvez sans détour, c'est simple comme bonjour.

SE MARIER ET S'ASSOCIER

Pour se marier, rien de mieux qu'octobre cette année, samedi le 11 étant la date à retenir pour de telles cérémonies. Pour s'associer en affaires ou se lier sérieusement, la période propice s'étend du 15 septembre au 15 octobre.

C'est la fête du Travail le 1er septembre au Québec, bon congé!

HOROSCOPE HEBDOMADAIRE

Du 7 au 13 septembre: La semaine est propice aux études et favorise tous les étudiants, professeurs et mentors. Les cours reprennent. La pleine Lune du 10 en Poissons vous rend tendre et amoureux. La musique fait partie du décor.

Du 14 au 20 septembre: Natifs du début du signe, votre chance est en croissance. Les autres doivent être patients et attendre leur tour qui viendra au cours des prochaines semaines et des prochains mois.

Du 21 au 27 septembre: Votre discernement vous permet de vous lier à des gens honnêtes. La nouvelle Lune du 25 en Balance parle de travail et de santé. Vous êtes en amour, mais est-ce que ça durera?

Du 28 septembre au 4 octobre: Sans être parfaite, cette semaine vous avantage socialement et matériellement. Ne vous engagez pas à la suite d'un coup de foudre pour une personne ou une idée. Vous le regretteriez.

Du 5 au 11 octobre: Vous avez des enthousiasmes, caressez des plans et des projets audacieux qu'il vous faut réaliser. La pleine Lune du 10 en Bélier titille votre intérêt pour l'argent et pour les biens matériels.

Du 12 au 18 octobre: La raison l'emporte sur le cœur. Prudence dans les rapports avec le conjoint ou l'associé. Ils sont aussi déterminés que vous, l'orage peut éclater. L'amitié est plus libératrice que l'amour.

Du 19 au 25 octobre : Ce qui est nouveau doit idéalement être remis au 15 novembre. La nouvelle Lune du 25 en Scorpion attire les ennuis. Larmes et scènes disgracieuses sont possibles, soyez aux aguets.

Du 26 octobre au 1ᵉʳ novembre : Tout va bien, mais mieux vaut ne rien changer d'important dans votre vie et vos affaires. Ménagez votre moral. L'éclipse lunaire totale du 8 novembre incite à la prudence.

CHIFFRES CHANCEUX

6-7-11-23-25-37-38-41-50-62

NOVEMBRE

Qui veut s'élever au sommet doit chercher le fond de la caverne.

SCHWALLER DE LUBICZ

ÉCLIPSE LUNAIRE TOTALE

L'éclipse lunaire totale du 8 novembre se tenant dans votre signe, il est souhaitable d'y arriver en forme moralement et psychiquement. Ayant été averti la semaine précédente, vous risquez moins de tomber dans le piège que le destin vous tend et de sombrer dans le gouffre de la psychose. Les personnes nées autour du 10 mai sont les plus sensibles à cette éclipse. Il vaudrait mieux qu'elles n'aillent pas l'observer. Avec ou sans lunettes, c'est défendu !

À défaut de l'éviter complètement, vous pouvez réduire l'impact négatif et passer le test sans séquelles, ce qui tient du miracle dans les circonstances... Mais voyons plus loin, le ciel ne vous abandonne pas : lisez ce qui suit.

DU CÔTÉ POSITIF

Du côté positif, vous êtes placé directement sous les rayons du bon aspect de Jupiter et de Saturne dans le ciel des signes amis de la Vierge et du Cancer. Cet aspect se concrétisant le 1er novembre, l'éclairage change, en particulier si vous êtes ascendant Vierge ou Cancer. En ce cas, et je vous le souhaite, l'éclipse passe, mais le bon l'emporte sur le moins bon. Vous sortez gagnant de l'expérience.

OPTIONS

Vous avez des options : ou vous vous laissez aller à la déprime et peut-être à l'épuisement professionnel, ou vous réagissez et saisissez l'occasion, afin de vous relever et de recommencer à vous battre pour vos idéaux. La rhétorique est claire, il me semble, vous choisissez la deuxième partie de la réponse. Ascendant Vierge ou Cancer, inutile d'insister, vous faites les bons choix.

SOLUTIONS

Jupiter et Saturne proposent des solutions à vos problèmes. Cela prend la forme d'aide matérielle et financière, d'appuis sociaux et politiques, de courants généreux et de considération de la part d'autrui. Vous signez des contrats rémunérateurs avec des amis ou des relations. Construction, rénovation, travaux agraires et vinicoles, affaires immobilières et biens fonciers sont sources de profits.

SUCCÈS ET AVANCEMENT

On prédit succès et avancement aux hommes et aux femmes occupant des postes officiels et administratifs, ou qui jouent un rôle dans la politique. Que ce soit le cas ou non, retroussez-vous les manches et ne cédez pas à la déprime. Vous avez un travail à faire et vous êtes la personne idéale pour l'effectuer. C'est simple, vous êtes le meilleur.

MÊME SI…

Ne laissez pas tomber ceux qui croient en vous et reprenez courage. Même si une personne chère vous quitte, vous trouverez les forces de survivre à votre chagrin et bâtirez sur vos peines. À quelque chose malheur est bon, dit-on. C'est le moment où jamais de prouver que cet adage est vrai. Ne lâchez pas et bonne chance !

HOROSCOPE HEBDOMADAIRE

Du 2 au 8 novembre : S'en tenir à la routine, ne rien changer dans sa vie privée et ses affaires, s'entourer de gens équilibrés seront des choix judicieux. De l'éclipse lunaire totale du 8 en Taureau nous avons parlé, voyez plus haut.

Du 9 au 15 novembre : Encore une semaine sombre mais le moral remonte rapidement. Vous êtes capable d'envisager la vie sous un jour nouveau. La lumière luit au bout du tunnel, l'espoir a un doux visage.

Du 16 au 22 novembre : Dévouement généreux sans désir de récompense, bon jugement en affaires, amour des humbles, des sans défense, des malades et des pauvres, sens pratique et discernement sont des gages de succès.

Du 23 au 29 novembre : L'éclipse solaire totale du 23 en Sagittaire réduit la résistante physique des ascendants Sagittaire, Vierge, Gémeaux ou Poissons. Vous ne risquez rien, heureusement.

Du 30 novembre au 6 décembre : Les nouvelles sont plus réjouissantes. Intéressé par les questions morales, sociales et politiques, vous guidez les jeunes dans le choix d'un métier, d'une carrière, et c'est valorisant.

CHIFFRES CHANCEUX

10-11-20-21-37-39-44-47-51-60

DÉCEMBRE

Il ne s'agit plus de vivre ma vie, il s'agit de la comprendre.

MARIE BONAPARTE

SENTIMENTS STABLES

Vos sentiments sont stables. Vos amours et vos amitiés se déroulent de façon linéaire, sans fluctuations. Votre activité, qu'elle soit sexuelle ou sportive, rejoint en intensité vos dépenses d'énergie au travail et à la maison, ce qui vous procure un sommeil réparateur.

Il vous est beaucoup demandé, mais vous rencontrez vos échéances et respectez vos devoirs et obligations en tant que parent, enfant, patron, employé et ami. On peut compter sur vous et on le fait fréquemment. Cela ne vous déplaît pas, vous aimez rendre service.

MÛRI ET ASSAGI

Fidélité et compassion sont vos qualités principales, celles que vous développez avec le plus de bonheur. Les relations familiales et affectives occupent une grande place dans votre vie en cette fin d'année mitigée. Vous aimez avec pondération mais vous n'êtes pas sans passion, la différence étant que vous êtes plus mûr ; vous êtes assagi et content de l'être.

APAISEMENT

Vous tendez vers l'économie des ressources terrestres, qu'elles soient humaines, végétales, minérales ou animales. Des décisions et des règlements surviennent concernant la conservation de l'espèce et de l'environnement. Vous les estimez sains et jugez qu'il était temps. À défaut d'être entièrement satisfait, vous ressentez de l'apaisement.

LA FATALITÉ

Tout en conservant vos principes, vous êtes plus large d'idées, plus tolérant. Les déchets et dépôts calcaires de l'organisme s'évacuant bien, votre santé est meilleure. Corps et âme vont en courbe ascendante. Malgré les problèmes récents, vous terminez l'année sur une note optimiste. L'étreinte de la fatalité se relâche, vous respirez mieux.

HOROSCOPE HEBDOMADAIRE

Du 7 au 13 décembre : La pleine Lune du 8 en Gémeaux met l'accent sur le budget et sur les dépenses des fêtes. Vous êtes parcimonieux, sans doute pour donner l'exemple. La gourmandise a ses limites !

Du 14 au 20 décembre : Vous avez de l'attrait pour l'étranger et pour les étrangers. Ce qui vient d'ailleurs vous plaît énormément. Envie de partir au loin, sac au dos ou pas. La chance est de votre côté, pourquoi ne pas partir ?

Du 21 au 27 décembre : La semaine se passe sous le signe de la sensibilité, et de la sensualité, du sens pratique et de la méthode. La nouvelle Lune du 23 en Capricorne présage un Noël d'où la frivolité est absente. Ne laissez pas un souvenir assombrir la fête. Joyeux Noël !

Du 28 au 31 décembre : Le décor est parfait, mais vous avez le cœur triste. Essayez de ne pas le montrer. Faites contre mauvaise fortune bon cœur et souriez. Vous passerez une belle fin d'année, promis !

CHIFFRES CHANCEUX

1-26-34-44-46-49-54-61-63-66

Bonne année nouvelle, cher Taureau !

Gémeaux

DU 22 MAI AU 21 JUIN

1er DÉCAN : DU 22 MAI AU 31 MAI
2e DÉCAN : DU 1er JUIN AU 10 JUIN
3e DÉCAN : DU 11 JUIN AU 21 JUIN

Compatibilité sexuelle et amoureuse

La compatibilité sexuelle et amoureuse entre les signes du zodiaque ayant été commentée de toutes sortes de manières, je me permets de porter à votre attention les constatations suivantes basées sur des données millénaires. Vous verrez qu'elles sont encore aussi justes de nos jours qu'elles l'ont été au cours des siècles passés.

Dans cette analyse, j'ai utilisé le Soleil natal comme point de départ, mais il faut retenir que c'est la planète Mars qui régit la sexualité proprement dite. Les recherches que j'ai entreprises tendent à nous apporter une meilleure connaissance de nous-mêmes dans ce que nous avons de plus personnel, de plus intime, de plus secret. Par extension, cela nous aidera à comprendre les besoins de nos partenaires de vie.

En abordant le sujet de la compatibilité, je ne vous propose pas de règles vous dictant la manière de mener votre vie sexuelle. Cependant, vous le constaterez certainement, sexualité et astrologie font bon ménage. C'est un duo sur lequel on aurait avantage à compter plus fréquemment. Naturellement, en vous livrant à vos observations, vous devrez tenir compte de votre signe ascendant. Car il arrive que deux personnes dont les signes ne sont pas en accord aient des ascendants qui, eux, sont parfaitement compatibles. Vous l'aurez compris, il convient, là comme ailleurs, d'examiner toutes les riches possibilités dont nos natures humaines sont dotées en tenant compte de l'influence des astres sur nos vies.

Ces notions générales vous indiquent donc vos tendances naturelles. Je crois sincèrement qu'elles pourront vous inciter à aller plus loin dans la recherche de l'harmonie sexuelle. Ne serait-ce qu'à ce titre, je suis persuadée qu'elles vous seront utiles.

GÉMEAUX-GÉMEAUX

La complicité est bonne à l'horizontale comme à la verticale. Ces amants sont à la fois libres et engagés dans leur relation. Comprenant l'instabilité des sentiments, ils se permettent certains caprices sans pour autant rompre l'harmonie. Au contraire, cela attise leur passion. Un brin de cruauté peut-être.

Ils adorent se faire plaisir et font des folies ensemble, mais la banalité du quotidien peut les séparer.

GÉMEAUX-CANCER

Deux sortes d'énergie allant en sens contraire. L'un cherche la satisfaction sexuelle rapide, l'autre préfère les préliminaires à l'acte, sauf quand le but visé est la procréation. Le Gémeaux aime le plaisir, le Cancer la famille, les enfants. C'est peut-être stimulant sexuellement, mais ça peut devenir lourd.

Question d'épiderme, ce n'est pas l'harmonie. À moins d'un miracle, mieux vaut aller voir ailleurs.

GÉMEAUX-LION

La fantaisie rencontre la fougue sexuelle. Les partenaires s'unissent d'un commun accord et leur jouissance atteint l'extase. Leurs corps frissonnent à l'unisson, mais le Gémeaux se lasse plus vite que le Lion, ce qui provoque des frictions. L'infidélité peut ruiner une relation qui serait dans l'absolu idéale.

La poursuite insatiable de sensations fortes est une constante. La recherche d'une jouissance sexuelle plus que parfaite peut compromettre la relation.

GÉMEAUX-VIERGE

Leurs corps s'attirent sans se satisfaire pleinement. Ils ont la volonté de s'accrocher tout en restant libres. Leur vie sera gâchée si l'aventure persiste au-delà des premiers contacts. Trop de curiosité sexuelle, trop peu d'émotion, bisexualité, homosexualité leur seront le plus souvent néfastes et leur relation sera un échec.

Le goût pour les jeux sexuels est partagé, mais après avoir joué ensemble les partenaires se lassent. L'argent peut servir de motivateur.

GÉMEAUX-BALANCE

Ce sont deux sanguins aux sensations vives, deux intellectuels de l'amour. La synergie est si forte qu'elle dure au-delà de l'amour-passion. La légèreté du Gémeaux plaît à la sensuelle Balance. Les deux sont satisfaits dans leurs échanges. C'est une question d'érotisme plus que de phéromones.

Le Gémeaux fait l'amour par curiosité, la Balance agit sous le coup d'une émotion forte. Souvent c'est un beau feu d'artifice!

GÉMEAUX-SCORPION

Cette combinaison d'épidermes donne souvent de bons résultats. L'attraction sexuelle est subite, l'action immédiate, le plaisir garanti. Aucun des partenaires n'abdique sa souveraineté au lit, ils doivent tous les deux être à la hauteur. Ces deux jouisseurs s'y connaissent en matière de sexe. Avec eux, on peut s'attendre à tout.

La domination d'un partenaire sur l'autre est possible. La passion exclusive pouvant mener au drame, il faut se méfier.

GÉMEAUX-SAGITTAIRE

Ces natures contraires ont sensiblement les mêmes besoins sexuels. La moindre image suggestive titille leurs sens, leur désir est éveillé. Ils doivent être en forme et disponibles, sinon l'amour trouve un exutoire dans d'autres bras. Déçus, ils repartent tous les deux à la recherche de l'impossible.

S'ils se donnent du plaisir sans brimer leur indépendance, ils peuvent se plaire longtemps. Mais ça finira par des larmes, c'est fatal.

GÉMEAUX-CAPRICORNE

Ce sont deux sexualités différentes qui peuvent s'harmoniser et procurer la satisfaction sexuelle désirée. L'aventure commence mal, parfois dans des circonstances nébuleuses. Si elle se poursuit, c'est que tous deux font des efforts pour que la jouissance soit partagée. L'un des deux partenaires est masochiste.

Les sensibilités sont étrangères l'une à l'autre, mais si le sexe domine le cœur, l'apothéose est atteinte. Ça peut être le nirvana!

GÉMEAUX-VERSEAU

Tous deux ont un tempérament sanguin. Il peut s'agir d'une relation brève et sans conséquences, mais agréable. L'un a recours à son imagerie intérieure et se fait du cinéma, l'autre doit être alimenté de sons et d'images suggestives, sinon il rate le climax. Un amour passager, de vacances, parfois à plusieurs.

La compatibilité sexuelle est imprévisible et peu sûre. Une aventure serait plus réussie. Tout dépend de l'ascendant des partenaires.

GÉMEAUX-POISSONS

De quoi donner froid dans le dos. Les deux sont hypersensibles et hyposexués. À moins d'un ascendant altérant le scénario, rien d'excitant dans cette association d'épiderme. Les phéromones sont contraires. Il n'y a pas grand-chose à escompter d'un tel essai. Sauf peut-être pour les échangistes.

Leurs rapports sexuels sont complexes et insatisfaisants. L'aventure peut mal se terminer. Pour les ados, la prudence est de mise.

GÉMEAUX-BÉLIER

Voilà une belle synergie amoureuse et sexuelle. La compatibilité des signes est remarquable. S'ils se donnent entièrement à leur relation, ils peuvent en retirer des bénéfices. Allant droit au but et sans trop de préambules, tous deux jouissent l'un de l'autre sans complexe. Le corps exulte, l'esprit est calme, le cœur content.

Dans les deux cas, le corps a besoin de fraîcheur pour s'adonner à la jouissance. Douche fraîche, draps frais, c'est gagné.

GÉMEAUX-TAUREAU

C'est la rencontre du lièvre et de la tortue. Pas idéal pour une relation sexuelle réussie. Ça peut donner de bons résultats si les deux sont prêts à faire des concessions pour faire plaisir à l'autre. Si le Taureau est jaloux et possessif, c'est raté. Aussi belle soit-elle, l'aventure ne peut durer. L'un des deux souffrira.

Le Gémeaux parle d'érotisme et agace, mais il se donne peu. L'autre reste sur sa faim, et un Taureau qui a faim est dangereux!

Prévisions annuelles

COMMENÇONS PAR LE MEILLEUR

Cette année, commençons par le meilleur, cher Gémeaux. Les mauvaises nouvelles viendront après. Rassurez-vous, elles ne sont pas légion. Les grands aspects planétaires se faisant pour la plupart de manière aimable, vous avez de quoi vous réjouir et moins de raisons que par les années passées de geindre. Cela devrait vous placer dans un état d'esprit réceptif.

PERSPECTIVE PLAISANTE

La perspective qui s'ouvre à vous en 2003 est plaisante. Vous découvrez en vous-même des ressources vous permettant de vieillir sans frémir, de progresser sans traumatisme, de passer d'un monde à l'autre sans trop de mal. Tirant parti des événements qui se produisent inopinément, vous évitez le pire et succombez au meilleur. C'est un exploit que vous accomplissez avec une aisance étonnante.

URANUS, PLANÈTE IMPRÉVISIBLE

Uranus, planète imprévisible s'il en est, passant du 10 mars au 15 septembre en Poissons, signe en mauvais aspect avec le vôtre, les natifs du 21 au 26 mai surtout, doivent surveiller leur santé et s'assurer d'être en sécurité. Vous seriez bien avisé d'éviter de voyager en avion et de diminuer les déplacements en voiture pendant cette période. Avec Uranus il faut être circonspect.

DISSONANCE JUPITÉRIENNE

La dissonance Jupitérienne (carré de Jupiter) ne venant qu'à la fin du mois d'août, vous avez le temps de resserrer les cordons de la bourse, de soigner vos points faibles côté santé et de raccorder vos violons avec le conjoint ou l'associé s'ils sont désaccordés. La fin d'août et le début de septembre apportant quelques remous, rien de catastrophique cependant, si vous suivez mes conseils, vous serez prêt à toute éventualité. D'ailleurs nous en reparlerons le temps venu.

ACCOMPLISSEMENT

Pour revenir à ce qui nous occupe, c'est définitivement le mode majeur qui prédomine cette année. Si vous aimez Mozart, choisissez les menuets et les sonates en majeur. Si vous préférez le jazz, ça ira aussi. Cette musique servira de support à l'optimisme qu'il faut cultiver et maintenir pour parvenir à l'accomplissement de votre destin qui n'est pas linéaire, mais au contraire parsemé de rebondissements inattendus. Chose promise, chose due : vous ne vous ennuierez pas en 2003 !

VOUS AVEZ ÉTÉ CHOISI

Vous avez été choisi pour jouer le rôle que vous tenez dans la famille et dans la société actuelle. Ce n'est pas par hasard que vous vivez en ces temps bousculés où les certitudes se font de plus en plus rares. Personne mieux que vous ne peut remplir les fonctions que vous occupez. Vous dérober à vos responsabilités serait navrant. Vous ne le ferez pas, promettez-le !

DE BONNES OREILLES

Il est vrai que rien ne vous est prêté, mais tout vous est compté. Une des fonctions des planètes étant de nous donner un coup de pouce sur la pente ascendante quand ça va bien et de nous prévenir quand ça ne va pas, il y a mille raisons de vous mettre à l'écoute de l'univers avec qui vous communiquez sans difficulté. Tout ce qu'il vous faut ce sont de bonnes oreilles ; et comme vous en avez de grandes, ça devrait aller.

BI-POLARISÉ

Le ciel de cette année est bi-polarisé. La première partie d'année est bonne mais avec des restrictions, l'autre partie est meilleure sur un plan, mais plus difficile à d'autres égards. Le tout s'équilibre en somme. Pour vous qui êtes d'un signe « double », rien de bien surprenant. L'insécurité, le changement, la vie en montagnes russes, les émotions fortes ça vous connaît et ça vous plaît.

PART DE CHANCE PURE

La part de chance pure représentée en astrologie par le nœud ascendant de la Lune commence son voyage annuel dans votre signe, soit sur le

8ᵉ degré du Gémeaux. Elle visite le premier décan jusqu'au 15 avril, moment de son départ pour le Taureau. Voyageant à reculons dans le zodiaque, elle affecte de manière bénéfique la santé de ceux et celles qui se trouvent sur son passage. Les honneurs sont promis, les gains chanceux, fréquents. Rien ne manque à qui reçoit sa visite.

LES PLUS CHANCEUX

Les plus chanceux sont les natifs du 21 au 31 mai. Si c'est votre cas, n'hésitez pas à faire appel à ses services, vous ne serez pas déçus. Il se peut que la chance pure prenne une autre forme que celle que vous souhaitiez, mais elle est active et présente, aucun doute à ce sujet.

Sans tout risquer aux jeux de hasard, vous pouvez titiller le sort, question de voir par vous-même et de témoigner de la pertinence de ces affirmations. Libre à vous, mais vous avez intérêt à ne pas tout miser. Dame chance est capricieuse ; avec elle on a intérêt à se garder des réserves et à demeurer sur sa réserve !

COIN SOMBRE

Le coin sombre des cinq premiers mois de l'année est dû au fait que Saturne visite encore votre signe. Par chance, elle vous quitte le 3 juin 2003. Vous ne la regrettez pas et sentez une liberté nouvelle vous envahir dès qu'elle passe en Cancer. Un sentiment d'allègement et de libération se fait sentir dans votre vie privée, votre état de santé, votre personnalité, vos études et vos affaires. Vous n'en revenez pas !

SATURNE EST LENTE ET LOURDE

Saturne est une planète lente et lourde de conséquences. Ceux qui reçoivent sa visite s'en souviennent. Les natifs des deux premiers décans en ont fait l'expérience au cours des deux dernières années. Ils ont appris une dure leçon de vie et ne souhaitent plus revivre de telles tensions. Fort heureusement, Saturne ne reviendra pas en Gémeaux avant 28 ans. Le temps d'un souffle ou d'une éternité.

NATIFS VISITÉS

Les natifs du 11 au 21 juin sont visités par Saturne à leur tour. Sans qu'elle soit une catastrophe, cette nouvelle incite à la réflexion.

Toute décision prise par ceux du troisième décan (ces dates) ayant des répercussions profondes et marquant peut-être le reste de leur existence, ils doivent peser leurs paroles et réfléchir sagement avant de changer quoi que ce soit d'important dans leur vie privée, sociale et professionnelle. Le temps est à la réflexion.

AVERTIS À TEMPS

On a intérêt à se souvenir que tout ce que l'on entreprend quand on a Saturne sur soi pourra avoir des conséquences diverses pendant sept ans, peut-être davantage. Tous les natifs doivent prendre cet avis en considération. Avertis à temps ils sont protégés des pièges Saturniens. Qui les connaît s'en méfie, c'est normal. Ceux qui n'en savent rien sont un peu comme le *Fou* au Tarot. Une amie, moi en l'occurrence, retient le pan du manteau de ces natifs pour les empêcher de tomber. À eux d'en tirer profit, ou de ne pas y croire.

NEUTRALISER LE SORT

Ne pas paniquer et suivre les conseils donnés au fil des mois qui viennent éviteront des ennuis à tous les Gémeaux. La prudence est mère de la sûreté dit-on. Aucun natif n'étant complètement épargné, tous se doivent de porter attention à ces mises en garde. Pour neutraliser le sort, s'il se fait mauvais, le natif aura recours à ce livre. Il apprendra de ses expériences, mais ce n'est pas obligatoire. Pourquoi ne pas apprendre aussi de l'expérience d'autrui, c'est moins douloureux.

LES HUIT PREMIERS MOIS

Les huit premiers mois de l'année sont sous la coupole de Jupiter, le grand bénéfique. Favorable aux investissements d'énergie, de temps et d'argent, il permet de grandes envolées de janvier à la fin d'août. Vous pouvez mettre sur pied des projets d'envergure, les réaliser, voyager en groupe et en sécurité (sauf aux dates que je vous indiquerai) et tirer parti des plaisirs que la vie offre en abondance. Faire des provisions de bonheur et s'intéresser à ceux qui nous rapprochent des vraies valeurs, voilà ce qui serait génial dans le cas de tous les Gémeaux.

LES QUATRE DERNIERS MOIS

Les quatre derniers mois de l'année risquent de vous coûter plus cher que prévu. Rien de dramatique mais soyez prêt à toute éventualité.

Pertes d'argent, moindres gains et salaires, impôts accrus, cela ne doit pas vous surprendre. Pour la plupart, vous avez retrouvé votre liberté, c'est le plus beau cadeau que puisse vous offrir 2003.

Gémeaux, soyez sages et vous passerez une bonne année. Soyez déraisonnables et je ne puis rien vous promettre.

À tous, bonne année !

Prévisions mensuelles

JANVIER

Un homme sans défaut est une montagne sans crevasses. Il ne m'intéresse pas.

RENÉ CHAR

NI FROID NI TORRIDE

Janvier n'est ni froid ni torride. Il est tiède, sans que cela vous indispose le moindrement. La grande passion est absente ou n'attire que des problèmes, alors que l'affection et l'amitié surpassent en qualité l'amour proprement dit. Vous avez le choix entre porter plus d'attention à vos amitiés et vous concentrer sur ce qui vous blesse. À votre place je choisirais la première option.

NE PAS S'INQUIÉTER

Ceux qui sont divisés dans leurs pensées et écartelés dans leurs sentiments ne doivent pas s'inquiéter outre mesure. C'est normal, étant donné les conditions qu'on vous impose de l'extérieur et vu les limites que vous vous imposez vous-même. Vous rendre compte que les restrictions résultent de décisions et de volontés dépassant les vôtres vous aidera. Inclinez-vous sans toutefois baisser les bras. Surtout ne vous déclarez pas vaincu. Vous avez perdu une bataille, pas la guerre.

ÉTAT D'ESPRIT

«Une fois qu'on a fait son possible, on ne peut rien exiger de plus de nous.» Vous êtes dans cet état d'esprit au début de l'année. Cette phrase vous oblige à faire la différence entre l'accessoire et l'essentiel, ce qui n'est pas évident pour vous. Faire les bons choix ne va pas de soi quand on est Gémeaux. Suivez l'évolution des planètes et remettez-vous-en à votre intuition et à votre inspiration. Ce sont des qualités qui ne trompent jamais.

INFLUENCE COSMIQUE DE JUPITER

L'impact positif de l'influence cosmique de Jupiter se manifeste fortement. Sauf exception, rien de redoutable n'est au programme. Sous la protection du grand bénéfique et de la chance pure, une couverture bienveillante de tendresse généreuse et d'aide providentielle vous garde au chaud. Cordialité, fierté, dignité, orgueil bien placé, ambitions enthousiastes et bonne humeur sont vos atouts. Il faut en user et en abuser !

APPEL AU CALME

Par ailleurs, Saturne voyageant dans votre signe lance un appel au calme à tous les natifs. Ceux du 11 au 18 juin se trouvant en quadrature directe avec son énergie, l'aspect pour eux est plus serré, plus contraignant. À éviter : idées pessimistes, maladresse dans les paroles, les écrits et les communications, allure négligée, tendance à tout envoyer promener. À surveiller : les maladies des poumons et des voies respiratoires, les fractures aux bras, aux épaules, aux mains et aux clavicules, et les malaises hépatiques.

IDÉAL

Je l'ai souvent dit, Saturne est lourde de conséquences. Ce que vous faites ou négligez de faire ce mois-ci peut vous enrichir ou vous affaiblir, selon le cas. Si possible, ne changez rien d'important dans votre vie professionnelle, votre métier, votre travail. Si vous ne pouvez l'éviter, partez, mais sans briser les liens qui vous unissent à ceux avec qui ou pour qui vous travaillez. Ce serait idéal.

HOROSCOPE HEBDOMADAIRE

Du 1er au 4 janvier : Le jour de l'An se passe bien. Vos activités vous empêchent l'ennui de s'installer. La nouvelle Lune du 2 en Capricorne parle de secrets et de mystères, de choses cachées, d'argent et d'ambition.

Du 5 au 11 janvier : Cette semaine vous apporte une énergie considérable au travail et sur le plan professionnel. Vous avez le goût de faire de l'exercice et du sport pour améliorer votre condition physique. Ardeur sexuelle dans votre vie amoureuse.

Du 12 au 18 janvier : Des ennuis sont à prévoir venant de votre conjoint ou pour lui ou pour votre associé. Des inquiétudes fondées peuvent nuire à votre santé. Essayez de ne pas dramatiser. La pleine Lune du 18 en Cancer parle d'argent.

Du 19 au 25 janvier : Votre santé est meilleure, mais votre niveau d'énergie est inégal. Un moment en haut, l'autre en bas, vous oscillez entre des tendances contraires. Branchez-vous une fois pour toutes, il le faut.

Du 26 janvier au 1ᵉʳ février : Cœur et sexe ne vont pas sans problèmes. Vous avez intérêt à consulter si la tension persiste et si vous voulez sauver votre couple. La nouvelle Lune du 1ᵉʳ en Verseau est super !

CHIFFRES CHANCEUX

5-11-12-28-31-44-45-59-60-65

FÉVRIER

La gratitude est le signe d'une âme noble.

ÉSOPE

QUESTION D'ATTITUDE

Février est nettement meilleur. Nous fêtons le 14 février la fête des amoureux, la Saint-Valentin. Que vous célébriez l'amour ou non importe peu. Malgré les embûches qui subsistent dans votre vie sexuelle, vous allez bien. Mener une vie sexuelle équilibrée et satisfaisante n'est pas aisé pour diverses raisons. Ce n'est pas tant une question d'âge que d'attitude. La vôtre semble fermée à toute nouveauté. Dommage, vous perdez de belles chances de bonheur.

QUALITÉS DE CŒUR

Souhaitons que vous profitiez de vos belles qualités de cœur et que vous laissiez les autres se nourrir aux sources de votre affection et de votre tendresse. En ce sens, vous avez du génie. Ne démissionnez pas, le mois de mars sera meilleur côté sentiments et côté sexe. L'espoir doit se faire sentir maintenant, il vous suffit d'être à l'écoute de votre cœur…

TRAVAIL ET ARGENT

Travail et argent sont avantagés. Vous entretenez des relations sociales et professionnelles qui vous placent en position de force dans des milieux qui sont à la fine pointe de la mode et de la technologie. Avide de connaissance et curieux, vous faites des recherches propres à améliorer le sort de plusieurs. Peu concerné par vos intérêts personnels, vous prenez sur vous de dire leurs quatre vérités à ceux qui méritent votre courroux. Ne vous gênez pas, c'est votre privilège.

ASCENDANT MOINS HEUREUX

Concernant les Gémeaux qui ont un ascendant Lion, Verseau, Taureau ou Scorpion, quelques tendances négatives dues à l'opposition Jupiter-Neptune du 16 février sont à négocier. Ces natifs doivent se garder d'apporter ou de provoquer des changements dans leur vie matérielle. Ils feraient bien d'apaiser la colère qui se manifeste en eux et autour d'eux au lieu de la stimuler.

Un scandale peut les éclabousser. Si vous avez des choses à vous reprocher attention, la justice sera implacable. Ne voyagez pas en mer ni en avion. Prudence avec le feu, les armes, l'eau, la drogue et les paradis artificiels. Ça présente des risques.

LES AUTRES CONTRE VOUS

Votre énergie est grugée par une personne qui s'oppose à vos idées et à vos projets. Il peut s'agir de votre conjoint, d'un associé, des membres d'une congrégation ou d'une union, enfin d'un groupe auquel vous appartenez et que vous devriez peut-être songer à quitter…

Mars du Sagittaire vous fait des ondes négatives. Soyez prudent dans votre relation de couple, ou dans vos associations d'affaires. Ne brusquez rien pour l'instant. Ça ira mieux le mois prochain, vous verrez plus clair et serez disposé à agir dans le sens de vos intérêts. Je vous indiquerai le moment propice. D'ici là, patience !

Cher Gémeaux, bonne Saint-Valentin !

HOROSCOPE HEBDOMADAIRE

Du 2 au 8 février : Votre énergie n'est pas illimitée, mais votre vitalité est bonne. Certaines de vos ressources ont été sagement préservées, c'est le moment d'en faire usage. À compter du 4, votre vie sentimentale est délivrée d'un poids, vous êtes soulagé, heureux. Vos affections sont sincères et profondes.

Du 9 au 15 février : Gare à l'imprudence intempestive, à la témérité, ou à vos emballements pour une personne hors de votre portée. Vous ne pouvez que vous faire du mal. En cas d'acte sexuel complet, protégez-vous.

Du 16 au 22 février : La pleine Lune du 16 en Lion rapproche des frères et sœurs, de la parenté, des voisins et copains. Ceux-ci sont d'une aide précieuse, ne sous-estimez pas leur apport. Côté cœur, c'est le bonheur.

Du 23 février au 1er mars : Invitation à vous occuper de votre santé et à vous assurer une sécurité convenable. Indécision, dualisme, multiplicité des sorties et des engagements, tout cela doit être réduit ou contrôlé. Par chance, l'amitié vous apporte consolation et soutien. Recette à suivre : une chose à la fois !

CHIFFRES CHANCEUX

10-11-12-30-31-33-40-41-52-63

MARS

Nous sommes à nous-mêmes notre propre œuvre d'art.

Jean-Paul Sartre

SORT CAPRICIEUX
Il faut se rendre à l'évidence, le sort se montre capricieux depuis le début de l'année. Le mois de mars apportant une certaine quiétude, vous l'apprécierez. En ce qui vous concerne personnellement, votre aptitude à vivre pleinement croît. Vous montrant plus empressé auprès de l'être aimé, vous avez des faveurs sexuelles et autres qui vous placent sous de meilleurs augures.

SÉDUISANT ET BRILLANT
Vous êtes séduisant physiquement et brillant intellectuellement. On a peine à résister à votre charme. Quand vous ouvrez la bouche, on croit entendre de la musique. Vos paroles sont de miel, votre sourire engageant, votre rire contagieux. Nanti de ces avantages et de bien d'autres dont je n'ose faire mention, vous ne pouvez que vivre un mois plaisant. Impossible de faire autrement!

AMITIÉS ET AMOURS
Vos amitiés et vos amours sont à la hausse. Une personne qui a du Verseau, de la Balance ou du Gémeaux comme vous peint en rose votre ciel amoureux. Vous êtes un amant superbe, une maîtresse incomparable. Une amitié amoureuse peut faire de vous un être exceptionnel. L'amour fait des prodiges, à peu de choses près vous êtes Merlin l'enchanteur, Circée l'enchanteresse.

À COMPTER DU 22
À compter du 22 du mois, la vie vous comble vraiment. Votre santé physique et morale est excellente, vous connaissez le succès dans vos études, vos affaires d'argent, dans le commerce et les voyages, vous bénéficiez de l'aide de la justice et des gens en place, vous êtes capable d'améliorer votre qualité de vie de façon drastique. Votre cœur étant heureux, vous rayonnez littéralement. Comme remontée, on n'a guère vu mieux depuis longtemps.

AMIS ET RELATIONS

Vos amis et relations sont au centre de votre activité quotidienne. Au travail et dans votre vie privée, ils sont d'une aide inestimable. Stimulants et enthousiastes, ils vous incitent à travailler fort pour réussir, mais à prendre soin de vous quand le besoin s'en fait sentir. Leur accorder plus d'attention vous fera passer de l'état neurovégétatif au plein épanouissement, pour peu que vous leur en donniez la chance. Faites-leur confiance, ils ne vous décevront pas.

HOROSCOPE HEBDOMADAIRE

Du 2 au 8 mars: La nouvelle Lune du 2 en Poissons vous incite à la prudence avec l'eau, les liquides, les drogues, l'alcool et les médicaments. Le reste de la semaine offre de bons moments au plan sentimental et affectif.

Du 9 au 15 mars: La semaine est au dualisme, à l'indécision, au «chèvre-choutisme». Faites-vous une idée et suivez-la jusqu'au bout. Ne signez rien, ne promettez rien, ne quittez rien. Choisissez de vous reposer.

Du 16 au 22 mars: Bon début de semaine mais la pleine Lune du 18 en Vierge contrarie vos projets. Vous pourriez avoir du chagrin. Séchez vos beaux yeux et voyez un bon optométriste s'ils vous font souffrir.

Du 23 au 29 mars: Le ciel s'éclaircit brusquement. Vous retrouvez la joie de vivre de l'enfance. La pureté des bébés et des jeunes vous émeut. Vous voudriez avoir toujours 20 ans, hélas c'est impossible.

Du 30 mars au 5 avril: La nouvelle Lune du 1er en Bélier vous apporte les changements souhaités. Vous évoluez dans un milieu propice à l'élévation et à la concrétisation de vos désirs. L'amour vous fait du bien.

AVRIL ET MAI

Le printemps revient pour toi, les roses vont s'épanouir pour toi, et tu vou-drais mourir? Sors, dans la plus suave nuit de l'année. Il pleut des fleurs de pruniers qui sécheront tes larmes.

TAI-CHOU-LOUEN

PÂQUES ET LE PRINTEMPS

La fête de Pâques, que l'on célèbre le 20 avril cette année, apporte un vent rafraîchissant pour le corps et pour l'esprit. Le cœur a quelques vestiges de souffrance et d'insatisfaction, mais vous surmontez vos difficultés sans mal. Trop de choses abondent en votre sens pour que vous soyez gravement déçu, ce serait manquer de reconnaissance envers la vie et envers ceux qui vous aiment et vous entourent.

C'est le printemps, vous avez le cœur à la fête, célébrez sans regrets ni remords. Accordez-vous du bon temps, vous l'avez mérité!

CONFUSION DES SENTIMENTS

Il est possible qu'il y ait de la confusion dans vos sentiments. Vous ne savez plus qui vous aimez ni combien vous aimez, vous doutez de l'amour que vous inspirez et n'êtes pas sûr d'avoir trouvé ou choisi la bonne personne pour partager votre vie. Il est encore temps de changer d'idée, mais ne provoquez de rupture définitive ni en amitié ni en amour. Dès le 21 avril, vous serez plus serein, heureux à nouveau. Comme si rien ne s'était passé!

Vous n'êtes pas de ceux qui mordent la main qui les nourrit. Tant pis si quelque chagrin vous blesse, vous passez quand même un bel avril. Si vous voyagez, évitez l'Espagne, le Portugal et même Paris, ces endroits ne vous sont pas favorables actuellement.

DEUX ÉCLIPSES

Deux éclipses marquent le ciel du mois de mai. La première est lunaire et totale. Elle se produit en Scorpion le 15 mai. Pas de problème pour vous en principe. La deuxième, solaire et partielle, se produit le 31 mai en Gémeaux. Quoique moins importante, on doit la souligner car elle se tient dans votre signe. Sans être dramatique, la situation demande un peu d'attention...

ROUTINE

Une baisse de résistance physique est à prévoir vers la fin du mois et au début du suivant. Soignez le moindre malaise et ne changez rien d'important dans votre vie et vos affaires si vous souhaitez l'éviter. Aucun résultat positif n'étant à escompter sous de pareils augures, considérez la routine comme un refuge. C'est là que vous êtes le mieux.

Joyeuses Pâques, cher Gémeaux! Ceux du premier décan célèbrent leur anniversaire de naissance en mai et c'est fête des Mères. Bonne fête à toutes et à tous!

HOROSCOPE HEBDOMADAIRE

Du 6 au 12 avril: Vous êtes en forme, mais le cœur ne suit pas. Des petits riens sans doute, mais qui vous agacent et vous font souffrir. Avec les Poissons, les Sagittaire, les Vierge et les Gémeaux, redoubler de prudence!

Du 13 au 19 avril: Hypersensibilité, incertitude, doute, jalousie, ces tendances nuisent à vos affaires sentimentales. La pleine Lune du 16 en Balance renforce l'émotivité. Vous exprimez votre douleur et vos contrariétés aux personnes concernées. Ce défoulement est positif.

Du 20 au 26 avril: Le temps doux vous plaît. Vous aimez sortir légèrement vêtu, montrer vos atours. Vous êtes beau dans vos vêtements neufs, les conquêtes ne seront pas difficiles.

Du 27 avril au 3 mai: Donnez des preuves de votre amour. Plats raffinés, regard tombeur, tout est permis. La nouvelle Lune du 1er en Taureau accroît vos désirs sexuels. Vous avez de l'énergie en trop, c'est le temps d'en user sexuellement, au travail, dans le sport et le bénévolat.

Du 4 au 10 mai : Voyage précipité à l'étranger, relations agréables et constructives avec des étrangers. Vous luttez pour un idéal, vous passionnez pour certaines idées. Des aventures érotiques pourraient survenir au cours d'un long voyage. Vous avez un penchant pour les hautes études et la technique et vous avez du talent.

Du 11 au 17 mai : Semaine à vivre en douce sans innover ni provoquer le sort. L'éclipse lunaire totale du 15 en Scorpion n'affecte votre moral que si vous êtes ascendant Scorpion, Lion, Taureau ou Verseau. Les autres ne sont pas affectés et c'est tant mieux, vous êtes en meilleure forme.

Du 18 au 24 mai : Vous faites montre d'ingéniosité dans les techniques ultramodernes où l'électricité joue un rôle sur le plan professionnel. Vous montrez aussi de l'attirance pour les arts de la scène, la télévision, le cinéma, les communications rapides. Votre magnétisme s'exerce sur beaucoup de gens et votre désir de liberté en séduit plusieurs. Hélas les natifs du 12 au 20 en ont moins que d'autres.

Du 25 au 31 mai : C'est une semaine agréable mais l'éclipse solaire du 31 en Gémeaux déconseille les changements et les innovations. Votre santé doit être prise au sérieux, rien n'est plus important actuellement. Si vous vous portez bien, tant mieux, vous avez un ascendant solide et résistant.

CHIFFRES CHANCEUX

4-12-26-27-31-45-46-47-54-69

JUIN

Seul mérite l'amour et la vie celui qui quotidiennement doit les conquérir.

GOETHE

ASPECT D'OPPOSITION

L'aspect d'opposition entre Jupiter et Neptune apparu le 16 février dernier se manifeste de nouveau dans le ciel du 3 juin. Cela présage un déséquilibre au niveau des éléments que sont l'air, l'eau et le feu. L'eau, la mer, les produits de la mer, le climat, les bateaux, les avions, l'air que nous respirons et les médicaments que nous avalons, tout cela présente des risques. Soyez sur vos gardes!

AVIDITÉ ET SCANDALE

Cette opposition a la réputation d'accroître l'avidité et de prédisposer au scandale. Ceux qui sont touchés connaissent des pertes et des échecs soudains, des revirements défavorables, des pertes d'amis. Les conflits et les guerres de sectes et de religions reprennent de l'ampleur et peuvent mener au pire. Neptune représentant la gauche et Jupiter la droite, vous n'avez qu'à tirer vos propres conclusions.

ASCENDANTS DANS LA MIRE

Chers Gémeaux ascendant Lion, Verseau, Taureau et Scorpion, vous êtes dans le collimateur. Par exemple: vous êtes Gémeaux, donc par nature flexible et adaptable, mais votre entêtement est connu de tous. Il est possible que votre ascendant soit dans l'un de ces signes fixes. Il vous faut alors user de prudence. Reprendre pied en fréquentant des gens optimistes et équilibrés. Ceux-ci vous redonneront courage et vous feront voir la vie sous un angle plus réaliste.

LES CHANCES SONT DE VOTRE CÔTÉ

Les événements actuels ne vous occasionnent sans doute pas de grands problèmes personnels. Les chances sont de votre côté. Puisque huit ascendants sont épargnés, pourquoi pas le vôtre? D'autant plus que c'est votre mois d'anniversaire, le Soleil peut neutraliser les dissonances et améliorer votre vie. Ce qui suit devrait vous égayer.

ADIEU SATURNE

Adieu Saturne, cette planète qui vous restreignait tant quitte définitivement votre signe le 3 juin. De quoi donner une fête et célébrer votre liberté nouvelle avec fracas. Personne ne vous en tiendra rigueur, croyez-le. Tous connaissent les difficultés que vous avez eues et la plupart de vos parents et amis admirent la façon dont vous vous êtes comporté. Bravo! Et adieu Saturne!

À LA MI-JUIN, TOUT VA POUR LE MIEUX

Mars cessant de vous causer des ennuis, vous bénéficiez d'un courant d'énergie positive qui vous redonne l'élan nécessaire pour travailler avec détermination, cran et audace à l'élaboration d'un plan. Vous terminez vos projets à temps, réussissez dans vos études et passez vos examens haut la main. À la mi-juin, tout va pour le mieux !

LE MOIS FINIT BIEN

Le mois finit bien. Dans le ciel du 24 juin se tient un bel aspect de trigone entre Saturne en Cancer et Uranus en Poissons. Celui-ci favorise un retour à l'ordre à la suite de certains désagréments, voire de désastres écologiques, maritimes, électriques et autres que nous avons subis. Nous respirons mieux à la fin du mois. Les fêtes de la Saint-Jean-Baptiste promettent d'être plus rassurantes.

ASCENDANTS D'EAU

Les 15 derniers jours du mois et les 15 premiers jours de juillet appartiennent aux Gémeaux qui ont un ascendant d'eau, soit les Cancer, Poissons et Scorpion. Ceux-ci ont plus de facilité que les autres à vivre la transition entre l'ancien et le moderne. Leur intelligence sensible les met en contact avec des gens capables et désireux de les aider. Rien de mieux que les amis pour trouver un emploi, avoir de l'avancement, obtenir le poste convoité ! Vendez ! Grâce à votre personnalité convaincante, vous pouvez vendre ce que vous voulez.

POLITIQUE ET TRAVAIL

En politique, conservatisme et avant-gardisme trouvent leurs terrains d'entente. Dans les relations de travail, on utilise d'anciennes et de nouvelles méthodes avec plus de succès. Les heures de travail diminuent, mais les salaires demeurent stables. Unions et dissociations se chevauchent, mais la majorité est satisfaite. C'est un tour de force !

MODE DE VIE DIFFÉRENT

Nous pénétrons dans un monde différent où nos modes de vie se transforment. Cela se sent à tous les échelons de la hiérarchie, de la société, de la civilisation. Ne reste qu'à nous adapter, ce qui n'est pas facile pour certains rebelles à l'âme indomptable. Ils le feront un jour ou l'autre, il le faudra bien. Et ils découvriront alors que ce n'était pas un si grand mal…

Joyeux anniversaire et bonne fête des Pères aux papas Gémeaux!

HOROSCOPE HEBDOMADAIRE

Du 1ᵉʳ au 7 juin: La semaine requiert de la rigueur et de l'attention. Certains ont besoin de soins spéciaux, leur santé laissant à désirer. Pour la plupart, vous êtes débordés par les événements, mais vous gardez la forme.

Du 8 au 14 juin: Le temps est plus beau, la vie plus gaie. Vous êtes entouré de personnes jeunes et fringantes qui vous stimulent. La pleine Lune du 14 en Sagittaire invite à la prudence dans le couple.

Du 15 au 21 juin: Votre jugement est sûr et votre énergie positive. Constatant ce qui se passe, vous réglez vos problèmes sans aide. Vous réussissez dans vos études, votre travail, votre profession. Vous avez des conversations utiles avec la Balance et le Verseau.

Du 22 au 28 juin: Vénus et Mercure dans votre signe accroissent votre charme et votre intelligence. Rien ni personne ne vous résiste, vous faites des conquêtes de qualité. Il y a même des possibilités pour que vous viviez un grand amour.

Du 29 juin au 5 juillet: La nouvelle Lune du 29 en Cancer apporte des nouvelles rafraîchissantes au point de vue matériel. L'argent rentre mieux, vous faites des gains inespérés et de bonnes affaires, vous retrouvez le sourire.

CHIFFRES CHANCEUX

10-11-20-30-35-37-43-44-58-69

JUILLET

Dans ce monde, il faut être un peu trop bon pour l'être assez.

MARIVAUX

EN BON GÉMEAUX

En bon Gémeaux, vous aimez l'été. La baignade, les journées gaies, les veillées tardives auprès du feu de camp à vous raconter des souvenirs d'enfance entre amis, les heures passées à jouer avec les enfants, à chanter des airs anciens et nouveaux, tout cela vous rend heureux. Vous aimez la danse, le théâtre, les spectacles, la musique de jazz ou classique, les feux d'artifices. Tout ce qui bouge, saute et s'illumine vous rend joyeux. Vous passez du bon temps.

ASCENDANTS DE FEU

Un bel aspect planétaire se faisant dans le ciel du 1er juillet entre Jupiter et Pluton; ceux qui ont la chance d'avoir un ascendant Lion, Sagittaire ou Bélier sont projetés à l'avant-scène. La mort d'un système ou d'une politique, ou la disparition d'une tierce personne vous favorise financièrement et socialement. Votre popularité grandit, vous brillez au sommet de la pyramide, de la hiérarchie. Vous êtes fier sans être arrogant, ce qui vous rend plus sympathique. Chapeau!

LA JEUNESSE

La jeunesse plaît aux natifs du Gémeaux. Par bonheur, ce beau juillet parle d'enfants nouveau-nés dans la maison, dans la famille ou tout près de vous, de fiançailles, de mariage chez les frères et sœurs, les cousins, la parenté. Tous irradient la joie de vivre. Voyageant avec un groupe de jeunes gens, vous tentez une expérience enrichissante et vous vous faites de nouveaux amis. La jeunesse est un état d'esprit et n'a rien à voir avec le décompte des années passées sur terre. Les Gémeaux, mieux que d'autres, savent cela et en profitent abondamment.

QUELQUES PROBLÈMES

Si votre cœur est comblé par l'affection et par l'amour, votre santé et votre sexualité ne sont pas sans problèmes. Votre niveau d'énergie varie à l'extrême. Passant de l'hypertension à l'hypotension, il vous faut surveiller votre alimentation. L'alcool et les vins forts nuisant à la stabilité physique et psychique, un régime de vie strict est nécessaire pour maintenir votre forme à un niveau acceptable. Lutter pour vaincre votre gourmandise afin d'avoir une meilleure santé semble nécessaire, hélas!

ÉTAT DE SANTÉ INÉGAL

Il se pourrait que les luttes professionnelles et les conflits au travail soient responsables de votre état de santé inégal. Vos échecs font suite à des initiatives précipitées, à une mauvaise utilisation de vos forces et de vos énergies, à des espoirs déçus, à des amis dominateurs dont il faut vous libérer, surtout s'ils s'adonnent aux drogues dures de mauvaise qualité et s'ils fréquentent des milieux peu recommandables. Il vous faut fuir ces derniers à toute vitesse, car ils pourraient vous entraîner sur des voies douteuses et dangereuses… Mais tout compte fait, juillet est bon. Vous en tirerez profit et l'aimerez.

C'est la fête nationale des Canadiens (1er juillet), et celle des Français (14 juillet). Bonne fête à tous!

HOROSCOPE HEBDOMADAIRE

Du 6 au 12 juillet: Vous avez tendance à boire et à manger avec excès. Soyez prudent avec l'eau potable et, lors des baignades, portez une ceinture de sécurité. Ne fréquentez pas les endroits louches. Évitez les bars, les lieux déserts.

Du 13 au 19 juillet: La pleine Lune du 13 en Capricorne incite à la recherche, à la détection. Si on vous veut du mal, on aura affaire à vous. Projets de sécurité pour la maison et les lieux de travail.

Du 20 au 26 juillet: Évitez les personnes dont le fanatisme militant est excessif. Qu'il s'agisse de religion ou de politique, vous êtes sensible au charme de gens qui y trempent et qui sont souvent sans scrupules. Si vous êtes souffrant, voyez un médecin sans tarder.

Du 27 juillet au 2 août: La nouvelle Lune du 29 en Lion apporte du renouveau. Les personnes qui vous entourent vous aident à déceler ce qui ne va pas. Dualisme, indécision vous habitent, ne décidez rien d'important et reposez-vous.

CHIFFRES CHANCEUX

9-16-17-28-34-35-41-42-57-62

AOÛT ET SEPTEMBRE

L'homme est ce qu'il y a de plus beau pour l'homme.

CICÉRON

LA JUSTICE ET VOUS

Le 30 août, Jupiter en Vierge s'oppose à Uranus en Poissons. Ces deux signes se trouvant en mauvais aspect avec le vôtre, ce n'est pas réjouissant. Cet aspect négatif imprègne de son influence les mois d'août et de septembre. Les plus touchés par cette opposition sont les natifs du premier décan, entre le 21 et le 31 mai. Ce n'est pas la catastrophe, mais il vous faut vivre ces mois avec pondération, conscient de chaque geste accompli, de chaque parole prononcée. La justice et vous n'êtes pas en harmonie, prenez-en note.

LE MOINDRE ACCROC

Le moindre accroc à la loi pouvant vous attirer de sérieux ennuis, demeurez dans la plus stricte légalité. Évitez d'être mêlé à un scandale touchant la fraude, les détournements de fonds et des histoires plus sombres. Tenez-vous loin des personnes qui s'adonnent à la pédophilie ou à d'autres pratiques sexuelles punissables par la société ou qui peuvent être la cause de maladies sexuelles comme la syphilis et le sida. Il se peut d'ailleurs qu'on découvre d'autres maladies aussi graves encore cette année!

DUR MAIS...

Des amis et connaissances sont pris en flagrant délit, fustigés par l'opinion publique, et jugés avant leurs procès. Vous ne voudrez pas courir de tels risques. Ce commentaire peut vous paraître dur, mais il est nécessaire. Si vous êtes à l'abri de tout soupçon tant mieux, mais vous avez d'autres problèmes à régler. C'est pour ainsi dire inévitable.

SANTÉ ET SÉCURITÉ

Refusez de paniquer, il faut prendre des précautions. Il existe des moyens de vous assurer une meilleure santé et une sécurité maximale. Par exemple, pratiquez une saine discipline de vie et faites des visites régulières chez le médecin. De plus, en vous munissant d'un système de protection à la maison et au travail, le tout à la fine pointe de la technologie, en montrant une attitude prudente dans vos activités de sports et loisirs, ainsi que dans vos déplacements, vous contribuerez à amadouer le sort et pourrez passer de meilleures vacances.

NE VOYAGEZ PAS

Prenez la décision de ne pas voyager en avion ni en bateau. D'ici la fin de l'année, l'eau et l'air vous sont contraires. Ne vous gênez pas pour élargir le sens de cette recommandation afin de vous prémunir sur tous les fronts. Sur terre, les risques sont moins accentués. Quand même, usez de prudence. Je ne le répéterai jamais assez!

DANS LE MONDE

Les risques de tremblements de terre et de crises sont accrus dans le monde, nous sommes tous plus ou moins secoués. Vous, plus que les autres, peut-être. Des scandales énormes éclatent et font les manchettes. Ils sont de nature explosive. Aucun pays, aucun gouvernement n'y échappe. Les signes touchés sont les Vierge, les Poissons, les Gémeaux et les Sagittaire; un ascendant de ces signes aggravera donc les choses.

ENDROITS À RISQUES

Nombreux sont les endroits à risques. Vierge de signe, la ville de Paris est visée, ainsi que la Provence et la Côte d'Azur, la Belgique, l'Espagne, le Portugal, la Thaïlande, la Turquie, l'Indonésie et les Philippines. Les grandes îles du globe peuvent être inondées et trembler. L'Amérique et les pays arabes sont très touchés. Espérons qu'ils ne souffrent pas trop. Je mentionne d'autres pays et lieux dans les prévisions pour la Vierge, le Sagittaire et le Poissons. Vous pouvez aller voir.

SANS VOUS ALARMER

Sans vouloir vous alarmer, souvenez-vous que vous êtes Gémeaux. Il y a lieu de respecter l'avertissement des planètes et d'en tirer le meilleur parti possible. Le mieux serait de rester sagement chez vous, de cultiver votre potager et de désherber votre jardin secret. Quand on sait extraire l'énergie positive de l'environnement, cela peut changer bien des choses.

C'est la fête du Travail le 1er septembre au Canada, bon congé!

HOROSCOPE HEBDOMADAIRE

Du 3 au 9 août: Distrayez-vous simplement. Plus vous êtes près de la terre, mieux vous êtes. Pour faire des affaires, signer des papiers ou des contrats, le moment est mal choisi. Remettez cela à plus tard.

Du 10 au 16 août: La pleine Lune du 12 en Verseau donne le goût des choses nouvelles. Votre cœur est content mais vos nerfs sont fragiles. En cas d'insomnie, consulter une clinique du sommeil vous aiderait certainement.

Du 17 au 23 août: Malgré les variations d'énergie, votre état de santé n'est pas mauvais. Prévoyez tout de même des périodes de repos entre les heures de travail afin de récupérer votre énergie, intellectuellement et nerveusement. Prenez congé.

Du 24 au 30 août: Semaine délicate pour la santé et la sécurité. La nouvelle Lune du 27 en Vierge accroît la sensibilité aux tendances négatives. Si tout va bien, c'est que vous avez une carte du ciel du tonnerre ou que vous êtes un saint!

Du 31 août au 6 septembre: Vous faites une remontée lente et pénible. Les ascendants Taureau, Capricorne, Verseau et Sagittaire sont les plus forts. Certains hésitent entre le meilleur et le pire, d'autres alternent entre le bien et le mal. Même votre cœur n'est pas heureux. Soignez-vous et gardez confiance.

Du 7 au 13 septembre: La rentrée est difficile, vous n'avez aucune envie de reprendre les études ou le travail à plein temps. Une année sabbatique vous fait rêver... La pleine Lune du 10 est en Poissons et promet des ennuis au travail: faites la grève!

Du 14 au 20 septembre: Les nuages s'allègent. Vos amis et vos amours rendent la situation acceptable. Votre intuition est sans faille, votre première idée est la meilleure. N'écoutez personne, c'est vous qui avez raison.

Du 21 au 27 septembre : Les choses s'améliorent. La nouvelle Lune du 25 en Balance apporte les changements souhaités. Vous avez de la chance avec les enfants, elle vous arrive par eux et avec eux. La spéculation, les jeux de hasard vous réussissent. C'est un coup de chance pure.

Du 28 septembre au 4 octobre : La santé est meilleure, le moral plus stable. La quiétude fait place à l'inquiétude. C'est le calme après la tempête. Il était temps car vous étiez sur le point de craquer !

CHIFFRES CHANCEUX

4-5-27-28-35-44-57-63-64-70

OCTOBRE

Si la vie avait une seconde édition, je corrigerais les épreuves.

JOHN CLARE

ADOUCISSANTE

Octobre apporte un adoucissement de vos peines, il vous procure du réconfort dans la souffrance. Il y a de la joie supplémentaire pour ceux qui n'ont pas souffert ces derniers mois et qui font exception à la règle, je le souligne et c'est tant mieux pour eux !

Tous les natifs voient octobre arriver avec plaisir. Ce n'est peut-être pas la fin de tous leurs tourments, mais bien des choses s'améliorent. L'atmosphère est plus détendue, l'intellect fonctionne mieux, le sommeil est réparateur. Si vous êtes malheureux, vous savez pourquoi et agissez différemment pour contrer le sort. Cela vous réussit.

LE MEILLEUR L'EMPORTE

Leur santé physique et nerveuse étant plus stable, les natifs sont en bonne posture sur le plan personnel. Leur vie privée prend de l'éclat, leur personnalité s'affine, la chance est au rendez-vous. Plusieurs ont envie de renouveau et peuvent satisfaire leurs désirs sans inimitiés ni concurrence déloyale. Le meilleur l'emporte, c'est tout.

Natifs du premier décan

Mars voyage en Poissons, signe qui ne convient guère aux Gémeaux. Les natifs du 21 au 31 mai doivent être prudents, l'agressivité pouvant être utilisée contre eux et contre les autres. Impatience, difficulté à contrôler leurs émotions et leur sexualité, frustrations de toutes sortes sont leur lot. Il vous faut absolument éviter les conflits. Les risques d'accidents et de brûlures, de blessures, de fièvre, de noyade et d'étouffement sont accrus. L'eau et l'air sont à surveiller également.

C'est l'Action de grâces le 13 octobre, bon congé à tous!

HOROSCOPE HEBDOMADAIRE

Du 5 au 11 octobre : Vous avez le goût de vous amuser, de vous distraire, de vous divertir. Vous pouvez déployer beaucoup de charme pour arriver à vos fins. La chance vous sourit en amour. La pleine Lune du 10 en Bélier parle de passion.

Du 12 au 18 octobre : Vos idées sont claires, logiques, précises. Vous aimez vous faire entendre et établir de bons contacts avec les autres. Les conflits de génération disparaissent avec vos enfants et vos petits-enfants; ceux-ci vous portent bonheur.

Du 19 au 25 octobre : Vous comprenez mieux les jeunes et les enfants. Vous profitez largement de votre capacité d'échanger vos idées, de faire du sport sans risques. La nouvelle Lune du 25 en Scorpion vous avantage au travail et améliore votre santé.

Du 26 octobre au 1er novembre : Vous recevez de bonnes nouvelles autour du 1er novembre. C'est le résultat attendu, mais vous êtes bouche bée. Vos désirs se réalisent, vous faites de bonnes affaires d'argent, vous êtes fou de joie.

CHIFFRES CHANCEUX

5-12-24-26-31-42-44-45-59-67

NOVEMBRE

Rien n'est plus facile que de jeter de la poudre aux yeux.

JEAN ROSTAND

BON DÉBUT DE MOIS

Malgré l'éclipse lunaire totale du 8 novembre, vous attaquez le mois en force. Le moral est au beau fixe, le corps suit. Rien n'étant parfait, votre vie affective et sentimentale connaît des hauts et des bas, mais vos nerfs sont solides, vous ne risquez pas de craquer. On a recours à vos bons services pour dépanner des personnes âgées ou malades, ce que vous faites avec générosité.

BEL ASPECT

Un bel aspect de Jupiter en Vierge à Saturne en Cancer favorise les transactions financières et immobilières. Malgré ses tribulations, le commerce connaît un bon essor. Décembre sera bon, nous le pressentons déjà. Pour peu que vous évitiez de vous hisser dans les excès de la mégalomanie et que vous cessiez de dépenser ce que vous n'avez pas, vous terminerez l'année en meilleure situation financière. Toutes proportions gardées bien sûr.

MEILLEURS VENDEURS

Les meilleurs vendeurs sont Gémeaux ascendant Cancer, Taureau, Capricorne et Scorpion. Certains ascendants Vierge le sont aussi, dont la réputation est immaculée. Persuasifs, ils sont irrésistibles. En avance sur leur temps, ils œuvrent de manière discrète, parfois même secrète. Travaillant souvent dans l'anonymat, on reconnaît leurs mérites dans leur milieu. Talentueux dans la recherche, la détection, la protection, ils sont champions dans leur univers. Nous leur souhaitons bonne chance, ils en ont grand besoin!

ÉCLIPSE NOCIVE LE 23 NOVEMBRE

L'éclipse solaire totale du 23 novembre en Sagittaire, votre signe opposé, vous est nocive. Elle requiert une attention supplémentaire en ce qui concerne votre santé et de celle de votre conjoint, ou celle de votre associé. Il convient de soigner le moindre malaise physique et de prévenir les risques en demeurant sur vos gardes, ce à quoi vous n'êtes pas accoutumé.

Le Gémeaux est distrait, insouciant, tout le monde le sait. Ces temps-ci, ouvrez l'œil et le bon, tendez l'oreille, la plus fine, sentez l'atmosphère ; et si elle ne sent rien qui vaille, sortez prendre l'air au plus vite ou rentrez chez vous. Touchez ce que vous désirez, et si ce n'est pas à votre convenance n'achetez pas. Ne goûtez pas aux plaisirs défendus.

TABOU

Certaines choses sont taboues, ne défiez pas le sort sous pareille éclipse. Sinon vous, votre conjoint, votre associé ou des personnes qui vous sont chères pourraient écoper. Ne pensez pas que l'autre ou les autres vont tout faire à votre place, prenez vos responsabilités. Sinon vous risquez de regretter de ne pas avoir réagi à temps. Vous n'avez pas d'excuses : vous êtes averti. J'espère que vous prendrez cela en considération.

C'est jour du Souvenir le 11 novembre, bon congé !

HOROSCOPE HEBDOMADAIRE

Du 2 au 8 novembre : Vous allez bien, la vie vous traite bien, vous êtes concret dans vos actions et méritez des félicitations. L'éclipse lunaire totale du 8 en Taureau ne vous touche pas, en principe, tant mieux.

Du 9 au 15 novembre : Ceux du 1er au 10 juin doivent se méfier de l'eau et des paradis artificiels. Les autres sont en sécurité, pourvu qu'ils ne tombent pas dans les excès de travail, de consommation ou de sexe.

Du 16 au 22 novembre : Vous avez l'impression que les autres sont plus forts que vous. C'est certainement déplaisant mais sans doute assez vrai. N'en prenez pas ombrage et dites-vous que c'est temporaire, cela vous redonnera des couleurs.

Du 23 au 29 novembre : L'éclipse solaire totale du 23 en Sagittaire marque une baisse de résistance physique générale à laquelle vous êtes plus sujet que d'autres. Prenez soin de vous et ça ira.

Du 30 novembre au 6 décembre : Vous entrez en décembre le cœur plus léger, pressentant que tout est sur le point de déboucher et de s'arranger à votre satisfaction. Vos ennuis s'achèvent, consolez-vous.

CHIFFRES CHANCEUX

10-11-27-28-29-34-41-47-55-65

DÉCEMBRE

Le bonheur, c'est tout de suite ou jamais.

MARCEL JOUHANDEAU

MAGNIFIQUE ET SUPERBE
Décembre est magnifique et superbe. Mars quittant le Poissons pour le Bélier, signe ami du Gémeaux, l'énergie est mieux distribuée et utilisée. Vos forces reviennent, votre volonté est inébranlable, votre instinct plus sûr. Vous reprenez le contrôle de votre vie et de vos affaires, il était temps ! À compter du 15 décembre vous êtes dans une forme superbe.

PRIMEUR
Ayant retrouvé le sens de l'humour qui vous caractérise, vous êtes aimable et aimé, souriant, beau et heureux en amour et en amitié. Vous reprenez contact avec le meilleur aspect de vous-même : la juvénilité du cœur et de l'esprit. La beauté réside dans l'âme, vos yeux reflètent l'amour, la mansuétude, la générosité. Non que vous soyez parfait, mais vous êtes plus en forme qu'au début de l'année et il me fait plaisir de vous l'annoncer en primeur !

DÉTECTIVE ET MAGICIEN
Véritable détective et magicien, le Gémeaux cherche et trouve des réponses importantes au cours du mois. Sa patience, sa logique et ses méthodes novatrices donnent des résultats convaincants. Il utilise avec succès son intuition et son sens de la déduction. Pour lui, le problème est vite cerné et rapidement réglé. Ceux qui ont recours

à vos services sont satisfaits et vous font de la publicité, c'est bon pour le commerce.

HOROSCOPE HEBDOMADAIRE

Du 7 au 13 décembre : À la pleine Lune du 8 en Gémeaux vous tenez le haut du pavé. C'est le moment de faire passer vos idées et de vous faire respecter. Votre santé ou celle de votre conjoint peut laisser à désirer.

Du 14 au 20 décembre : Vous retrouvez magiquement votre entrain et vous êtes prêt à célébrer le temps des Fêtes. La crise est terminée. C'est le moment de vous réjouir, de vous libérer de vos inhibitions et de laisser tomber vos complexes. Offrez-vous un beau présent : vous l'avez mérité !

Du 21 au 27 décembre : La nouvelle Lune du 23 en Capricorne favorise la discrétion. Ce qui est caché vous passionne. Papiers importants, mandats en cas d'inaptitude, testaments, dettes et impôts, assurances et compensations de travail sont sujets à discussion. Vous passez un bon Noël !

Du 28 au 31 décembre : L'année se termine bien. Après avoir vécu des épisodes incroyables, vous pourrez les écrire. Ça serait bien, sans compter que ça vous défoulerait. Profitez de vos amis et relations et laissez-vous choyer. Vous méritez des félicitations, je vous en offre !

CHIFFRES CHANCEUX

12-14-17-22-36-38-48-56-57-60

Bonne année 2004, cher Gémeaux !

Cancer

DU 22 JUIN AU 23 JUILLET

1er DÉCAN : DU 22 JUIN AU 1er JUILLET
2e DÉCAN : DU 2 JUILLET AU 12 JUILLET
3e DÉCAN : DU 13 JUILLET AU 23 JUILLET

Compatibilité sexuelle et amoureuse

La compatibilité sexuelle et amoureuse entre les signes du zodiaque ayant été commentée de toutes sortes de manières, je me permets de porter à votre attention les constatations suivantes basées sur des données millénaires. Vous verrez qu'elles sont encore aussi justes de nos jours qu'elles l'ont été au cours des siècles passés.

Dans ces douze signes, nous trouvons douze façons différentes de vivre notre sexualité. Ce sont douze façons de vivre qui conduisent nos tempéraments vers un épanouissement amoureux et sexuel.

Dans cette analyse, j'ai utilisé le Soleil natal comme point de départ, mais il faut retenir que c'est la planète Mars qui régit la sexualité proprement dite. Les recherches que j'ai entreprises tendent à nous apporter une meilleure connaissance de nous-mêmes dans ce que nous avons de plus personnel, de plus intime, de plus secret. Par extension, cela nous aidera à comprendre les besoins de nos partenaires de vie.

En abordant le sujet de la compatibilité, je ne vous propose pas de diktats quand à la manière de mener votre vie sexuelle. Cependant, vous le constaterez certainement, sexualité et astrologie font bon ménage. C'est un duo sur lequel on aurait avantage à compter plus fréquemment.

Ces règles générales qui vous indiquent vos tendances naturelles pourront vous inciter à aller plus loin dans la recherche de l'harmonie sexuelle. Ne serait-ce qu'à ce titre, je suis persuadée que ces quelques notions vous seront utiles.

CANCER-CANCER

L'énergie sexuelle des partenaires varie d'un jour à l'autre. Les amants font face à d'énormes difficultés. En situation extraordinaire leur relation peut réussir, mais dans des circonstances «normales» le climax est rarement atteint. Hyposexués ou froids selon leurs humeurs, ils sont difficilement conciliables.

Ils peuvent envisager une relation sexuelle de longue durée à condition qu'elle ait pour but la procréation. Autrement, il est plus sage d'y renoncer.

CANCER-LION

Le jour et la nuit se rencontrent et s'aiment. C'est une entente instantanée mais pas toujours viable. Il faut au Cancer une nature bien articulée et au Lion un esprit très inventif pour que le jeu du chat et de la souris les amuse longtemps. Le Lion est chasseur, cela ne peut être discuté. Mais le Cancer qui aime est prêt à tout.

Relation en coup de foudre. Parfois elle dure, parfois non. Tout dépend de l'intensité de la passion et de l'ascendant de chacun.

CANCER-VIERGE

Leurs épidermes sont compatibles, mais leurs deux âmes diffèrent. Le lymphatique Cancer se laisse caresser des heures, mais la Vierge aura-t-elle la patience de l'attendre, tout est là. La sensualité de la Vierge lui permet des jouissances intenses mais de courte durée. Le Cancer est lent, mais s'il est amoureux, il pourra s'adapter.

Le sexe peut les unir et les satisfaire à tout coup. En ce cas, l'entente est parfaite. Les deux y trouvent leur compte.

CANCER-BALANCE

Le plaisir est possible mais la psychologie diffère totalement. La libido du Cancer s'éteint vite. Pour rallumer la flamme il faut des prodiges d'imagination et une vaste connaissance des techniques sexuelles. L'un domine, l'autre subit. Les chances sont meilleures chez les couples homosexuels s'ils ne sont pas des dépendants affectifs.

La relation sexuelle peut comporter des risques de violence. Même en voyage, en tant que relation d'un soir, c'est risqué.

CANCER–SCORPION

Ici on entre dans une autre dimension. Celle de la passion vive et pressante, des sens exacerbés, de la possession charnelle de deux êtres qui se ressemblent et pourraient être des âmes sœurs. La mort, la survie et l'éternité sont présentes pour eux dans l'acte sexuel. La création et la procréation sont les buts ultimes, avoués ou inconscients, de leurs ébats.

Le couple s'unit charnellement dans la plus profonde intimité. Les caresses n'ont pas de limites, aucun tabou ne résiste.

CANCER–SAGITTAIRE

Le goût de l'aventure prédomine dans le choix d'un tel partenaire sexuel. Le désir de jouissance existe, mais il est secondaire. Au cours des jeux érotiques, des accessoires sont utilisés avec humour et aplomb. On ne lésine pas sur les moyens à prendre pour atteindre le climax à plusieurs reprises.

Cet échange sexuel a de quoi rendre envieux les timorés. Ça ne dure pas toujours, sauf si l'on voyage beaucoup ensemble.

CANCER–CAPRICORNE

On dit que les contraires s'attirent. Dans ce cas-ci, la vie sexuelle est complexe et rarement satisfaisante. Le Cancer est hypersensible et capricieux, alors que le Capricorne cherche d'abord son propre plaisir. Le Cancer souffre du manque de caresses de son partenaire, le Capricorne égoïste fait comme bon lui semble.

Un fossé les sépare. S'ils restent ensemble c'est par manque d'initiative ou parce ce que l'un domine l'autre et lui fait peur.

CANCER–VERSEAU

Cette union charnelle donne de bons résultats à long terme, mais à court terme, elle peut être décevante. La libido du Cancer variant comme le climat, le Verseau doit s'adapter à ses humeurs. L'un vit au passé, l'autre au futur. Au mieux, ils ont une belle aventure sexuelle. C'est court, romanesque et parfois houleux.

La relation sexuelle est rarement un festin pour les sens. Ils ont parfois des problèmes, auquel cas un sexologue est nécessaire.

CANCER-POISSONS

La sensibilité épidermique du Cancer rejoint celle du Poissons. Ils font bien l'amour ensemble, mais à la longue leur union manque de piquant. Si le Cancer montre de l'initiative et le Poissons de l'imagination, ils peuvent faire l'amour pendant des heures, sans se lasser. La satisfaction des deux partenaires est garantie.

La relation sexuelle peut durer le temps des roses, mais elle est tendre, romantique, et dans certains cas initiatique.

CANCER-BÉLIER

Il leur est impossible de se donner du plaisir sans se faire souffrir. Le Cancer est blessé par la brusquerie du Bélier. Les préliminaires, il n'en est pas question. Imaginez la frustration. Il faut que le Cancer soit masochiste et le Bélier sadique pour que leur relation soit possible. Et la femme, dans le couple, peut souffrir de dépendance affective.

La rencontre sexuelle est un moment privilégié dans la vie du Cancer alors que le Bélier fait la chose sans manière. L'entente n'est pas formidable et la relation plutôt risquée.

CANCER-TAUREAU

Cet amalgame mène les partenaires au septième ciel de la volupté charnelle. Sensuels tous les deux, ils aiment que les préliminaires soient longs et savoureux. Gourmand, le Taureau procure des sensations fortes au Cancer qui se délecte et savoure sa victoire. La procréation est une motivation.

Ce couple a de belles années devant lui, à condition qu'il s'adapte au temps qu'il fait. Car celui-ci influe directement sur la libido des partenaires.

CANCER-GÉMEAUX

La Lune et Mercure sont des planètes rapides. Si les partenaires sexuels usent d'autant de rapidité qu'elles en amour, ce n'est pas gagné. Coup de foudre, rencontre de voyage, aventure par simple curiosité, le plaisir des partenaires est vite éventé. Souvent rien ne subsiste de la partie de plaisir qu'ils ont eue ensemble. À part, bien sûr, les souvenirs.

Sexuellement compatibles mais loin l'un de l'autre dans leur approche, ces amants ont besoin de patience pour apprendre l'amour.

Prévisions annuelles

ANNÉE RICHE EN CHANGEMENTS
C'est une année riche en changements qui attend le natif du Cancer cette année. Rien ne résiste à la pression qu'on exerce sur lui. Il ne peut se dissimuler d'aucune façon à la vue de sa famille, de son milieu, de ses semblables. Il doit renoncer à la solitude, sans pour autant négliger le refuge de son monde intérieur qu'il retrouvera à l'occasion, question de refaire le plein d'énergie.

S'entourer d'amis sincères et de parents aimants devient pour lui une nécessité. Cette dernière option se fera de plus en plus pressante à mesure que les mois passeront.

PLUS DE RAISONS D'ESPÉRER
Disons-le tout de go : le Cancer a plus de motifs d'espérer que de désespérer de cette année. Les événements mondiaux semblent vouloir l'avantager personnellement, alors qu'ils secouent la majorité d'entre nous. Si sa vie privée est sous contrôle et s'il prend soin de sa santé, il trouvera à 2003 des qualités appréciables et en fera ses beaux jours.

CHANCE ET PRÉDESTINATION
Après un peu de tumulte, le Cancer trouvera le calme et passera une année agréable dont il gardera un souvenir mémorable. L'argent ne nuisant pas à son bonheur, ses goussets sont gonflés à bloc à la suite de transactions heureuses dans lesquelles entre une grande part de chance et de prédestination. Sa situation matérielle est plus que convenable, il n'est pas à plaindre pourvu qu'il agisse sagement et en temps propice, ce qu'il découvrira au cours de l'analyse mensuelle.

JARDIN SECRET
Cette année, l'action se déroule à l'extérieur du foyer, loin de la maison qui est son port d'attache, son havre de paix. Pour contrer cette tendance, qu'il trouvera «dramatique», il doit disposer d'un jardin secret où il se sent libre et en sécurité. Dans cet espace, il crée, s'invente une vie et un monde nouveau. Il est bien.

CONSOLATION

Le natif de ce signe a pour consolation le fait d'être autonome et indépendant. Discret sans être absent, il assume de lourdes responsabilités. Il a intérêt à en laisser tomber quelques-unes en cours de route pour alléger son fardeau. Qu'il accepte tout cela, dans une certaine mesure, c'est bien, qu'il hypothèque sa santé et son avenir, il le regrettera.

DANS SA COQUILLE

Vivant bien avec la solitude, le Cancer accepte la compagnie des autres à condition de ne pas se sentir envahi ou agressé. Dès que la tension monte, il se recroqueville et rentre dans sa coquille. Il tentera de le faire à plusieurs reprises cette année, mais en vain. On viendra le tirer de force de son refuge, s'il le faut, car on aura besoin de lui. Il aura intérêt à faire son devoir.

UN RÔLE ESSENTIEL

Qu'il le veuille ou non, il a un rôle essentiel à jouer dans la famille, la société, le milieu qu'il habite. Souhaitons qu'il ne déteste pas trop ses nouvelles conditions de vie et qu'il se sente bien en dehors de sa coquille, car c'est sous les projecteurs ou bien en vue qu'on le retrouvera le plus souvent cette année. Aussi bien qu'il s'y prête de bon gré et avec le sourire, c'est la seule solution acceptable.

L'EAU

Matrice première et universelle, l'eau lui sert de panacée. Dans l'eau, sur l'eau, près de l'eau, il est vivifié, rajeuni. Grâce à ses propriétés curatives, l'eau éclaircit son teint, qu'il a pâle d'habitude ; il reprend des couleurs, signe qu'il se porte bien. Buvant des quantités d'eau fraîche et de jus rafraîchis, il prolonge sa vie d'autant et ménage son estomac, qu'il a fragile. Sans compter les nombreux autres bénéfices qu'il retire de l'eau, son élément.

Séjours à la mer et croisières sont bienvenus à certaines périodes. Je soulignerai les dates appropriées le temps venu.

VISITE DE SATURNE

Cher Cancer, il vous faut beaucoup d'eau cette année pour contrer Saturne qui vous visitera entre le 3 juin 2003 et la mi-juillet 2005. C'est un long bail, mieux vaut le vivre en souriant qu'en rechignant. De toute façon, vous n'avez pas le choix, Saturne impose sa loi.

Sans être implacable, cette planète lourde commande le respect et demande à être considérée attentivement. C'est ce nous tenterons de faire vous et moi cette année. Mieux vaut savoir ce qui va nous frapper que de l'ignorer, cela rend les choses plus compréhensibles et plus supportables.

PAR BONHEUR

Par bonheur, vous recevez l'aide de la chance pure en avril, puis celle de Jupiter à compter de la fin du mois d'août. Uranus vient se greffer à belle grappe bénéfique et vous réserve des surprises agréables sous forme de changements subits et imprévus que vous apprécierez.

La période entre le 10 mars et le 15 septembre promet de ne pas être banale, vous l'adorerez. C'est un prélude à la symphonie que cette planète vous réserve en 2004. Grandiose ! Patience, cher Cancer, le ciel vous éprouve et vous teste, mais il est loin de vous abandonner.

AUCUNE ÉCLIPSE NOCIVE

Aucune éclipse nocive ne venant ternir ces bons pronostics, la santé physique et morale semble préservée pour la plupart des natifs. Certaines exceptions à la règle sont possibles, mais elles sont rares. Je les signalerai au fil des mois.

Passons à l'étude des transits mensuels afin de cibler les points d'intérêt et d'indiquer les temps forts et faibles de l'année. Cela vous permettra de passer à l'action au moment propice et d'avoir le profil qui convient quand ce sera utile.

Prévisions mensuelles

JANVIER

Ne crains pas d'exprimer un vœu tout bas ; tu mets ainsi en mouvement des forces spirituelles qui vibrent immédiatement dans le lointain. Elles ne cesseront d'agir que ton vœu ne soit réalisé.

EMERSON

ÉNORME ÉNERGIE POSITIVE

Jamais votre mois préféré, janvier, ne sera mauvais cette année. Vous allez même l'aimer beaucoup. Une énorme somme d'énergie positive se dégage de la planète Mars. Vous en captez l'essence et profitez d'une résistance inhabituelle. Vous pourriez subir quelques ennuis de santé, mais la force de récupération sera décuplée. Vous pouvez vaincre les microbes et les virus qui osent vous attaquer. Les hypocondriaques en prendront pour leur rhume : ils ne sont ni infectés ni malades !

SPORT ET EXERCICE

Vos muscles ont besoin de travailler, à défaut de quoi ils vont ramollir. Dans ce cas, vous n'aimerez pas l'image qui apparaîtra dans la glace. Pas de paresse, faites un effort. Si le sport vous paraît trop difficile, faites des exercices légers et ciblez vos points faibles Ou encore, adonnez-vous à la marche ou à la danse, faites des exercices respiratoires pour vos poumons. Certains ont le goût des jeux et des sports violents et extrêmes. Si vous avez l'âge des prouesses et la santé qu'il faut, pourquoi pas. Vous ne courez aucun risque sérieux.

VIE SEXUELLE

Au cours de vos activités sexuelles soutenues, vous ne retirez que plaisir et bonheur. Votre vie sexuelle est gratifiante, vous trouvez aisément à exprimer votre désir charnel et à faire l'amour pour libérer votre trop-plein d'énergie au lieu de le passer en agressivité. Ne refoulez pas vos besoins d'amour et de chaleur humaine. Prenez-en note : votre fertilité est accrue.

Exprimez librement votre sexualité. Vous êtes aimé et compris. Ne doutez pas de la passion que vous inspirez, elle est réelle et sincère. Aucun intérêt ne teinte les sentiments de la personne qui partage votre vie, ses motifs sont gratuits, honnêtes. Vous avez de la chance!

En cas

Dans le cas où votre corps serait soumis à des traitements intensifs, la guérison promet d'être rapide et complète. Souhaitons que ce ne soit pas le cas, mais mieux vaut être informé et savoir que tout se passera bien, que de s'inquiéter pour rien.

À compter du 20 janvier, la santé est vigoureuse et votre ambition renaît. Rien ne s'oppose à la réalisation de vos désirs.

HOROSCOPE HEBDOMADAIRE

Du 1er au 4 janvier: La nouvelle Lune du 2 en Capricorne vous réserve des lendemains cruels. Vous avez fêté, il faut payer l'addition. Estomac fragile, genoux cassants, ce n'est pas le temps des prouesses au lit.

Du 5 au 11 janvier: Mercure rétrograde et apporte lenteur à peu près dans tout ce qui vous touche de près: études, communications, transports et voyages. Ne vous disputez pas avec votre conjoint ou votre associé, vous êtes dans le même bateau. Et votre vie sexuelle est au mieux.

Du 12 au 18 janvier: Vous avez la capacité de mépriser le danger et la mort. Possibilité de sauver une personne en péril et d'agir en héros, en héroïne. La pleine Lune du 18 en Cancer vous rend charmant, une chance inespérée vous ravit.

Du 19 au 25 janvier: Études, conférences, commerce, voyages, tout tourne au ralenti. Mercure rétrograde et nous complique tous la vie. Ne blâmez personne, c'est inévitable. Par contre, votre santé est meilleure.

Du 26 janvier au 1er février: De bonnes affaires sont en vue avec le Sagittaire et le Lion. Si l'un de ces signes est votre ascendant, vous pourriez vous enrichir. La nouvelle Lune du 1er parle de voyages en avion, en hélicoptère ou autres.

CHIFFRES CHANCEUX

16-17-21-22-34-35-40-41-55-68

FÉVRIER

Aucun être ne peut rien vous révéler, sinon ce qui repose déjà à demi endormi dans l'aube de votre connaissance.

KHALIL GIBRAN

À PAS DE TORTUE

Vous adoptez une allure ferme en février, mais tout se déroule à pas de tortue. Vous avancez et progressez lentement mais sûrement dans vos projets et travaux personnels, même si rien ne vous épate. Quelque chose vous retient d'avancer librement, de vous laisser aller à la fantaisie qui vous séduit. Quelque chose qui a trait aux sentiments, à l'amitié, peut-être à l'amour, ne semble pas évoluer comme vous le souhaiteriez ce mois-ci. Dommage, c'est justement la fête des amoureux.

MIEUX VAUT ÊTRE AIMÉ

Laissez l'autre vous choyer et ajustez-vous à la situation. Mieux vaut être aimé qu'aimer en certaines circonstances. Aussi bien accepter de bonne grâce l'amour que l'on vous offre plutôt que d'en manquer et de souffrir de solitude. Le moment n'est pas au libre choix mais à la satisfaction du devoir accompli. Pressentant ce qui s'en vient, vous comprenez à quoi je fais allusion. Quoi qu'il en soit ne jouez pas sur les sentiments, ce n'est pas approprié.

À L'ABRI DE LA CONTROVERSE

Vous semblez à l'abri de la controverse et des scandales qui bouleversent actuellement bien des gens que vous connaissez et que vous aimez peut-être. Une dissonance entre Jupiter et Neptune en Lion-Verseau provoque des remous à l'échelle planétaire. Imprévisibilité du climat, incendies, tremblements terrestres et sous-marins, désastres maritimes et empoisonnements massifs, tout est possible. Veillez sur vous et sur votre famille, et si vous êtes touché, allez chercher de l'aide. Vous en trouverez aisément.

16 FÉVRIER ROUGE

Le 16 février est rouge pour tous, particulièrement pour les Cancer ayant un ascendant Lion, Verseau, Taureau ou Scorpion. Même si vous n'avez qu'une Lune natale ou un amas planétaire (plusieurs planètes) dans l'un de ces signes, vous pouvez être impliqué de plus près que vous ne l'aimeriez dans un scandale, une fraude, des actions sociales ou politiques douteuses ou carrément illégales.

Ne jetez la pierre à personne et, si vous avez besoin de conseils, voyez du côté des Sagittaire, des Gémeaux et des Capricorne. Eux semblent posséder une protection naturelle. Peut-être jouent-ils mieux que vous le jeu de la vie, c'est une question d'interprétation sans doute.

RIEN DE FÂCHEUX

Il est fort possible que rien de fâcheux ne se produise et que vous passiez ce mois de février en toute quiétude. Alors vous vivez sur une autre planète, celle que votre nature rêveuse a fabriquée et qui vous convient. C'est votre privilège, personne ne le contestera, surtout si vous êtes heureux. Souvenez-vous seulement que vous faites partie de l'humanité et que vous devez être disponible. En cas de besoin, on pourra avoir recours à vous.

Bonne Saint-Valentin à tous!

HOROSCOPE HEBDOMADAIRE

Du 2 au 8 février: Réglez un problème de cœur ou de famille avant le 4. Après ce jour, il sera trop tard. Pour ne pas ajouter à vos complexes, faites un effort surhumain et tentez le coup. Votre vœu sera exaucé.

Du 9 au 15 février: Vous voulez plaire à une personne et ça ne colle pas. Acceptez son refus et ne soyez pas blessé, on ne sait pas ce que l'on manque, voilà tout. Surveillez votre cœur, voyez un spécialiste.

Du 16 au 22 février: La pleine Lune du 16 en Lion jette de l'huile sur le feu d'une passion inassouvie. Ne cherchez pas les problèmes, ils vous trouveront bien assez tôt. L'humilité vous évitera des rejets embarrassants.

Du 23 février au 1er mars: L'équilibre que vous recherchez est difficile à atteindre dans vos relations affectives avec votre conjoint et votre entourage. Vous vous sentez peut-être mal aimé, mais vous aimez mal vous aussi. N'attendez rien et faites votre propre bonheur.

CHIFFRES CHANCEUX

2-16-25-28-35-47-48-59-60-69

MARS

La nature fait les hommes semblables, la vie les rend différents.

CONFUCIUS

BONNE SANTÉ MAIS…

Vous avez une bonne santé, mais des difficultés avec votre conjoint ou votre associé vous déséquilibrent momentanément. Une courte mais douloureuse maladie est possible, votre système musculaire peut être endommagé par un accident ou une chute. Soyez prudent avec le feu et les armes, l'agressivité peut conduire à la violence. Si vous avez été brimé dans votre expression ou trop longtemps retenu, votre violence peut se réveiller, ça pourrait barder. Tout dépend de vous et de l'attitude que vous déciderez d'adopter ce mois-ci.

GROSSESSE

Il se peut que des personnes proches de vous soient malades et que leur état vous bouleverse. Si vous êtes enceinte, Madame, redoublez d'attention et consultez au moindre saignement. Si c'est votre conjointe qui attend un grand événement, faites-lui vos recommandations et demandez-lui de vous dire la vérité sur sa condition physique afin de pouvoir l'aider, au besoin. Une grossesse est probable dans votre entourage immédiat, vous devrez y porter attention.

PLUS À RISQUES

Beaucoup de choses se passent au niveau de l'énergie et de la vitalité, du sang et de la formule sanguine, de la création et de la procréation. Ne négligez aucun détail concernant la santé et la sécurité, la vôtre et celle de ceux que vous aimez. Surveillez vos proches, votre père, votre mari, votre fils aîné. Ceux-ci sont plus à risques que vous.

SCEAUX PARTICULIERS

Des aides précieuses viennent du Soleil et de Mercure mais c'est l'apport bénéfique d'Uranus passant le 10 mars en Poissons, signe ami, qui marque ce mois d'un sceau particulier. Vous êtes à l'abri de tous risques physiques et intellectuels. Vous connaissez les réponses

141

avant qu'on ne vous pose les questions. Votre côté brillant s'extériorise en douceur, mais il n'y a pas à s'y méprendre : vous prenez votre place !

RÉFLEXES ET JUGEMENT

Vos réflexes et votre jugement sont sûrs. Rien ne vous ébranle, vous êtes conforté dans vos certitudes au travail, dans votre métier ou profession. Utilisez au maximum votre intuition et faites-vous confiance, tout en sachant que la raison est bonne conseillère mais que la passion expose à des revers. Vous profiterez ainsi du meilleur et laisserez le pire à d'autres moins méritants et moins qualifiés que vous.

GOÛT DES VOYAGES

Vous avez le goût de faire des voyages, d'échanger des idées avec des gens de cultures différentes et recevez de bonnes nouvelles de l'étranger. Tout cela vous invite au voyage. Faites des projets en ce sens, mais ne partez pas avant la troisième semaine de juin. Tout juillet est favorable et novembre l'est encore plus. Vous avez donc le choix !

HOROSCOPE HEBDOMADAIRE

Du 2 au 8 mars : La nouvelle Lune du 2 en Poissons accroît votre courage. Votre intérêt pour les langues, les religions, les cultures ou les philosophies étrangères vous stimule. Un guet-apens est organisé par une trop jeune et trop jolie personne qui vous courtise ; méfiez-vous, ça semble cacher des dangers.

Du 9 au 15 mars : Votre santé est solide, votre intuition géniale. Les projets qui vous tiennent à cœur : étudier, enseigner, écrire, communiquer et voyager, vous réussissent. En publicité et en vente, vous êtes un as. Soufflez dans votre trompette !

Du 16 au 22 mars : On s'oppose à vos idées. Gardez votre sang-froid et ne vous apitoyez pas sur votre sort. La pleine Lune du 18 en Vierge facilite vos communications. Uranus donne du génie à ceux qui créent.

Du 23 au 29 mars : Votre intelligence et votre raisonnement vous sont utiles mais c'est votre intuition supérieure qui a le plus d'effets bénéfiques. La première idée est définitivement la meilleure, aucun doute possible. Tenez-y fermement.

Du 30 mars au 5 avril: La nouvelle Lune du 1er en Bélier vous suggère la tolérance et la persévérance. Une peine est en vue et les larmes l'accompagnent. Vous prenez mal les choses, mais la fin de la semaine vous ramène à votre joie de vivre.

CHIFFRES CHANCEUX

2-12-22-23-38-39-41-52-58-67

AVRIL

L'impossible, nous ne l'atteignons pas, mais il nous sert de lanterne.

RENÉ CHAR

L'ESPOIR EST DANS L'AIR

La fête de Pâques fait ressurgir des entrailles de la terre une essence sublime qu'elle vaporise dans l'air. Cet effluve a pour nom Espoir. C'est un parfum tonique et encourageant pour vous, du Cancer, qui sentez que quelques bonnes surprises se préparent en coulisse pour vous. L'espoir est votre bombonne d'oxygène, vous ne pouvez vous en passer. Respirez l'air doux de cette saison et appréciez la chance que vous avez d'être en vie. C'est de loin la plus belle!

PATIENCE

Patience, vers le 20 avril, vous soupirerez d'aise et annoncerez à tous votre contentement et votre satisfaction. Libéré des entraves qui retardaient la réalisation de vos projets d'avenir, vous avez le champ libre. C'est un moment exquis sur lequel vous avez beaucoup investi. Il est temps pour vous d'en retirer les bénéfices.

D'ici là, tout est sujet à caution. La marge d'erreurs est mince. Si vous pensez mariage, séparation, divorce, remettez votre projet à juillet ou mieux à novembre prochain. Vous serez alors en mesure de faire face à la justice et à la société en gardant la tête haute, sans vous préoccuper des qu'en-dira-t-on.

AMÉLIORATION

L'intégrité, l'honnêteté, l'aplomb sont vos qualités les plus marquantes. Plus rien ne retient votre main de signer des papiers et contrats, soit pour vous engager ou pour mettre un terme à une union qui a assez duré. En amour et en affaires, le processus est le même, vous l'avez compris. Vous ne le percevrez sans doute pas du jour au lendemain, mais l'amélioration de votre vie privée et de vos affaires d'argent est remarquable. Vous avez du mérite, c'est indéniable.

IMPRÉVUS ET COÏNCIDENCES

Attendez-vous à des imprévus au cours du mois d'avril jusqu'à la mi-septembre et soyez prêt à vivre le moment présent sans vous attarder sur le passé ni vous inquiéter de l'avenir. La période est cruciale, exceptionnelle, pour tout dire, super excitante. Les bonnes surprises sont nombreuses et deviennent presque chose courante.

Les coïncidences heureuses abondent, appliquez-vous à en déchiffrer le code secret. Vous le savez, rien n'est coïncidence, tout est prévu, prédéterminé. Il faut comprendre le sens de ces hasards qui n'en sont pas et aller où ils vous entraînent.

INTELLIGENCE ET INTUITION

Votre intelligence naturelle se double d'une intuition extraordinaire, faculté non reconnue par la science traditionnelle, mais qui n'en demeure pas moins réelle. Ça, vous le savez sans l'ombre d'un doute puisque vous êtes du signe le plus doué en parapsychologie et en sciences occultes.

SI VOUS ÊTES ASTROLOGUE

En avril, votre intellect et votre intuition fonctionnent en harmonie. Cette synergie vous rapproche de votre idéal et de la perception que vous avez des choses à venir. Vous n'en revenez pas de la facilité avec laquelle vous apprenez, enseignez et travaillez. Si vous êtes astrologue, médium, clairvoyant, expert en tarot ou occultiste, le succès est proportionnel à vos connaissances innées et apprises et aux expériences que vous avez accumulées en effectuant votre travail. Vos prévisions et prédictions se réalisent presque à la lettre. On en fait état ici et là, noblesse oblige!

PETIT CONSEIL

Je me permets de vous donner un petit conseil d'amie : essayez de ne pas être trop direct et dur dans vos prédictions. Il ne faut pas faire peur aux personnes qui vous consultent mais les aider à prévoir et à contourner le sort quand c'est possible. Dire la vérité oui, mais avec des nuances.

Uranus, la planète de l'imprévisible, transite le signe ami du Poissons, vous avez de belles énergies en banque. Il vous suffit de les utiliser et le tour est joué.

Joyeuses Pâques à tous !

HOROSCOPE HEBDOMADAIRE

Du 6 au 12 avril : La semaine annonce un long voyage à l'étranger, des aventures intéressantes en pays inconnu. Vous avez une mission à accomplir. Vous avez du talent et de l'attrait pour les hautes études scientifiques, médicales et techniques, tirez-en profit. Vous nouez des amitiés avec des gens venus d'ailleurs.

Du 13 au 19 avril : Vous développez un vif sentiment de solidarité, vous avez l'impression de compter dans votre famille et, plus généralement, dans la société. La pleine Lune du 16 en Balance vous rend hypersensible et trop sentimental. Je vous vois sécher vos larmes, espérons que ce sont des larmes de joie.

Du 20 au 26 avril : Vos humeurs méchantes : dureté, tendance à être cassant et intraitable, tout cela disparaît. En lieu et place, vous faites preuve de loyauté dans vos amitiés, vous manifestez une liberté d'action, une fraternité, de l'indépendance et beaucoup d'originalité.

Du 27 avril au 3 mai : Le cœur en bandoulière, vous déambulez comme un somnambule dans des lieux impropres à la réussite, faites attention ! Par bonheur, la nouvelle Lune du 1er en Taureau adoucit les angles.

CHIFFRES CHANCEUX

9-13-16-27-35-36-38-49-50-61

MAI

Tout notre système nerveux est un réseau solaire. C'est le soleil qui tend les cordes de la harpe sur laquelle nous chantons sa mélodie.

K. O. SCHMIDT

BON MALGRÉ LES ÉCLIPSES

Vous connaissez un beau mois de mai malgré les éclipses qui assombrissent le ciel. Il y a éclipse lunaire totale le 15 mai dans le signe du Scorpion, un signe ami. En principe cela ne vous concerne pas, mais comme la Lune est votre planète maîtresse, il convient de vous y intéresser de plus près.

Suit le 31 mai une éclipse solaire annulaire, donc partielle, dans le signe du Gémeaux. Celle-ci vous étant neutre, aucun souci n'est à prévoir. Quand même, surveillez les ascendants qui pourraient vous rendre plus sensible à ces phénomènes naturels, mais ô combien sous-estimés !

ASCENDANTS TOUCHÉS

À moins d'avoir un ascendant Scorpion, Lion, Taureau ou Verseau, aucune chute du moral n'est en vue pour vous aux environs du 15 mai. Si vous avez un amour, des enfants, des parents et des amis nés sous ces signes solaires ou ascendants, soyez attentif à leurs doléances. Ils ne se plaignent pas en vain et ont besoin d'aide. Ados et personnes âgées ou malades sont fragilisés par cette éclipse.

Si vous avez un ascendant Gémeaux, Poissons, Sagittaire ou Vierge, vous êtes moins résistant physiquement en approchant du 31 mai. Les éclipses agissant une quinzaine de jours avant et après les dates citées, il y a lieu d'être informé afin de prévenir les maladies à long terme et de soigner sans tarder le moindre malaise.

NE RIEN CHANGER D'IMPORTANT

Ne changez rien d'important dans votre vie et vos affaires pendant la période des éclipses, soit du 1er mai au 15 juin, vous serez bien avisé. Et cela, même si vous n'êtes pas directement visé par les éclipses. Tout le monde est touché, toute l'activité humaine s'en ressent. Soyez attentif, faites-en vous-même l'observation, vous comprendrez mieux après. Souhaitons que tout se passe bien pour vous et pour ceux que vous aimez.

Bonne fête des Mères à toutes les mamans Cancer !

HOROSCOPE HEBDOMADAIRE

Du 4 au 10 mai : Votre santé est bonne, vos amis sont fidèles et aimants, mais votre cœur est malheureux. Pensez-y, il est possible que l'ambition nuise à vos amours et que vous n'aimiez plus que votre travail. Ce serait vraiment dommage !

Du 11 au 17 mai : L'effet de l'éclipse lunaire totale du 15 en Scorpion se trouve tempéré par votre moral à toute épreuve. Soutenu par une imagerie intérieure positive, votre cinéma est bon. Vous êtes à l'abri.

Du 18 au 24 mai : Vos fantasmes d'hier se matérialisent. Votre cœur retrouve sa belle naïveté, son ardeur, sa confiance en lui et en l'autre. Un grand bonheur vous est promis.

Du 25 au 31 mai : La semaine vous est favorable. L'éclipse solaire du 31 en Gémeaux n'atténue pas ces bons pronostics. Heureux en amour et en amitié, vous avez retrouvé le sourire. Votre vie sexuelle épanouie vous comble.

CHIFFRES CHANCEUX

1-2-16-27-28-39-40-42-57-70

JUIN

Apprendre aide à connaître ; connaître aide à comprendre ; et comprendre aide à aimer.

A. D'AMOUR

MOIS EN DEUX TEMPS

Juin est un mois en deux temps pour les natifs du signe. Saturne entrant en Cancer le 3 juin, tous ressentent un mélange de force et de faiblesse devant les événements mondiaux qui viennent bouleverser nos chères habitudes. Ils ne sont heureux qu'à moitié, l'autre moitié étant occupée à observer les circonstances problématiques sur lesquelles ils n'ont pas de prise, mais auxquelles ils doivent faire face.

Le début du mois est marqué par un déséquilibre menant à des événements semblables à ceux que nous avons connus en février dernier. À quelques exceptions près, le Cancer n'est pas directement concerné par ce qui se produit, mais il en est perturbé, rien de plus normal.

Jupiter s'oppose à Neptune

Ce branle-bas repose sur l'aspect d'opposition entre Jupiter et Neptune. Séjournant en Lion et en Verseau, ces planètes se secouent. Nous en ressentons les effets négatifs jusque dans la mer et dans le feu de la terre. Les risques de bouleversements par eau, feu et explosions refont surface. Il est question de drames dus à des poisons, drogues et alcools frelatés, ou pire, par des produits alimentaires ou des médicaments impropres à la consommation.

La panique n'est utile à personne, mais si on est né Cancer et que l'on a un ascendant Lion, Verseau, Taureau ou Scorpion, mieux vaut prendre des précautions devant les possibilités peu réjouissantes que nous pouvons affronter.

Fin du mois joyeuse

Bonne nouvelle, la fin du mois est on ne peut plus joyeuse. Les malheurs s'oubliant vite, vous retrouvez la bonne humeur et reprenez complètement goût à la vie à la mi-juin. Le 24 juin, un bel aspect de Saturne en Cancer et Uranus en Poissons, signe ami, permet de triompher des difficultés et de vaincre la maladie. Sous l'impulsion de ces tendances positives, tout rentre magiquement dans l'ordre. Vous n'êtes pas peu fier !

Concerné

En tant que natif du Cancer, vous êtes plus ou moins directement concerné par les changements qui surviennent brusquement. Au fond, c'est une question de simple bon sens, mais vous mettez du temps à comprendre ! Avec le sens de la psychologie dont vous avez hérité à la naissance, vous pouvez remuer les montagnes. Il est temps de le prouver.

BEAU SUCCÈS

Vos anciennes idées, vos manières d'utiliser les techniques ultra-modernes et de nouveaux principes ou outils de travail se joignent harmonieusement. On semble enfin vous avoir compris, du moins sur ce plan. C'est un succès auquel vous n'êtes pas étranger. Sans doute avez-vous joué un rôle dans l'amélioration matérielle, sociale et politique des nécessiteux. La situation des laissés pour compte s'améliore, vous êtes satisfait des résultats obtenus. Bravo et merci!

Bonne fête des Pères aux papas Cancer, bonne fête de la Saint-Jean-Baptiste aux Québécois et aux natifs du premier décan, bon anniversaire!

HOROSCOPE HEBDOMADAIRE

Du 1ᵉʳ au 7 juin: Plusieurs scandales éclatent ici et là, souhaitons que vous n'y soyez pas mêlé. Si oui, vous trouverez de l'aide à la fin de juillet et sortirez du marasme. Votre énergie est bonne, votre courage, invincible.

Du 8 au 14 juin: Les plaisirs nautiques vous attirent, vous êtes en sécurité. La pleine Lune du 14 en Sagittaire parle de voyage et Vénus dans votre signe vous parle d'amour, d'art, de musique et de beauté.

Du 15 au 21 juin: Vous nagez dans le bonheur total, enfin presque. Plus juin progresse, mieux vous vous sentez. Vous êtes placé devant des choix stimulants: renouvellement de contrat, possibilité d'accéder à de hautes fonctions sociales et politiques ou professionnelles. Vous traversez une période évolutive.

Du 22 au 28 juin: La semaine invite au rajeunissement, à la modernisation des moyens et des méthodes de travail, et ces changements vont jusque dans votre foyer et dans votre famille. Il y a une possibilité de mariage ou d'engagement sérieux pris après mûre réflexion.

Du 29 juin au 5 juillet: La nouvelle Lune du 29 en Cancer braque ses regards sur vous, votre personne et votre œuvre. Vous avez voulu ces changements, vous les avez provoqués. L'amour est votre source de vie.

CHIFFRES CHANCEUX

10-11-22-23-34-35-41-42-52-62-63

JUILLET

Les folies sont les seules choses qu'on ne regrette jamais.

OSCAR WILDE

VOTRE ANNIVERSAIRE EN PLUS

Juillet est l'un des meilleurs mois de l'année pour le Cancer. Le Soleil revient à la position qu'il occupait à sa naissance, ce qui avantage grandement la santé. Mercure voyage dans le signe pendant les 15 premiers jours du mois, stimulant l'intellect et le système nerveux, et Vénus passe presque tout le mois dans le signe, accordant au natif ses multiples faveurs. Mars et Uranus, tous deux sympathiques au Cancer, complètent le tableau. C'est son anniversaire en plus, imaginez!

POURQUOI NE PAS PARTIR

Un voyage en avion décidé impulsivement serait agréable et sécuritaire. Pourquoi ne pas partir et célébrer votre anniversaire ailleurs. Si vous avez 33 ans et que vous êtes insatisfait de votre sort, n'hésitez pas, il le faut absolument. Quel que soit votre âge, fêter cette révolution solaire sous une autre latitude transformera votre vie. Même si tout va bien, c'est une bonne idée de changer vos habitudes. D'ailleurs, vous le savez bien, la routine vous tue, vous la détestez.

LES PLUS CHANCEUX

Un bel aspect de Jupiter à Pluton en Lion-Sagittaire favorise chacun de nous, mais les Cancer qui ont un ascendant Lion, Sagittaire ou Bélier sont particulièrement choyés par le sort. À eux d'utiliser leur chance de manière constructive et de bâtir sur du solide afin qu'elle soit plus efficace et qu'elle dure plus longtemps,

C'est la fête nationale des Canadiens le 1er juillet, celle des Français le 14 juillet et le début des grandes vacances. Bonne fête et bon congé à tous!

HOROSCOPE HEBDOMADAIRE

Du 6 au 12 juillet: C'est le moment idéal pour opérer un redressement sur les plans matériel et financier. Vous êtes capable de faire les concessions nécessaires et d'arriver à une entente légale satisfaisante.

Du 13 au 19 juillet: La pleine Lune du 13 en Capricorne favorise le travail rapide et bien fait. Laisser l'autre tout faire serait égoïste, vous ne le permettrez pas. Les sujets de l'argent et du travail entraînent des discussions dans votre couple et dans la famille.

Du 20 au 26 juillet: Il fait beau dehors et dans votre vie sentimentale. La vie vous paraît sous un angle chatoyant. Il y a des fiançailles en perspective; des mariages, des naissances sont dans l'air. Vous avez un cœur immense et généreux, l'amour vous réussit.

Du 27 juillet au 2 août: La nouvelle Lune du 29 en Lion suggère de régler les questions d'argent avant de penser à s'amuser. Jeux et sports d'été vous plaisent. Pourvu qu'ils ne vous fatiguent pas trop!

CHIFFRES CHANCEUX

2-16-26-27-37-38-49-50-59-68

AOÛT ET SEPTEMBRE

Frappe-toi le cœur, c'est là qu'est le génie!

ALFRED DE MUSSET

MOIS JUMEAUX

Août et septembre sont presque jumeaux. Une tendance constructive régit cet espace-temps. Les grandes planètes lourdes voyagent dans des signes amis d'où elles vous prodiguent grâces et faveurs. Reste que le 30 août apporte une opposition entre Jupiter et Uranus. Par chance vous êtes épargné, mais si vous avez un ascendant Vierge, Poissons, Gémeaux ou Sagittaire, évitez de voyager par avion et par bateau, c'est contre-indiqué. Restez chez vous, c'est préférable.

AXE PRINCIPAL

L'axe principal formé par Mars et Uranus en Poissons vous ménage des ondes positives et vous permet de grands bonheurs. Rien à redouter de l'extérieur. L'énergie est sublime, infatigable, la vie sexuelle est transcendante, la volonté sans faille. Vous ne risquez ni d'errer ni de vous perdre dans les paradis artificiels, c'est une certitude.

CE QUE VOUS AVEZ DE PLUS BEAU

L'intuition supérieure dont vous a fait cadeau Uranus vous ramène aux grands principes de la vie humaine et vous rapproche des autres, ce qui dans votre cas est un bienfait. Vos relations interpersonnelles sont vouées au succès, pour peu que vous vous en donniez la peine. Rester seul dans votre antre serait regrettable. Vous avez tant à offrir, pourquoi cacher ce que vous avez de plus beau! Votre sensibilité artistique et créatrice, votre bon sens en ce qui concerne la nutrition et la survie, vos instincts protecteurs, tout cela doit être utilisé, c'est une nécessité.

RESTE SATURNE

Reste Saturne qui habite votre signe. Les natifs du 29 juin au 7 juillet respecteront la consigne et agiront sagement en toute chose, sinon ils risquent de tomber en défaveur du point de vue de la santé, du travail et de l'argent et pourraient voir leurs amours contrariées. Pas rose, mais pas noir étant donné qu'ils bénéficient de la protection dont j'ai parlé plus haut. Cela devrait suffire à les rassurer.

PROTECTION

Jupiter entre dans le signe ami de la Vierge le 27 août pour y rester jusqu'à la fin de l'année, inutile de vous inquiéter. Vous êtes sous la coupole protectrice de vos frères et sœurs, de vos cousins, beaux-parents et voisins. Vous voyez quelle chance vous avez!

C'est le temps des vacances, prenez du bon temps et reposez-vous. C'est la fête du Travail au Québec le 1er septembre, bon congé à tous!

HOROSCOPE HEBDOMADAIRE

Du 3 au 9 août : Votre désir de travailler dans la quiétude et l'isolement est satisfait. Vous montrez du dévouement et donnez aux œuvres caritatives. Assurez-vous d'être discret dans l'action ainsi que dans votre vie sexuelle. Vous entretenez une passion secrète, une vigueur cachée que vous avez gardée en réserve.

Du 10 au 16 août : La semaine réserve des voyages précipités à l'étranger, les décisions ont intérêt à être rapides, vous luttez pour un idéal. Votre goût pour la bonne bouffe et les grands vins pourrait bien vous conduire vers des études en ce sens. La pleine Lune du 12 en Verseau indique une belle surprise.

Du 17 au 23 août : L'eau vous procure des plaisirs sans nom. Cet élément bénéfique vous permet une détente salutaire et favorise votre santé. Buvez-en des litres et baignez-vous fréquemment, c'est revigorant.

Du 24 au 30 août : La mission que l'on veut vous confier exige du courage et une grande vitalité. Si vous ne vous sentez pas la force de l'accomplir, refusez-la. Vous devez d'abord penser à vous. La nouvelle Lune du 27 en Vierge avantage les hommes du signe.

Du 31 août au 6 septembre : Vos espoirs sont enthousiastes. Malgré les accidents et les événements qui surviennent, votre foi en vous-même et en l'humanité demeure intacte. Vous êtes passionné par des idéaux.

Du 7 au 13 septembre : Le ciel de la semaine est propice au succès. Vous appréciez les bienfaits que vous procurent l'action, la créativité, le sexe et la musique. La pleine Lune du 10 en Poissons est romanesque. Vous êtes charmeur et envoûtant.

Du 14 au 20 septembre : Vous faites preuve de retenue et de prudence dans vos amours et vos amitiés. Des problèmes surviennent dans la vie des artistes, artisans, créateurs, producteurs et travailleurs autonomes. Ne mêlez pas amour et travail, vous le regretteriez.

Du 21 au 27 septembre : Votre travail est prenant mais il est hautement apprécié des connaisseurs. Et tant pis pour les autres ! La nouvelle Lune du 25 en Balance accroît la tension en amour. Vous péchez par timidité ou arrogance.

Du 28 septembre au 4 octobre : Dans les petites choses tout va mal, dans les grandes tout va bien. Fixez votre attention sur ce qui fonctionne et oubliez le reste pour le moment. Ça vaut mieux !

CHIFFRES CHANCEUX

9-17-26-31-33-49-58-60-66-67

OCTOBRE

Nul ne peut être heureux s'il ne jouit pas de sa propre estime.

JEAN-JACQUES ROUSSEAU

FROID HUMIDE

L'automne vous expose à des rhumes, à des infections pulmonaires et à des malaises d'estomac ; quelques recommandations s'imposent donc. Le froid humide vous est néfaste, c'est connu. Prenez soin de bien vous couvrir la poitrine pour sortir et portez des vêtements adéquats pour travailler et faire du sport. La marche peut même s'avérer périlleuse si vous négligez de porter de bonnes chaussures, des gants et un chapeau. Ne faites pas le fier et suivez ces conseils, ils vous épargneront des jours tristes.

PROBLÈMES FAMILIAUX

Votre nervosité s'accroît à la suite de problèmes familiaux ou concernant la maison et le foyer. Usez de prudence durant la période où Mercure transite par la Balance en même temps que par le Soleil, soit du 6 au 24 octobre. Ce signe ne vous est pas favorable, il faut être attentif et prévoyant. Il y a des risques d'accidents ou d'incidents évitables à la maison et avec les enfants, surtout s'ils sont turbulents.

ÉCHANGES SENTIMENTAUX

Les échanges sentimentaux et affectifs doivent être basés sur la compréhension et sur l'acceptation des fautes et faiblesses d'autrui, sinon vous risquez d'errer et de vous enfoncer dans la solitude. Après le passage de Saturne sur leur Soleil natal, les natifs du 2 au 11 juillet doivent redoubler d'attention et veiller jalousement sur leur santé et sur leur sécurité. Aucun écart de conduite n'est sans conséquence.

BAROMÈTRE

Des vitamines supplémentaires aideront tous les natifs à supporter le choc que les chutes et les hausses incessantes du thermomètre imposent sans vergogne à leur constitution délicate. En raison de votre moral temporairement en déséquilibre, soumettez-vous à une détente mentale et intellectuelle complète. Il est tout de même étonnant de constater l'étrange effet qu'ont sur vous les variations climatiques, les étudier vous serait certainement utile.

BONNE NOUVELLE

Une bonne nouvelle vous arrive : à compter du 9 octobre et jusqu'au 3 novembre, Vénus passe en Scorpion, signe ami, d'où elle vous envoie une profusion d'amour et de bons sentiments. Amours et amitiés prennent une tournure plus passionnelle. Un Scorpion de signe ou d'ascendance vous fait tourner la tête. N'ayez crainte, la tendance est positive. Cette personne vous apporte du bonheur. Faites confiance à la vie et surtout à l'amour, c'est ce que vous avez de plus cher en ce moment. Attention, la fertilité est fortement accrue, en être informé peut vous permettre de planifier.

UNE PERSONNE AIMÉE OU AMIE

Ne vous épuisez pas à régler les problèmes de tous et trouvez moyen d'atténuer vos propres difficultés. Elles ne sont pas légion, mais il en reste quelques-unes dont vous devez vous débarrasser. Par exemple, le travail exténuant et peu payant que vous vous sentez obligé d'accepter. Une personne aimée ou amie peut vous pistonner dans un milieu répondant mieux à vos qualités et dispositions. Acceptez par ailleurs les offres et les propositions, elles sont honnêtes et intéressantes financiè-rement.

C'est l'Action de grâces le 13 octobre, bon congé à tous !

HOROSCOPE HEBDOMADAIRE

Du 5 au 11 octobre : Vos relations familiales sont tendues. La pleine Lune du 10 en Bélier contrecarre vos plans et vous rend hypersensible, mais le week-end promet d'être fabuleux. L'amour est au rendez-vous.

Du 12 au 18 octobre : Vous avez des conversations ou des échanges de lettres ayant rapport aux sentiments. Une personne qui vous intéresse désire mettre au point des questions sur l'amour et sur l'amitié. Il faut vous investir ou partir.

Du 19 au 25 octobre : Votre système nerveux est fragile, ménagez-vous des moments de détente entre les heures d'études et de travail. La nouvelle Lune du 25 en Scorpion favorise la réussite et stimule votre vie sexuelle.

Du 26 octobre au 1er novembre : Vous démontrez du dévouement et de la générosité, vous ne craignez pas de vous donner entièrement. Cultivez votre passion secrète et érotique. Votre désir de travailler dans le calme vous réussit. Prenez soin de conserver de bons contacts avec les jeunes et les enfants. Il y a des perspectives de gains aux jeux de hasard.

CHIFFRES CHANCEUX

2-6-16-27-28-39-44-45-52-68

NOVEMBRE

Novembre a momifié mon jardin, mais des feuilles qui jonchent le sol,
naîtront de nouvelles féeries. Ainsi en sera-t-il de mon séjour éternel.

WILFRID PAQUIN

NOVEMBRE S'ANNONCE BIEN

Novembre s'annonce bien. Le 1er du mois, un bel aspect de Jupiter à Saturne en Cancer, votre signe, lie directement votre sort à celui de la collectivité et, toutes proportions gardées, au monde entier. Vous jouez un rôle prépondérant dans la famille et dans la société. Vous assumez ce rôle avec générosité et enthousiasme. On croit voir en vous un homme nouveau, une femme nouvelle. Votre progression est à suivre.

MÉTAMORPHOSE

Une métamorphose se fait lentement, mais sûrement sentir dans les profondeurs insondables de votre être. On vous fait savoir que vous êtes méconnaissable. Ce changement est marqué par une sagesse évolutive. On vous félicite pour votre nouvelle apparence, mais surtout pour les points de vue différents que vous manifestez à l'égard de l'ambition, de la carrière, de l'argent et de la renommée. Chaque chose à sa place !

CELA SE LIT SUR VOTRE VISAGE

Les dispositions que vous avez prises pendant les deux ou trois derniers mois de l'année sont à votre avantage. Si vous n'avez pas écrit et dicté les lois et règles qui font le profit et le plaisir de plusieurs, vous en avez à tout le moins imaginé le scénario. Votre pensée se matérialise et vous satisfait, cela se lit sur votre visage. On vous en fait la remarque et ces constatations flattent une vanité que vous pensiez avoir reléguée aux oubliettes. Quand vous souriez, vos yeux s'illuminent, ça vous va bien !

METTRE DE L'ORDRE

Profitez de ce mois et du suivant pour mettre de l'ordre dans vos papiers et dans vos affaires d'argent. Le présage est positif, vous avez le feu vert et on vous donne carte blanche. Ce que vous faites et décidez est parfaitement adapté à la situation présente, cela autant sur le plan personnel que social et professionnel. Vous avez l'aide du destin, ne laissez filer aucune occasion. Soyez prêt à courir, ça va vite !

DEUX ÉCLIPSES TOTALES
Malheureusement elles sont bien là, non pas pour vous, puisque en principe elles vous laissent en paix, mais pour plusieurs d'entre nous, deux éclipses totales teintent le ciel de novembre. Ce n'est pas un bon présage, il faut en étudier la configuration et tenter d'élucider leur mystère, ce qu'elles masquent et recèlent pouvant être de nature offensive.

ÉCLIPSE LUNAIRE DU 8 NOVEMBRE
Lunaire et totale, l'éclipse du 8 novembre se fait en Taureau. Si vous n'avez pas un ascendant Taureau, Lion, Scorpion ou Verseau vous êtes sauf. Si c'est le cas, par contre, vous feriez bien de réagir rapidement pour en contrer l'effet déprimant que va ressentir une grande partie de la population.

GLOBALEMENT
Globalement, la situation n'est pas rose. Elle concerne la terre, la reproduction humaine et animale, le bétail et les ressources alimentaires. Ce qui se passe est inquiétant. L'utilisation des embryons humains est controversée, mais semble s'imposer par nécessité. Vous n'êtes ni pour ni contre. Les idoles publiques tombent et se fracassent lamentablement. La Bourse et les placements sont soumis à des impondérables. La situation générale n'est pas gaie, il faut l'avouer…

ÉCLIPSE SOLAIRE DU 23 NOVEMBRE
Solaire et totale aussi, l'éclipse du 23 novembre se fait en Sagittaire. Il faut prévoir une baisse de santé physique générale. Des risques d'épidémie sont à redouter, ainsi que d'épizootie ; de plus les maladies du foie, des poumons et des voies respiratoires seront difficiles à diagnostiquer et à soigner parce qu'elles comportent des composantes nouvelles dont la médecine ignore tout. Sans ascendant Sagittaire, Poissons, Vierge ou Gémeaux, vous êtes en bien meilleure posture. Votre santé résiste, vous avez de la chance et savez apprécier votre bonne fortune.

MORT OU DISPARITION

Il faut craindre la mort ou la disparition de deux personnalités célèbres ou plus, et cela presque simultanément. On en parle dans tous les médias. Il est question de mort suspecte, le mystère plane, les potins vont bon train. Chose bizarre, personne ne rit. Chacun demeure figé, sidéré, scié. Ces infâmes éclipses nous donnent du fil à retordre en ce mois de novembre pourtant si bon sous d'autres aspects. En ce monde, tout est rarement parfait.

C'est jour du Souvenir, le 11 novembre. Bon congé à ceux qui en ont!

HOROSCOPE HEBDOMADAIRE

Du 2 au 8 novembre: L'obstacle disparaît sous l'impulsion de courants généreux. Les principes moraux, jadis rigides, s'élargissent. L'éclipse lunaire totale du 8 en Taureau est analysée plus haut, revoyez-en les retombées.

Du 9 au 15 novembre: Malgré des assauts répétés à votre santé, celle-ci tient le coup. En forme et actif, vous encouragez les autres à se battre pour leurs idéaux. Vous poussez les jeunes aux études et les plus âgés au recyclage.

Du 16 au 22 novembre: L'automne exige une tenue vestimentaire adéquate. Ne sortez pas en coup de vent, prenez le temps de bien vous couvrir. Côté cœur et côté sexe, tout va pour le mieux. Vos provisions d'énergie vous tiennent au chaud.

Du 23 au 29 novembre: L'éclipse solaire totale du 23 en Sagittaire apporte des désagréments dont je parle plus haut. Côté santé, tout va, l'élimination des déchets dans votre système sanguin se faisant bien. Pour développer votre musculature et conserver votre ligne, faites un peu d'exercices.

Du 30 novembre au 6 décembre: Vous avez traversé les éclipses sans difficulté, ce qui vous incline à penser que, malgré une apparente faiblesse, vous êtes fort. Avec vous il faut se méfier des apparences. On mange et on boit bien à votre table.

CHIFFRES CHANCEUX

2-12-22-23-39-44-45-57-66-70

DÉCEMBRE

Le bonheur est une larme qu'on essuie, un sourire qu'on fait naître, un vieillard qu'on a consolé.

PIERRE VAN DER MEERSH

BONNE FIN D'ANNÉE

Décembre marque une bonne fin d'année qui vous est favorable. Un voyage précipité à l'étranger s'annonce pour des raisons joyeuses! rencontre avec des amis de longue date ou retrouvailles avec la famille, safari africain ou une œuvre caritative que vous décidez de créer ou à laquelle vous vous joignez par dévouement, plusieurs types de déplacements sont possibles. À tout événement, vous êtes satisfait de votre sort.

INSÉCURITÉ

Si vous souffriez d'insécurité affective, amoureuse ou matérielle en début d'année, tout cela est maintenant derrière vous. Ayant repris votre vie en main, même si cela a parfois été pénible, vous avez gravi les échelons et êtes au meilleur de vos capacités. Ne reste plus pour vous qu'à les utiliser pleinement, ce qui sera possible l'an prochain. En attendant, vivez ce décembre en paix, tout va bien.

GASTRONOMIE

Votre goût pour la gastronomie et pour les bons crus s'étant affiné, vous pouvez travailler comme aide-cuisinier, sous-chef ou chef de cuisine, en tant qu'œnologue ou sommelier aussi. Votre réputation de connaisseur se bâtit et s'affirme. Vous ne servez que les meilleurs mets et les meilleurs vins chez vous et fréquentez les hauts lieux de la fine cuisine française, de préférence, bien qu'un peu d'exotisme en cuisine et en amour ne vous déplaise pas.

La Chine est Cancer, comme le sont New York et Montréal. Un voyage en ces lieux vous enchanterait sûrement. Si ce n'est déjà fait, partez et bon voyage!

HOROSCOPE HEBDOMADAIRE

Du 7 au 13 décembre: La pleine Lune du 8 en Gémeaux vous attriste pour des détails sans importance. La crise sera brève, vous reprendrez vite le contrôle et passerez une excellente semaine.

Du 14 au 20 décembre: Les retards et les grèves compliquent votre vie, celle de votre conjoint, de votre associé et de tout le monde. Ne paniquez pas et demeurez prudent dans vos amours et vos amitiés, c'est ce qui a le plus d'importance.

Du 21 au 27 décembre: Vous terminez l'année en tenant compte des réalités. La nouvelle Lune du 23 en Capricorne vous agresse. Si vous réussissez à éviter les actes irréfléchis et les coups de tête, vous passerez un bon Noël.

Du 28 au 31 décembre: Votre vie sentimentale est plus heureuse qu'elle ne l'a été depuis longtemps. Un amour discret ou secret vous occupe. Le sentiment que vous cultivez vous permet de bien terminer l'année et de commencer l'autre avec foi et bonheur.

CHIFFRES CHANCEUX

3-8-15-18-36-38-45-61-68-69

Cher Cancer, bonne année nouvelle!

Lion

DU 24 JUILLET AU 23 AOÛT

1er DÉCAN : DU 24 JUILLET AU 2 AOÛT
2e DÉCAN : DU 3 AOÛT AU 12 AOÛT
3e DÉCAN : DU 13 AOÛT AU 23 AOÛT

Compatibilité sexuelle et amoureuse

La compatibilité sexuelle et amoureuse entre les signes du zodiaque ayant été commentée de toutes sortes de manières, je me permets de porter à votre attention les constatations suivantes basées sur des données millénaires. Vous verrez qu'elles sont encore aussi justes de nos jours qu'elles l'ont été au cours des siècles passés.

Dans cette analyse, j'ai utilisé le Soleil natal comme point de départ, mais il faut retenir que c'est la planète Mars qui régit la sexualité proprement dite. Les recherches que j'ai entreprises tendent à nous apporter une meilleure connaissance de nous-mêmes dans ce que nous avons de plus personnel, de plus intime, de plus secret. Par extension, cela nous aidera à comprendre les besoins de nos partenaires de vie.

En abordant le sujet de la compatibilité, je ne vous propose pas de règles vous dictant la manière de mener votre vie sexuelle. Cependant, vous le constaterez certainement, sexualité et astrologie font bon ménage. C'est un duo sur lequel on aurait avantage à compter plus fréquemment. Naturellement, en vous livrant à vos observations, vous devrez tenir compte de votre signe ascendant. Car il arrive que deux personnes dont les signes ne sont pas en accord aient des ascendants qui, eux, sont parfaitement compatibles. Vous l'aurez compris, il convient, là comme ailleurs, d'examiner toutes les riches possibilités dont nos natures humaines sont dotées en tenant compte de l'influence des astres sur nos vies.

Ces notions générales vous indiquent donc vos tendances naturelles. Je crois sincèrement qu'elles pourront vous inciter à aller plus loin dans la recherche de l'harmonie sexuelle. Ne serait-ce qu'à ce titre, je suis persuadée qu'elles vous seront utiles.

LION-LION

Ce sont deux êtres de fougue qu'anime une passion parfois bien vécue, parfois exclusive et jalouse. Si la femme est très sexuée et que l'homme n'est pas trop dominateur, la relation pourra satisfaire l'appétit insatiable des deux amants. La séduction est la force et la faiblesse des partenaires. Ils font des prouesses au lit et s'en vantent parfois, ce qui est dangereux.

Aimant les jeux érotiques et la chasse, ils sont paresseux au lit. S'ils ont besoin de s'émoustiller les sens, lequel des deux agira ?

LION-VIERGE

Le Lion fait l'amour par amour, la Vierge fait l'amour pour toutes sortes de raisons, dont la satisfaction sexuelle fait partie. La compatibilité sexuelle entre eux existe, mais il faut de l'audace à la Vierge pour affronter le Lion sur son propre terrain. Le Lion aime chasser une proie moins soumise, rien n'est gagné.

S'ils aiment échanger leur rôle, ils auront du plaisir ; mais la jalousie est une ennemie redoutable...

LION-BALANCE

Le Lion est lent en amour, la Balance penche pour la rapidité. La satisfaction sexuelle ne va donc pas de soi. Il faut aux amants beaucoup d'amour et d'écoute pour apprendre à se faire mutuellement plaisir. La Balance active trouvera son compte dans cette relation, la Balance paresseuse au lit s'ennuiera. Le Lion, pour sa part, s'endormira ou partira.

Si par bonheur le Lion est plus actif que passif et si la Balance prend l'initiative des jeux amoureux, tout devient plus excitant.

LION-SCORPION

Ces deux forces sexuelles se conjuguent dans l'amour et dans la haine. S'ils font l'amour ensemble, c'est pour défier le sort et pour se prouver quelque chose. Aucun romantisme ne les anime, leurs sensibilités contraires s'affrontent, tout est en place pour un drame axé sur une sexualité mal vécue. Une relation où triomphe une attraction fatale inclut souvent ces deux signes.

Le Lion se lasse du Scorpion qui se meurt d'amour pour lui. Il préfère une proie moins possessive. Piqué au vif, le Scorpion s'en va.

LION-SAGITTAIRE

C'est une belle paire d'amants formant une association sexuelle d'envergure. Chacun laisse à l'autre la place qu'il désire. Les partenaires jouent des rôles sexuels interchangeables, ce qui met du piquant dans la relation. Ils font mieux l'amour en voyage, mais ils sont toujours à la hauteur de leur réputation.

Les deux sont chasseurs. Il leur faut de l'humilité pour concéder la suprématie de l'autre au lit. Le Sagittaire le fera par amour.

LION-CAPRICORNE

C'est le grand jeu entre eux. D'abord tout feu tout flamme, ils s'éteignent rapidement l'un et l'autre après quelques joutes amoureuses. Si leur passion est forcenée, ils peuvent se blesser moralement, psychologiquement et même physiquement, ce qui est signe d'une relation déplorable. Il arrive que tout aille pour le mieux, mais il faut des natures d'exception.

La suprématie qu'ils désirent exercer l'un sur l'autre rend la satisfaction sexuelle difficile, voire impossible. Reste l'échangisme.

LION-VERSEAU

Ces natures contraires se plaisent au premier regard. Parfois la passion dure longtemps, parfois elle s'éteint d'elle-même gentiment, sans trop causer de souffrances aux deux amants. L'homosexualité est fréquente et cette relation semble plus réussie que celle des couples hétérosexuels. Déterminés à jouir l'un de l'autre sans retenue, c'est toutefois le Lion qui remporte la palme, car il est plus constant. Le Verseau, lui, a ses fantaisies.

LION-POISSONS

La suprématie sexuelle du Lion déplaît au gentil Poissons qui aime la diversité et la liberté en amour. L'union de ces corps si différents l'un de l'autre n'apporte pas souvent le climax désiré. Ils sont trop attirés par diverses personnes pour se concentrer sur une seule, le problème peut devenir sérieux.

Liaison sans conséquence où l'orgueil du Lion est contrarié par l'insoutenable légèreté de son partenaire sexuel. Le Lion n'apprécie pas.

LION-BÉLIER

L'attraction sexuelle est immédiate. Les étincelles se multiplient, le feu s'allume vite. En quatre minutes, leur relation prend forme, leur sort est décidé. Si le Lion tempère sa paresse proverbiale et se donne un peu de mal pour satisfaire son Bélier, ils sont emportés au septième ciel des amants et connaissent l'extase amoureuse.

Cette union explosive durera ou ne durera pas selon l'énergie consacrée à la chose! La passion brûlante pourra s'éteindre, mais le jeu en vaudra la chandelle.

LION-TAUREAU

Il existe une grande force d'attraction entre ces partenaires de jeu. Sauf que le Taureau prend tout au sérieux. Dommage, il se prive de plaisirs sexuels cotés «grands crus de qualité supérieure». Le Taureau souffre longtemps de ce qu'il considère comme un abandon. En fait il devrait se réjouir, il est libéré d'un joug.

Chasseur et victime, tel est le programme d'une telle conjoncture sexuelle. La dépendance affective se soigne, heureusement.

LION-GÉMEAUX

Intellectuellement, ils sont sur la même longueur d'ondes, mais ils s'opposent sexuellement. Si le Lion est lent et paresseux au lit, le Gémeaux est vif et hyperactif. Lorsque le Gémeaux est follement épris, la longueur de l'étreinte peut lui plaire. Sinon il ira se satisfaire ailleurs et partira voir si le soleil brille aussi fort pour tout le monde!

L'union sexuelle de ces deux êtres relève de la prédestination. Ils sont faits pour s'aimer, ne serait-ce que l'espace d'un moment.

LION-CANCER

L'accouplement d'un roi du jour et d'une reine de la nuit n'est pas pour tous. Il faut une nature sensible et aimante au Lion et beaucoup de tendresse et de patience au Cancer pour que l'acte sexuel conduise les partenaires au nirvana. La plupart du temps, leur union fonctionne bien, car ils adorent se faire plaisir et se cajoler.

Le problème c'est que l'un se couche tôt et que l'autre se couche tard. Ils doivent prendre rendez-vous pour faire l'amour. Ce qui a assurément son charme...

Prévisions annuelles

FABULEUSE ANNÉE

Fabuleuse année que 2003 pour les natifs du Lion. Il se fricote dans le cosmos un heureux remue-ménage pour vous, et pour ceux que vous aimez. Les bons courants étant déjà en action, vous savez que ces prédictions se réaliseront. Depuis l'été dernier, les choses n'ont cessé d'évoluer en votre faveur. Le mouvement ascendant persiste, vous n'avez qu'à saisir l'occasion quand elle se présente et obliger le sort à tourner en votre faveur. Il obéira à vos ordres.

CŒUR ET ÉMOTION

Que cela continue à bien aller est normal, mais attendez-vous à vivre des moments à perdre le souffle. Pour cette raison, il vous faut un cœur en excellente forme. Il connaîtra cette année des joies extrêmes et des peines cruelles. Aussi bien le préparer tout de suite au meilleur et au pire, ainsi les surprises seront moins dures pour ce «palpitant».

Le cœur et le Lion ne font qu'un, ce qui m'incite à cette petite mise en garde. Chose certaine, aucun Lion ne risque de s'ennuyer ni de trouver le temps long en 2003. Émotion garantie!

EXCITANT CE JUPITER EN LION

Ce qui rend l'an neuf si excitant vient du fait que le grand bénéfique Jupiter transite par le Lion, votre signe, de janvier à septembre. Séjournant chez vous pendant les huit premiers mois de l'année, vous pouvez vous attendre à une période exaltante dont vous vous régalerez. Une fois tous les douze ans, Jupiter nous rend visite, ce n'est pas si fréquent.

C'est votre tour, ne ratez pas l'occasion de briller et de montrer qui vous êtes. Allez au bout de vos capacités, dépassez vos limites et incitez les autres à faire de même. On est à l'affût de votre énergie actuellement, profitez-en pour vous mettre en valeur, tirez la couverture et soyez la vedette.

VOUS JUBILEZ

Après huit mois transcendants et ayant fait provision de santé, d'amour et de bonheur à utiliser au besoin, les quatre derniers mois de l'année vont vous faire vivre en toute quiétude. Le cœur est heureux, l'esprit calme, les goussets bien remplis. Terminant l'an 2003 sur une note gaie, vous êtes convaincu que le bien triomphe toujours du mal et que tout mal est nécessaire. Satisfait de ce que vous avez accompli, vous jubilez. Mais commençons par le début de l'histoire.

À VOUS DE JOUER

L'aisance matérielle vous étant allouée, vous affichez en ce début d'année un optimisme débordant et un courage qui frise l'inconscience. Magnanime, généreux, empathique, vous donnez autant que vous recevez et même plus. Tout semble aller dans le sens que vous souhaitez, c'est assez impressionnant. Il est temps de concrétiser vos rêves. La balle est dans votre camp, la partie promet d'être intéressante !

SUIVRE LES TRANSITS AIDERA

Suivez attentivement les transits (déplacements) planétaires, ce qui vous aidera à agir en temps opportun, mais aussi à vous retenir d'agir en temps défavorable. Vous évoluerez par petits sauts inégaux, vous verrez que des mois sont plus intéressants que d'autres en ce qui concerne le travail, la réalisation de vos ambitions, de votre santé et de vos amours aussi. Ce guide astrologique vous évitera des ennuis et vous aidera à miser sur vos temps forts. Il y en aura plusieurs cette année.

LE MEILLEUR TEMPS

Le meilleur temps de l'année s'étend du 15 juin au 15 août. Profitez-en pour entreprendre ou terminer un projet, vous marier, vous lier sérieusement, vous associer en affaires, voyager, étudier et parfaire votre éducation, trouver un emploi respectable et bien rémunéré, vous bâtir une réputation, une carrière, vous imposer dans une profession et choisir un milieu propre à votre avancement et à votre évolution.

TOUT EST POSSIBLE

Seul un Jupiter maléfique à la naissance peut jeter de l'ombre sur ce tableau lumineux. Le fait est extrêmement rare pour un natif du Lion. Il survient toujours dans sa vie un heureux hasard lui permettant de retrouver ce qu'il avait perdu et de se reconstruire. Cette année tout est, devient ou redevient possible pour lui. Sphinx mythique et énigmatique, on ne saura pas exactement de quoi il s'agira, mais les bienfaits pleuvront sur lui et sur elle. Gageons que Jupiter y sera pour quelque chose…

URANUS CESSE SON OPPOSITION

Du 10 mars au 15 septembre, Uranus passe un long moment en Poissons. Quittant le Verseau et cessant par le fait même de s'opposer à vous et à vos désirs, la dérangeante et imprévisible Uranus incline en votre faveur de manière discrète et parfois occulte, mais réelle. Pendant cette période, la tension à laquelle vous étiez soumis diminue jusqu'à disparaître complètement. Vous éprouvez moins de stress et de bouleversements soudains, un peu plus d'intuition, de psychologie et d'avantages au niveau conjugal et matrimonial. De quoi vous ravir à coup sûr.

DEUX ÉCLIPSES

Deux éclipses lunaires totales touchent le Lion cette année. La première se fait le 15 mai dans le signe du Scorpion, votre carré. Elle est à considérer sérieusement. La seconde se fait le 8 novembre dans le signe du Taureau, votre autre carré. Elle aussi est à étudier. Nous le ferons de façon détaillée en temps opportun.

MESSAGE DES ASTRES

Ces périodes moins faciles indiquent une baisse du tonus moral du monde en général et du vôtre en particulier. Prévenu, vous serez à même de déjouer les mécanismes négatifs que ces éclipses mettent en branle. Dédramatiser ce qui advient est utile, surtout quand on tend à s'inquiéter comme le font souvent les natifs du Lion. Ne serait-ce qu'à ce titre, vous avez besoin de continuer votre lecture et de vous appliquer à comprendre le message des astres que je tente d'interpréter pour vous.

CE QUE DISENT LES SAGES

On peut et on doit déjouer les Étoiles. C'est un but vers lequel nous devons tendre et qui vient avec le perfectionnement de soi disent les sages. Il apparaît de plus en plus clairement que plus on est sage et évolué, moins les dissonances planétaires nous affectent. Cela porte à réfléchir et explique le fait que certains transits ne fonctionnent pas toujours tels qu'ils sont décrits. Nous sommes alors l'exception qui confirme la règle.

NOTE IMPORTANTE

Voici une note importante dont vous devriez tenir compte : une personne qui est continuellement sous l'effet de drogues, de l'alcool ou de médicaments est dans un état second. Elle devient insensible à l'influence cosmique, en bien comme en mal. Une vie d'une telle platitude est inconcevable pour le Lion que vous êtes. Si vous avez des problèmes de consommation, faites une cure de désintoxication. Jupiter aidant, le problème sera vite réglé.

RIEN DE LINÉAIRE

Si l'année est fructueuse et passionnante, rien de linéaire ne s'inscrit dans la vie du Lion. Du mouvement, de l'imprévu, des hauts et des bas certes. Quant aux changements, ils sont pour la plupart désirés et bénéfiques. Voyons les transits planétaires responsables en partie des tendances qui vous influenceront en 2003.

Cher Lion, bonne année !

Prévisions mensuelles

JANVIER

Aimer, ce n'est pas tant d'attendre quoi que ce soit de l'autre que de consentir à lui donner ce qu'on a de meilleur.

GERMAINE GUÈVREMONT

DANS L'IMMÉDIAT

L'année débute sous de bons augures, mais dans l'immédiat, des soins particuliers qui concernent votre santé et votre sécurité sont requis. Dans les grandes choses vous êtes protégé, mais Mars transitant par le Scorpion du 1er au 16 janvier révèle des problèmes au niveau de la vitalité et de la sécurité. Sans dramatiser, il y a lieu d'user de perspicacité afin de détecter les signes de danger et de prévenir les risques pouvant survenir.

SANTÉ

Votre santé se ressent des tensions récentes. Votre cœur est sujet à des malaises subits, il vous faut en prendre soin. À surveiller aussi : le dos, le sang, l'anus, les organes génitaux, la tension artérielle et l'œil droit, un vaisseau sanguin pouvant éclater à la suite d'une pression trop élevée. En cas de saignements ou de malaises inhabituels, consultez sans tarder. Soyez prudent avec le feu, les armes, l'eau et les liquides. Prenez soin de votre santé, faites-en une règle, un devoir.

PASSION CONTRE RAISON

Jupiter le grand bénéfique vous projette bravement dans l'avenir, mais cette courte zone de turbulence mérite qu'on s'y attarde un peu. La vie sexuelle et la vie sentimentale semblent prises dans un bel imbroglio. Vous flairez le mystère et vous n'aimez pas ça.

Soupçons éveillés égalent cœur malheureux ; quand on est Lion, il faut se ressaisir. De mauvais rayons de Mars sont responsables d'un désir de vengeance qui peut vous empoisonner la vie pour de simples doutes et coïncidences. La passion est mauvaise conseillère, il faut écouter votre raison, agir froidement et logiquement.

FAMILLE ET FOYER

Un désaccord survient au foyer, dans la famille, centre de la controverse, et vous n'êtes pas content. Il y a danger d'accident. Un fils ou
un frère aîné est à risques, mais vous ne pouvez rien pour lui. Bou-
leversante situation qui provoque en vous des émotions contradictoires. Vous ne savez plus qui dit vrai et qui ment, vous devenez
colérique, agressif. Il faut vous détendre, ne voir personne avant le
7 janvier pourrait vous aider.

REVIREMENT SPECTACULAIRE

Il est prodigieux de constater ce que l'amour peut produire comme
effet bénéfique dans la vie du Lion! Le 7 janvier, revirement spectaculaire. Affectivité et sentimentalité reprennent la place de choix
qu'elles ont toujours occupée dans votre vie. Tolérant et affectueux,
vous êtes heureux. La planète d'amour Vénus voyage dans le signe
ami du Sagittaire où elle séjournera pendant deux longs mois. C'est
exactement ce qu'il vous fallait.

VOUS ÊTES CHOYÉ

La deuxième quinzaine de janvier est éblouissante. Mars passant avec
Vénus en Sagittaire, signe ami, vous retrouvez la vigueur nécessaire
à une vie bien remplie. Finis les doutes et la jalousie! Vous sautez à
pieds joints dans la mare transcendante d'un amour brûlant, mais
généreux. La passion vous allume, vous rayonnez littéralement.
Vous êtes plus beau et plus belle parce que vous êtes conscient de
votre valeur, vous remportez du succès dans tous les milieux.
L'argent vient en prime, vous êtes choyé.

HOROSCOPE HEBDOMADAIRE

Du 1er au 4 janvier: La nouvelle Lune du 2 en Capricorne met
l'accent sur le travail et la santé. Prenez les choses lentement et dites-
vous que c'est un mauvais moment à passer. Il y a des consolations
après tout.
Du 5 au 11 janvier: Le ciel s'éclaircit et fait place à l'amour. Un
amour envers une personne, mais aussi à l'égard de différentes activités telles le sport, les voyages au soleil, les congés et les vacances.
Si possible partez, mais revenez pour le 15 février.

Du 12 au 18 janvier : Il faut être prudent dans tout ce que vous entreprenez, activités sportives ou sexuelles, et mode de vie en famille et au foyer. L'eau et le feu présentent des risques. La pleine Lune du 18 en Cancer indique le règlement d'un problème.

Du 19 au 25 janvier : Vénus et Mars redonnent santé et vigueur aux plus inertes. Votre volonté, votre instinct et votre libido sont accrus. Les enfants, les jeux et le sport, la spéculation et les jeux de hasard, la vie sexuelle, tout cela est source de joie et de satisfaction. Vous recevez des félicitations, des cadeaux.

Du 26 janvier au 1ᵉʳ février : Une affaire d'argent ou légale inquiétante se règle de manière juste et honnête. La nouvelle Lune du 1ᵉʳ en Verseau indique de l'opposition. Autour de vous, on fait la forte tête ; soyez conciliant.

CHIFFRES CHANCEUX

1-16-17-28-34-35-40-41-59-67

FÉVRIER

Je rêvais, la vie était joie. Je m'éveillai, le devoir était là. J'ai agi, et le devoir devint joie.

CARLYLE

LE SORT N'EST PAS AIMABLE

L'atmosphère se détériore au travail. Vous donnez votre meilleur, mais les résultats ne sont pas à la hauteur. Votre conjoint, votre associé, vos patrons, personne n'est content. Et vous ne l'êtes pas non plus. Vous semblez gaspiller vos chances par exprès, mais il est vrai que le sort n'est pas aimable à votre endroit. C'est particulièrement évident vers le 16 février, moment marqué par l'opposition de Jupiter dans votre signe à Neptune en Verseau. Un peu de prévention et de prudence ne nuiront pas. Voyez les risques que vous courez.

RISQUES

Ce mauvais aspect planétaire indique des difficultés ayant trait au climat et à son incidence sur la nature. Des accidents où l'eau et le feu jouent un rôle, des risques pour les avions, des explosions, des raz-de-marée, des inondations ou des tempêtes sont prévisibles. En outre, des risques d'incendies incontrôlables, des microbes et virus qui se répandent et dont on connaît mal la source et les effets et, par conséquent les traitements, feront des victimes. Pour diminuer les risques, évitez de séjourner dans des pays où sévissent des guerres et des révolutions. Mieux, ne voyagez pas du tout en février.

LES QUATRE ÉLÉMENTS

Les quatre éléments, le feu, la terre, l'air et l'eau sont touchés et les conséquences n'ont rien de léger. La tendance négative s'inscrit à l'échelle mondiale. En tant que Lion, vous réagissez mal. C'est vous contre les autres, peut-être contre le monde entier. Vous exagérez évidemment, mais vous le sentez ainsi. Bien malin qui vous convaincra du contraire!

RIEN DE TRAGIQUE MAIS...

Rien d'irréparable n'est à redouter dans les faits, mais ce qui se produit vous paraît catastrophique. C'est une question de perception et la vôtre est passagèrement détraquée. Vous êtes touché, c'est vrai, mais surtout, vous êtes victime d'une mauvaise évaluation du problème et vous entretenez un sentiment de rébellion contre toute autorité qui outrepasse votre volonté. Paranoïa et mégalomanie se mêlent à l'affaire, vous êtes temporairement K.-O.

PROCÈS, FAILLITE

Chez certains Lion, un accroissement de l'avidité est possible et risque de provoquer un scandale et d'allumer de vieilles rancunes. Ce n'est pas le moment de montrer trop d'agressivité ou d'indépendance. Efforcez-vous de respecter la loi. L'orgueil est l'ennemi numéro un du Lion. Plaie d'orgueil n'est pas mortelle, sinon il y aurait de nombreuses victimes au cours du mois.

En cas de procès ou de faillite, dites-vous que les choses s'arrangeront. Le fait de savoir que cette négativité se résorbera rapidement vous consolera. Croyez-moi, c'est ce qui arrivera.

UN CONSEIL

Un conseil : n'aggravez pas votre cas et ne dramatisez pas. Vous avez du ressort, sans compter que vous pouvez compter sur de nombreux parents et amis pour vous aider à traverser cette période difficile. Si tout va bien tant mieux, vous avez un ascendant bien placé sur l'écliptique. C'est l'exception, mais elle est possible, il faut le signaler.

DEUX AMOURS

Il se peut que vous aimiez deux personnes à la fois. Délicat dilemme, surtout à la Saint-Valentin, fête des amoureux. Vous êtes libre de passer à l'action, mais les planètes sont formelles : il faut attendre le moment propice pour faire un essai romantico-sexuel ou pour prendre une décision au sujet d'un mariage, d'un divorce. Ce n'est absolument pas le moment, attendez d'y voir plus clair.

PLURALITÉ AFFECTIVE

Il est possible aussi que votre cœur, de manière allégorique, se multiplie et se subdivise pour contenir plusieurs personnes qui vous sont chères. Il est assez fort pour fournir de l'énergie affective à de nombreux élus, sans pour cela priver l'être aimé de votre présence ni de votre amour. La pluralité peut aussi venir d'un enfant, petit-enfant, parent ou ami que vous aimez passionnément. En ce cas nul ne saurait vous le reprocher. Les consolations du cœur sont toujours les meilleures, mais respectez les limites du bon sens.

Bonne Saint-Valentin à tous les amoureux Lion !

HOROSCOPE HEBDOMADAIRE

Du 2 au 8 février : Naïf et crédule, vous avez des conceptions trop optimistes de la réalité. Ce manque d'objectivité peut vous coûter cher. Ne signez rien de compromettant ni d'engageant en ce moment.

176

Du 9 au 15 février: Les voyages, plus particulièrement les croisières, sont déconseillés. Il est préférable de vous appuyer sur l'amour
des vôtres et sur votre honnêteté pour parvenir à vos buts et éviter
des complications.

Du 16 au 22 février: La pleine Lune du 16 est en Lion: prudence
avec le feu, le chauffage au foyer, les armes et les objets tranchants.
Un membre de la famille peut être en piteux état, mieux vaut prévenir que guérir.

Du 23 février au 1er mars: Les dépenses font que vos économies
s'en vont en fumée, telle l'eau dans le tonneau des Danaïdes.
L'argent vous file entre les doigts, il faut être plus économe et éviter
les spéculations financières et boursières.

CHIFFRES CHANCEUX

9-10-24-26-30-31-46-47-48-68

MARS

*Bienheureux ceux qui savent rire d'eux-mêmes, ils n'ont pas fini de
s'amuser.*

J. FOLLY

PUBLICITÉ AVANTAGEUSE

Bien supérieur au précédent, le mois de mars vous offre des occasions
d'utiliser votre charme et de vous montrer sous un jour sympathique.
Profitant d'un vent favorable, vous accomplissez des gestes importants pour le métier, la profession. Votre approche est honnête, votre
service, bon, votre réputation, avantageuse. Le bouche à oreille fait
son petit bonhomme de chemin, il ne faut pas négliger ce que l'on
dit de vous. Meilleure est votre réputation, plus vous serez sollicité
et mieux se porteront vos affaires. Elles sont sûrement excellentes!

FORTE PERSONNALITÉ

Mettez-vous au travail. L'énergie revenant en trombe, vous avez raison de travailler dur et de vous activer dans le domaine qui vous intéresse. Vrai, votre forte personnalité attire l'attention et dérange, mais vous sortez gagnant de vos batailles. Vous avez le triomphe discret, ça vous ressemble peu...

PATRONS, COLLÈGUES ET ASSOCIÉS

Vos patrons, collègues et associés sont surpris par l'attitude humble que vous adoptez face aux succès que vous remportez dans le travail et la société qui vous emploie. Rien d'étonnant pourtant, vous pensez avoir du mérite, mais vous savez que vos collaborateurs ont droit eux aussi à la reconnaissance. Ils n'ont peut-être pas la chance d'avoir Jupiter sur eux comme vous, voilà la différence.

SPORTS D'HIVER ET D'AGRÉMENT

Vous apprécierez pratiquer des sports d'hiver et d'agrément. La période est idéale aussi pour vous occuper sérieusement de votre vie affective, sentimentale et amoureuse et pour vous distraire. Le vent est bon pour les enseignants, les moniteurs, les organisateurs, les meneurs de jeu. Vous avez ça dans le sang, ça ne peut rater.

DU 11 MARS AU 15 SEPTEMBRE

Durant la période qui va du 11 mars au 15 septembre il se passe un phénomène nouveau sur lequel il vaut la peine de vous attarder. Uranus, planète imprévisible et violente, passe du Verseau en Poissons, signe plus doux. Occupant depuis janvier 1996 le Verseau, un signe opposé au vôtre, Uranus cesse pour un temps de vous contraindre et vous laisse en paix. C'est un avantage sur lequel vous allez tabler.

SOULAGEMENT

Ce passage ou transit planétaire vous apporte du soulagement. La tension nerveuse diminue d'autant que la réalisation de certains de vos désirs se rapproche. Conjoints et associés, rivaux et compétiteurs, personne ne pourra ralentir ou interrompre le cours de votre ambition. Vous êtes libre d'agir à votre guise. C'est grisant, depuis le temps où vous deviez mettre un frein à votre appétit, vous voilà reparti à fond de train, bravo!

SECRET

Évitez d'étaler au grand jour les bonnes surprises du sort. Dons, cadeaux, legs, héritages, rentrées inattendues de fonds tel que primes, récompenses, remboursements de prêts sur lesquels vous ne comptiez plus, bénéfice inopiné réalisé par votre conjoint, héritage d'un ami, tout doit être gardé secret. Du moins pour le moment.

VIVE LA LIBERTÉ

Les communications, les voyages, les études, le recyclage ou le repositionnement professionnel, les relations de couple, les associations d'affaires, tout est soudainement plus aisé, plus naturel. Les contrats sont signés, mais ils sont verbalisés sous une forme qui vous convient. Vous ne vous sentez pas handicapé par des ententes légales et autres, vous consentez librement à tout cela et vous avez raison. Votre vie se simplifie, vive la liberté!

FAITES-VOUS CONFIANCE

Établissez des plans précis au sujet des transformations à apporter au travail, dans vos études et vos projets personnels. En ce qui concerne les voyages, vous êtes en sécurité. Suivez le guide et votre intuition, tout ce que vous entreprendrez vous placera dans la position du gagnant. Faites-vous confiance, c'est l'objectif de ce travail. Vous ne le regretterez pas!

HOROSCOPE HEBDOMADAIRE

Du 2 au 8 mars: La nouvelle Lune du 2 en Poissons conduit votre intérêt en direction des sujets occultes. Mort, dettes, impôts, testaments, mandats en cas d'inaptitude, assurances et héritages sont des sujets de discussion. Attendez au 10 mars pour signer des papiers ou des ententes, vous serez mieux informé.

Du 9 au 15 mars: Votre santé est bonne, vos nerfs sont solides, votre sommeil est réparateur. Votre appétit de vivre est stimulé. L'étranger et les étrangers exercent une fascination sur vous. Si vous partez, bon voyage!

Du 16 au 22 mars: Vous avez le goût d'étudier, de vous recycler. Vous avez des échanges avec des gens de différentes cultures. La pleine Lune du 18 en Vierge apporte de bonnes nouvelles et invite au voyage, vous êtes en sécurité en avion.

Du 23 au 29 mars: Vous traversez une période à laquelle vous n'êtes pas préparé. L'imprévisible se produit. Vous obtenez des gains ou un héritage dans des circonstances inhabituelles. Vous en avez jusqu'au 15 septembre, il va falloir vous habituer à suivre ce nouveau rythme: le vôtre!

Du 30 mars au 5 avril: La nouvelle Lune du 1er en Bélier décuple votre courage et votre audace. Bien malin qui parviendra à vous contrôler. Amusez-vous et envoyez promener les rabat-joie. Vous n'avez pas besoin d'eux.

CHIFFRES CHANCEUX

1-10-21-22-30-35-44-45-58-67

AVRIL

La meilleure évolution possible, c'est d'essayer de se changer soi-même, en espérant que les autres fassent de même.

GEORGES BRASSENS

GRANDS FAVORIS

Les grands favoris en ce bel avril sont les natifs du Lion en général, mais plus spécifiquement les personnes qui sont nées entre le 27 juillet et le 6 août. Se trouvant directement placées sous la coupole du grand Jupiter, elles reçoivent quantité d'avantages personnels, sociaux et matériels. Ces cadeaux du ciel les placent en position de force face à l'avenir, mais elles ne sont pas les seules à être dans les bonnes grâces de Jupiter.

AIDE-TOI ET LE CIEL T'AIDERA

Tous les natifs peuvent compter sur l'aide généreuse de Jupiter. De quoi consoler les plus tristes et amplifier la joie de ceux qui sont satisfaits de leur vie actuelle. Avec l'apport du grand bénéfique, on est rarement malheureux, malade, dépourvu de moyens. C'est plus souvent le contraire qui se produit. C'est pourquoi cette planète a si bonne réputation. Bien des Lion bénéficient de ses bienfaits cette année, mais il leur faut tout de même veiller à stimuler leurs chances, sinon rien d'extraordinaire ne se produira. Aide-toi et le ciel t'aidera, dit l'adage.

CLOWNS ET COMIQUES

Voici des qualités que vous avez intérêt à utiliser quotidiennement, car elles feront votre fortune et votre renommée : cordialité, exubérance, générosité, noblesse de cœur, ambition, enthousiasme, mentalité de boute-en-train, fierté, dignité, altruisme, confiance en soi, bonté sans arrière-pensée, bonne humeur rayonnante, désir de faire plaisir, de distraire et d'amuser. Les clowns et les artistes comiques du Lion auront beaucoup de travail cette année !

À VOTRE DISPOSITION

Toutes ces qualités sont à votre disposition et l'assiette est large. Ne ratez pas l'occasion qui passe actuellement, aussi banale vous semble-t-elle. Vous rencontrez une personne et avez un coup de foudre pour elle ? Ne réfrénez pas votre impulsion. Soyez assuré que cette rencontre a été prévue dans le ciel depuis toujours. Cette personne est destinée à jouer un rôle majeur et positif dans votre évolution personnelle, peut-être même dans l'évolution de votre vie.

La première semaine du mois est exceptionnelle. Ne fermez pas les yeux sur l'occasion en or qui se présente. Il peut s'agir d'un des moments les plus heureux de votre existence. Bonne chance !

C'est Pâques le 20 avril, Joyeuses Pâques à tous !

HOROSCOPE HEBDOMADAIRE

Du 6 au 12 avril : Votre bonne santé et votre optimisme accroissent l'attrait que vous exercez sur autrui. Vous êtes irrésistible, vous attirez l'amour. Un grand bonheur est à votre portée. La chance est de votre côté, mais soyez tout de même prudent dans vos courts déplacements.

Du 13 au 19 avril : La pleine Lune du 16 en Balance favorise les relations avec vos frères et sœurs, cousins, voisins et votre parenté en général. Votre énergie est consistante et passe bien, vous travaillez dur, mais c'est valorisant.

Du 20 au 26 avril: Délivré d'un poids qui vous entravait, vous vivez bien votre différence. La semaine est excellente pour ceux et celles dont l'identité sexuelle n'est pas claire. Homosexuels, bisexuels, asexués, tous les natifs sont heureux.

Du 27 avril au 3 mai: Votre vie sentimentale peut être enrichie par la venue d'un bel étranger, d'une belle étrangère. Vous êtes amoureux, c'est visible. Gare à la nouvelle Lune du 1er en Taureau, la traîtresse pourra vous tirer des larmes!

CHIFFRES CHANCEUX

16-17-24-25-32-33-45-46-51-69

MAI

La vie est un jardin de joies, de satisfactions et d'occasions de bonheur. À vous de les cueillir pour en faire un énorme bouquet.

JEAN-PIERRE TRUDEL

MOIS DE FLEURS, MOIS D'ÉCLIPSES

Mai, le mois des fleurs, est aussi celui de la fête des Mères. Heureux hasard sans doute planifié par les étoiles, mais qui cette année n'est pas sans nous inquiéter un peu. Deux éclipses marquent ce mois dont l'une qui vous complique la vie. Consolez-vous, sachez qu'une fois ce moment difficile passé vous l'oublierez. Voyons ce qui motive ces restrictions.

DEUX ÉCLIPSES

Mai apporte deux éclipses. La première, lunaire et totale, se produit le 15 mai en Scorpion, signe en mauvais aspect avec le vôtre. Elle vous conseille de prendre des dispositions particulières pour éviter de vous retrouver en mauvaise posture, faute d'avoir prévu ce qui se tramait. Traîtresse est l'éclipse de Lune totale, il faut s'en méfier en tant que Lion, surtout si on a un ascendant Lion, Scorpion, Taureau ou Verseau. La chute du moral est alors plus grave, soyez-y attentif.

La deuxième éclipse est solaire et annulaire, donc de moindre intensité. Elle se produit le 31 mai en Gémeaux, signe compatible avec le vôtre, donc sans problème. C'est définitivement l'éclipse du 15 mai qui retiendra notre attention.

L'ASCENDANT COMPTE
L'ascendant compte pour beaucoup dans le déroulement des événements de mai 2003. Sans ascendant Lion, Taureau, Scorpion ou Verseau vous êtes plus favorisé et suivez les conseils prodigués par ceux qui vous aiment et ont votre bien à cœur. La baisse de votre moral, due à l'éclipse du 15 mai, porte moins à conséquence, vous en sortez moins amoché, sans trop d'égratignures.

SI VOUS ÊTES TÊTU
Par contre, un ascendant dans l'un des signes fixes nommés plus haut aggrave la situation. Si vous êtes têtu jusqu'à en être borné, les retombées de ce mois de mai seront destructrices. Rassurez-vous, les chances sont de votre côté. Il y a huit ascendants propices. Souhaitons que vous ayez choisi le bon moment pour naître!

DOMINÉ PAR LA PASSION
Dominé par la passion, vous frôlez des dangers sans les voir. Il faut être plus réaliste, autrement vous risquez de vous rendre malade et de tout abandonner. Quitte à vous attirer une opposition virulente de la part de ceux qui vous aiment. Vous désirez persister dans l'erreur? Feu rouge: vous êtes sur la mauvaise voie.

REPRENEZ LE CONTRÔLE
Reprenez le contrôle et soignez tout ce qui peut ressembler à une dépression, un épuisement professionnel, un amour non payé en retour, une attraction fatale. Lâchez prise, vous êtes en danger. Prises en considération au bon moment, les peines dureront moins longtemps; quant aux désagréments, ils seront moins coûteux et moins douloureux. Vous avez la chance d'être soutenu par Jupiter, mettez-le au travail et retrouvez le bon sens qui vous caractérise.

PAS DE DRAME

Pas de drame avec ces éclipses mais observons-les avec intérêt. Elles ont des répercussions sur l'ensemble des pays et des nations qui forment notre univers, et sur la terre elle-même. Le fait d'être informé sur ces phénomènes est certainement un avantage.

Bonne fête des Mères à toutes les mamans Lion!

HOROSCOPE HEBDOMADAIRE

Du 4 au 10 mai: Retards et grèves vous mettent en rogne. Vos réflexes ne sont pas sûrs, votre esprit fonctionne au ralenti, ne changez rien en ce moment. Les sentiments qui vous animent sont contradictoires, aussi bienfaisants que néfastes.

Du 11 au 17 mai: Accrochages dans votre couple ou avec votre associé. La tension culmine au moment de l'éclipse lunaire totale du 15 en Scorpion. Ne vous pensez pas plus fort que vous ne l'êtes et entourez-vous de gens sains et optimistes. Ils vous rassureront et vous conseilleront habilement.

Du 18 au 24 mai: Vous êtes déçu, malheureux. Une personne aimée dans le milieu de travail ou parmi vos relations professionnelles baisse d'un cran dans votre estime. Bris d'amitié et de confiance. Ne pleurez pas, ça ira mieux.

Du 25 au 31 mai: Jupiter toujours dans votre signe vous protège. L'éclipse solaire du 31 en Gémeaux n'affecte pas votre santé, mais les ascendants Gémeaux, Vierge, Poissons ou Sagittaire sont vulnérables.

CHIFFRES CHANCEUX

8-9-21-22-34-35-41-44-56-70

JUIN

Quand le sage montre la Lune avec son doigt, le sot regarde le doigt.

YVON COUSINEAU

MOIS À DOUBLE VOCATION

Juin est un mois à double vocation. Le ciel du 3 juin ramène l'opposition de Jupiter à Neptune qui avait cours le 16 février dernier, avec les mêmes risques. Les quinze premiers jours sont difficiles. D'anciens problèmes refont surface. Vous avez des efforts à faire pour tenir le coup, mais la deuxième partie du mois est nettement meilleure. Un beau trigone de Saturne à Uranus qui se produit le 24 juin adoucit les angles et permet d'agir avec sagesse et intuition dans le dossier qui vous brûle les doigts.

LES SIGNES TOUCHÉS

Sous le coup de cette opposition se trouvent les Lion, Verseau, Taureau et Scorpion. Chargés de problèmes, ceux-ci cherchent à les déverser sur vous pour s'en libérer. Si votre ascendant est parmi ces signes, c'est à vous qu'il faut penser, à votre personne qu'il faut prodiguer des soins. Les actes impulsifs et irréfléchis pouvant attirer les conflits et les risques légaux, ne dérogez pas à la loi. Tout scandale étant nuisible sinon catastrophique, anticipez les événements, prenez de l'avance, protégez-vous.

PARADIS ARTIFICIELS

Les excès d'alcool, de drogue et de paradis artificiels vous sont particulièrement nuisibles. N'y ayez pas recours, buvez de l'eau. Autre recommandation : les personnes qui abusent de produits qui altèrent la conscience sont pour vous des dangers ambulants. Fuyez-les tout simplement. Enfin, évitez les croisières et les promenades sur l'eau. Elles pourraient avoir sur vous des conséquences déplaisantes et mal se terminer.

L'ÉQUATION EST SIMPLE

Si vous avez un ascendant d'eau, soit Cancer ou Poissons, la Lune ou plusieurs planètes en signes d'eau, vous avez intérêt à laisser le feu du Lion de côté (passion, mégalomanie, orgueil). Optez pour l'attitude placide et sereine que confèrent les signes d'eau. Fluidité, réceptivité et adaptabilité vous éviteront des ennuis et feront en sorte que vous conserviez votre avance. L'équation est simple, ça plie ou ça casse.

Un ascendant Taureau, Vierge ou Capricorne pourrait aussi vous aider. Sinon ayez recours aux natifs ou ascendants des signes nommés plus haut. Ils ont sur vous un effet apaisant et vous ramènent à la réalité.

BELLE FIN DE MOIS

La deuxième partie de juin est nettement meilleure, une belle fin de mois s'annonce pour vous. La détente espérée apparaît enfin. Vous pouvez faire du bateau, partir en croisière, voyager, aller à la mer et à la pêche autant que vous voulez, le ciel pacifique vous apporte le repos auquel vous avez droit. Tous les natifs profitent de la paix et de la douceur de vivre, c'est leur cadeau de vacances, nul n'est exclu. Enfin des paroles réconfortantes et méritées!

C'est le mois de la fête des Pères, bonne fête à tous les papas! Et le 24 juin, c'est la fête de la Saint-Jean-Baptiste: bonne fête à tous les Québécois!

HOROSCOPE HEBDOMADAIRE

Du 1ᵉʳ au 7 juin: Vos difficultés sont nettement aggravées par votre orgueil. Faire des concessions devient la seule issue. C'est dur pour le Lion, mais essentiel. Ne provoquez pas de scandale, tenez-vous loin des procès et demeurez honnête, c'est la solution.

Du 8 au 14 juin: La tension s'estompe, vous vous détendez lentement. Vos amis et relations participent à votre effort de «reconstruction». La pleine Lune du 14 en Sagittaire vous rend heureux et vous donne un sérieux coup de pouce.

Du 15 au 21 juin: La légèreté de l'été vous va bien. Votre vivacité de corps et d'esprit vous facilite la vie. Vous êtes actif: travail, sports, loisirs et jardinage occupent la majeure partie de votre temps, le reste est pour la lecture. C'est bien.

Du 22 au 28 juin: L'eau vous est salutaire pour boire, vous baigner et vous rafraîchir; mais pas de croisières, c'est défendu. L'affection et la tendresse vous protègent. Travailler la terre vous procure des joies sans nom.

Du 29 juin au 5 juillet: La nouvelle Lune du 29 en Cancer incite à la détente. La tension est noyée dans de bons sentiments. Le bonheur est de retour. Vive l'amour et vive les vacances, vous en avez besoin.

CHIFFRES CHANCEUX

5-17-28-29-31-33-49-50-51-67

JUILLET ET AOÛT

C'est maintenant le moment, je vais avoir aujourd'hui une chance extraordinaire.

FLORENCE SCOVEL SHINN

MOIS EXCEPTIONNELS

Juillet et août sont des mois exceptionnels pour tous les natifs. Ceux-ci prennent des décisions fermes et importantes au sujet de leur vie privée, de leurs amours, de leur travail qui auront un effet indéniable sur leur qualité de vie. Ils ont en main les clés de leur propre bonheur ou de leur propre médiocrité. Conscients des portes qui s'ouvrent devant eux, ils n'hésitent pas à foncer sur l'objet de leur désir. Impossible de leur résister.

GRANDS ASPECTS BÉNÉFIQUES

Le ciel du 1er juillet montre Jupiter en Lion, en bel aspect de trigone avec Pluton en Sagittaire. Période favorable pour opérer certains redressements sur le plan matériel et financier. Voyant plus clair, vous êtes logique et savez faire les concessions qui s'imposent pour revitaliser votre situation financière qui a pu vous causer des soucis, sinon de sérieuses inquiétudes. Vous avez ce qu'il faut pour aborder les virages nécessaires, même si cela exige beaucoup d'efforts.

MOMENT PRÉCIEUX

Tout est possible à qui veut vraiment obtenir ce qu'il désire. Dans le cas du Lion, tout lui semble aisément accessible en ce moment. Il lui suffit bien souvent de formuler son désir pour qu'il se réalise presque immédiatement. S'il ne profite pas de ce moment précieux entre tous, il va rater une des plus belles occasions de sa vie. Intelligent et rusé, il réussit à s'approprier les bénéfices qui lui sont dus et récolte en abondance les fruits de ses efforts.

PÉRIODE D'ANNIVERSAIRE

En prime, c'est la période de votre anniversaire de naissance. Celle-ci représente toujours un moment fort. Le fait est accentué cette année par l'apport du grand bénéfique Jupiter. De plus, le Soleil, Mercure et Vénus sont dans votre signe, vous n'avez certes pas à vous plaindre. Vos idées larges et enthousiastes, votre sens poussé de l'organisation et votre grande franchise vous permettent de réaliser vos plus chères ambitions.

SI RIEN NE VA

Profitez-en pour vous refaire des énergies positives et repartir sur une piste nouvelle ou continuez ce qui est déjà en cours et vous convient. Si rien ne va, il n'y a pas de meilleur temps pour liquider ce qui ne nous intéresse plus ou pour vous libérer des lourdes responsabilités qui vous pèsent. Les actions que vous entreprenez pour y parvenir sont libératrices. Branchez-vous sur un courant positif et agissez en fonction de vous et de vos besoins. Souvenez-vous, Jupiter ne reviendra pas vous visiter avant 12 ans, c'est le moment de profiter de ses faveurs!

VÉRIFIEZ VOTRE ASCENDANT

Lion ascendant Vierge, Poissons, Gémeaux ou Sagittaire, soyez attentif à la dissonance Jupiter-Uranus du 30 août en Vierge et Poissons. Évitez l'avion, tenez-vous loin de l'orage et des coups de foudre et évaluez les risques avant d'entreprendre de nouveaux projets. Mieux vaudrait vous en tenir à la routine. Si tout va bien aux environs de cette date, c'est que vous n'avez aucune planète importante dans les signes nommés.

Bon anniversaire, cher Lion! C'est aussi la fête nationale des Canadiens le 1ᵉʳ juillet et la fête nationale des Français le 14 juillet. Bonne fête à tous!

HOROSCOPE HEBDOMADAIRE

Du 6 au 12 juillet: On peut compter sur votre loyauté. Les enfants, ainsi que des activités stimulantes: jeux, sports, divertissements et spectacles, sont de précieuses sources de joie. Des déplacements et des voyages vous permettent de rencontrer des gens fascinants. Est-ce l'amour?

Du 13 au 19 juillet: La pleine Lune du 13 en Capricorne favorise la santé et le travail. Amoureux, vous recevez des marques d'affection. Vous aimez le jeu de la séduction, vous excellez à ce genre de divertissements, vous êtes un expert.

Du 20 au 26 juillet: Vous obtenez des faveurs de l'être aimé, de vos supérieurs, de vos patrons. En ce moment, vous avez envie d'amour et de plaisir bien plus que de travail. Vous obtenez des avantages grâce à votre père ou à votre conjoint. Vous avez un penchant pour le bien-être, le confort au foyer; conservez votre amour du luxe et du beau.

Du 27 juillet au 2 août: La nouvelle Lune du 29 en Lion vous incite à vous mettre en valeur. Votre magnétisme et votre rayonnement attirent la chance, et même la gloire. Vous traversez une période privilégiée de l'existence.

Du 3 au 9 août: Les vacances vont bon train. Vous qui aimez la chaleur, prenez garde aux rayons solaires. Sans protection, lunettes et chapeau, vous courez des risques. Ne négligez pas de vous protéger, c'est nécessaire.

Du 10 au 16 août: La pleine Lune du 12 en Verseau annonce de la tension entre vous et ceux qui vous entourent. Votre autorité est contestée par votre conjoint. Faire des concessions devrait vous paraître facile avec la chance que vous avez.

Du 17 au 23 août: Un accroissement de la fortune de votre conjoint ou de votre associé est en vue. Des avantages par dons sont à prévoir: héritages, primes de départ, assurances. Vous n'aurez pas de difficulté à obtenir du crédit, des emprunts. Vous êtes protégé en voyage.

Du 24 au 30 août : Vous cultivez une passion secrète. Prenez des initiatives, entreprenez des travaux au foyer ou au travail. Vous obtenez des dons, des cadeaux. La nouvelle Lune du 27 en Vierge parle d'un retour aux études, c'est la fin des vacances. Vous êtes tristounet.

Du 31 août au 6 septembre : C'est la rentrée, mais vous avez d'autres idées en tête. Ça bouillonne dans votre cerveau. Vous vous empressez de mettre sur pied les projets qui vous tiennent à cœur. L'amitié de la Vierge vous est acquise.

CHIFFRES CHANCEUX

5-13-17-28-30-31-42-45-55-69

SEPTEMBRE

Imaginez que vous êtes aimé, estimé et entouré, vivez avec ce sentiment ; ainsi vous ne manquerez jamais d'amis.

Dr Joseph Murphy

JUPITER PARTI, RESTE L'AVENIR

Jupiter est passé en Vierge le 27 août dernier. Ne croyez pas que ce soit la fin de vos beaux jours. Il s'agit en réalité du début d'un cycle de 12 ans pour lequel vous avez eu le temps de vous préparer. Les provisions sont faites, vous avez accumulé de bons points, il faut maintenant en user avec parcimonie et jugement, afin qu'il vous en reste suffisamment pour les ajouter à ceux que vous avez obtenus. Vous êtes dans la phase ascendante de Jupiter, c'est une période propice à l'ascension, et à la mise en terre de plantations qui pourront donner des fruits. Il vous reste l'avenir à démystifier et à apprivoiser.

CHANCE EN AMOUR

Votre vie sentimentale se stabilise à la mi-septembre et le ciel amoureux est sans nuage jusqu'au 9 octobre. Ce court mais agréable intermède embellit vos amitiés et vos amours, tout en rendant la vie familiale et conjugale plus chaleureuse. Il y a de la romance dans l'air. Votre teint est frais, vous êtes élégant, vos yeux pétillent de malice. Votre charme est palpable, vous faites des conquêtes, le plaisir vous appartient.

QUANT AU CERVEAU

Intellectuellement tout se passe au ralenti, un peu comme au cinéma quand la caméra se fixe sur une image et nous laisse perplexes. Conformément à Mercure rétrograde, votre cerveau fonctionne sur un mode plus lent. Cela vous permet quelques incartades plus amusantes que répréhensibles et qui donnent de la couleur à la vie.

Petit entrechat bien exécuté qui vous permet de sortir du rang et vous voilà évadé de la routine, dans un milieu nouveau, avec des gens différents. C'est fou ce qu'un brin de fantaisie et de folie calculée peut faire dans la vie intime d'une personne de votre signe. Chose certaine, cela vous fait du bien!

C'est fête du Travail au Québec le 1ᵉʳ septembre, bon congé à tous!

HOROSCOPE HEBDOMADAIRE

Du 7 au 13 septembre: La rentrée vous occupe et vous préoccupe, il reste peu de temps pour conclure les ententes, signer les contrats, mettre les papiers en règle. La pleine Lune du 10 en Poissons marque la fin d'une idylle secrète.

Du 14 au 20 septembre: Uranus revient par rétrogradation au Verseau. Les natifs du 17 au 23 août doivent conserver leur calme, les autres sont sereins et en sécurité. Tout prend un cours imprévisible cependant, il y a possibilité de grève.

Du 21 au 27 septembre: Vous mettez votre intelligence au service du travail, des études, du progrès. La nouvelle Lune du 25 en Balance vous parle d'amour, de tendresse et d'émotion. Vos proches participent à la fête.

Du 28 septembre au 4 octobre: Votre goût et vos talents pour la gastronomie, pour les bons crus vous procurent de grands plaisirs. Tenez la barre si vous ne voulez pas devenir obèse ou alcoolique! Sans blague, la tentation de vous évader est forte, réagissez.

CHIFFRES CHANCEUX

11-16-24-26-30-33-39-40-52-60

OCTOBRE

Quand on ne trouve pas son repos en soi-même, il est inutile de le chercher ailleurs.

LA ROCHEFOUCAULD

CHANCE AU TRAVAIL, DANS LES ÉTUDES

Votre vie affective subit les critiques de votre raison, il y a conflit de valeurs. Pas très heureux dans vos amitiés et dans vos amours, vous décidez de vous investir ailleurs, vous faites preuve de jugement. Vous avez plus de chance dans le travail, les études, les cours spécialisés, les techniques de pointe, les courts voyages et les déplacements. Multipliez les rencontres et rapprochez-vous de votre but premier, l'important est de ne pas le perdre de vue. Tout ce qui est conclu et signé avant le 24 octobre a une chance de réussite.

CONFÉRENCES, CONGRÈS, MEETINGS

Vous voyez beaucoup de monde en peu de temps, mais cette fébrilité ne vous affecte pas. Vous demeurez ferme dans vos décisions, indifférent à toute suggestion extérieure. Échanges, conférences, congrès et remue-méninges vous sont profitables. Vous revenez plus riche sinon matériellement, du moins moralement et intellectuellement.

GAINS D'ARGENT

Des gains d'argent sont prévisibles. À la suite de vos démarches auprès des autorités et du gouvernement, vous pouvez retirer des sommes considérables, en tout bien tout honneur, comme il se doit. Vous verrez à économiser quelques deniers pour arrondir votre compte en banque.

C'est jour d'Action de grâces le 13 octobre, bon congé à tous!

HOROSCOPE HEBDOMADAIRE

Du 5 au 11 octobre : Vous vivez une situation enviable. Vous faites des jaloux autour de vous, mais vos rapports demeurent cordiaux et chaleureux. La pleine Lune du 10 en Bélier vous rapproche d'un voyage attendu.

Du 12 au 18 octobre : Votre tempérament passionné cherche un amour qui n'existe que dans l'imaginaire. La famille et le foyer ne vous procurent pas la paix tant désirée. Gare à la jalousie, à la possessivité maladive, arrêtez-vous au feu rouge !

Du 19 au 25 octobre : C'est une semaine à risques pour les fils aînés, les pères, les époux. Prenez garde aux gestes regrettables. La nouvelle Lune du 25 cn Scorpion sonne l'alarme. Soignez-vous, ménagez votre santé et soyez prudent avec le feu et l'eau.

Du 26 octobre au 1ᵉʳ novembre : Un signe ami, Cancer, Scorpion ou Poissons adoucit les angles et vous aime. Mettez de l'eau sur votre feu sinon Dieu sait où vous allez échouer et qui vous allez consumer. Et surtout gare à la colère, fulminer est mauvais pour le cœur.

CHIFFRES CHANCEUX

10-17-27-28-37-40-41-49-59-64

NOVEMBRE ET DÉCEMBRE

Les gens ne connaissent pas leur bonheur, mais celui des autres ne leur échappe jamais.

PIERRE DANINOS

NOVEMBRE DUR, DÉCEMBRE DOUX

Si novembre est dur, décembre le rachète. La prévoyance vous fait passer à côté d'ennuis évitables, alors que l'ignorance des réalités cosmiques vous expose à devenir une victime des circonstances. Décembre replace les choses en contexte et rééquilibre les données. Vous reprenez le dessus et terminez l'année sur une note joyeuse et optimiste. Mais commençons par novembre, il mérite toute notre attention.

ÉCLIPSES TOTALES

L'éclipse lunaire totale du 8 novembre en Taureau, se tenant en mauvais aspect avec le Lion, la baisse morale et psychique frappe fort. Le fait de savoir qu'elle est passagère vous aidera à passer ce mauvais moment. Si la déprime s'installe, consultez sans tarder. Si le moral tient le coup, aux environs du 8 novembre, vous êtes sauf. La réussite sociale et professionnelle est le point focal, ne rien changer dans ce domaine devient la règle d'or.

La date du 8 novembre est à retenir, mais à cause de l'éclipse solaire totale du 23 novembre en Sagittaire, la période du 23 octobre au 1ᵉʳ décembre déconseille le changement et favorise la routine rassurante. Vous n'avez sans doute pas le goût d'innover, de déménager ou de relever des défis et c'est tant mieux.

REVIREMENT SPECTACULAIRE

Revirement spectaculaire vers le 15 décembre. Ce qui se produit vous permet de terminer l'année de façon remarquable. Mars transite par le signe ami du Bélier, ce qui renforce votre énergie, et améliore votre santé ; vous avez la tête bien plantée sur les épaules et le cœur et le sexe sont à l'avenant. Rien de mauvais ne peut se produire sous de tels auspices.

LE 15 DÉCEMBRE

Avez-vous hâte au 15 décembre ? À votre place, j'attendrais ce moment avec fébrilité. Il vous promet une fin d'année à l'étranger, des contacts avec les grandes personnalités de ce monde, et vous réserve des aventures romantico-sexuelles à couper le souffle. Comme vous aimez le faste et le luxe, vous ne manquerez pas de bien vous amuser.

OUVREZ LA PORTE AU BONHEUR

En résumé, profitez de ce vent de fraîcheur et de jeunesse pour vous refaire une santé et une beauté. Vous n'avez pas assez de deux mains pour saisir tout ce que décembre vous apporte. Un nouvel enfant dans la famille, des fiançailles, un mariage ou un contrat alléchant, une association dans des affaires nouvelles et brillantes, tout est possible. Ouvrez la porte au bonheur et ouvrez-la toute grande, il prend de la place !

HOROSCOPE HEBDOMADAIRE

Du 2 au 8 novembre : Cette semaine, le ciel est maussade et vous fait la tête. L'éclipse Lunaire totale du 8 en Taureau est expliquée en détail plus haut. Si vous avez le moral qui flanche, voir des gens jeunes et équilibrés vous fera du bien. Ne cédez pas à la peur, ça ira.

Du 9 au 15 novembre : Côté sentimental et affectif, l'énergie est bonne. Vous aimez vos proches avec ardeur et votre générosité est illimitée. Profitez de votre chance en spéculation boursière et financière et faites des placements. Vos enfants et petits-enfants vous aiment sincèrement et profondément.

Du 16 au 22 novembre : Votre esprit clairvoyant et votre système nerveux solide vous protègent contre une confiance excessive en vous-même et en vos moyens. Votre état de santé requiert des soins particuliers, mais vos relations familiales et amicales tempèrent vos inquiétudes. Persévérez dans cette voie de chaleur humaine qui vous encourage à plus de ménagement.

Du 23 au 29 novembre : L'éclipse solaire totale du 23 en Sagittaire marque des risques d'épidémie et d'épizooties. Elle vous conseille d'éviter les transactions importantes et de vous en tenir à une routine rassurante. Sagittaire, Poissons, Gémeaux et Vierge ont besoin de vous.

Du 30 novembre au 6 décembre : Votre santé est moins soumise aux rigueurs et aux changements de climat, vous êtes bien portant. Surveillez tout de même votre poids, il tend à grimper. Appréciez la présence de vos frères et sœurs, cousins, voisins et parenté. Les bonnes relations font la vie meilleure.

Du 7 au 13 décembre : La pleine Lune du 8 en Gémeaux favorise les relations sociales et professionnelles. Des petits voyages rapides décidés impulsivement vous procurent des bénéfices personnels et matériels. Si vous avez un ascendant Bélier, Lion ou Sagittaire, réjouissez vous, c'est l'abondance.

Du 14 au 20 décembre : Il est temps de préparer vos Fêtes et de penser à célébrer la fin de 2003 comme il se doit, dans l'enthousiasme et sans regrets stériles. Ce qui est fait est fait, ne regardez pas en arrière, passez à autre chose. Si l'amour manque un peu, l'amitié compense et vous êtes heureux.

Du 21 au 27 décembre: Votre vie sexuelle épanouie, vos exploits sportifs ou professionnels, tout cela vous stimule. Les gens que vous rencontrez sont séduits par votre franchise. La nouvelle Lune du 23 en Capricorne confirme votre bonne santé. Noël se passe dans l'euphorie totale, c'est une sorte d'apothéose pour vous.

Du 28 au 31 décembre: Voyage précipité à l'étranger en perspective, aventures érotiques lors d'expéditions au loin, parties de chasse en pays exotiques, pays ensoleillés, tout est planifié pour vous faire vivre une fin d'année exceptionnelle. Vous êtes allumé, ne vous éteignez plus!

CHIFFRES CHANCEUX

10-11-17-19-25-28-33-49-52-53

Bonne année 2004, cher Lion!

Vierge

DU 24 AOÛT AU 23 SEPTEMBRE

1er DÉCAN : DU 24 AOÛT AU 2 SEPTEMBRE
2e DÉCAN : DU 3 SEPTEMBRE AU 12 SEPTEMBRE
3e DÉCAN : DU 13 SEPTEMBRE AU 23 SEPTEMBRE

Compatibilité sexuelle et amoureuse

La compatibilité sexuelle et amoureuse entre les signes du zodiaque ayant été commentée de toutes sortes de manières, je me permets de porter à votre attention les constatations suivantes basées sur des données millénaires. Vous verrez qu'elles sont encore aussi justes de nos jours qu'elles l'ont été au cours des siècles passés.

Dans ces douze signes, nous trouvons douze façons différentes de vivre notre sexualité. Ce sont douze façons de vivre qui conduisent nos tempéraments vers un épanouissement amoureux et sexuel.

Dans cette analyse, j'ai utilisé le Soleil natal comme point de départ, mais il faut retenir que c'est la planète Mars qui régit la sexualité proprement dite. Les recherches que j'ai entreprises tendent à nous apporter une meilleure connaissance de nous-mêmes dans ce que nous avons de plus personnel, de plus intime, de plus secret. Par extension, cela nous aidera à comprendre les besoins de nos partenaires de vie.

En abordant le sujet de la compatibilité, je ne vous propose pas de diktats quand à la manière de mener votre vie sexuelle. Cependant, vous le constaterez certainement, sexualité et astrologie font bon ménage. C'est un duo sur lequel on aurait avantage à compter plus fréquemment.

Ces règles générales qui vous indiquent vos tendances naturelles pourront vous inciter à aller plus loin dans la recherche de l'harmonie sexuelle. Ne serait-ce qu'à ce titre, je suis persuadée que ces quelques notions vous seront utiles.

VIERGE-VIERGE

Leur union est romanesque et fantaisiste. Le désir est vif mais narcissique. Si l'un n'est pas débrouillard, l'autre restera sur sa faim. Les énergies dépensées, tous deux se quittent bons amis. Sinon, il faut donner dans l'échangisme, ce qui n'est pas sans provoquer de la jalousie de part et d'autre. En somme, c'est plutôt risqué.

Les partenaires ont souvent une bisexualité ou une homosexualité latente ou déclarée. Dans ce cas, l'accord sexuel est parfait, mais souvent de courte durée.

VIERGE-BALANCE

Tout est rapidement bâclé. Pour eux, l'acte sexuel n'est pas un gage d'amour éternel. Leur relation est à fréquence modulée : leur amour se joue sur une note parfois aiguë, parfois inaudible. Il ne se passe rien. Le natif de la Vierge voudrait être l'amant ou la maîtresse idéal, mais celui de la Balance, souvent frivole, s'absente parfois, et la jalousie s'insinue entre les partenaires.

Mercure et Vénus sont des amis. Ce couple a plus d'avenir dans l'amitié. Les amoureux critiquent, se disent tout et rigolent bien ensemble.

VIERGE-SCORPION

Il faut au natif de la Vierge du courage ou de l'innocence pour affronter le Scorpion sur son propre terrain, le sexe. Dans les ébats sexuels, le Scorpion est passé maître, mais il est possessif et jaloux. Le natif de la Vierge adore flirter. S'il choisit de lui appartenir, il faut que ce soit corps et âme. Sinon gare à lui ou à elle !

Les premières relations sont délirantes. Avec le temps, elles ont tendance à s'user, mais le natif de la Vierge, qui sait mettre du piquant dans la vie amoureuse, parvient à réchapper l'union. Il apprend vite.

VIERGE-SAGITTAIRE

Deux signes doubles au lit. Ils sont deux et on dirait qu'ils sont plusieurs. Oui, non, peut-être, qui sait ! Le plus fort l'emporte. Le Sagittaire impose sa loi ou laisse le natif de la Vierge suivre sa fantaisie. S'il accepte de faire cette concession, il le regrettera. La Vierge fera de lui ou d'elle son jouet sexuel.

Il faut simplifier les caresses sinon le Kama Sutra risque d'y passer au complet. Maux de dos effroyables, ils s'usent prématurément.

VIERGE-CAPRICORNE

Ce sont deux êtres sensuels et fortement sexués. La rencontre physique a du potentiel, elle satisfait les deux partenaires. S'ils vont voir ailleurs, c'est par vice ou par curiosité. Le plus souvent ils se suffisent à eux-mêmes pendant un long moment. Le désir sexuel ne s'éteint que très tard, souvent ils restent bons amis pour la vie.

Ils regrettent rarement de s'être aimés. La passion parle plus fort que la raison chez l'un, mais l'autre raisonne pour deux.

VIERGE-VERSEAU

C'est l'attrait inconditionnel ou le rejet immédiat. Tout se passe au niveau des phéromones. Expert en amour et ayant tout lu sur le sexe, le natif de la Vierge peut se défendre, séduire le Verseau et le faire marcher à la baguette. C'est une rareté, un délice.

Ils adorent se faire plaisir mais la nouveauté les lasse rapidement. Il faut continuellement trouver de nouveaux trucs. Épuisant!

VIERGE-POISSONS

L'attrait sexuel, quand il se produit, est motivé par des considérations d'ordre matériel pour le natif de la Vierge et pratique pour le Poissons. Ça les arrange tous les deux lorsque la situation se présente. Ils ne résistent pas à la tentation de se prouver à quel point ils avaient raison de ne pas y croire. Terminé, on n'en parle plus.

Ça pourrait bien aller entre ces deux-là, mais qui prendra les commandes, qui fera les avances, qui jouera le grand jeu?

VIERGE-BÉLIER

Cette combinaison sexuelle offre de grandes possibilités. Le natif de la Vierge séduit le Bélier à son insu. Expérimenté, il a toutes les audaces. Le Bélier rit bien avec lui. Et parce qu'il ne résiste pas à l'humour, il est cuit. Sans problèmes d'éjaculation précoce d'un côté ni de nymphomanie de l'autre, c'est réussi.

Rapides tous les deux, ils font l'amour prestement et sont vite satisfaits. Puis ils font du sport, voyagent, travaillent et s'amusent ensemble.

VIERGE-TAUREAU

Attrait sexuel immédiat. Le natif de la Vierge ne fait qu'une bouchée du Taureau et le met à sa main. S'imaginant être le plus fort, il est heureux. Quand il s'ennuie, l'individu Vierge trouve de quoi l'allumer. Ses trouvailles inventives charment le lent et sensuel Taureau. Ce qu'ils font ensemble dépasse l'imagination.

Si la Vierge n'agace pas son partenaire sexuel en vain, cela peut durer longtemps. Le rendre jaloux à l'excès est risqué, voire dangereux.

VIERGE-GÉMEAUX

Deux signes doubles faisant l'amour, c'est excitant. Ils le font souvent pour voir ce que ça donnera. Leur curiosité insatiable les incite à vivre de nombreuses expériences sexuelles. Homosexualité, bisexualité, ils font parfois des essais en ce sens, mais la plupart du temps, ils s'en tiennent aux fantasmes.

Avec eux, il ne faut pas compter sur la fidélité mais sur la liberté. Si l'un des deux est jaloux, ils font mieux de se quitter tout de go.

VIERGE-CANCER

Timides tous les deux, ils ont tout pour se plaire sexuellement. S'ils écoutent leurs pulsions et répondent à l'appel de la nature, ils se satisferont pleinement. Leur vie sexuelle n'a rien à envier à personne. Fragiles en apparence, ils ont de la résistance et peuvent recommencer autant de fois qu'ils le désirent. C'est un plus.

Les partenaires se font plaisir mutuellement, mais dès qu'ils sont à la verticale on croirait que rien ne se passe. Étrange…

VIERGE-LION

Drôle de couple qui s'attire sexuellement mais jamais de manière «normale». L'un des deux est plus vieux ou exerce son pouvoir sur l'autre. L'autre se laisse séduire et mener, du moins en apparence. Le natif de la Vierge semble perdant mais en réalité c'est souvent le Lion qui peine pour garder sa Vierge satisfaite.

Tant que le Lion règne et domine son partenaire, le plaisir sexuel est assuré. Mais il a parfois envie de chasser plus gros gibier.

Prévisions annuelles

ANNÉE EN DEUX TEMPS

L'année 2003 se joue en deux temps pour le natif de la Vierge. De janvier à la fin du mois d'août, il doit faire sans l'aide de Jupiter. Il y a 11 ans que le grand bénéfique ne l'a pas visité, c'est un peu normal qu'il en arrache. Mais il parvient à tirer son épingle du jeu par sa débrouillardise. Presque huit mois à attendre encore? Oui, mais il attendra. Il sait que cela en vaut la peine. Patience et persévérance sont ses attributs naturels.

TROIS PREMIERS MOIS

Pour la Vierge, tout se complique du fait du double carré de Saturne et de Pluton. Les natifs n'ont pas raison de vivre sans s'interroger ni prendre des précautions supplémentaires. Ils auraient tort, surtout, de négliger leur santé et leur sécurité, ces priorités devant être respectées à la lettre pour désamorcer le sort qui peut se montrer difficile, en particulier durant les trois premiers mois de l'année.

DÉLIVRANCE

Délivrance, le 27 août, au moment où Jupiter est enfin de passage dans son signe. Ce n'est pas encore le délire, mais l'effet se rapproche, il le sent. C'est concret, palpable et il s'en réjouit à raison. Une lame de fond venant du tréfonds de son être le transporte, avec ou sans son consentement, dans des sphères plus transcendantes de l'existence. Non seulement il existe, mais il vit intensément de nouvelles expériences. Les chances de s'exprimer librement se multiplient, il exulte.

NOUS Y SOMMES

Il était temps que de bonnes choses se produisent, il était temps que ça change. Plusieurs étaient sur la corde raide, prêts à démissionner, à craquer. «Retire-toi, tentation, la chance est de retour.» Bienvenue à Jupiter et à ce qu'il charrie: optimisme, enthousiasme, santé et bénéfices marginaux. «Enfin nous y sommes, je suis curieux de voir la suite… » Voilà à peu de choses près les propos qu'il se tient.

PART DE CHANCE PURE

La chance pure a la bonne idée de précéder Jupiter et d'apporter une aide précieuse à la Vierge en manque de réalités heureuses auxquelles s'accrocher. À compter du 15 avril déjà, la bonne fortune lui ouvre les bras. Certains bénéficient même de coups de chance tenant du miracle. La Providence doit y être pour quelque chose, se disent les natifs sans trop y croire. À ce sujet, ils changeront d'idée cette année. Ils auront des raisons tangibles et indiscutables de penser autrement.

JOIE ET SATISFACTION

La chance pure peut se manifester sous forme de santé et de sécurité matérielle et financière. L'amour, le mariage, les enfants, la maison de rêve, les beaux voyages qu'on se contentait de rêver, tout cela devient réalisable à court terme. Prévoir des dates propices et significatives à cet effet sera chose facile. Avec l'aide du guide mensuel qui suit, vous ne pouvez pas errer. Joie et satisfaction sont au programme pour le reste de l'année, profitez-en largement.

JEUX DE HASARD, SPÉCULATION

Ne soyez pas surpris si la chance vous échoit aux jeux de hasard et en spéculation immobilière, foncière et boursière. Plus riche, vous devenez philanthrope et désirez participer au bien commun. Bien des gens bénéficient de vos faveurs. C'est à souhaiter, quand on sait que qui gagne et ne donne pas finit par perdre bêtement ce qu'il a amassé. Dans la vie, c'est donnant donnant. Comprenez le message des planètes et suivez le mouvement de votre cœur généreux, vous ne le regretterez pas.

ÉCLIPSES RESTRICTIVES

Quatre éclipses se font dans le ciel de 2003. Deux d'entre elles vous concernent, particulièrement la deuxième, l'éclipse solaire totale du 23 novembre en Sagittaire, votre quadrature. Elle vous recommande la prévention côté santé et sécurité personnelle. Nous en discuterons plus longuement le temps venu.

L'autre est une éclipse solaire annulaire, par conséquent de moindre intensité. Elle se tient le 31 mai dans le signe du Gémeaux, votre autre quadrature. Chaque personne a deux signes qui sont en carré (mauvais aspect) de leur signe natal, ce n'est ni un drame ni une maladie. Il faut seulement prêter attention et agir avec prudence.

QUAND LES LIMINAIRES S'ÉCLIPSENT

L'échelle des valeurs planétaires varie, mais sachez ceci : quand les luminaires s'éclipsent, c'est-à-dire quand la Lune et le Soleil se voilent, ce n'est pas seulement pour nous donner un beau spectacle à regarder. C'est un phénomène naturel à étudier quant à l'impact qu'il peut avoir ou non sur la terre et sur les humains, de même que sur les animaux, les végétaux et les minéraux. Vous qui êtes un signe de terre, vous comprendrez ce phénomène mieux que d'autres. Observer les effets restrictifs de ces jeux de cache-cache de nos astres luminaires vous en apprendra long sur la condition humaine, sans compter que ça vous intéressera.

SATURNE DÉMÉNAGE

À part quelques bémols qui pourront créer un effet dissonant, l'année s'annonce plaisante pour vous de la Vierge. Pour relever le tout et ajouter de la saveur à votre vie, Saturne a eu la bonne idée de déménager ses pénates du Gémeaux d'où elle freinait vos ardeurs, en Cancer, un signe ami. Vous avez beaucoup à espérer de ce transit qui met en valeur vos qualités d'économie, de parcimonie, de logique et de conscience sociale et professionnelle.

NOTE DE PASSAGE

Le 3 juin marque le début d'une période généreuse. Libéré des entraves qui menaçaient votre liberté, vous pouvez recommencer à respirer et à voler sans aide. Le test est passé, l'examen réussi. Vous avez la note de passage !

Bonne année 2003, cher natif de la Vierge !

Prévisions mensuelles

JANVIER

Chercher à connaître son cœur,
Quoique nous soyons intimes,
Autant avec un doigt sur le sol
Calculer la distance d'une étoile.

QUATRAIN TIBÉTAIN

CŒUR ARDENT

La santé est bonne, le système nerveux solide, les réflexes sûrs et le jugement connecté à la réalité. Votre cœur est trop ardent, mais vos relations, entretenues avec soin par vos frères et sœurs et par ceux qui vous entourent, diminuent les risques d'excès passionnels. Ces rapprochements cosanguins et amicaux comblent les besoins affectifs du natif de la Vierge qui a la sensation de vivre des instants qui marqueront la suite de son existence. Il ne se trompe pas, c'est exact.

NOTE POSITIVE

Pendant les vacances des fêtes et tout janvier, vous avez la chance d'entretenir des relations privilégiées avec les jeunes et les enfants. Les comprenant mieux que jamais, vous pouvez discuter avec eux d'égal à égal, parler ouvertement des problèmes qui les intéressent et trouver des solutions pratiques qui les tireront d'affaire et les remettront sur la bonne voie. En ce sens, l'année commence sur une note extrêmement positive.

INTERVENTION SALVATRICE

Si vous avez des enfants, des petits-enfants, des neveux et nièces ou de jeunes amis, votre intervention est bénéfique. Quelqu'un allait s'échapper et faire une bêtise, vous le repêchez juste à temps. Cette sensation vous rassure quant à la pertinence des informations que vous avez reçues au sujet de ces jeunes personnes et qui s'avèrent inexactes. On dit tant de choses, mieux vaut aller aux preuves.

Occupé à encourager ceux que vous aimez, vous passez à côté de risques dont vous n'avez même pas idée. Mieux vaut l'ignorer.

À COMPTER DU 16 JANVIER

À compter du 16 janvier, il vous est conseillé de mettre la pédale douce, de limiter vos dépenses d'énergie et de réduire vos exigences sexuelles. Sous un mauvais aspect, Mars vous expose à des difficultés au foyer, dans la famille, par l'entremise de vos ancêtres et du phénomène de l'hérédité. La façon dont vous envisagiez de terminer votre vie n'est plus possible. Ne hâtez rien, il vous reste du temps pour penser à cela.

Il faut voir les choses en face et ne pas être téméraire. Ce serait du pire effet sur votre santé et sur celle de ceux que vous aimez. L'instinct est nul, il pousse à faire des sottises. Refusez d'obéir à vos pulsions sexuelles et à vos impulsions, vous serez en sécurité.

INCONSCIENCE DANGEREUSE

L'inconscience devient dangereuse, efforcez-vous d'analyser vos rêves et de comprendre leurs messages. Si vous avez exagérément le goût de relever des défis, si vous êtes joueur, buveur et viveur, les risques de déconfiture sont aggravés. Vous adonner à des exploits difficiles en ski ou dans des sports extrêmes est naturellement contre-indiqué. Pris par le démon de la vitesse et stimulé par un orgueil dément, vous risquez de vous casser la figure.

VOYAGES

Lors de vos voyages à l'étranger, évitez de courir des risques en choisissant soigneusement les endroits que vous visitez. Les entreprises illégales peuvent être source d'ennuis. Demeurez dans la plus stricte légalité et arrangez-vous pour rencontrer des gens honnêtes dont la réputation ne saurait ternir la vôtre. Ne vous exposez pas au scandale, surtout à l'étranger.

SAGE ET AVERTI

Soyez sage et averti, cher Vierge, il y a un risque de fracture au niveau des hanches et du bassin, de claquage de muscles, de sciatique, d'accidents de la circulation, de chasse, de danger en maniant les armes à feu ou d'incendie. Les enfants, votre fils aîné surtout, doit être suivi de près. Lui conseiller de ralentir en toute chose pourrait l'inciter à être plus prudent.

CASSE-PIEDS

Vous me trouvez peut-être casse-pieds avec mes mises en garde, mais cela vaut mieux que d'être casse-cou. Ces conseils prévalant du 15 janvier au 4 mars prochain, il vaut la peine que j'explique ce que Mars peut produire comme effets négatifs. S'il n'a pas prise sur vous tant mieux, c'est que vous voguez entre deux eaux, ou que vous êtes une exception. Un peu des deux serait peut-être dans votre nature.

HOROSCOPE HEBDOMADAIRE

Du 1er au 4 janvier: Profitez de la nouvelle Lune du 2 en Capricorne pour régler vos comptes, établir un budget et prendre des résolutions pour la nouvelle année. Vous tiendrez par orgueil, mais vous tiendrez!

Du 5 au 11 janvier: Faire provision d'énergie vous permettra d'affronter sans crainte la baisse prévue pour le 16 janvier. Si vous êtes averti, tout ira bien. Rien de pire que les surprises pour un natif de votre signe, vous détestez.

Du 12 au 18 janvier: Indécision, double personnalité, voilà le visage de l'ennemi. Vous pouvez analyser froidement les choses et agir en conséquence. La pleine Lune du 18 en Cancer est utile à cet effet.

Du 19 au 25 janvier: Cette semaine n'est pas mauvaise pourvu que vous ne laissiez pas la Vierge folle prendre le pas sur la Vierge sage qui est en vous. Un moment de folie passagère est pardonnable, une saison complète ne l'est pas.

Du 26 janvier au 1er février: Les natifs les plus exposés sont ceux du 9 au 19 septembre. La nouvelle Lune du 1er en Verseau parle de changement. Les choses prennent une tournure encourageante, vous êtes en forme.

CHIFFRES CHANCEUX

6-7-17-27-29-35-45-46-55-61

FÉVRIER

Rester jeune est avant tout une affaire de confiance et de prise de position devant la vie.

K. O. Schmidt

SAINT-VALENTIN

Vénus, la planète d'amour, étant bien disposée à votre égard, vous avez de la chance dans votre vie amoureuse et du côté financier. Visitant le signe ami du Capricorne du 4 février au 2 mars, vous jouissez d'une popularité croissante et faites de bons placements d'argent. Les deux allant de pair, vous êtes en beauté et rayonnez littéralement. Saint Valentin vous a à la bonne!

EXPANSION

Capable d'accomplir des exploits, vous êtes soutenu dans l'effort par des amis et relations influents qui vous pistonnent dans des cercles nouveaux où vous évoluez avec charme et aplomb. Vous accédez à une position enviable. L'expansion sociale et matérielle est importante. Tout concorde pour favoriser votre succès : travail, argent, estime, respect de gens en vue, clientèle choisie, appui de personnages influents, les ingrédients sont bien dosés.

UN CONSEIL

Un conseil : évitez les conflits d'autorité et autres avec les Lion, Verseau, Taureau et Scorpion. Aux prises avec l'opposition Jupiter-Neptune, ils n'ont confiance en personne et ne sont pas tous dignes de confiance. Durs envers vous, ils peuvent aller jusqu'à vous maltraiter, miner votre crédibilité au travail et vous entraîner dans leur chute.

Souhaitons que votre signe ascendant ne soit pas touché, car votre vie pourrait être moins rose. Vous êtes l'instigateur du marasme, responsable du malaise actuel. Parlez-vous dans le blanc des yeux, ça urge!

AMITIÉ

L'amitié déclenche en vous des émotions intenses, mais vos états d'âme s'expriment sans remous ni tempêtes, dans une relative tiédeur. L'amitié compense en partie pour les petits ou grands malheurs qui s'abattent sur votre vie sexuelle pas très satisfaisante, ou sur une santé déficiente, sinon mauvaise. Côté pratique, un ami vous renseigne sur l'hypocondrie et sur les maladies psychosomatiques. Ça peut vous être d'une grande utilité.

LE GRAND AMOUR

Sous une couverture glaciale couve le feu. Il ne faut jamais sous-estimer la capacité d'aimer de la Vierge, ce serait une erreur. Ce qu'il faut savoir, c'est que l'amour et l'affection se doublent d'un sens aigu des responsabilités, ou, au contraire, d'une irresponsabilité totale. Pas toujours drôle d'aimer, mais impossible de faire autrement. À chaque fois le natif repart de zéro, se disant que la prochaine fois sera la bonne. À la surprise générale, cette année pourrait justement être la bonne, celle qui lui fera connaître le Grand Amour. Patience, il reste une ombre au tableau, il faut d'abord la dissiper.

ATTRACTION FATALE

Mars vous pousse dans la mauvaise direction. Désamorcez la bombe et éteignez le feu d'une passion pouvant mener au drame. Si l'autre est Vierge, Sagittaire, Gémeaux ou Poissons, quadruplez de prudence : attraction fatale à redouter. Victime, prédateur, qui sait ? Investiguez tout sentiment négatif : jalousie maladive, désir de vengeance, insistance à vous faire aimer, harcèlement. Faites obstacle au danger, faute de quoi vous risquez de provoquer des malheurs que vous seriez le premier à déplorer. Le cran d'arrêt vous sauvera.

SI VOUS AVEZ PASSÉ L'ÂGE

Si vous avez passé l'âge de ces excès, que vous vous considérez comme une personne évoluée, tout cela vous paraîtra ridicule. Au lieu de vous moquer, remerciez le ciel de votre sagesse et instruisez les jeunes du danger de tels comportements. Si vous avez l'occasion de vérifier le bien-fondé de cette mise en garde, vous n'en reviendrez pas de la justesse de ces observations. Adressez des Valentins à qui vous aimez, vous recevrez des réponses étonnantes. On est plus près de vous par le cœur que vous ne l'imaginez.

Bonne Saint-Valentin à tous les natifs de la Vierge !

HOROSCOPE HEBDOMADAIRE

Du 2 au 8 février : Cette semaine est favorable aux relations affectives féminines. Les hommes passionnés sont exposés aux désagréments causés par leurs inhibitions sexuelles, la maladie ou le surmenage. Au besoin, allez chercher du secours.

Du 9 au 15 février : Un petit velours fait à votre amour-propre vous procure du plaisir dans une période peu facile. Si la santé tient et la passion est contrôlée, tout ira bien. À surveiller : le feu, votre foie, vos poumons, votre œil droit et… votre fils aîné.

Du 16 au 22 février : La pleine Lune du 16 en Lion conseille une attitude prudente et réservée. Plutôt lent à vous lier, lorsque vous le faites, c'est pour longtemps. Négligez un moment le côté purement sexuel et concentrez-vous sur l'affection que vous pouvez donner.

Du 23 février au 1ᵉʳ mars : Vous êtes respecté et vous pouvez accéder à des fonctions enviables. Ne faites rien qui puisse nuire à votre réussite, ce serait un suicide social et professionnel. Côté cœur, c'est super !

CHIFFRES CHANCEUX

6-13-26-27-31-44-45-46-59-69

MARS

Il n'y a personne qui est né sous une mauvaise étoile, il n'y a que des gens qui ne savent pas lire le ciel.

Le Dalaï-Lama

ÉNERGIE POSITIVE
Vous avez ce mois-ci une énergie positive foudroyante. Vous avez regagné tout ce que vous aviez perdu. À la force du poignet, mais quand même. Vous réussissez à vous imposer dans votre domaine d'expertise et de prédilection, le travail ne vous fait pas peur. Ces bonnes dispositions accroissent vos chances de succès et retiennent l'attention de vos patrons, collègues et employés. La santé est meilleure, la volonté plus forte, vous vous donnez à fond et reprenez le terrain perdu. C'est dans la poche !

AIDE DU CAPRICORNE ET DU TAUREAU
Mars transitant par le Capricorne, signe ami, les natifs et ascendants Capricorne sont en partie responsables de l'enthousiasme actuel. Tenez-les en haute estime, ils vous auront à la bonne longtemps. Ils n'oublient jamais l'insulte, ni l'aide apportée au bon moment. Le Taureau est dans cette veine, vous pouvez avec lui aussi faire d'excellentes affaires et nouer de belles relations d'amour et d'amitié.

SIGNES DE TERRE COMME VOUS
Signes de terre comme vous, le Taureau et le Capricorne ont la mémoire longue et la main plus longue encore. Dans les domaines de la politique, de l'économie, des affaires et du commerce, personne ne vous arrive à la cheville. Ceux qui vous entourent le savent, c'est pourquoi ils vous font confiance et ont recours à vos services. S'ils demandent votre concours, acceptez sans hésiter. Leurs offres sont alléchantes et honnêtes, vous pouvez compter sur eux.

SEXUALITÉ
Vos sens sont exacerbés, vous ne trouvez que difficilement le repos et avez continuellement envie de faire l'amour. Votre désir de possession est puissant. Vous devez toucher de vos doigts, palper,

211

caresser, sinon vous êtes frustré. Si vous êtes jeune, allez-y sans restriction. Cependant la prudence est de mise en tout temps. L'amour est un médicament naturel recherché que vous avez intérêt à consommer avec modération.

Sports d'agrément
Vous pouvez pratiquer les sports d'agréments et vous distraire activement, sans perdre une goutte d'énergie ou vous sentir fatigué. Faites du sport, ne vous contentez pas d'en regarder à la télé, la participation est nécessaire pour que Mars fasse son travail et vous libère de vos inhibitions conscientes et inconscientes. Le travail et le bénévolat peuvent vous aider à diminuer votre tension, surtout si elle est physique.

Natifs du 24 au 30 août
L'opposition d'Uranus est à surveiller pour les natifs du 24 au 30 août. Passant en signe opposé du Poissons, ceux-ci peuvent soudainement avoir envie de quitter la famille, les études, le travail, de déménager leurs pénates et d'aller voir ailleurs si le gazon est plus vert. La tentation est forte alors de tout envoyer promener. Il est possible que votre conjoint ou associé soit devenu un boulet; si c'est le cas, attendez au 15 septembre prochain pour donner suite à des projets de séparation, de divorce ou de dissociation. Vous changerez peut-être d'idée d'ici là…

HOROSCOPE HEBDOMADAIRE

Du 2 au 8 mars : La nouvelle Lune du 2 en Poissons vous conseille de vous occuper de votre santé. Rhumes et pneumonies sont à craindre. En cas de conflit avec votre conjoint, votre associé ou votre patron, surtout faites en sorte de ne rien brusquer.

Du 9 au 15 mars : L'amour arrange les choses. Entre vous et l'autre tout va bien. Il est temps de penser à vous distraire et à voyager, question de vous changer les idées. Aller voir ce qui se passe ailleurs vous sera utile.

Du 16 au 22 mars : Vos placements ou spéculations sont avantagés. De plus, vous avez de la chance aux jeux de hasard. Tentez le sort, il vous répondra positivement à la pleine Lune du 18 en Vierge, votre signe.

Du 23 au 29 mars : Votre cœur est partagé, vous ne savez plus qui vous aimez. L'inconstance et l'infidélité ne sont peut-être pas consommées, mais vous vous questionnez, c'est normal. Votre partenaire porte sa part de responsabilités.

Du 30 mars au 5 avril : La nouvelle Lune du 1er en Bélier favorise le succès. Votre esprit vif vous rapproche du but, la réalisation de vos projets et de vos ambitions est imminente, tout va pour le mieux dans le meilleur des mondes.

CHIFFRES CHANCEUX

1-9-10-22-23-37-41-42-50-69

AVRIL

La meilleure recette de bonheur c'est d'apprécier le moment présent, d'espérer en l'avenir et d'oublier les malheurs passés.

JEAN-PIERRE TRUDEL

CHEMIN DE VIE

Si vous cherchez une orientation, un chemin de vie, voyez les choses qui vous intéressent et pour lesquelles vous avez du talent. N'envisagez pas de trop longues études qui vous priveraient d'un travail actif et laissez de côté ce qui est utopique au profit de ce qui est utile. Chacun doit trouver son chemin. Le temps est venu de découvrir le vôtre ou d'en trouver un nouveau, et de le suivre afin qu'il vous conduise à la réalisation de vos projets. Encore un pas et vous y êtes !

OUI OU NON

Ce mois confirme que vous allez ou non dans la bonne direction. Il est toujours temps de reculer, de défaire ce qui a été mal fait et de repartir avec plus d'enthousiasme. «Cent fois sur le métier remettez votre ouvrage». Pénélope, qui tissait inlassablement sa toile, savait les vertus de la patience, elle était sûrement Vierge. Comme elle, vous avez des provisions de persévérance et d'endurance. Vous l'avez souvent prouvé et vous le ferez encore au besoin.

AUTORITÉ SUR LES PARENTS

Vous avez de l'autorité sur les enfants et êtes un bon enseignant, moniteur, gardien, organisateur ou meneur de jeu. Une carrière ou un passe-temps en ces sens est possible. Décidé à prendre une part active dans l'organisation de votre propre vie et dans celle de vos proches, vous devez garder ou retrouver la forme. Profitez de ce mois idéal pour vous refaire une santé.

ESCALADER LES MONTAGNES

Escalader les montagnes est votre métier, ou plutôt, c'est votre dada. Et vous grimpez mieux que personne : si vous êtes journaliste, vous couvrez les événements en direct, si vous volez ou sautez en parachute, vous êtes champion. Si vous ne faites rien, c'est aussi avec ardeur et parce que ça vous plaît de rester oisif. Mais avec l'intelligence, l'adresse et l'énergie dont vous disposez ce mois-ci, ce serait étonnant que vous restiez à ne rien faire !

C'est Pâques le 20 avril, Joyeuses Pâques à tous !

HOROSCOPE HEBDOMADAIRE

Du 6 au 12 avril : Le printemps vous donne des ailes. Vous avez du goût pour les voyages. Vous acceptez les invitations et les bonnes nouvelles. Vous obtenez de bons résultats dans vos examens, vous réussissez dans le commerce, les communications.

Du 13 au 19 avril : Vos dépenses excèdent vos revenus, mais vous vous referez bientôt. La pleine Lune du 16 en Balance parle d'argent, de revenus, d'investissements plus que d'amour. Votre cœur est divisé.

Du 20 au 26 avril : Cette semaine favorise l'adresse physique, manuelle et sexuelle. Vos talents de constructeur et de rénovateur sont appréciés. Vous êtes en demande, bien payé pour vos services. Et ce qui ne gâte rien, vous aimez avec passion.

Du 27 avril au 3 mai : Vos amitiés et vos amours embellissent votre existence. Votre santé est solide, vos réflexes sont sûrs, votre jugement est sans faille, tout vous porte vers le bonheur. La nouvelle Lune du 1ᵉʳ en Taureau vous parle d'art et de beauté.

CHIFFRES CHANCEUX

10-20-21-22-37-39-40-51-54-66

MAI

La gentillesse est plus importante que la perfection.

H. JACKSON BROWN

EXCELLENTE PREMIÈRE QUINZAINE

La première quinzaine de mai est excellente. Vous avez des ressources insoupçonnées, des réserves de force et d'énergie dont vous pourrez disposer en temps opportun. Rien ne menace votre équilibre. Vous êtes libre d'agir comme bon vous semble, pourvu que vous teniez compte de ce qui se passe autour de vous et dans le monde. On ne vit pas seul. Même si tout va bien, il importe de garder un œil sur l'ensemble du monde et sur les différents domaines dans lesquels vous pourriez exceller.

ALLER OÙ RÉSIDE SON BIEN

Aller où réside son bien est pour vous une seconde nature. C'est un outil de survie dans le monde actuel. Votre instinct est sûr, vous ne courez pas de risques. Suivre votre premier mouvement est un gage de succès. Mercure et Mars, bien disposés à votre égard, assurent votre confort et votre sécurité, tout en accroissant vos qualités physiques et intellectuelles. Cela vous donne un avant-goût de ce qui se produira sous peu dans votre vie privée, sociale et professionnelle. De quoi vous réjouir et célébrer !

ÉCLIPSE LUNAIRE TOTALE

En principe, l'éclipse lunaire totale du 15 mai ne vous affecte pas. Il en va autrement si vous êtes ascendant Scorpion, Taureau, Lion ou Verseau. Il faut soigner votre moral et éviter les gens déprimants et malades, le temps de recouvrer votre sérénité et votre équilibre. La chute du tonus moral étant générale, il vous est déconseillé de vous mêler à la foule. Il serait plus judicieux de faire un ménage dans vos idées, tout en vous obligeant à penser positivement. Souhaitons que l'agressivité et la violence ne soient pas responsables d'actes regrettables voire désastreux. En principe vous courez moins de risques que d'autres, c'est rassurant.

ÉCLIPSE SOLAIRE ANNULAIRE

L'éclipse solaire annulaire du 31 mai en Gémeaux vous affecte, mais sans conséquences pénibles. Prenez soin de n'apporter aucun changement important à votre vie, votre travail, vos affaires durant la période d'éclipses allant du début de mai à la mi-juin. Reposez-vous davantage, mangez sainement et faites des exercices légers qui vous maintiendront en forme. Adoptez les mesures suggérées par nos dirigeants pour vous protéger des épidémies et autres risques connexes et vivez au ralenti, sans trop chercher à innover. Voilà une recette non pas miraculeuse mais utile.

Aux mamans et grand-mamans Vierge, bonne fête des Mères.

HOROSCOPE HEBDOMADAIRE

Du 4 au 10 mai: Votre santé est bonne, vos nerfs et vos réflexes sont solides, et vous pouvez éviter des incidents et accidents déplorables. Votre cœur est heureux, le sexe est bon, vous avez tout pour être heureux. Enfin presque…

Du 11 au 17 mai: L'éclipse lunaire totale du 15 en Scorpion ralentit les ardeurs d'un peu tout le monde. Vous saurez tout en lisant ce qui est dit au sujet des éclipses de mai un peu plus avant. Vous semblez être à l'abri.

Du 18 au 24 mai: Restez en lieux connus, avec des gens aimants et aimés. Prenez soin de vous, mais sans vous affoler. Votre tendance à l'hypocondrie ne doit pas vous empêcher de vivre. Si c'est le cas, voyez un spécialiste, ça se soigne.

Du 25 au 31 mai : Vous concentrez votre énergie sur vos études ou votre travail, mais l'éclipse solaire annulaire du 31 en Gémeaux vous suggère de ralentir en cas de fatigue physique et pour éviter les risques d'épuisement.

CHIFFRES CHANCEUX

5-19-27-28-33-34-41-56-63-70

JUIN

L'intérêt s'informe. L'amour s'inquiète.

FÉLIX LECLERC

NOUVELLE PHASE

Vous évoluez vers une certaine sagesse qui n'est pas sans vous étonner. Vous mûrissez et vieillissez bien. En harmonie avec vous-même et avec le monde extérieur, vous abordez un nouveau cycle de vie. En juin, les priorités changent, rien ne sera plus jamais pareil pour vous, vous en avez la certitude. Vous entreprenez une phase ascendante, vous n'avez pas à avoir peur, vous en tirerez profit.

S'ACCLIMATER

Épanouissement personnel, confiance en vous-même et en vos moyens, vous vous sentez capable d'atteindre vos objectifs, prêt à assumer vos responsabilités de chef de famille, prêt à établir de bons contacts avec votre père et avec votre famille. Cette nouvelle phase durera deux ans et demi, vous avez le temps de vous y acclimater.

ÉTABLIR LES BASES

L'instinct ne vous trompant pas, faites directement appel à ceux qui sont en mesure de vous aider à réaliser vos ambitions, cela sans perdre une seconde. Vos rêves commenceront à se matérialiser à compter du mois d'août, mais c'est maintenant qu'il faut mettre vos projets sur pied et établir les bases de votre réussite future. Dès maintenant !

TRAVAIL ET BONNE VOLONTÉ

Patience et persévérance dans les buts fixés sont vos outils les plus précieux. Sans oublier le travail et la bonne volonté. Le talent, vous l'avez. Il suffit donc de mettre tout en œuvre afin de vous prouver ce que vous pouvez faire, et le tour sera joué. Il vous faudra travailler dur, sinon vous n'accomplirez rien de valable. En abordant votre métier ou votre profession avec respect, vous obtiendrez ce que vous désirez matériellement, mais aussi et surtout moralement.

DATES À RETENIR

Le 3 juin est la date à retenir en souhaitant que vous ne soyez pas ascendant Lion, Verseau, Taureau ou Scorpion. En ce cas, éloignez-vous du feu de l'action et du feu tout court et ne voyagez pas en avion, ça serait risqué. Revoyez ce qui s'est passé en février et méfiez-vous. Sinon, tant mieux, vous avez l'aide de Saturne qui entre en Cancer, un signe ami. C'est un appui solide sur lequel vous pourrez compter pour vous stabiliser.

Le 24 juin est intéressant grâce au bel aspect de trigone entre Saturne et Uranus. Adoucissement des tensions avec votre conjoint ou associé, mais aussi avec tous ceux qui vous entourent. Vos conditions de vie au foyer et au travail vont en s'améliorant, de l'argent neuf vous est offert, votre capacité de rajeunir, de vous régénérer est décuplée. Vous recommencez à croire que tout est possible et vous avez raison.

Bonne fête des Pères aux papas et aux grands-papas Vierge ! Le 24 juin est la fête nationale des Québécois, bonne Saint-Jean-Baptiste à tous !

HOROSCOPE HEBDOMADAIRE

Du 1er au 7 juin : Le temps est beau, la santé va bien et le reste est à l'avenant. Votre vie amoureuse et sexuelle vous comble, vous êtes fidèle à votre partenaire, il l'est également. Réglez vos petits problèmes pendant que tout est facile, vous signerez une entente après.
Du 8 au 14 juin : Votre attrait pour l'inconnu vous attire un amour pour un étranger qui vous fait souffrir. Vous voudriez tant que cela fonctionne entre vous… La pleine Lune du 14 en Sagittaire est traîtresse, ne pleurez pas, ça n'en vaut pas la peine.

Du 15 au 21 juin : Votre état de santé peut vous inquiéter. Si vos bronches et vos poumons sont touchés, ne fumez pas et évitez les lieux enfumés. C'est l'été, il faut respirer l'odeur des fleurs et vivre le plus possible en plein air, rien d'autre.

Du 22 au 28 juin : Le jeu de la vie se complique nettement pour vous. Vous laissez tourner trop de personnes autour de vous, vous nourrissez trop d'idées à la fois, vous vous laissez porter par trop de sentiments à la fois. Rien ne va plus. Vous gaspillez votre énergie, votre argent aussi. Stop, arrêtez !

Du 29 juin au 5 juillet : La nouvelle Lune du 29 en Cancer vous suggère une prise de conscience importante. Ou vous continuez ainsi, ou vous cessez de vous agiter. Il semble que l'arrêt soit obligatoire pour vous et pour votre partenaire.

CHIFFRES CHANCEUX

2-4-14-28-29-37-44-49-50-65

JUILLET ET AOÛT

Le silence est une arme puissante et la surprise est la moitié de la victoire.

FLORENCE SCOVEL SHINN

LES GRANDES VACANCES

Les grandes vacances sont là, mais vous n'êtes pas prêt à partir pour autant. Quitter votre emploi, vos études, vos habitudes, cette idée vous rebute. Vous n'avez pas envie de vacances ou pensez ne pas pouvoir vous le permettre, mais il le faut, c'est essentiel. En juillet et durant la première quinzaine d'août, ce serait idéal. Sinon vous risquez de vous épuiser et pourriez avoir du mal à vous en remettre. Écoutez les conseils de Mars et d'Uranus voyageant dans le signe opposé du Poissons. Avion et travail égalent danger. L'équation est simple, reposez-vous.

VOUS VOUS REPRENDREZ

Des obstacles surviennent en juillet et vous empêchent de jouir du beau temps comme il se devrait. Ne paniquez pas, rien n'est perdu, au contraire. Le mois d'août apporte du réconfort et la fin de ce mois est exceptionnellement positive pour la plupart des natifs. Septembre, octobre, novembre et décembre sont fabuleux pour les voyages et pour bien d'autres choses… Vous vous reprendrez.

JUPITER ET ANNIVERSAIRE

Des événements heureux se produisent autour de votre anniversaire. À partir de là, vous êtes en bonne compagnie, Jupiter entre dans votre signe pour y séjourner toute une année. Jupiter étant la planète de l'expansion, ce que vous avez bâti, érigé, commencé ou terminé prend des allures de cathédrale. Vous n'en revenez pas, tant de progrès en si peu de temps! Il suffit d'y croire pour que la chance continue à se manifester. Mettre vos doutes de côté et croire à votre bonne étoile, c'est la seule option.

VITALITÉ, RAYONNEMENT, POPULARITÉ

Notre anniversaire de naissance coïncide généralement avec un moment heureux. Il correspond souvent à un summum de vitalité, de rayonnement et de popularité qui se répétera pendant l'année à venir. Dans le cas de la Vierge, c'est doublement vrai en 2003. Tous les natifs auront de beaux souvenirs à raconter à leurs parents et à leur progéniture. Ils garderont longtemps en mémoire la magie qui colora leur vie pendant cette superbe et enrichissante période.

ASCENDANTS FAVORABLES

Il se produit dans le ciel du 1ᵉʳ juillet un bon aspect entre Jupiter et Pluton. Ce beau trigone favorise les Vierge ascendant Lion, Sagittaire, Bélier ou Balance. Il vous est permis de voyager, d'effectuer des redressements sur le plan matériel et financier, de retirer des bénéfices et des avantages auxquels vous avez droit, de faire les virages qui revitaliseront une affaire boiteuse. Tout se termine à votre satisfaction, c'est génial.

BIEN LIRE CE QUI SUIT

Vers le 30 août, les Vierge ascendant Vierge, Poissons, Gémeaux et Sagittaire doivent freiner leur ambition, limiter les voyages, surtout en avion et en bateau, et ralentir les dépenses d'énergie au travail. Jupiter en Vierge s'oppose à Uranus en Poissons, par conséquent leur conjoint ou associé pourra être cause d'ennuis avec les autorités ou avec la justice. Se tenir peinard et ne rien brasser d'illégal leur évitera des ennuis qui pourraient être sérieux. Une contravention non payée, un compte non acquitté peuvent avoir des conséquences désagréables; respecter le règlement à la lettre est fortement recommandé.

Natifs du premier décan de la Vierge, bon anniversaire!

HOROSCOPE HEBDOMADAIRE

Du 6 au 12 juillet: Vos penchants pour la gastronomie peuvent devenir gourmandise et nuire à votre apparence et à votre santé. Vous avez tout le temps d'engraisser ou de maigrir, ne commettez pas d'excès.

Du 13 au 19 juillet: Si vous sentez poindre des instincts malveillants, réprimez-les. Des actes irréfléchis vous attirent des ennuis. La pleine Lune du 13 en Capricorne vous assagit, vous êtes en contrôle.

Du 20 au 26 juillet: Profitez du beau temps, jardinez, occupez-vous du potager, préparez des repas sains comme vous en avez le secret et partagez votre bonheur. Vous n'allez pas devenir égoïste maintenant!

Du 27 juillet au 2 août: La nouvelle Lune du 29 en Lion met l'accent sur les affaires, le commerce, les recettes secrètes. Vous obtenez des gains aux jeux de hasard. Vous avez les moyens d'être généreux en amitié et en amour.

Du 3 au 9 août: Les amis et copains tiennent une grande place dans votre vie affective et vous êtes rusé en affaires. L'eau vous est favorable. Buvez-en beaucoup, c'est excellent pour guérir ce dont vous souffrez.

Du 10 au 16 août: Portez attention à votre alimentation. Ne négligez rien pour faire de vos repas des moments de plaisir et de détente, vous digérerez mieux. La pleine Lune du 12 en Verseau vous parle de cinéma, de voiture, d'avion et d'ordinateur. Allez vers ce que cela vous suggère.

Du 17 au 23 août: Mercure dans votre signe vous presse d'agir. Ne vous laissez pas conduire, refusez de bouger constamment. Il vous faut du repos, de la détente véritable. La fin de semaine favorise l'amour et l'amitié.

Du 24 au 30 août : Vous entrez dans une période faste sur le plan des amours, des associations, de l'argent, du travail et des honneurs. La nouvelle Lune du 27 en Vierge le confirme : c'est une période privilégiée !

Du 31 août au 6 septembre : Célébrez votre anniversaire avec faste. Ça vaut la peine de souligner l'événement de manière grandiose, vous comprendrez pourquoi au cours des prochaines semaines…

CHIFFRES CHANCEUX

1-5-12-27-29-30-42-44-59-62

SEPTEMBRE

Celui qui a déplacé la montagne, c'est celui qui a commencé par enlever les petites pierres.

PROVERBE CHINOIS

JUPITER EN VISITE

Jupiter visite votre signe depuis le 27 août et il ne s'en ira pas avant la fin de septembre 2004. Vous avez donc plusieurs mois devant vous pour apprécier ses faveurs et distiller son parfum euphorisant. L'optimisme renaît lentement chez les natifs de la fin du signe et plus rapidement encore chez ceux du début du signe. Si vous cherchez à vous aider le moindrement, si vous faites un effort, vous chanterez victoire d'ici peu.

CONFIANCE EN SOI

Pendant que votre santé physique et psychique reprend de la vigueur, votre confiance en vous revient au galop. Votre bon sens en croissance et votre esprit clairvoyant vous confèrent le discernement nécessaire pour vous occuper de votre vie privée et de vos affaires d'argent. Celles-ci donnent des signes d'amélioration évidente. Ce n'est peut-être pas la fortune, mais c'est l'abondance dans un avenir proche.

ASSOCIATIONS, MARIAGE

Les nouvelles associations d'affaires sont en constante progression, ce qui présage un succès sans précédent dans vos affaires. Les relations sociales et professionnelles rapportent non seulement en valeurs monnayables, mais aussi en amitiés solides et durables. Vous associer en pareil cas est toujours productif, il ne faut pas hésiter à le faire si l'occasion se présente. Au plan sentimental, l'amour et le mariage ne sont pas exclus. Ils sont au contraire encouragés par Jupiter. Il s'agit d'une relation scellée légalement et qui apporte bonheur et prospérité. Un mariage avec votre associé est possible et conseillé, vous y trouverez tous deux votre compte.

FAVEURS ET CADEAUX

Faveurs et cadeaux affluent. Le natif ignore souvent la provenance de cette abondance, mais il en jouit sans remords, comme il se doit. Il se retrouve au cœur de l'action sans l'avoir voulu, ou tout en l'ayant recherché, ce qui n'altère en rien sa joie à la suite d'offres alléchantes et de propositions d'emploi inespérées. Il ne peut faire qu'une chose : accepter cette affluence avec le sourire, tout en se promettant de retourner l'ascenseur.

C'EST SA FÊTE !

La Vierge est heureuse en septembre. De plus, c'est son anniversaire, elle ne pouvait imaginer scénario plus agréable. Les Vierge se souviendront sûrement de leur anniversaire de naissance de l'an 2003, car il se passera 12 ans avant que de pareilles occasions ne réapparaissent sur l'écran noir de leurs nuits blanches. Aussi bien en profiter et ne pas s'endormir sur leurs lauriers, ce serait dommage.

Bon Anniversaire cher Vierge ! Le 1er septembre est fête du Travail au Québec, bon congé à tous !

HOROSCOPE HEBDOMADAIRE

Du 7 au 13 septembre : Tout va bien, mais il y a une ombre au tableau : certains natifs ont des ennuis de couple ou avec leur associé. Laissez tomber, c'est ce que la pleine Lune du 10 en Poissons vous suggère.

Du 14 au 20 septembre : Pour que Jupiter agisse, il semble que vous deviez brasser la cage et faire sauter certains tabous. Il faut neutraliser l'opposant. Vous arrivez à l'ébranler, c'est déjà un pas en avant.

Du 21 au 27 septembre : Votre santé peut être affectée cette semaine. Soignez-vous et respectez les délais fixés pour votre convalescence. Si tout va bien, c'est que vous êtes capable de faire des compromis sans craquer. La nouvelle Lune du 25 en Balance parle d'argent plus que d'amour.

Du 28 septembre au 4 octobre : Rien n'est parfait, mais vous approchez du but. À cause de votre esprit critique, vous éloignez les gens influents de votre sillage, ce n'est pas le but recherché. Tolérance et négociations sont vos plus sûrs alliés.

CHIFFRES CHANCEUX

3-11-12-26-29-30-37-45-51-65

OCTOBRE

Le problème des hommes, c'est qu'ils négligent leur propre champ pour aller ensemencer celui des autres.

CONFUCIUS

PREMIÈRE RÉALITÉ

Première réalité : octobre est enthousiasmant pour la plupart des natifs. Certains chanceux voient leur vie transformée d'un coup. Le destin décide de jouer le grand jeu et de mettre à leur disposition la santé, le temps et l'argent nécessaires à la réalisation de leurs buts et ambitions. C'est l'apothéose, le maximum de ce que la vie peut offrir, selon les possibilités et les limites inscrites dans la carte du ciel de chacun.

LES CHOYÉS

Les natifs du 3 au 23 septembre font partie des choyés du moment. Leur vie n'est pas sans histoire, mais ils se débrouillent fort bien avec ce qu'ils ont. Satisfaits de la tournure des choses, ils évoluent dans un monde à part, un peu surréaliste mais acceptable. La sensation est euphorique, ils doivent garder les pieds sur terre. Souhaitons que leur félicité dure toujours!

Que ces privilégiés en profitent pour se faire une vie conforme à leurs désirs, qu'ils choisissent un métier, une carrière à leur mesure, se refassent une santé, une vie familiale et amoureuse, qu'ils changent ce qu'ils n'aiment pas en eux et autour d'eux. Ils ont l'approbation du ciel.

DEUXIÈME RÉALITÉ

Il existe une deuxième réalité à laquelle certains Vierge sont confrontés. Une contradiction entre l'être et le devenir des natifs du 24 août au 2 septembre demande à être éclaircie. L'opposition de Mars les empêche de donner leur maximum pour des raisons de santé, de sécurité, parfois à cause des peurs qu'ils entretiennent, souvent plus imaginaires que réelles. Il leur faut se soigner dans les deux cas.

PROBLÈMES ET PSYCHOSES

Ceux qui ont des problèmes de consommation ou des psychoses graves ne peuvent pas espérer la guérison par la seule action de Jupiter. Ils doivent s'aider eux-mêmes. Ce qui est sûr, c'est qu'ils pourront guérir plus rapidement s'ils profitent de son aide. Il est temps pour eux de prendre leur vie en main et d'assumer leurs responsabilités. Les douze années à venir en dépendent directement.

LA VOIE À SUIVRE

Aller au bout d'une désintoxication, subir des traitements douloureux ou une chirurgie, faire de la physiothérapie et de la psychothérapie et utiliser la panoplie de médecines naturelles et conventionnelles pour guérir, voilà ce qui complétera le miracle commencé par l'action bénéfique de Jupiter. Celui-ci favorisant la santé, toutes les chances sont de leur côté. Le savoir les encouragera dans la voie à suivre.

AMOUR ET VOYAGES

Vénus, bien disposée à l'égard des Vierges, vous confirme une période de satisfaction affective. Vous établissez des relations étroites et solidaires avec l'entourage. Vos frères et sœurs, cousins et connaissances participent à votre affaire. Élargissant le cercle de vos amis et relations, vous progressez.

Vous bénéficiez de tarifs spéciaux et des meilleures conditions de voyage et vous avez le goût des excursions et des découvertes. La curiosité aidant, vous partez pour le Brésil, l'Afrique, les îles. Bon voyage! Si vous rencontrez l'amour en route ne le laissez pas filer, embrassez-le et tenez-le solidement. Il est si fragile…

HOROSCOPE HEBDOMADAIRE

Du 5 au 11 octobre : Vos chances de réussite dans vos études, communications, voyages et démarches sont grandes. La pleine Lune du 10 en Bélier parle d'un désir secret de plaire à une personne qui a du Poissons. Gare aux sirènes!

Du 12 au 18 octobre : Votre vie sentimentale est torride mais votre sexualité est brimée pour des raisons de santé ou d'éloignement. Patientez, d'ici peu vous retrouverez l'amour de votre vie. Soyez prudent dans vos relations sexuelles.

Du 19 au 25 octobre : Votre santé est bonne, vos besoins d'affection sont comblés, on vous couvre de faveurs et de cadeaux. La nouvelle Lune du 25 en Scorpion marque un déblocage dans une affaire qui vous troublait.

Du 26 octobre au 1er novembre : Cette semaine vous porte vers la recherche, l'investigation, la détection. Votre esprit demeure sérieux, scientifique, calculateur. Vos conversations prennent un ton sympathique mais poli et courtois.

CHIFFRES CHANCEUX

1-2-19-20-27-33-34-49-55-69

NOVEMBRE

La patience n'est pas passive, c'est de la force contrôlée.

F. C. Bulwer Lytton

RICHE ET AVANTAGEUX

Le début de novembre vous place dans une situation où la chance joue un rôle important. Jupiter chez vous, en harmonie avec Saturne, met à votre disposition des forces occultes vous permettant d'agir avec rapidité et intelligence, comme vous savez le faire. Capable de progresser grâce à des études et à une formation professionnelle améliorée, vous trouvez la formule gagnante. Ce mois riche et avantageux est à souligner dans votre agenda ou votre calendrier.

AFFAIRES D'ARGENT

C'est le moment de régler des affaires d'argent, immobilières, foncières, de mettre de l'ordre dans vos papiers personnels et d'installer la stabilité dans les questions d'investissements à long terme, ou d'assurances. Vous avez besoin de sécurité et de garanties. Fonctionnaires, intellectuels, agriculteurs, gestionnaires, politiciens et préposés aux fonctions administratives sont aidés dans leur démarche.

ÉCLIPSE SOLAIRE TOTALE

L'éclipse solaire totale du 23 novembre en Sagittaire vous rend hypersensible. Votre résistance physique est en chute libre, à vous de prévoir des moments de détente dès le début novembre, de faire des provisions alimentaires et médicales pour survivre à une perte ou à une pénurie. Avec ces éclipses, on ne sait jamais ce qui peut arriver, mieux vaut prévenir.

COUPER LES GAZ

À compter du 15: coupez les gaz et freinez vos dépenses d'énergie. Faites appel à un proche à qui vous donnerez le feu vert. La personne choisie s'occupera honnêtement de vos affaires pendant votre absence. Par chance, l'éclipse lunaire totale du 8 novembre en Taureau ne vous affecte pas. Si vous suivez ces conseils et comptez sur l'aide de Jupiter, vous surmonterez les difficultés et récupérerez vite. Vivement décembre !

HOROSCOPE HEBDOMADAIRE

Du 2 au 8 novembre : Cette semaine favorise vos besoins matériels, votre vie sociale et professionnelle, mais vous invite à ménager votre santé. L'éclipse Lunaire totale du 8 parle de déprime aux ascendants Taureau, Lion, Scorpion et Verseau.

Du 9 au 15 novembre : Vous concrétisez des plans et des projets établis avec vos frères et sœurs ou avec l'entourage. Vos amis et relations jouent un rôle primordial dans votre existence. Il faut vous rapprocher et les conserver comme de précieux alliés.

Du 16 au 22 novembre : Tout va très vite, vous avez peine à reprendre votre souffle. Il faut briser ce rythme infernal et trouver un sain équilibre entre la santé, le travail, le plaisir et le sommeil. Dur, mais possible et nécessaire.

Du 23 au 29 novembre : La santé est primordiale pour tous les Vierge, mais plus particulièrement pour les natifs du 24 août et environs. Sans vouloir affoler, il y a lieu d'user d'attention supplémentaire et de prudence.

Du 30 novembre au 6 décembre : Les choses s'arrangent et se tassent rapidement. Jupiter veille au grain et rien ne peut empêcher son action bénéfique et protectrice. Priez un peu, ça stimulera le processus.

CHIFFRES CHANCEUX

7-14-26-29-30-41-42-50-59-64

DÉCEMBRE

Ce ne sont pas les moyens de capturer le bonheur qui manquent à l'homme,
c'est la détermination de le conquérir.

J. DE RICAUMONT

FIN D'ANNÉE SUPERBE

Vous connaissez une fin d'année superbe. Les quinze derniers jours
de l'année sont particulièrement stimulants et heureux. Il me reste
peu d'espace pour célébrer votre réussite et vanter les mérites de ce
décembre peu commun, mais quand tout va bien inutile d'insister,
je ne peux que me répéter. Il est agréable de s'entendre dire que plus
rien n'empêche le bonheur de se manifester dans toute sa splendeur
et dans toute son ampleur. Rien de si beau ni de si gratifiant ne vous
est arrivé depuis longtemps, admettez-le et réjouissez-vous!

IL Y A DOUZE ANS

Où vous trouviez-vous il y a 12 ans? Que faisiez-vous, que se
passait-il d'excitant et de nouveau dans votre existence? Voilà des
questions qui vous permettront de terminer l'année sur une note
gaie et optimiste. Et si vous ne l'êtes pas, consultez des spécialistes,
vous n'êtes pas dans votre état «normal». C'est possible, remarquez
bien. Dites-vous que 2004 sera le summum, il ne pourrait en être
autrement!

Sur ce, je vous souhaite un très joyeux Noël!

HOROSCOPE HEBDOMADAIRE

Du 7 au 13 décembre: La pleine Lune du 8 en Gémeaux parle de
conversations, de rencontres et de démarches en vue d'obtenir un
emploi, une promotion, de meilleures conditions de vie et de travail. Et cela fonctionne à merveille!
Du 14 au 20 décembre: Vite, il faut vous occuper des préparatifs
des fêtes, vous êtes joyeux et généreux. Les cadeaux seront beaux
cette année, vous en avez les moyens. Ne soyez pas avare, ce serait
un contre sens, dépensez.

Du 21 au 27 décembre: La nouvelle Lune du 23 en Capricorne parle d'enfants, de jeux et de sports, de chance aux jeux de hasard et en spéculation boursière et financière. L'esprit est revenu, c'est super!

Du 28 au 31 décembre: L'année se termine dans l'apothéose, pour ne pas dire dans le nirvana. Votre santé physique et morale est au mieux, votre vie professionnelle et vos amours se portent magnifiquement, vous êtes comblé, bravo!

CHIFFRES CHANCEUX

8-9-19-27-29-35-45-46-55-69

Cher Vierge, bonne année 2004!

Balance

DU 24 SEPTEMBRE AU 23 OCTOBRE

1er DÉCAN : DU 24 SEPTEMBRE AU 2 OCTOBRE
2e DÉCAN : DU 3 OCTOBRE AU 13 OCTOBRE
3e DÉCAN : DU 14 OCTOBRE AU 23 OCTOBRE

Compatibilité sexuelle et amoureuse

La compatibilité sexuelle et amoureuse entre les signes du zodiaque ayant été commentée de toutes sortes de manières, je me permets de porter à votre attention les constatations suivantes basées sur des données millénaires. Vous verrez qu'elles sont encore aussi justes de nos jours qu'elles l'ont été au cours des siècles passés.

Dans cette analyse, j'ai utilisé le Soleil natal comme point de départ, mais il faut retenir que c'est la planète Mars qui régit la sexualité proprement dite. Les recherches que j'ai entreprises tendent à nous apporter une meilleure connaissance de nous-mêmes dans ce que nous avons de plus personnel, de plus intime, de plus secret. Par extension, cela nous aidera à comprendre les besoins de nos partenaires de vie.

En abordant le sujet de la compatibilité, je ne vous propose pas de règles vous dictant la manière de mener votre vie sexuelle. Cependant, vous le constaterez certainement, sexualité et astrologie font bon ménage. C'est un duo sur lequel on aurait avantage à compter plus fréquemment. Naturellement, en vous livrant à vos observations, vous devrez tenir compte de votre signe ascendant. Car il arrive que deux personnes dont les signes ne sont pas en accord aient des ascendants qui, eux, sont parfaitement compatibles. Vous l'aurez compris, il convient, là comme ailleurs, d'examiner toutes les riches possibilités dont nos natures humaines sont dotées en tenant compte de l'influence des astres sur nos vies.

Ces notions générales vous indiquent donc vos tendances naturelles. Je crois sincèrement qu'elles pourront vous inciter à aller plus loin dans la recherche de l'harmonie sexuelle. Ne serait-ce qu'à ce titre, je suis persuadée qu'elles vous seront utiles.

BALANCE-BALANCE

Contrairement à ce que l'on peut croire, l'union sexuelle de deux Balance n'est ni toujours souhaitable ni toujours réussie. Ces deux charmeurs avides de conquêtes aiment beaucoup plus le flirt que l'engagement. Leur coup de foudre passé, ils restent tout de même bons amis et complices. Les couples de même sexe semblent avoir plus de longévité.

Les partenaires aiment se cajoler en public et ne cachent pas leur amour, mais l'osmose sera plus complète dans l'union libre que dans le mariage.

BALANCE-SCORPION

Le charme et la coquetterie de la Balance opèrent immédiatement sur l'instinct sexuel du Scorpion. Ils font divinement l'amour ensemble, mais la Balance finit par se lasser de la domination de l'autre et l'envoie promener. Blessé et jaloux, celui-ci pourra être la victime d'une attraction fatale.

Il faut se méfier des conséquences d'une rupture brutale et opter pour une solution de rechange. Le couple hétérosexuel a plus de possibilités et court plus de chances de durer.

BALANCE-SAGITTAIRE

Le feu et l'air forment une belle combinaison sexuelle. L'atmosphère est passionnelle, la tendance romantico-sexuelle. Il faut du mouvement, des déplacements, des voyages à ces deux natures excitables pour stabiliser leur union charnelle. Sinon ils s'amuseront un peu avant de se quitter sans drame.

Ce sont deux êtres volontaires et fortement sexués. Les chances que la passion dure sont plus fortes en relation hétérosexuelle.

BALANCE-CAPRICORNE

Le premier veut vaincre par le charme, le deuxième par le sérieux qu'il met à l'affaire. Pour la Balance, le sexe n'est souvent qu'un jeu, pour le Capricorne, c'est une question d'orgueil. Celui-ci, parfois obsédé par le sexe, est exigeant au lit. Les deux partenaires risquent de se lasser l'un de l'autre. Se quitter gentiment est une chance pour eux.

Il s'agit davantage d'un combat que d'une union charnelle. La relation comporte des risques qu'on ne doit pas sous-estimer.

BALANCE-VERSEAU

Leur relation sexuelle peut être réussie, à condition qu'ils apprennent à respirer et à relaxer avant et pendant l'amour. Sinon ils rateront le climax et s'en voudront l'un et l'autre. Ce serait dommage, car ils ont beaucoup de choses en commun, dont un très fort attrait pour les voyages, l'exotisme et la nouveauté.

N'ayant pas froid aux yeux, ce couple vit des expériences sexuelles différentes de la plupart. Aucun interdit ne leur résiste.

BALANCE-POISSONS

Séduction et romance s'enlacent et s'unissent pour le meilleur. La satisfaction sexuelle est totale, mais la nature sensuelle de la Balance s'accommode mal de la passivité de son partenaire. Le lymphatique Poissons doit apprendre à bien faire l'amour et à s'efforcer de conserver la flamme vive de la passion. Autrement, l'autre trichera et le trompera, c'est inévitable.

L'entente sexuelle du couple colore des relations amicales, sociales et professionnelles qu'ils entretiennent avec art.

BALANCE-BÉLIER

Ils se font l'amour avant d'en arriver à se faire la guerre. Les deux amants sont inconséquents, tous deux sont passionnés mais parfois volages. La Balance se mire et se voit dans le Bélier et ce que lui renvoie le miroir lui déplaît. Une fois la première ardeur passée, rien ne reste ou presque de ce que fut leur amour.

Ils devront reconnaître leur trop grande hâte à jouir des plaisirs sexuels et apprendre à se faire l'amour, mais cela leur semble trop compliqué la plupart du temps.

BALANCE-TAUREAU

La fantaisie et la légèreté rencontrent la force et la stabilité. Si le Taureau permet à la Balance une certaine liberté à l'intérieur de leur relation, ils seront passionnément heureux et pleinement satisfaits sexuellement. La Balance devra faire des prodiges pour être toujours en forme.

Cette union charnelle a un beau potentiel de réussite. Le climax est aisément atteint. Il suffira à la Balance de développer sa patience…

BALANCE-GÉMEAUX

Ils sont très rapides en amour et au lit. Rien de langoureux dans leur étreinte qui semble, disons-le franchement, plus intellectuelle que sexuelle. Constamment à l'affût de sensations fortes, le Gémeaux n'arrête pas de séduire de son côté, la Balance de flirter de l'autre. La jalousie peut gâcher cette union pourtant désirable.

S'ils sont d'accord pour se permettre des libertés chacun de leur côté ou ensemble, leur liaison peut durer. L'érotisme est l'élément déclencheur.

BALANCE-CANCER

La Balance, dans son désir de conquérir le sensible Cancer, peut blesser celui-ci gravement. Car il ne peut répondre à ses attentes. Le lui dire serait le condamner au malheur. Lorsque les deux partenaires jouissent d'une relation sexuelle satisfaisante, il s'agit d'un cas exceptionnel. L'un s'attachera à l'autre, mais à quel prix!

Les railleries que la Balance osera prononcer sur la performance sexuelle du Cancer, surtout en public, lui attireront bien des représailles. Qu'elle se le tienne pour dit!

BALANCE-LION

Le goût du beau les rapproche, mais la sexualité pressante du Lion gêne la paresse de la Balance. Pourtant, cette union charnelle est pleine de possibilités. Empressement à séduire chez la Balance, désir de posséder et de diriger chez le Lion, les deux partenaires doivent s'abandonner pour se rejoindre.

Le Lion joue d'autorité et impose sa suprématie sexuelle. Ça va bien pourvu que ça ne tourne pas mal... Les chances de réussite sont nettement meilleures chez les couples conventionnels.

BALANCE-VIERGE

Rapide et séduisante, la Balance attire la Vierge sage ou folle dans ses filets, puis s'en lasse presque immanquablement. Ou tout simplement les partenaires se lassent l'un de l'autre, ce qui revient au même. Avoir des intérêts intellectuels ou financiers communs les rapproche pendant un temps, ce qui ne les empêchera pas de se quitter.

La première rencontre les satisfait, mais la Balance est trop vive et la Vierge trop gourmande. Plus réussi chez les couples homosexuels.

Prévisions annuelles

BOUFFÉE DE PRINTEMPS

L'année 2003 s'annonce telle une bouffée de printemps pour les natifs de la Balance, quitte à devoir affronter la brise hivernale et les rhumes qui l'accompagnent inévitablement. Même si les natifs se gavent de nourritures riches et de bons vins sans s'abîmer le foie, ils devront tout de même ralentir leurs excès en juin, alors que Saturne les rappellera à l'ordre.

En attendant, qu'ils en profitent pour satisfaire leurs caprices et se payer des luxes auxquels ils ont droit. Les restrictions viendront bien assez vite.

GRAND CRU

Malgré Saturne et sa quadrature touchant surtout les natifs du début du signe, il s'agit d'une année «grand cru» pour le natif de la Balance. Mettant son charme et sa séduction en action, il remporte de beaux succès populaires et mondains. Dès qu'il entre dans une pièce, tout s'illumine. On le regarde, on l'admire et... on le critique ; mais il force l'attention. Pourvu qu'il ne s'enfle pas la tête et ne devienne une véritable chipie, ce qu'il peut être sans effort, disons-le sans ambages.

ÉTERNELLE JEUNESSE

La Balance défie les lois de la gravité. Le natif ne vieillit pas, il rajeunit et embellit. Brave et patient, il travaille fort pour rester jeune et n'hésite pas à avoir recours aux traitements ultramodernes et à la chirurgie pour parvenir à son but: l'éternelle jeunesse. Jusqu'au jour où il finit par accepter l'inévitable, ce qu'il déteste par-dessus tout et qui s'appelle «vieillir». Mais pour le moment ne parlons que de choses agréables et jolies, question de nous mettre dans l'ambiance.

LE SOURIRE

N'oublions pas la chaleur et l'optimisme que le natif de la Balance apporte avec lui et sourions-lui de toutes nos dents, même si nous n'en avons pas envie. Considérant le sourire comme une monnaie d'échange, il nous saura gré d'avoir été généreux et nous récompensera comme il sait si bien le faire : avec des compliments qui chatouillent la vanité et qui font rougir de plaisir. Le sourire pour lui est une arme, un refuge, un geste d'amour gratuit et qui fait chaud au cœur. Ne l'en privez pas !

LES GRANDES CHOSES

Dans les grandes choses de la vie, la Balance conserve son avance, mais les natifs des deux sexes doivent ralentir le pas et céder la place à d'autres plus convaincus et plus jeunes à compter de juin 2003. Aux prises avec le pouvoir en maintes instances, ils doivent restreindre leurs ambitions et leur appétit de gloire pour se concentrer sur leur état de santé, cela même au détriment de leur métier, de leur carrière et des affaires d'argent. Les natifs du 24 septembre au 7 octobre plus particulièrement sont sujets à des variations d'énergie inhabituelles dont nous reparlerons le temps venu.

FINANCES

Les finances peuvent se bien porter, mais il lui faudra prendre garde de ne pas se crever au travail ni de se surmener jusqu'à s'en rendre malade. Même si une baisse de rentabilité est possible, le natif se doit de prévenir les risques et anticiper une période de repos à compter de l'été prochain. Avec ou sans lui, l'affaire continuera à bien aller. Aucune inquiétude à ce sujet.

VITALITÉ RÉDUITE

D'une vitalité réduite par rapport à d'autres, la Balance ne doit ni se comparer ni se prendre pour une autre. À cause de sa nativité en automne, c'est un cas à part. Le natif de la Balance n'a pas la résistance d'un Bélier, d'un Lion ni d'un Taureau. Ce n'est pas faute de vouloir, c'est un fait. Il doit se faire à cette idée et trouver un sain équilibre entre santé, amour, travail et loisir. Sinon il dépérira et s'usera prématurément.

POUR S'ÉPANOUIR

Pour s'épanouir, il a besoin de maintenir ses deux plateaux en équilibre : entretenir une vie sociale et professionnelle convenable et avoir une vie familiale, amoureuse et sexuelle harmonieuse. Ses bonnes habitudes remplaçant les mauvaises, il doit, à compter de juin, se donner le temps de se refaire des énergies. Jupiter aidant, il y parviendra sans trop de mal.

JUPITER ET LA CHANCE

La chance apportée par Jupiter est forte pendant les huit premiers mois de l'année, mais dès juin, le natif bien informé sabrera dans les dépenses et utilisera parcimonieusement ses ressources. Conscient de l'influence dont il jouit sur les jeunes et sachant l'exemple qu'il doit donner à ceux qui sont moins bien nantis, il se contentera de parler de son état de privilégié à des amis riches et puissants qu'il trouvera parmi ses partenaires de jeu, de voyage ou de sport.

DISCRÉTION

Se montrer dépensier et capricieux cette année aurait des effets déplorables qu'on ne souhaite à personne. Pourquoi provoquer le sort, cher natif de la Balance, appréciez sa générosité et taisez-vous. La discrétion n'est pas de mise, elle est nécessaire. Sinon vous ferez des envieux et des jaloux, c'est exactement ce que vous devez redouter.

S'ÉCONOMISER

«Faites ce que je dis et non ce que je fais» serait vraiment la pire attitude à adopter. En attendant la visite du grand bénéfique Jupiter dans votre signe, visite qui aura lieu l'an prochain, vous avez tout intérêt à vous économiser et à cultiver vos contacts. Vous aurez besoin de vos amis et de vos relations l'an prochain, vous devez donc cette année traiter votre monde avec infiniment de déférence et protéger vos arrières. Ce que vous ferez en ce sens est d'une importance capitale, vous ne devez pas négliger d'y accorder une attention toute particulière.

CHANCE PURE

La chance pure (nœud ascendant de la Lune) voyageant en Gémeaux, signe ami, du 1er janvier au 15 avril, la Balance peut compter sur elle pour stabiliser ses rapports avec les étrangers et pour consolider sa position à l'étranger. Ce qui vient d'autres pays et de gens venant d'ailleurs lui est favorable. C'est un porte-bonheur que le natif accroche à sa ceinture en tant que talisman protecteur.

RIEN DE MIEUX

Rien de mieux que les langues, la philosophie et les cultures étrangères. Celles dont il fut imprégné à la naissance sont également utiles, mais elles ont une influence moins heureuse pendant cette période. S'ouvrir au monde extérieur et le laisser venir à lui est ce qu'il peut planifier de meilleur. Les deux tendances seront précieuses dans l'immédiat et dans un proche avenir.

SOMME TOUTE

Somme toute, l'an 2003 apporte au natif de la Balance plus d'avantages que d'inconvénients. Aidé de Neptune et de Pluton toute l'année, en plus d'Uranus et de Jupiter pendant une grande partie de l'année, il est protégé des risques qui semblent proliférer et le menacer. Bravant la tempête, il s'avère un pilote expert dans la navigation aérienne, au sens propre comme au figuré. Avec lui, on se sent en sécurité.

LÉGER COMME UN OISEAU

Instinct, inspiration et intuition ne lui faisant pas défaut, il mène sa barque à bon port. Léger comme un oiseau, il plane au-dessus de la tourmente qui se déroule en bas. Voir haut et voir loin l'exempte de bien des déconvenues, lui épargne bien des drames potentiels. Rares sont ceux qui ne seront pas en forme et heureux et vienne 2004 !

Bonne année à tous !

Prévisions mensuelles

JANVIER

Pour désirer laisser des traces dans le monde, il faut en être solidaire.

SIMONE DE BEAUVOIR

QUELLE CHANCE VOUS AVEZ!

Exceptionnellement cette année, janvier est un bon mois pour la Balance. Il peut survenir de petits ennuis de santé et vos réflexes ne sont pas parfaits car vous êtes fatigué, mais les risques sont atténués par les bons aspects que font Vénus, Mars, Jupiter, Saturne, Uranus, Neptune et Pluton à votre signe. Le ciel presque entier se met à votre disposition, quelle chance vous avez!

LE CIEL POUR AMI

Le ciel est bien plus votre ami que votre ennemi en ce mois de janvier rendu difficile à cause des lenteurs, grèves et menaces de grèves qui planent sur tous et vous affectent personnellement. Malgré cela, vous trouvez matière à vous montrer raisonnablement satisfait et heureux. Quand on a le ciel pour ami, on est à même de se tirer des situations les plus complexes et les plus confuses. N'hésitez pas à avoir recours à la loi, vous obtiendrez justice.

DORMIR PAISIBLEMENT

Votre équilibre nerveux doit être ménagé, mais vous avez suffisamment d'aide céleste et terrestre pour agir adroitement dans les recoins où l'on tente de vous piéger. Vers le 21 du mois, vous finissez par aplanir toutes vos difficultés au niveau des études, des communications, du commerce et des affaires en général. Tout semble revenir à la normale. Vous pouvez dormir paisiblement, du moins pour un temps.

CÔTÉ CŒUR

Côté cœur, les Fêtes ne sont pas ce que vous escomptiez, mais elles le sont rarement dans votre cas. Il faut vous arranger pour être confortable à l'intérieur de ce qui est. Dès le 7 janvier, vous bénéficiez d'une remontée d'énergie affective et du pouvoir d'aimer. Vous tombez en amour ou redevenez amoureux de la personne avec qui vous vivez ou aimeriez vivre. Qui a du feu par son signe solaire ou son ascendant retient votre attention: Lion, Sagittaire et Bélier sont du groupe. Libres et indépendants comme vous, ils attisent votre désir. C'est intéressant.

CÔTÉ SEXE

Sexuellement, il faut attendre au 15 janvier pour que votre relation s'épanouisse pleinement, mais la période faste dure jusqu'au 5 mars prochain; vous aurez amplement le temps d'en tirer avantage. Il semble que votre appétit sexuel soit féroce, ne dévorez pas l'autre et laissez-lui de la place. Votre partenaire doit extérioriser sa passion autant que vous, sinon vous faites fausse route et risquez des déboires.

ENTRETENIR LA FLAMME

Cœur et sexe sont d'une importance primordiale. Vous y puisez presque toute votre énergie et demeurez charmant quand tout va bien en ce sens. Profitez de la période indiquée pour voir vos frères et sœurs, votre parenté et vos amis. Cultiver de bonnes relations avec ceux qui vous sont chers vous fera chaud au cœur. Entretenir la flamme est utile, sinon obligatoire dans les circonstances. En prime, cela vous réconforte et vous rassure, ce qui n'est pas négligeable.

PLACEBO

La famille est un placebo à trop d'action déconnectée et aux aventures plus ou moins rocambolesques qui se produisent dans votre existence. Néanmoins, sa présence est bienvenue. Vos sentiments sont ardents, vos sensations vives. Vous aimez et détestez avec intensité, mais ça dure le temps des roses dans les deux cas. Profitez de la vie sans vous soucier du reste. Qui vivra verra!

HOROSCOPE HEBDOMADAIRE

Du 1er au 4 janvier: Début d'année à l'étranger ou avec des étrangers. La nouvelle Lune du 2 en Capricorne vous apporte un lendemain de veille douloureux. Si vous êtes malade, consultez un médecin; votre négligence à le faire pourrait porter à conséquence.

Du 5 au 11 janvier: Vous aimez plus et mieux. La tendresse dont on vous entoure comble vos besoins affectifs, adoucit votre caractère et calme les tensions causées par des retards, des lenteurs ou d'éventuelles grèves.

Du 12 au 18 janvier: La semaine est propice aux développements souhaités dans les études, le travail et les affaires. La pleine Lune du 18 en Cancer vous rend hypersensible. Faites quelque chose pour éloigner vos regrets stériles.

Du 19 au 25 janvier: Votre énergie est bonne mais vous manquez de sommeil. En cas d'insomnie due au surmenage ou à des excès, n'hésitez pas à demander de l'aide dans une clinique de sommeil, ou encore, consultez un psychologue, quelqu'un en qui vous avez confiance.

Du 26 janvier au 1ᵉʳ février: Entouré de collaborateurs dynamiques et vous montrant entreprenant vous-même, vous enregistrez des gains et voyagez. La nouvelle Lune du 1ᵉʳ en Verseau vous parle de sommes d'argent obtenues par coups de chance.

CHIFFRES CHANCEUX

5 –6–9–16–29–30–31–45–59–67

FÉVRIER

La vie donne non pas ce qu'attendent d'elle les enfants capricieux, mais ce que lui arrachent de force les courageux et les audacieux.

MIKHAÏL CHTCHEDRINE

EXTÉRIORISATION DES ÉNERGIES

Malgré les embûches qui se multiplient là où vous exercez votre action, février marque une extériorisation de vos énergies entraînant des résultats heureux pour la santé et pour les affaires d'argent. Votre vie sexuelle est intimement liée à votre milieu de travail et à votre vie quotidienne. Vous semblez vivre à travers les sentiments que vous inspirez, mais que vous ressentez peu ou mal. Des soucis au foyer sont possibles. Votre cœur est insatisfait et votre famille compte pour beaucoup dans l'affaire qui vous préoccupe. Concentrez-vous sur une action positive et non sur vos sentiments, vous passerez un meilleur mois.

À CULTIVER

Au cours de février, vous aurez intérêt à cultiver votre indépendance, car elle vous permettra des gains moraux et matériels substantiels. Vous pourrez également céder à votre goût des voyages et des aventures, au risque de courir certains dangers en raison de votre fascination pour la rapidité. D'autres tendances qui vous caractérisent vous seront utiles : votre franchise, votre enthousiasme, vos emballements pour certaines personnes ou idées, votre ardeur à affirmer vos convictions, votre capacité à entraîner les autres à votre suite et à convaincre vos opposants de votre supériorité et de votre bravoure.

DÉTENTE

Recherchez la détente musculaire procurée par l'exercice des sports, cultivez votre adresse au tir et dans le maniement des armes, votre goût pour la chasse, pour les explorations, pour les courses de vitesse et de chevaux. Une chance particulière est associée à ces domaines, plus une part de chance pure venant de la personne aimée. La détente sans aide de paradis artificiels est votre meilleur gage de bien-être, vous y adhérez consciencieusement.

AUTORITÉ ET ASSURANCE

Votre autorité sur autrui s'accroît, ainsi que votre belle assurance, ce qui attire les investisseurs. Si votre affaire progresse, c'est largement sinon uniquement grâce à vous et à votre excellent travail. Vous avez du mérite, personne ne peut prétendre le contraire. Vous les avez muselés, ils ne peuvent que mordre la poussière, bravo !

APPUI DE L'ENTOURAGE

Votre entourage immédiat appuie la décision impopulaire que vous prenez. C'est vous qui créez les projets et décidez des tendances du marché, du marketing. Vous assumez les responsabilités avec une facilité étonnante, c'est inné, sans doute. Ceux qui boudaient votre affaire vous font maintenant confiance. Vous avez l'appui de la majorité, votre poste est assuré. Il est étrange de constater ce qu'une bonne décision peut provoquer.

À CÔTÉ DE VOUS

À côté de vous se passent des choses déplaisantes et parfois effarantes. Ceux qui ont du Lion, du Verseau, du Taureau ou du Scorpion sont aux prises avec des scandales moraux et financiers qui éclaboussent leur famille et leur entourage. Espérons que votre ascendant ne soit pas touché par l'opposition Jupiter-Neptune. S'il n'est pas de ceux-là tant mieux, mais s'il l'est, soyez sans péché sinon on vous punira.

PASSEPORT

Procès et faillites abondent. Des grands de ce monde marqués de ces signes disparaissent, ils sont peu regrettés. Il faut parfois faire le ménage disent les sages, souhaitons qu'ils aient raison. Vous semblez pour la plupart traverser la crise allègrement. Un passeport pour la liberté vous a été assigné, vous l'avez gagné et mérité.

Bonne Saint-Valentin à tous!

HOROSCOPE HEBDOMADAIRE

Du 2 au 8 février: Vous êtes nerveux, avez un sommeil agité. Vos sentiments sont anémiques, vous avez l'impression de manquer d'amour. Minimisez les risques en surveillant vos enfants. Soyez sur vos gardes, il y a un risque d'attraction morbide et fatale.

Du 9 au 15 février: Redoutez les déceptions affectives. Vos rapports familiaux sont tendus, bris sentimentaux à l'horizon. La paix et la douceur sont absentes. Trouvez des solutions de rechange tel le bénévolat, faites du sport.

Du 16 au 22 février: La pleine Lune du 16 en Lion favorise les relations amicales, sociales et professionnelles. Faites appel aux sentiments d'orgueil chez ceux que vous contactez. Pris au piège, ils diront oui.

Du 23 février au 1er mars: Votre force intellectuelle et nerveuse s'accroît. Vous bougez constamment mais pour de bonnes raisons. Vous utilisez convenablement votre énergie, votre vie sexuelle est correcte. Vous exercez votre autorité avec tact et diplomatie.

CHIFFRES CHANCEUX

6-10-11-16-29-30-41-42-55-69

MARS ET AVRIL

Pas trop d'isolement, pas trop de relations ; le juste milieu, voilà la sagesse.

CONFUCIUS

LE COURS DES ÉVÉNEMENTS

Pour passer une période convenable pendant le mois de mars et la plus grande partie du mois d'avril, il vous suffit de suivre le cours des événements extérieurs sans chercher à innover ni à tout bousculer. Difficile de vous conformer à ces exigences, mais il le faudra bien. Vous trouverez maints avantages à plier comme un roseau sous le vent de cette fin d'hiver, l'un d'eux étant la satisfaction du devoir accompli.

CAPRICES DE MARS

De passage dans le Capricorne, signe en mauvais aspect avec le vôtre, la planète Mars fait des caprices. Ce transit doit vous inciter à la prudence dans vos rapports familiaux et au foyer. Les conditions de sécurité que vous avez réunies pour agrémenter la fin de votre vie peuvent être menacées ou modifiées du tout au tout. Surtout ne perdez pas vos acquis par entêtement ou par orgueil. Et si tout craque, ne paniquez pas. Vous vous referez aussi sûrement que vous êtes Balance !

FAIRE DES CONCESSIONS

Votre présence dérange certains membres de votre famille, de votre clan, d'un groupe ou de votre milieu. Pour éviter les risques de ruptures définitives, faites des concessions, quitte à revenir sur une décision prise en janvier ou en février et qui n'a plus sa raison d'être. Vous regrettez cette décision pour diverses raisons, la première étant les désavantages financiers qui en découlent pour bon nombre de personnes. Certains sont furieux contre vous. À bien y penser, ils ont peut-être raison...

PRÊTS, FAVEURS, AVANTAGES

Les efforts que vous avez consentis en faveur de certains de vos parents ne sont pas vains. À la suite de ce bon mouvement du cœur, vous obtenez des prêts, des faveurs ou des avantages que

245

vous n'auriez certainement pas eus autrement. Vous vous féliciterez d'avoir opté pour cette solution en juin prochain, quand vous changerez d'optique et comprendrez mieux ce qui se passe en vous et autour de vous. Des détails importants vous échappent, vous auriez intérêt à lire entre les lignes.

SANTÉ ET SÉCURITÉ

Prévenez ce qui menace votre santé et votre sécurité. Vous vous surmenez et vous vous négligez, ce qui pourrait avoir des conséquences graves. Vous êtes enclin aux crises cardiaques, à l'hypertension, aux hémorragies, aux blessures et aux inflammations des poumons, mais aussi aux blessures et inflammations des os, de la peau, des dents et de l'estomac. Surveillez également vos yeux et votre vue en général, et soyez prudent avec le feu, les matières inflammables ou explosives et avec les armes.

RISQUES D'ACCIDENTS

Les risques d'accidents et contagion sont accrus, soyez attentif et soignez le moindre symptôme. En cas de chirurgie, tout se passera bien pourvu que vous preniez le temps de récupérer vos forces avant de reprendre le travail. N'anticipez pas de malheur, mais soyez prêt à faire face à toute situation difficile ou conflictuelle. On ne vous prendra pas par surprise, c'est toujours déplaisant.

FIN DE MOIS HEUREUSE

La fin du mois est nettement plus heureuse. Vous recouvrez la santé, refaites le plein d'énergie et d'enthousiasme, vous n'oubliez pas la leçon apprise. On ne vous y reprendra plus, c'est officiel. On fête Pâques le 21 avril, vous célébrez la fête du printemps dans la joie. Il était temps !

Joyeuses Pâques à tous !

HOROSCOPE HEBDOMADAIRE

Du 2 au 8 mars : La nouvelle Lune du 2 en Poissons favorise la douceur et la sentimentalité au détriment de la raison. C'est par le cœur que vous rejoignez vos gens, n'hésitez pas à leur prouver votre amour.

Du 9 au 15 mars : Si vous avez un Poissons ou un Scorpion dans votre vie, accordez-lui de l'attention sinon il craquera. Prenez soin de vous et de votre santé et limitez vos exploits sexuels si nécessaire.

Du 16 au 22 mars : La semaine parle de risques de conflits, d'agressivité. En cas de malaise physique ou de saignements abondants, consultez. Les père, époux, et fils aîné courent des risques. La peine Lune du 18 en Vierge favorise la critique intelligente.

Du 23 au 29 mars : Surveillez votre santé physique et nerveuse. Vos réflexes sont peu sûrs, ne prenez pas de risques au volant ou dans les sports. Soyez prudent avec le feu et l'air.

Du 30 mars au 5 avril : La nouvelle Lune du 1er en Bélier vous recommande l'attention dans vos relations avec votre conjoint ou votre associé. Les indisposer serait à votre désavantage. Cédez, ils ont probablement raison.

Du 6 au 12 avril : Vous n'utilisez pas toujours votre forte volonté à bon escient. Votre mauvaise humeur, votre tendance à être cassant, buté, éloignent ceux qui vous aiment. Surveillez vos accès de colère et votre propension à l'avarice. Vous priver de l'essentiel vous est nuisible.

Du 13 au 19 avril : Des conflits familiaux sont possibles. La semaine parle de risques d'accidents et d'une intervention chirurgicale pour l'un de vos parents. La pleine Lune du 16 en Balance charrie des émotions et vous apporte du réconfort. Vous reprenez la vedette dans votre cercle ou milieu, vous êtes «aux oiseaux».

Du 20 au 26 avril : La semaine est propice aux recommencements. La joie de vivre revient, la vie sentimentale exulte. Des conquêtes vous rassurent sur votre charme. Jeunes et enfants sont robustes et en santé.

Du 27 avril au 3 mai : Vous pensez réhabilitation, culture physique, cliniques de santé-beauté, vous êtes reparti pour la gloire. La nouvelle Lune du 1er en Taureau parle de romance, de musique, de bonne bouffe, de luxe et de plaisir.

CHIFFRES CHANCEUX

6-7-16-26-28-33-44-59-61-70

MAI

L'espace d'une vie est le même, qu'on le passe en riant ou en pleurant.

PROVERBE JAPONAIS

BON MALGRÉ LES ÉCLIPSES

Malgré les éclipses qui assombrissent le ciel à deux reprises, mai est bon pour vous. Une première éclipse lunaire et totale se produit le 15 mai dans le signe du Scorpion, elle est donc sans conséquences pour vous. C'est heureux, sauf pour les ascendants Scorpion, Lion, Verseau et Taureau, qui se trouvent plus à risques. Une baisse de leur tonus moral est à redouter. Cela n'a rien de vraiment inquiétant, mais le savoir les aidera à retrouver plus aisément le moral.

Solaire et annulaire, donc partielle, une deuxième éclipse se produit le 31 mai dans le ciel du Gémeaux. Encore là, rien de menaçant pour vous, mais c'est moins heureux pour la santé des natifs qui ont un ascendant Gémeaux, Vierge, Poissons ou Sagittaire. Si tel est le cas, un peu de prévoyance et d'attention vous placeront en sécurité.

PLUS AVANTAGÉS

Plus avantagés ce mois-ci sont les Balance ascendant Balance, Bélier, Cancer et Capricorne. Difficile destinée que la leur d'habitude, ils apprécieront doublement ce que la nature mettra à leur disposition et qui tardait à venir. Se contredisant eux-mêmes s'il le faut, ils partent à la recherche de la vérité qui affranchit et libère. Ce faisant, ils entraînent d'autres personnes à leur suite. C'est un «momentum» dans leur existence, un temps dont ils se souviendront.

RIEN DE NÉGATIF

L'action entreprise par ces natifs privilégiés, mais aussi par toutes les Balance, a un but strictement positif et évolutif. Rien de négatif ne peut venir d'eux en ce moment. Les observer attentivement nous renseignera sur les choses à venir. Sensibles aux prémonitions, à la voyance et à l'intuition, ils nous guident vers notre bien commun et personnel. Comme il se doit, ils retirent eux-mêmes des bénéfices, mais qui oserait s'en plaindre, ce serait manquer de générosité!

BANNIÈRES

On voit les natifs de la Balance et d'autres qui leur ressemblent brandir des bannières, lutter et se battre pour les droits acquis, n'hésitant pas à démolir les idoles qu'ils chérissaient hier. Ils se réjouissent de leur bonne fortune et partagent leur trop-plein, ce qui leur arrivait peu fréquemment auparavant, trop attachés qu'ils étaient à l'argent et au pouvoir. Ils sont compris. Leurs idées sont respectées, leur parole écoutée comme il se doit.

INTELLIGENCE ET BON SENS

Qui suit les conseils de la Balance bénéficiera de faveurs dont il n'a pas idée. Parce que cela vient de natifs aux apparences dures en temps normal, et dont il ne faut pas sous estimer les capacités intellectuelles ou le bon sens. Il faut des deux pour survivre en ces temps incertains et aucun natif n'en manque, quel que soit son signe ascendant. Profitons-en pour mettre à profit toutes leurs belles ressources.

C'est Fête des Mères ce mois-ci, bonne fête à toutes les mamans Balance !

HOROSCOPE HEBDOMADAIRE

Du 4 au 10 mai : Vous montrez de l'ingéniosité dans les techniques de pointe et avant-gardistes. Votre attrait et vos talents vous promettent des réussites dans le domaine de l'électricité, de la télévision, du cinéma et des communications. Vous avez grand besoin de votre liberté d'action.

Du 11 au 17 mai : Vos manières d'agir originales et imprévisibles apportent les résultats escomptés. Vous montrez un attrait pour le progrès et avez de grandes aptitudes pour les inventions, cultivez-les, elles serviront vos buts. L'éclipse lunaire totale du 15 en Scorpion est expliquée plus haut.

Du 18 au 24 mai : Vos relations amoureuses sont ardentes et mouvementées. Vous faites des conquêtes rapides, réalisez des prouesses spectaculaires, vous adonnez à des jeux et à des sports violents, mais ils sont sans risques pour votre santé en ce moment. Vous avez de la chance aux jeux de hasard et par spéculation.

Du 25 au 31 mai : Vos enfants sont robustes, votre fils aîné vous fait honneur. L'amour, l'érotisme et la sexualité sont à la hausse cette semaine. L'éclipse solaire du 31 en Gémeaux est décrite plus haut. Revoyez-en les explications.

CHIFFRES CHANCEUX

1-6-16-29-30-33-45-50-61-69

JUIN ET JUILLET

La pierre d'achoppement de notre santé, de notre bonheur, de notre épanouissement est toujours notre propre esprit.

JOSEPH MURPHY

FIANÇAILLES, MARIAGES, BAPTÊMES
Vénus visitant le signe ami du Gémeaux du 10 juin au 5 juillet, cette période est particulièrement favorable aux fiançailles, aux mariages et aux baptêmes. Ceux qui choisiront ces dates ne le regretteront pas. Plus ils se rapprocheront du 24 juin et du 1er juillet, plus les chances seront de leur côté. L'amour est ensorcelant et grisant. Je vous souhaite bonne chance et bien du bonheur, cher Balance !

VOYAGE DE NOCES
Un grand et beau voyage effectué à la fin de juin et pendant les trois premières semaines de juillet serait parfait. Croisière, voyage de noces, pourquoi pas ! Ce serait romantique, sécuritaire et matériellement profitable. Le sort a des secrets qu'il vous dévoilera le temps venu, ne m'en veuillez pas de ne pas tout dire. Il est bon de garder du mystère…

FERTILE EN ÉMOTIONS
Fertiles en émotions, les semaines de la fin de juin et du mois de juillet promettent d'être réjouissantes. Si vous êtes seul c'est que vous l'avez choisi ainsi. Gracieux et charmant, vous êtes populaire et recherché pour votre esprit, et parfois aussi pour votre argent et votre pouvoir. Vous en êtes conscient, mais cela ne semble pas vous déranger. En société, vous faites de l'effet. On ne regarde et on n'écoute

que vous : c'est valorisant pour l'ego de la personne qui vous courtise, et… pour le vôtre. Gare à vous, la vanité rôde.

FAIRE UN CHOIX

Quelqu'un vous attire dans ses filets. Si vous n'êtes pas déjà pris, et même si vous l'êtes, attention. La personne en question est jeune, jolie, et presque aussi habile que vous. Si vous n'y prenez garde, elle vous volera votre cœur, et cela sans même que vous le sachiez. Si par malheur vous entretenez simultanément deux amours ou deux amitiés amoureuses, il vous faut faire un choix. Les deux se connaissent et savent tout de votre conduite, ça ne peut pas durer ainsi.

L'ANCIEN OU LE NOUVEAU

Que choisirez-vous : l'ancien ou le nouvel amour ? Attention, le moment est grave. Suivez votre cœur et votre instinct, ils ne vous tromperont pas. Si par contre, vous carburez à l'ambition, vous risquez de vous embourber dans une aventure interminable et douloureuse. Balancer le tout et reprendre votre liberté est une solution à envisager sérieusement, prenez le temps d'y réfléchir.

L'AUTRE CÔTÉ DU JARDIN

L'autre côté du jardin apporte un nouvel éclairage. Dans votre travail et vos entreprises tout se déroule à votre grande satisfaction. L'opposition de Jupiter en Lion à Neptune en Verseau dans le ciel du 3 juin ne vous affecte pas personnellement, mais un ascendant Lion, Verseau, Taureau ou Scorpion serait moins exaltant. Vous n'avez pas à vous inquiéter exagérément, Jupiter veille sur vous et sur vos intérêts.

Au niveau des communications, des publications et des écrits, de la télévision et du cinéma, c'est absolument formidable. Ce côté de votre jardin est lumineux. Ne manquez pas de boire cette lumière et de l'assimiler spirituellement.

ASCENDANTS D'EAU

Le bel aspect du 24 juin entre Saturne en Cancer et Uranus en Poissons accroît votre goût pour la tempérance et pour la paix. Chacun de nous, et vous en premier lieu, ressentez une soif urgente de sérénité. Les esprits se calment à la fin du mois pour notre plus grand plaisir. Pour les Balance qui ont un ascendant d'eau soit Cancer,

Poissons ou Scorpion, un grand jour est arrivé. L'ancien et le nouveau étant en harmonie, vous n'avez rien à redouter, ni de l'un ni de l'autre. Les deux tendances opposées se sont réconciliées. Vous êtes content des événements, satisfait de votre sort et dans certains cas, parfaitement heureux.

1ER JUILLET REMARQUABLE

Les environs du 1er juillet sont absolument remarquables. Un bel aspect de Jupiter à Pluton vous touche et accroît grandement votre force de frappe. Vous bénéficiez d'une chance rare dans les transactions bancaires, commerciales et financières de statut national ou international. Dans les pays limitrophes et parmi vos amis, vous comptez des appuis solides et recevez une bonne écoute.

Réceptifs à vos idées et commentaires sur l'avenir de vos affaires personnelles et sur la mondialisation, bien des gens décident d'encourager votre effort et de vous soutenir moralement et matériellement. C'est un grand jour que celui-ci, non seulement pour vous, mais pour bien des personnes que vous aimez.

PETIT MOT SUR SATURNE

Petit mot sur Saturne qui passe en Cancer, signe en mauvais aspect (carré) avec le vôtre le 3 juin. Les natifs du 24 septembre au 3 octobre surtout sont touchés par le carré Saturnien. Ils doivent se protéger en étant prévoyants et avisés. Des siècles de statistiques et d'expérience le prouvent, le carré de Saturne incite à une prise de conscience indispensable. Les personnes qui tendent à mal vieillir, à s'user prématurément, à déprimer et à négliger leur apparence devraient y porter attention. Si de telles tendances se manifestent chez vous, sachez ce qui vous arrive et corrigez la situation. Le plus tôt sera le mieux.

C'est Fête des Pères ce mois-ci, bonne fête à tous les papas Balance ! C'est fête nationale des Québécois le 24 juin, celle des Canadiens le 1er juillet, et celle des Français le 14 juillet : bonne fête à tous !

HOROSCOPE HEBDOMADAIRE

Du 1er au 7 juin : Des amis sont compromis dans un scandale et pourraient tenter de vous entraîner dans leur chute. Prudence avec l'eau et le feu. Lion, Verseau, Taureau et Scorpion sont secoués, eux, et leurs ascendants.

Du 8 au 14 juin : La symbiose s'opère, vous êtes en amour. Gains par spéculation et jeux de hasard. La pleine Lune du 14 en Sagittaire remet les choses en perspective et vous permet de voyager sans risque.

Du 15 au 21 juin : Vos gestes et vos paroles gagnent en exactitude et en précision. La sagesse et la circonspection s'allient à l'inventivité et à l'intuition pour vous permettre de réaliser des merveilles avec peu de choses. La créativité remplace l'argent dans vos valeurs.

Du 22 au 28 juin : La chance veille sur vous, que vous soyez en automobile, en train, en avion ou en bateau. Les voyages vous entraînent dans des mondes différents, vous aimez ce que vous trouvez. L'amour est la plus jolie perle de votre collier, elle est unique.

Du 29 juin au 5 juillet : Méfiez-vous de la nouvelle Lune du 29 en Cancer, elle rend hypersensible et crédule. Le reste de la semaine est excellent. Une grande et belle surprise vous attend, vous êtes soufflé.

Du 6 au 12 juillet : Vous êtes en forme et heureux pour la plupart, mais les natifs du début du signe sont mal en point. Vous dire que c'est passager et que vous pouvez faire quelque chose de positif vous aidera à garder le moral.

Du 13 au 19 juillet : La pleine Lune du 13 en Capricorne accentue vos aptitudes pour le calcul, la logique, l'appréciation intelligente d'un système ou d'une corporation. Vous savez ce que vous avez à faire, il ne vous reste qu'à agir.

Du 20 au 26 juillet : N'oubliez pas les vacances d'été, c'est essentiel au bon fonctionnement des énergies physiques, nerveuses et morales, vous ne devez pas vous en passer. Ne préparez pas la guerre, faites l'amour.

Du 27 juillet au 2 août : La nouvelle Lune du 29 en Lion remet les sentiments au palmarès de vos préoccupations. Famille, enfants, amis, tous concourent à faire votre bonheur. À croire que vous les payez pour ça !

CHIFFRES CHANCEUX

6-7-16-28-29-35-41-42-55-70

AOÛT

Nos émotions constituent nos ressources primordiales. Elles nous servent de garde du corps en ce qui a trait à nos besoins fondamentaux.

JOHN BRADSHAW

LES VACANCES

En tant que natifs de la Balance, vous prenez de préférence vos vacances en août. Cette année devrait faire exception. Si vous partez au début d'août, il serait sage de rentrer pour le 23. L'opposition du 30 août entre Jupiter en Vierge et Uranus en Poissons déconseille l'avion autant que le bateau. Pour un séjour à la mer, même recommandation. Ayant lu ce qui précède, vous aurez pris vos vacances en juin ou en juillet. Ce sera une riche idée, la suite des événements mondiaux vous le prouvera.

À SURVEILLER

Si vous n'êtes pas ascendant Vierge, Poissons, Gémeaux ou Sagittaire, vous êtes mieux placé, mais il faut surveiller la nourriture et les boissons que vous buvez, y compris l'eau, les risques d'empoisonnement et d'intoxication sont accrus. Prenez garde à ce que vous buvez, mangez, fumez et avalez. Certains produits tels certains médicaments, l'alcool et les drogues peuvent avoir été trafiqués. Méfiez-vous des achats à rabais, ils sont toujours dangereux, surtout en ce moment.

TOUT N'EST PAS NÉGATIF

Tout n'est pas négatif en août, au contraire. Les 23 premiers jours du mois favorisent vos amitiés, vos amours et votre vie sentimentale. Vous semblez passionnément épris de vos amis. Ça devient embarrassant car vous devenez possessif. Les Lion, Sagittaire et Gémeaux acceptent bien vos assiduités, mais les Bélier, Cancer, Capricorne et Balance sont rébarbatifs. Ils vous trouvent envahissant, essayez de ne pas les indisposer.

L'AMOUR EST LE MOTIVATEUR

Il n'est pas dans vos habitudes de vous imposer. Qu'arrive-t-il à votre belle indépendance ? Retrouvez-la et vous retrouverez vos amis. Août vous apporte des marques d'affection et des gratifications valables, ne laissez pas la jalousie vous priver d'une affection dont vous avez soif. Vous l'avez compris, l'amour est votre principal moti-vateur. Vous pensiez que c'était l'argent et le pouvoir? Détrompez-vous. Ne chassez jamais l'amour de votre cœur ni de votre vie, ce pourrait être une «erreur fatale».

SANTÉ PHYSIQUE, MORALE ET MENTALE

Votre état de santé en général doit être protégé, cette recommandation vaut pour tous les natifs aux prises avec le carré de Saturne. Ceux du 28 septembre au 10 octobre environ sont dans la mire. Il y a des risques accrus de dépression, d'épuisement professionnel ou de maladies reliées au travail. Analysez froidement la situation et évaluez votre condition afin de prendre des mesures efficaces et rapides. Douée d'un esprit logique, la Balance fait ce qu'il faut pour vous éviter les longs désagré-ments dus à la maladie. On n'a qu'à respecter ses choix.

HOROSCOPE HEBDOMADAIRE

Du 3 au 9 août: Voici une excellente période pour les artistes, les créa-teurs et spécialistes en mode, design et esthétique. Leur talent est mis en évidence et apprécié du public. Les amours et les amitiés fleurissent.

Du 10 au 16 août: La pleine Lune du 12 en Verseau accroît la chance en amour et donne de l'ampleur à la vie érotique et senti-mentale. Vous obtiendrez des gains par spéculation boursière et financière et aux jeux de hasard.

Du 17 au 23 août: L'amour prédomine. Un natif du Lion ou qui a un tel ascendant vous intéresse. Vous pouvez vous en faire un ami, ou davantage, selon votre inclination. Cette personne vous portera bonheur.

Du 24 au 30 août: Salissez vos jolies mains et récoltez ce que vous avez semé. La nouvelle Lune du 27 en Vierge parle déjà de la fin des vacances et de la rentrée. Vous ne détestez pas, bien au contraire, vous aimez cette idée.

Du 31 août au 6 septembre: Grèves ou non, vous attendez que les choses se tassent d'elles-mêmes. C'est une bonne idée. Jupiter passe en Vierge et il n'est pas content. On le sent fâché vers le 30, attention!

CHIFFRES CHANCEUX

6-12-13-28-31-32-47-59-65-66

SEPTEMBRE ET OCTOBRE

Les années apprennent peu à peu à tout homme que la vérité seule est merveilleuse.

MAURICE MAETERLINCK

PÉRIODE D'ANNIVERSAIRE

Cette période d'anniversaire s'annonce bien pour la Balance. Le ciel est généreux côté santé, intellect, énergie, volonté, sport, vie sociale et professionnelle, mais il l'est encore davantage en matière de sentiments. Les relations sentimentales, surtout pour les natives de la Balance, mais aussi pour les hommes, sont extrêmement favorables. Si ce n'est déjà fait, il est temps de vous engager dans une relation stable. Rien de mieux que la fidélité pour les personnes qui ont du vécu. C'est leur meilleure police d'assurance pour un bonheur durable.

JOLIE PERSONNE

Vous faites des rencontres exceptionnelles. Des gens de qualité et d'esprit s'intéressent à vous, le tourbillon social ne cesse de croître et de s'agrandir. Votre nature gaie et sympathique, votre esprit moqueur enclin au plaisir, vos réparties vives et amusantes, votre jolie personne et votre style distingué, vous rendent populaire auprès de tous. On dit de vous que vous êtes «la coqueluche du moment». Ces mois précieux vous font oublier le passé. Cela en soi est un accomplissement.

PETIT NUAGE ROSE

Si vous êtes seul, vous ne le resterez pas longtemps, sauf si vous le désirez absolument. Votre charme conquérant attire faveurs et compliments. On vous fait la cour, on vous apporte champagne, caviar, fleurs et cadeaux. Vous êtes sur un petit nuage rose. Rien de plus joli ni de plus confortable, avec ou sans pyjamas. Mais il vaut mieux être deux, vous êtes le premier à pouvoir y changer quelque chose.

AH! L'AMOUR…

Vénus visite votre signe de la mi-septembre au 10 octobre, amenant avec elle des bienfaits pour votre santé et votre vitalité, ainsi qu'un renforcement de votre puissance affective et amoureuse. De nou-velles amours pointent à l'horizon, à moins que vous soyez déjà amoureux, ce qui est également possible. Une jeune personne peut désirer faire votre bonheur, laissez-vous choyer mais attention, vous pourriez tomber amoureux et perdre votre belle assurance. Ah! l'amour, que serait-on sans ce noble sentiment!

ATTENDRE AU 15 SEPTEMBRE

Avant d'entreprendre un projet auquel participent des enfants, avant de courir des risques dans la spéculation boursière et financière, de miser sur des placements audacieux et de vous adonner aux jeux de hasard, il serait préférable d'attendre au 15 septembre. La chance intervenant en votre faveur, vous pourriez retirer des avantages matériels importants et augmenter votre train de vie sans vider votre portefeuille. Tous ses gains s'ajoutant à votre bien-être, vous ne soustrayez rien. C'est votre anniversaire, rien de plus normal que le ciel vous tienne en si haute estime!

INTUITION SUPÉRIEURE

L'intuition qui s'était absentée pendant quelques mois revient en rafale. Vous êtes capable d'utiliser à bon escient les messages que votre cerveau reçoit d'Uranus, planète qui gère l'intuition supé-rieure. Voyageant dans le signe ami du Verseau jusqu'en fin 2003, vous pouvez faire confiance à votre première idée, c'est la meilleure. N'en doutez même pas!

EXCEPTION

Les natifs du 1er au 10 octobre font un peu exception. Aux prises avec le carré de Saturne, ils sont sur un nuage gris. Sans être alar-mante, la situation demande à être étudiée. Quels que soient votre âge et votre condition physique, vous devrez prendre soin de vous et de votre apparence, c'est important. C'est ce qui permet le mieux de lutter contre la déprime saturnienne qui peut être aussi doulou-reuse à 14 ans qu'à 72 ans.

UN ASCENDANT BIEN PLACÉ AIDERA

Si vous êtes né autour des dates indiquées, utilisez l'expérience des autres. Des milliers d'années d'études et de savants astrologues ont laissé d'abondantes informations sur les méfaits d'une Saturne en mauvais aspect. Cette connaissance est mise à votre disposition, tirez-en profit.

Pour vous protéger, soyez circonspect et prudent. Ne laissez rien au hasard ni à la chance. Tout dépendra de vous. Un ascendant bien placé vous aidera, à vous de le dénicher. Avec tout ce qui a été dit précédemment, cela ne devrait pas être trop difficile.

C'est votre anniversaire, qu'il soit joyeux!

HOROSCOPE HEBDOMADAIRE

Du 7 au 13 septembre : En dépit de votre bonne santé, vous pourriez avoir éventuellement recours à des soins médicaux énergiques et radicaux. La foi et la spiritualité vous rapprochent de l'essentiel. La pleine Lune du 10 en Poissons vous incline à l'amour et à la romance.

Du 14 au 20 septembre : Votre goût de vous dévouer pour une bonne cause vous incite à faire votre propre bien et celui autrui. Votre intuition est fine et doublée d'une intelligence vive et d'un bon jugement. Votre cœur est heureux.

Du 21 au 27 septembre : En tant qu'artiste et créateur, vous êtes bien avec ceux qui vous ressemblent et vous leur donnez le meilleur de vous. L'amour et l'amitié sont vos deux grandes forces. La nouvelle Lune du 25 en Balance indique une victoire importante.

Du 28 septembre au 4 octobre : Vous forcez les autres à une réflexion humaniste. On vous aime et on vous suit, l'exemple que vous donnez est remarquable. Si vous reprenez vos études, vous aurez le diplôme convoité.

Du 5 au 11 octobre : Il faut se couvrir la poitrine et le bassin quand on est Balance, là où les mauvais rhumes et les maladies prennent naissance. La pleine Lune du 10 en Bélier vous suggère de faire des compromis en faveur de votre partenaire.

Du 12 au 18 octobre : Les personnes portées à l'anorexie et à la boulimie doivent surveiller leur alimentation de près. Un corps trop maigre ou trop corpulent n'est pas bon pour vous, il vous faut de l'équilibre en tout.

Du 19 au 25 octobre : Passez à l'action, c'est maintenant que la chance passe. Tentez le sort, la nouvelle Lune du 25 en Scorpion vous y invite cordialement et elle promet d'être généreuse à votre égard.

Du 26 octobre au 1ᵉʳ novembre : L'automne vous réussit. Prêt à jouer vos cartes, vous passez à table. Ascendants Vierge, Poissons, Sagittaire ou Gémeaux c'est le summum de ce que vous connaîtrez cette année.

CHIFFRES CHANCEUX

7-9-13-26-30-31-40-48-50-61

NOVEMBRE

C'est pour parvenir à une parfaite réalisation de notre nature que nous sommes ici.

OSCAR WILDE

DÉCISION CHOQUANTE

Le début de novembre vous incline à des actions rapides et concertées. Après avoir réfléchi et désirant de plus en plus atteindre le but visé, vous allez prendre une décision choquante, quitte à en bouleverser plusieurs. Vous êtes capable d'en assumer les conséquences. Si votre cœur est d'accord, vous êtes sur la bonne voie, ne changez pas d'idée.

LES PLUS FORTS

À la suite d'un bel aspect de Jupiter à Saturne, les affaires d'argent progressent rapidement à la fin d'octobre et au début de novembre. Les plus forts ont des ascendants Vierge ou Cancer. Avec les natifs de ces signes et ascendants vous faites d'excellentes affaires. Ils sont à votre mesure, audacieux, extravagants et fantasques. Ils n'ont peur de rien !

Les transactions sont conclues à votre satisfaction. Bien que certains aient à redire, vous obtenez la faveur du marché. Dirigeants, gouvernants et personnes en position d'autorité s'inclinent. On ne peut rien vous refuser, vous avez des arguments convaincants, et la manière de présenter vos idées et projets est irrésistible. C'est un charme de vous voir au travail.

PRÉJUGÉS

Par l'intermédiaire de vos frères et sœurs et de personnes de votre entourage, vous pouvez établir ou renouer des relations valables avec des êtres que vous évitiez en raison de vos préjugés. La médisance et la calomnie vous avaient éloigné d'eux, pourtant ces personnes ont toujours eu confiance en vous. Preuve qu'il ne faut pas se fier aux racontars…

DEUX ÉCLIPSES TOTALES

Deux éclipses totales marquent novembre. Lunaire, celle du 8 novembre se fait en Taureau. Rien qui vous concerne mais un ascendant Taureau, Lion, Scorpion ou Verseau pourrait causer une chute du tonus moral. En cas de dépression ou d'épuisement professionnel, suivez les conseils du professionnel que vous consultez. Ne déménagez pas, ne signez rien, ne changez rien; tenez-vous-en à la routine. Les chances sont de votre côté à raison de 8 contre 12, ce qui n'est pas mal…

Solaire, l'éclipse du 23 novembre se tient en Sagittaire. Rien non plus vous concernant, mais un ascendant Sagittaire, Vierge, Poissons ou Gémeaux vous rendrait plus vulnérable. En cas de malaises physiques persistants et douloureux, consultez sans tarder et suivez l'avis du médecin traitant ou du spécialiste.

Il ne faut pas prendre de chances sous une telle configuration, surtout quand on est touché par le signe solaire ou, comme ce serait le cas ici, par le signe ascendant. L'un et l'autre sont en état de moindre résistance. Réagir à temps fera toute la différence. La chance est encore de votre côté.

AUCUN MALAISE

Si vous ne ressentez aucun malaise moral en novembre, vous n'êtes ni ascendant Taureau, Lion, Scorpion, Verseau. Si vous ne ressentez pas de malaises physiques, vous n'avez pas d'ascendant Sagittaire, Vierge, Poissons ou Gémeaux. Il ne reste donc que quatre signes qui pourraient être votre ascendant, Balance, Bélier, Cancer ou Capricorne. L'opération est simple : votre ascendant est l'un de ces quatre signes. Cela simplifiera votre recherche si vous ne connaissez pas encore votre signe ascendant.

HOROSCOPE HEBDOMADAIRE

Du 2 au 8 novembre : Coup de force au début de novembre. Aidé par des artistes et des fantaisistes, vous atteignez le but que vous vous êtes fixé. Quelle surprise ! L'éclipse lunaire totale du 8 en Taureau est expliquée plus haut, voyez ce qui vous concerne.

Du 9 au 15 novembre : Vous avez besoin de poésie dans votre quotidien. Votre goût des petits voyages de plaisir et d'agrément dépasse pour l'instant votre talent pour les affaires. Offrez-vous du bon temps, vous l'avez amplement mérité.

Du 16 au 22 novembre : Vos frères et sœurs, cousins, beaux-parents, votre famille, tous sont prêts à vous épauler dans la tâche qui vous apparaît comme impossible en ce moment. Avec leur aide, vous réussirez.

Du 23 au 29 novembre : L'éclipse solaire totale du 23 en Sagittaire est expliquée plus haut. Cette semaine parle d'études, de travaux intellectuels, de lectures et de conférences, de symposiums, de publications et d'édition et de voyages d'affaires.

Du 30 novembre au 6 décembre : Vous reprenez votre vitesse de croisière, tout se passe rapidement. Les personnes qui vous entourent et vos proches jouent un rôle prépondérant dans votre vie affective, sociale et professionnelle.

CHIFFRES CHANCEUX

6-7-16-17-29-30-44-45-59-64

DÉCEMBRE

Reste devant la porte si tu veux qu'on te l'ouvre.

ATTAR

LES QUINZE PREMIERS JOURS

Dernier mois de l'année, décembre est mixte. Dans les grandes choses, tout se déroule selon vos prévisions. Vous aviez entrevu des succès de dernière minute et ils se manifestent. Pendant les 15 premiers jours du mois, les événements se précipitent. Tout est rapide, expéditif. Les problèmes se règlent sans que vous ayez à vous battre, tout se passe pour que vous n'ayez pas à peiner pour obtenir ce que vous désirez. Puis le rythme ralentit. Pour plus d'avantages, agissez pendant cette première quinzaine.

Présent sur les plates-formes économiques et socio-politiques, vous défendez les droits du patronat tout en respectant ceux des employés. Cette tendance habile accroît votre rendement et mousse votre popularité. Vous remportez une éclatante victoire sur l'adversaire.

CARTES SUR LA TABLE

Le temps est venu de mettre vos cartes sur la table et de neutraliser ceux qui ne sont pas d'accord avec vous. Vous leur prouvez chiffres en main que vous aviez raison, ils doivent se rendre à l'évidence. Vous êtes le meilleur dans votre domaine, cela se paie. N'hésitez pas à vous faire rémunérer honnêtement en fonction du travail accompli. Vous bénéficierez longtemps des actions entreprises pendant cette période.

CÔTÉ CŒUR ET SEXE

Côté cœur, le début du mois est ingrat, ce n'est que vers le 20 décembre que vous ressentez des sentiments forts et que l'amour apparaît au premier plan. Côté sexe, c'est le contraire, c'est le début du mois qui est propice à la vie sexuelle ; à compter du 15, toutefois, la période est moins propice aux ébats. Votre partenaire amoureux réclame de l'attention. Il faut dire que vous l'avez négligé ces derniers temps. Essayez de réparer tout cela à Noël en lui offrant un cadeau à la mesure de votre portefeuille. Rien de mieux pour colmater une brèche. Cela et votre disponibilité, votre présence.

L'année se termine sur une note heureuse. Affectivement et sentimentalement, vous redevenez la personne sensible et aimante que vous avez toujours été en secret. Vous passerez de belles fêtes car votre cœur sera comblé !

HOROSCOPE HEBDOMADAIRE

Du 7 au 13 décembre : La pleine Lune du 8 en Gémeaux accroît votre attrait pour les voyages, les étrangers et les cultures étrangères. Vous faites de bonnes affaires avec des gens de différentes ethnies. Les contacts sont chaleureux.

Du 14 au 20 décembre : Vous subissez enfin le charme des fêtes et cédez à la tentation de vous procurer un jouet, une petite folie. Mercure rétrogradant, tout fonctionne au ralenti, prenez patience !

Du 21 au 27 décembre : Les grèves sont causes d'inconvénients. La nouvelle Lune du 23 en Capricorne vous rend méfiant. Ne le soyez pas, on vous aime vraiment et l'amour illumine votre esprit. Joyeux Noël !

Du 28 au 31 décembre : La fin d'année est agréable, mais le temps n'est pas aux prouesses sportives ou sexuelles. Prudence au volant, prenez soin de votre santé, reposez-vous pour commencer 2003 du bon pied.

CHIFFRES CHANCEUX

4-8-16-22-30-31-48-55-60-69

Chère Balance, bonne année 2004 !

Scorpion

DU 24 OCTOBRE AU 22 NOVEMBRE

1er DÉCAN : DU 24 OCTOBRE AU 2 NOVEMBRE
2e DÉCAN : DU 3 NOVEMBRE AU 13 NOVEMBRE
3e DÉCAN : DU 14 NOVEMBRE AU 22 NOVEMBRE

Compatibilité sexuelle et amoureuse

La compatibilité sexuelle et amoureuse entre les signes du zodiaque ayant été commentée de toutes sortes de manières, je me permets de porter à votre attention les constatations suivantes basées sur des données millénaires. Vous verrez qu'elles sont encore aussi justes de nos jours qu'elles l'ont été au cours des siècles passés.

Dans cette analyse, j'ai utilisé le Soleil natal comme point de départ, mais il faut retenir que c'est la planète Mars qui régit la sexualité proprement dite. Les recherches que j'ai entreprises tendent à nous apporter une meilleure connaissance de nous-mêmes dans ce que nous avons de plus personnel, de plus intime, de plus secret. Par extension, cela nous aidera à comprendre les besoins de nos partenaires de vie.

En abordant le sujet de la compatibilité, je ne vous propose pas de règles vous dictant la manière de mener votre vie sexuelle. Cependant, vous le constaterez certainement, sexualité et astrologie font bon ménage. C'est un duo sur lequel on aurait avantage à compter plus fréquemment. Naturellement, en vous livrant à vos observations, vous devrez tenir compte de votre signe ascendant. Car il arrive que deux personnes dont les signes ne sont pas en accord aient des ascendants qui, eux, sont parfaitement compatibles. Vous l'aurez compris, il convient, là comme ailleurs, d'examiner toutes les riches possibilités dont nos natures humaines sont dotées en tenant compte de l'influence des astres sur nos vies.

Ces notions générales vous indiquent donc vos tendances naturelles. Je crois sincèrement qu'elles pourront vous inciter à aller plus loin dans la recherche de l'harmonie sexuelle. Ne serait-ce qu'à ce titre, je suis persuadée qu'elles vous seront utiles.

SCORPION-SCORPION

Ces deux natures hyper sexuées se plaisent au premier coup d'œil. Ce beau feu d'artifice ne dure parfois que le temps des roses, mais si l'un (la femme habituellement) laisse croire à l'autre qu'il dirige la relation, son orgueil étant préservé, cela peut devenir passionnant. Les partenaires sont à force égale et ils le savent.

L'union charnelle est compatible *a priori,* et semble donner de meilleurs résultats dans le cas de couples hétérosexuels.

SCORPION-SAGITTAIRE

L'attraction peut être instantanée, mais la satisfaction sexuelle n'est pas automatique. Le Scorpion est possessif et jaloux de l'objet de sa passion, le Sagittaire est indépendant et n'accepte pas d'être brimé dans sa liberté d'action. S'ils voyagent ensemble et se permettent des fantaisies, ça peut être intéressant.

La sexualité est vue différemment. Le Scorpion est sexuel, son partenaire romantique. La relation est plus réussie entre personnes du même sexe.

SCORPION-CAPRICORNE

Le raz-de-marée rencontre le volcan, c'est à la fois sublime et dangereux. L'eau fertilise la terre ; si la femme du couple veut des enfants, l'union charnelle sera plus complète et plus satisfaisante. Sinon la symbiose sera purement physique et se décantera d'elle-même. Dommage…

Il faut craindre la domination et la violence dans ce couple porté aux extrêmes. L'union est déconseillée, surtout aux couples homosexuels.

SCORPION-VERSEAU

Quel que soit l'attrait sexuel qu'ils éprouvent l'un pour l'autre, la relation n'est pas souhaitable. L'un veut dominer, l'autre refuse de l'être, c'est une lutte à finir. Pour une tentative d'un soir et à titre d'expérience peut-être, mais encore, il faut user de prudence. La passion est sulfureuse, il faut se méfier.

Le défi à relever est sérieux et dépend de l'ascendant des deux partenaires. C'est risqué surtout pour les couples hétérosexuels.

SCORPION-POISSONS

La synergie est bonne, la relation désirable. Cela ne garantit pas une félicité durable, mais c'est gage de satisfaction sexuelle. Sous sa carapace, le Scorpion est sensible et vulnérable. Tour à tour sentimental, indifférent, doux et agressif, le Poissons le désarçonne et met du piquant dans leur relation.

Il faut au Scorpion de la confiance en soi et de la patience, et au Poissons beaucoup d'amour pour passer de l'idée à l'acte.

SCORPION-BÉLIER

L'attrait mutuel est aussi immédiat qu'imprévu. Sexuellement compatibles, ils forment un couple solide et redoutable. Le Bélier initie l'autre à des jeux érotiques qui stimulent le Scorpion, plus traditionnel sexuellement. Ils jouissent de leur corps sans contrainte, sans complexe et sans tabou.

La fidélité est essentielle au Scorpion, le Bélier aime séduire, la jalousie peut ternir l'union. Préférable pour un couple hétérosexuel.

SCORPION-TAUREAU

Leurs natures contraires les divisent. L'un aime le sexe pour le sexe, l'autre fait du sentiment. Si tous deux parviennent aisément au climax, ils ne sont pas toujours en harmonie à la verticale. Ils sont jaloux et dominants, cela peut donner lieu à des querelles d'amoureux qui risquent de dégénérer en un conflit plus grave.

L'attraction fatale est parfois reliée à ces signes. Quelle que soit l'orientation sexuelle des partenaires, mieux vaut ne pas s'aventurer dans leur sillage.

SCORPION-GÉMEAUX

La synergie est belle entre ces deux natures différentes. Le lourd Scorpion aime la légèreté du Gémeaux et vice-versa. L'union charnelle se décide en quatre minutes et dure parfois des décennies. Il leur faut une bonne dose d'humour pour s'épanouir sexuellement, mais ni l'un ni l'autre n'en manque.

Ce couple a une longévité enviable, pourvu que la jalousie ne gâche pas tout. L'association est excellente dans toutes les formes de relations.

SCORPION-CANCER

Cette rencontre entre le bouillant Scorpion et le romantique Cancer est déterminante. Le Scorpion est prêt à tout pour satisfaire son partenaire sexuel, l'autre cache une volonté de fer sous sa douceur apparente. Une relation mystérieuse, profonde et fertile s'établit. La progéniture ne tardera pas à venir.

Imaginatifs, les partenaires explorent leur corps et stimulent leur imaginaire. Ils fantasment tous les deux allègrement, sans risques.

SCORPION-LION

Cette attraction sexuelle est alimentée par un désir naturel de séduire et de dominer. L'union est dangereuse parce qu'elle implique des personnes déterminées, passionnées et orgueilleuses. Sauf exception, le plaisir de l'un passe souvent avant celui de l'autre. La fin de l'union est parfois dramatique. La relation sera meilleure si l'homme est Scorpion.

Une telle union sexuelle est bouillante mais risquée. Il faut des partenaires dont les ascendants sont compatibles pour compenser.

SCORPION-VIERGE

La sexualité de l'un est en harmonie avec la sensualité de l'autre. Déterminé à réussir l'acte sexuel, le Scorpion accède aisément à la jouissance mais la Vierge, d'une nature plus complexe, a de la difficulté à trouver ce qui l'allume vraiment. Il faut tout lui apprendre ; par chance le Scorpion est tenace et patient.

Plus réussie dans les couples de même sexe, cette union peut être satisfaisante dans toutes les formes de sexualité.

SCORPION-BALANCE

Le Scorpion est immédiatement attiré par le charme de la Balance, mais celle-ci lui résiste et il n'aime pas cela. Indépendante et flirt, elle préfère être courtisée et se laisse désirer. Elle peut faire marcher le Scorpion pendant un temps, mais il se réveillera et ce sera brutal. Fini, terminé.

Après le jeu de cache-cache, le papillon se brûle les ailes. L'union est possible en cas d'ascendants compatibles mais il vaut mieux ne pas la rechercher.

Prévisions annuelles

EXCELLENTES NOUVELLES
L'an 2003 apporte au Scorpion d'excellentes nouvelles. Vibrant à un son de cloche que lui seul entend, il participe consciemment ou non à l'émancipation de gens de différents milieux, travailleurs et ouvriers de différentes ethnies, ainsi qu'à la protection des animaux, de l'eau et de la nature. Il lutte aussi pour les libertés sexuelles, en somme pour toutes les formes de liberté. Sa bonté et sa mansuétude ne font pas de doute.

RIEN NE LUI FAIT PEUR
Ceux qui aiment et connaissent le Scorpion voient émerger un être grandi, amélioré, toujours vulnérable, mais plus fort et plus attachant qu'avant. Sa bonne fortune, le Scorpion la partage joyeusement et sans retenue. Bâti solide, il sait qu'il aura toujours des ressources dans lesquelles il pourra puiser en temps requis. Rien ne lui fait peur. RIEN !

BOUILLANTE PERSONNALITÉ
Trois planètes majeures de notre système solaire, Saturne, Uranus et Jupiter, se mettent à sa disposition pendant de longues périodes cette année. Il conquiert des zones interdites et marque des points. Devant sa maîtrise et le contrôle de ses pulsions et impulsions, on le craint moins et on l'aime davantage. Il est ravi qu'on se rapproche de lui. Sa bouillante personnalité s'affirme, ses progrès sont fulgurants.

La présence du Scorpion est désirée dans tous les milieux où il a de l'expertise. On lui demande conseil et il jubile, prodiguant ses soins à qui en a besoin. Bien des gens profitent de son intégrité et de son pouvoir et il en est fier. Donnant autant qu'il reçoit, il est heureux comme rarement il l'a été auparavant.

À L'IMAGE DU SERPENT
Sa valeur humaine croît, son pouvoir social et matériel augmente, tout se passe très vite. Cette transformation est à l'image du serpent

qui quitte sa vieille peau pour s'en fabriquer une nouvelle. À ce point évidente et dramatique, à ce point souhaitable et merveilleuse. Ceux qui le croyaient fatigué et usé doivent se raviser, c'est un Scorpion nouveau qui se manifeste et il n'a pas fini de faire couler de l'encre!

AU PREMIER RANG

Comme de bien entendu, tout n'est pas parfait pour le Scorpion cette année, mais quelques aspects négatifs en février, mai, juin et novembre sont largement compensés par une multitude d'aspects bénéfiques qui le propulsent au premier rang de sa catégorie. En tant que chercheur, détective, soignant, occultiste, homme ou femme d'affaires, musicien ou artiste, il fait fureur. Son talent atteint parfois le génie. Il fallait s'y attendre, des talents sommeillaient en lui depuis longtemps.

SUR LE PODIUM

On n'a jamais vu autant de Scorpion et ascendants Scorpion monter sur le podium. Leur nature réceptive et médiatique ouvre des portes qui leur étaient fermées auparavant. Tant pis pour l'humilité, ils doivent affronter les feux de la rampe. À titre de témoins importants du monde actuel, ils ont des choses à dire, et ils les diront que cela plaise ou non. Pas de demi-mesures avec eux, cette année moins que jamais.

FEUILLETON

Le plus souvent les Scorpion tiennent la vedette dans leur propre feuilleton personnel, mais certains individus plus chanceux seront voués au succès et à la renommée nationale et internationale. Cela peut sembler gros, mais il faut voir grand pour se dépasser quand on est du signe. Qu'ils se réjouissent, 2003 est leur meilleure année depuis des lunes!

ÉCLIPSES À SURVEILLER

Si le ciel du Scorpion s'éclaire nettement, deux éclipses sont à surveiller, qui pourraient l'assombrir. La première, lunaire et totale, se tient le 15 mai en Scorpion et peut causer une baisse psychique importante. Le fait de s'y attendre réduira l'impact négatif. La deuxième, lunaire et totale aussi, se tient le 8 novembre en Taureau, signe opposé

au sien. Une légère baisse du moral est à prévoir, mais d'énormes ressources seront disponibles. Rien de dramatique donc, si le Scorpion
suit les règles de conduite applicables en pareils cas.

CAPTER L'ESSENTIEL

Nous en reparlerons le temps venu, pour le moment passons aux
choses plus drôles et il y en a des masses. De quoi donner envie de
vivre l'année à deux reprises pour avoir le temps de capter l'essentiel du message des astres, lequel est d'une importance capitale. Une
année passe bien vite, surtout quand elle est de cette qualité-là.

MOMENTS CLÉS

Les moments clés sont amenés par un Uranus aimable au lieu d'être
déplaisant comme il le fut pendant des années. Entre le 10 mars et
le 15 septembre s'inscrit une longue période pendant laquelle la
tension diminue jusqu'à disparaître complètement. Vous êtes libéré
d'un poids, soulagé d'une inquiétude, guéri d'une maladie ou d'une
mauvaise habitude. C'est quasi miraculeux!

PAIX ET SÉRÉNITÉ

Saturne vient ajouter à la fête, vous apportant une paix et une sérénité que seule l'expérience de la vie et la souffrance peuvent donner. Du mois de juin jusqu'à la fin de l'année, Saturne bienveillante
veille et vous protège des excès et des fantaisies coûteuses, en vous
favorisant non seulement en argent et en biens matériels mais en
santé physique et morale. C'est un bienfait inestimable, vous vous
surprendrez à aimer Saturne et elle vous le rendra.

SAGESSE, INTUITION, CHANCE

Sagesse de Saturne, intuition d'Uranus, aide du grand bénéfique
Jupiter à compter de la fin du mois d'août vous apportant de la
chance, vous recevez du ciel une multitude de cadeaux. Usez de ces
dons et de vos facultés pour stabiliser votre vie privée, affective et
sociale et jouissez de la vie sans restriction, pourvu que ce soit dans
un sens positif et évolutif.

Si vous pratiquez les arts divinatoires, vous êtes sans pareil. On
vient de loin pour vous consulter. Vous faites bien votre travail et
demandez une juste compensation, c'est dans l'ordre des choses.

TOUT VIENT NATURELLEMENT

Ces bonnes tendances persisteront l'an prochain, inutile de vous dépêcher à tout saisir d'un coup. Prenez le temps d'assimiler les données et renseignements et évaluez la rentabilité de l'affaire avant de tout mettre en branle. Tout vient naturellement cette année, le plus petit effort est largement rétribué, vous avez décidément de la chance !

De quoi réjouir les récalcitrants et convaincre les incrédules et sceptiques dont vous faites souvent partie, cela pour ma plus grande joie. Vous m'obligez à me dépasser et à être meilleure et je vous en suis reconnaissante. Vos critiques sont appréciées, n'hésitez pas à m'écrire par l'entremise de mon éditeur, j'adore avoir de vos nouvelles. Mais continuons notre analyse mensuelle et hebdomadaire, elle vous intéressera sûrement…

Bonne année, cher Scorpion !

Prévisions mensuelles

JANVIER

Résoudre sa propre énigme équivaut à résoudre ses chagrins.

GUY FINLEY

DÉBUT D'ANNÉE EN FORCE

C'est un début d'année en force qui attend le Scorpion. Il doit se méfier des excès, mais pour le reste, il a carte blanche. La santé est bonne, le moral excellent, le système nerveux résiste au stress et l'énergie est à son niveau maximal. Ne vous reste qu'à bien employer les énergies positives dont vous disposez, cela ne devrait pas être difficile.

PASSION, VOLONTÉ, ÉMOTION

Mars transitant par votre signe vous insuffle une puissance redoutable, mais que vous contrôlez habilement. Passion, volonté, émotion, vous passez par toutes les sensations, les éprouvez physiquement et les ressentez dans votre corps. Cette possibilité que vous avez de sentir et de ressentir est sans égale, c'est ce qui vous distingue des autres signes et donne une dimension particulière au vôtre.

GÉRER LE REFLUX INTÉRIEUR

Gérer le reflux intérieur qui vous remue continuellement pourra vous paraître malaisé. Cependant il est nécessaire d'apprendre à le faire pour atteindre à un certain bien-être. Jeune, il vous faut prendre le temps d'expérimenter vos forces et vos faiblesses et surtout, savoir reconnaître vos limites. Sinon vous irez au désastre, c'est inévitable. Plus vieux, vous serez plus sage et par conséquent plus heureux. Par bonheur, vous ne courrez pas de risque au plan sentimental et sexuel en janvier, au contraire, votre ciel amoureux sera bleu et sans nuage.

LES SEPT PREMIERS JOURS

Les sept premiers jours de l'année sont sous l'influence de Vénus, planète d'amour, de charme et de douceur. Voyageant en Scorpion, elle met de la magie dans votre vie amoureuse et sentimentale et l'habille de couleurs chatoyantes et enchanteresses. Chanceux en amour, vous charmez et séduisez aisément. Par bonheur, votre cœur est aussi grand que votre âme. Qui vous connaît sait que ce n'est pas peu dire…

PETITE BÉNÉFIQUE

Le Scorpion est adorable, aimant et aimé en ce beau début d'année. Impossible autrement, Vénus ne rate jamais la cible. Surnommée à raison la «petite bénéfique», cette planète porte chance et bonheur. Elle a aussi la propriété de mettre de l'ordre dans les affaires d'argent et de santé. Si vous aviez des problèmes en ce sens, vous constatez une nette amélioration et vous savez que ça durera.

Sérieux et fidèle, vous assumez vos responsabilités conjugales, familiales et sociales sans broncher. Vous avez du mérite car ce n'est pas aussi facile qu'il y paraît. Cette facilité viendra les mois suivants, en attendant il faut de la patience et de la persévérance dans l'effort.

RENAISSANCE

Cette première semaine de janvier et les suivantes prouvent ce que j'annonce, c'est-à-dire que le Scorpion connaît une véritable «renaissance». Beaucoup n'y croiront qu'à la fin de l'année, mais ceux qui lui font confiance ne seront pas déçus. Il les aide physiquement, mentalement et spirituellement, sa seule présence suffit à apaiser les corps et les esprits. Et c'est souvent sans qu'il le veuille qu'il devient un maître, un gourou, un spiritualiste. Demeurant simple et accessible, il est reconnu et aimé pour qui il est. Il est réhabilité en quelque sorte…

DATES POUR SE FIANCER, SE MARIER

Se fiancer, se marier, faire un enfant ou en avoir un, voyager en pays exotique et ensoleillé, tout cela vous est possible et même souhaitable. À vous d'en décider, mais un coup de pouce du sort à cet effet pourra aider les plus hésitants.

La prudence extrême qui vous caractérise vous pousse parfois à remettre à plus tard ce que vous devriez faire aujourd'hui. Pour plus de garanties de bonheur engagez-vous définitivement du 1er au 7 janvier, vers le 24 juin, le 1er juillet ou en septembre, vous ne le regretterez pas, promis.

HOROSCOPE HEBDOMADAIRE

Du 1ᵉʳ au 4 janvier: Ce jour de l'An est superbe et réussi. Vous êtes en forme et amoureux, il ne saurait en être autrement. La nouvelle Lune du 2 en Capricorne rapproche des frères et des sœurs, de la parenté, des amis.

Du 5 au 11 janvier: C'est une semaine heureuse et propice à la chance, à la santé et aux accomplissements personnels. Vous vous aimez, vous vous respectez et on fait de même avec vous, on vous retourne ce que vous donnez. C'est facile, vous voyez.

Du 12 au 18 janvier: Vos activités permettent la poursuite de travaux et d'entreprises stimulantes. Vous travaillez au mépris du danger et de la mort. Vos fortes tendances passionnelles vous incitent aux excès, ne perdez surtout pas le contrôle! La pleine Lune du 18 en Cancer vous rend triste et nostalgique, des larmes sont prévisibles.

Du 19 au 25 janvier: Vous avez de grands appétits matériels et sexuels. Si votre conjoint ou partenaire amoureux comble vos désirs, tant mieux. Sinon prenez garde. La tentation a belle allure, mais sauter la clôture est risqué…

Du 26 janvier au 1ᵉʳ février: Votre santé requiert des soins. Soignez un rhume, une mauvaise grippe, rien d'alarmant mais soyez prévoyant. La nouvelle Lune du 1ᵉʳ en Verseau est traîtresse et vous expose à des revers. Hypersensibilité, entêtement malheureux sont au programme si vous ne changez pas votre fusil d'épaule.

CHIFFRES CHANCEUX

8-9-13-23-24-37-39-44-57-69

FÉVRIER

Nous sommes mieux avec un rossignol que sans rossignol.

ELSA TRIOLET

CONTOURNER L'OBSTACLE

Je vous ai prévenu, février ne sera pas votre mois préféré cette année. Il faut noter surtout l'effet négatif de l'opposition de Jupiter en Lion à Neptune en Verseau. Ces deux signes se trouvant en carrés ou en mauvais aspect avec le vôtre, vous ne pouvez faire semblant d'ignorer cet effet négatif. Vous n'en récolteriez que plus de problèmes. Il n'y a pas lieu de paniquer, mais de diriger vos actes et pensées de manière à ne pas aggraver la situation. Ce qu'il vous faut faire : contourner l'obstacle au lieu de le prendre de front. Ses retombées seront moins contrariantes.

NI LE SEUL NI LE PLUS AFFECTÉ

Rassurez-vous, vous n'êtes ni le seul ni le plus affecté par les événements extérieurs. Sans qu'elle puisse vraiment vous consoler, cette pensée pourra apaiser vos craintes. L'effet négatif de cette dissonance planétaire est ressenti partout dans le monde, mais comme elle vous touche personnellement, vous avez intérêt à être informé des probabilités et des statistiques. Tout ce qui est annoncé ci-après ne vous arrivera pas, mais puisque prévenir vaut mieux que guérir, tenez-vous le pour dit.

PAS GAI

Crashs, naufrages, vagues de fond, raz de marée, tremblements de terre occasionnés parfois par les fonds marins, inondations, tous ces dégâts causés par l'eau, le feu et l'air ont des répercussions sur l'ensemble des populations. Voilà qui n'est guère rassurant, me direz-vous. C'est vrai, mais l'astrologue doit se faire un devoir de vous prévenir, c'est son rôle de le faire. Dans le cas où il ou elle se trompe, tant mieux, mais statistiquement et d'après mon expérience, la chose est rare. Chose certaine, ça brassera dans les chaumières et à l'échelle planétaire.

ÉVITER LES PROBLÈMES LÉGAUX

Sur le plan pratique et immédiat, évitez les problèmes légaux, les infractions au code pouvant vous causer de sérieux ennuis. Les scandales financiers et sexuels vont croissant, seule votre honnêteté irréprochable peut vous mettre à l'abri. Ce n'est pas le moment d'intenter des poursuites en divorce, de vous lancer dans des procès, des bris de contrats et autres, vous n'auriez pas gain de cause. Les peines qui en découleraient seraient douloureuses, les frais exorbitants.

RÉCONFORTANT

Cette «crise» sera de courte durée. Dès le mois prochain, vous retrouverez l'optimisme et la santé nécessaires pour vous sortir des situations les plus compromettantes. Vous apprendrez par la suite que les beaux jours finiront par revenir et que le Soleil brillera à nouveau de tous ses feux. Il est réconfortant de savoir que viendront des jours meilleurs.

PAUVRE SAINT-VALENTIN

Dire que la fête des amoureux se célèbre le 14 février alors que l'opposition planétaire qui nous préoccupe se produit le 16 février. Pauvre Saint-Valentin, il a de quoi vous donner des boutons! Quand même, marquer l'occasion par de petites attentions et de bons souhaits serait gentil pour votre partenaire. Même si vous pensez que la fête est devenue trop commerciale, ne ratez pas l'occasion de dire votre amour à ceux que vous aimez. On ne le fait jamais assez.

Cher Scorpion, bonne Saint-Valentin!

HOROSCOPE HEBDOMADAIRE

Du 2 au 8 février: Votre santé requiert de l'attention, redoutez les rhumes et les grippes. Vous entretenez de bonnes relations avec les gens qui vous entourent. La perspective d'un voyage met de la poésie dans votre quotidien.

Du 9 au 15 février: Vous avez le cœur heureux mais vos nerfs sont à vif. Ce qu'il vous faut: dormir mieux, vous alimenter sainement, faire un peu d'exercice et éviter les excès. Le rire et la détente sont essentiels à votre bonne santé.

Du 16 au 22 février: La pleine Lune du 16 en Lion vous rend agressif et maussade. Tout n'est pas votre faute, ce qui se passe dans votre entourage finit par vous atteindre. En période d'urgence, vous êtes à la hauteur.

Du 23 février au 1ᵉʳ mars: Vos affaires d'argent et de finance sont complexes, rien ne va à votre goût. Méfiez-vous des promesses mirobolantes de placements à rendement prétendus élevés, il pourrait s'agir d'un piège plus qu'autre chose...

CHIFFRES CHANCEUX

9-13-23-30-33-34-47-48-55-69

MARS ET AVRIL

Tout homme qui n'accepte pas les conditions de sa vie vend son âme.

CHARLES BAUDELAIRE

DEUX GRANDS MOIS

Mars et avril sont deux grands mois pour le Scorpion. Il doit faire provision de santé, de joie et d'équilibre moral, se nourrir d'air pur et remplir son âme de bons sentiments. Si son cœur est un peu triste ou déçu, mars et avril ramènent la joie dans ses affections et ses amours. Généreux et compatissant, il s'attendrit pour un rien. Une larme perle à ses beaux yeux, c'est attendrissant, charmant, touchant. Il aime avec sa tête autant qu'avec son cœur, cela préfigure un bonheur durable.

DÉLIVRÉ D'UN POIDS

Malgré sa grande sensibilité, c'est un natif en grande forme qui voit arriver le printemps: il est d'attaque. Ça sent bon le bonheur dans sa maison, sa famille, son entourage. Délivré d'un poids et content de retrouver ses chères habitudes, il se sent en sécurité, ce qui n'est pas à dédaigner quand on cherche à se faire ou à se refaire une santé, un nid, une fortune, une vie. Il y parviendra, il en a l'intuition, c'est ce qui le motive et le pousse à poursuivre sa route.

INTUITION FABULEUSE

Une intuition fabuleuse est accordée aux natifs du Scorpion aux alentours du 10 mars. Vous en ressentez ses effets renversants et vous vous découvrez un sixième sens qui va se montrer d'une exactitude totale. Voilà une déconcertante découverte d'une faculté extrasensorielle active qui surviendra d'ici au 15 septembre prochain. La période est assez longue pour vous permettre d'apprécier l'importance du bon transit d'Uranus en Poissons, signe en amitié avec le vôtre. Uranus c'est l'intuition, la science infuse, l'inventivité. Tenter des expériences avec ces sujets vous apprendra beaucoup en peu de temps.

VITESSE DE L'ÉCLAIR

Ce passage astral a sur vous les meilleurs effets. Il accroît votre intuition supérieure, c'est-à-dire l'idée qui s'imprime dans votre cerveau à la vitesse de l'éclair. La question n'est pas entièrement formulée et vous connaissez déjà la réponse. Ce n'est pas toujours évident de se fier à sa première idée sans discuter. Après quelques tentatives, vous n'hésiterez plus à vous faire confiance. Vous connaissez la réponse : donnez-la, c'est la bonne !

Cette qualité vous rend magnétique, attirant, avant-gardiste et innovateur. De quoi vous donner à réfléchir pendant de longs moments.

BONNES NOUVELLES

Voilà de bonnes nouvelles pour vous. Vous appréciez à leur juste valeur ces temps nouveaux et propices, ils comblent vos besoins du moment et arrivent en temps opportun pour vous sortir d'un marasme persistant, atténuer une douleur lancinante et réparer les pots cassés au besoin. Le ciel fait bien les choses. Vous voyez, tout s'arrange ; même l'impossible est possible quand on le veut vraiment.

LES PETITES CHOSES

Dans les petites choses, vous vous portez bien. Malgré un peu de nervosité, vous avez bon appétit et aimez préparer de bons petits plats. Votre conjoint et vos amis sont ravis de manger à votre table. Bien plus qu'un plaisir, c'est un privilège. D'autant plus que c'est fait « maison », ce qui se fait de plus en plus rare. En tant que chef de cuisine, vous avez du talent. Peut-être devriez-vous exercer ce métier professionnellement ou à temps partiel, ce serait dans vos cordes.

AU TRAVAIL

Au travail, vous savez vous entourer de collaborateurs dynamiques et enthousiastes. Les voyages d'études ou d'affaires sont plaisants et stimulants, ils mettent du piquant et de la fantaisie dans votre routine. Vous décidez brusquement de partir et vous avez raison de le faire, tout se passe bien en route, et une fois rendu à destination.

Vous apprenez et étudiez tout en vous amusant. L'ordinateur et ses dérivés deviennent indispensables. Apprenant facilement, vous entrez officiellement dans le XXIe siècle. À votre corps défendant mais quand même : le saut est réussi !

PIED-À-TERRE

Vous devriez considérer l'achat d'un pied-à-terre ou d'une deuxième maison, question de travailler en paix et de ne pas perdre le rythme, ou tout simplement pour profiter d'un havre de paix où vous réfugier au besoin. Évaluez le rendement matériel, mais surtout l'apport moral que cela représente, selon vos moyens et votre bourse, bien sûr. Si c'est possible élargissez votre champ de tir, le temps est propice.

PAS D'ÂGE POUR AIMER

Souvenez-vous, il n'y a pas d'âge pour aimer. Une personne plus jeune ou plus âgée qui vous intéresse ? Laissez faire et dire, pourvu que votre cœur soit sincère, c'est le principal. Vous avez le droit de chercher votre bonheur où il se trouve. Quelqu'un de votre entourage ou de la parenté vous présente une personne intéressante, ne dites pas non avant d'avoir tenté de la connaître. Vous pourriez avoir de bonnes surprises.

C'est Pâques le 20 avril, joyeuses Pâques à tous !

HOROSCOPE HEBDOMADAIRE

Du 2 au 8 mars: La nouvelle Lune du 2 en Poissons favorise les jeux de hasard, la spéculation boursière et financière, les placements risqués et audacieux. La période est plus propice au travail qu'à l'amour.

Du 9 au 15 mars: Des problèmes familiaux et au foyer sont possibles, essayez de ne pas dramatiser. Refusez de vous entêter dans ce qui paraît être une erreur. Demandez conseil à vos proches et écoutez-les.

Du 16 au 22 mars: Le calme est revenu dans votre vie et dans vos affaires, mais votre cœur demeure insatisfait. Il est possible que vous en demandiez trop à l'amour de votre vie. La pleine Lune du 18 en Vierge vous rend analytique et hypercritique. Venant de vous on l'accepte, mais n'exagérez pas.

Du 23 au 29 mars: Vous avez les nerfs solides, des réflexes sûrs, et vous pouvez travailler, faire du sport, du bénévolat et vous dévouer pour une bonne cause sans vous fatiguer. Le plaisir d'être utile et actif en vaut la peine.

Du 30 mars au 5 avril: La nouvelle Lune du 1er en Bélier marque un changement dans votre rythme de vie. Le tempo s'accélère, les choses se précipitent, vous manquez de temps pour faire ce qu'il vous plairait. Frères et sœurs, cousins et voisins vous sont précieux, ils vous aiment.

Du 6 au 12 avril: Le printemps vous réjouit, vous l'aimez et il vous le rend bien. Profitez de chaque rayon de soleil pour faire provision d'énergie physique, morale et mentale. Le bonheur vous va bien…

Du 13 au 19 avril: Votre cœur est doux et tendre, vos sentiments sont stables et sincères. Vous témoignez de l'affection à un homme ou à une femme, peu importe si vous aimez, il faut le montrer. La pleine Lune du 16 en Balance marque le règlement d'un problème de façon quasi magique.

Du 20 au 26 avril: Diminuez légèrement vos heures de travail, votre provision d'énergie n'est pas inépuisable. En cas de malaises cardiaques, ne négligez pas de voir un bon médecin ou un cardiologue, en cas de saignement, un généraliste. Si tout va bien, tant mieux, mais n'exagérez pas sexuellement.

Du 27 avril au 3 mai: Vous montrer autoritaire et dominateur est contre-indiqué dans vos affaires d'argent, en amour et en amitié.

Nul n'aime être manipulé. La nouvelle Lune du 1er en Taureau provoque des difficultés. Votre partenaire donne des signes de désaccord, attention.

CHIFFRES CHANCEUX

4-13-26-28-31-39-40-58-59-67

MAI

En écoutant nos intuitions, nous apprenons à nous trouver au bon endroit au bon moment, afin de partager avec les autres.

JAMES REDFIELD

MOIS D'ÉCLIPSES

Deux éclipses marquent le mois de mai. La première se fait dans votre signe et vous touche de près. Lunaire et totale, elle se tient le 15 mai en Scorpion et peut représenter une baisse psychique assez dramatique. Bien que de courte durée, les effets déprimants qu'elle produit exigent de l'attention de la part des natifs du signe et de tous les ascendants Scorpion, quel que soit leur signe solaire.

1ER MAI AU 7 JUIN

Éviter de vous entourer de personnes âgées, malades ou déprimées pendant la période d'éclipses allant du 1er mai au 7 juin minimisera les retombées négatives de l'éclipse lunaire. Vous avez un ascendant autre que Scorpion, Lion, Verseau ou Taureau ? Tant mieux, cet ascendant vous apportera le réconfort moral désiré. Les natifs de ces signes ou qui les ont pour ascendant étant aussi déprimés que vous, ne comptez pas sur eux pour vous remonter le moral. Huit signes sont épargnés, vous trouverez du réconfort auprès d'eux, les chances sont de votre côté.

ASCENDANTS ET SIGNES TOUCHÉS

La deuxième éclipse se tenant en Gémeaux le 31 mai vous laisse en paix. Solaire et partielle, elle est moins sévère et présente moins de risques. Un ascendant Gémeaux, Vierge, Poissons ou Sagittaire serait moins propice, mais il n'y a pas lieu de vous inquiéter outre mesure pour votre santé physique, elle tiendra le coup. Si vous avez un conjoint, associé ou un partenaire de ces signes, prenez en note. Il ou elle aura besoin de vous et de votre soutien. Brave et fidèle, vous veillerez au grain.

IL N'Y A PAS QUE…

Il n'y a pas que les éclipses qui devraient vous inciter à demeurer à l'affût : Soleil, Mercure, Vénus pour la deuxième partie du mois et Mars tout le mois ainsi que Jupiter et Neptune sont des planètes qui demandent à être respectées. Voyageant en Taureau, Lion et Verseau, elles vous font de vilains aspects. Sans qu'il soit nécessaire de vous énerver ou de sauter aux conclusions, vous devriez tout de même être prudent ce mois-ci et au début du mois suivant, tout en sachant qu'à compter de juin tout se remettra au beau.

CÔTÉ CŒUR

C'est bon, côté cœur, à partir du début de mai jusqu'au 17 du mois.

Bonne fête des Mères à toutes les mamans Scorpion !

HOROSCOPE HEBDOMADAIRE

Du 4 au 10 mai : Des retards, des grèves, des lenteurs administratives, médicales et autres vous mettent les nerfs en boule. Votre partenaire et les gens qui vous entourent sont plus en manque de soins que vous. Vous ne pouvez pas faire de miracles, ne vous culpabilisez pas. L'amour et l'amitié sont de précieux remontants.

Du 11 au 17 mai : C'est une semaine d'éclipse lunaire totale qui se tient le 15 dans votre signe. Tout a été dit plus haut, relisez cela pour plus de détails. Votre ange gardien vous protège ; ne craignez rien, ça s'arrangera.

Du 18 au 24 mai : Des choses se remettent en place, vous retrouvez le moral petit à petit. Votre courage et votre force de résistance sont accrus, vous remontez la pente et serez capable de défendre vos droits et intérêts. Même s'il faut le faire contre la volonté d'une personne aimée, vous devez agir, vous n'avez pas le choix.

Du 25 au 31 mai : Votre impulsivité attise l'agressivité d'autrui. Comportez-vous avec plus de tact et de diplomatie dans tous les domaines, sinon c'est vous qui serez perdant. L'éclipse solaire annulaire du 31 en Gémeaux est analysée plus haut. Relisez ce passage pour plus de renseignements.

CHIFFRES CHANCEUX

8-9-13-23-30-33-47-49-50-64

JUIN ET JUILLET

Il est bon de suivre sa pente, pourvu que ce soit en montant.

ANDRÉ GIDE

COMPLEXE MAIS EXALTANT

La période de juin et juillet annonce des moments complexes mais exaltants. Débutant mal le 3 juin, à la suite de l'opposition de Jupiter en Lion à Neptune en Verseau, comme c'était le cas en février dernier, il y a place à l'espoir. Soyez attentif aux tendances qui avaient cours alors, mais méfiez-vous des tentations plus fortes cette fois-ci. Le 3 juin marque le summum des difficultés auxquelles vous aurez à faire face. En Scorpion averti, vous vous en tirerez mieux.

APOTHÉOSE

À compter de la mi-juin vous remontez la pente jusqu'au sommet qui correspond à un moment spectaculaire vers le 24 juin, lors du bel aspect de Saturne en Cancer à Uranus en Poissons, suivi d'un bel aspect de trigone le 1er juillet entre Jupiter et Pluton. Ces grandes planètes étant bien disposées à votre égard, vous bénéficiez d'une période d'expansion, de chance et de facilité dans les domaines qui vous intéressent. Ces avantages sont à utiliser dans le sens de vos désirs, inutile de vous le dire…

MOMENTS ULTIMES

Vous connaissez en fin juin et au cours de juillet des moments ultimes. Tout ce que vous avez souhaité peut se réaliser, même vos rêves les plus fous peuvent se concrétiser. Le nouveau et l'ancien s'amalgamant bien, vous avez des possibilités immenses et des talents inutilisés, à vous d'en tirer le maximum de rendement possible.

L'eau et les liquides vous sont favorables, les produits de la mer, les jus, les vins et les alcools sont source de profit et de santé. Ne buvez que des jus pendant une semaine, vous m'en donnerez des nouvelles!

DU PIRE AU MEILLEUR

Du pire au meilleur pourrait-on dire de ce temps complexe mais exaltant, j'insiste. Relisez ce qui a été dit en février dernier au sujet de l'opposition planétaire du 3 juin et vous saurez à quoi vous en tenir. Si vous avez été honnête, rien à redouter de la justice humaine ni même de la justice divine. Vous avez fait votre devoir, c'est ce qu'il fallait. On ne peut pas vous en demander davantage.

LES JEUX SONT FAITS

Avoir la conscience en paix vous fera passer un bon été. Si vous avez commis des bévues ou des maladresses, attendez-vous à la foudre des bien-pensants, au tonnerre d'applaudissements qui soulignera votre chute, à la tempête que vous provoquerez dans vos affaires et au scandale qui s'ensuivra. Vous avez été prévenu : comme à la roulette, *les jeux sont faits, rien ne va plus.*

SPIRITUALITÉ

Vous n'avez nulle bonté ou gestes gratuits à attendre de la part des autres, surtout pas des autorités. Tout ce que vous aurez, vous le gagnerez à l'arraché. Ce mois se terminant sur une note heureuse, je vous souhaite d'en tirer le meilleur parti possible et de laisser le reste. Qui sait, vous pourriez être l'exception qui confirme la règle et ne ressentir que le bien.

La spiritualité est un puissant dérivatif au malheur, il ne faut jamais sous-estimer son importance dans notre vie quotidienne. Ses effets bénéfiques sont sans limite, inestimables. Vous en obtenez une bonne dose, c'est votre protection, vous le savez. Continuez d'en faire abondamment usage.

C'est fête des Pères en juin, la fête nationale des Québécois le 24 juin, la fête nationale des Français le 14 juillet, bonne fête à tous!

HOROSCOPE HEBDOMADAIRE

Du 1ᵉʳ au 7 juin: Le soleil vous fait du bien, vous aimez vous occuper des fleurs, des arbres, des oiseaux et de tout ce qui tient de la nature. Travailler et pétrir la terre est votre planche de salut, n'ayez pas peur de vous salir les mains, c'est la meilleure thérapie qui soit.

Du 8 au 14 juin: À compter du 10, le courant affectif est rebranché, vous êtes libéré d'un poids qui brimait vos sentiments. La pleine Lune du 14 en Sagittaire vous parle d'argent et de finances, vous y excellez.

Du 15 au 21 juin: Votre intellect et votre système nerveux sont sûrs, le stress disparaît, vous regagnez du terrain en ce qui a trait à la santé, aux études, au travail, au commerce et en affaires. Votre cœur est léger comme un vent d'été, vous vous sentez romantique. Votre vie sexuelle est satisfaisante et votre forme sportive à son meilleur.

Du 22 au 28 juin: Mars et Uranus accroissent votre instinct de conservation et votre intuition. Les deux s'unissent pour vous protéger contre vous-même, au cas où vous auriez envie de faire des excès sexuels ou autres.

Du 29 juin au 5 juillet: La nouvelle Lune du 29 en Cancer vous accorde bonté douceur et générosité. Elle accroît en outre votre créativité. Artistes et artisans, vous avez du génie et êtes aimés du public. La mer vous apporte la paix et la contemplation.

Du 6 au 12 juillet: Vous aimez la bonne bouffe, les bons vins et les belles tables, vous êtes un as dans la cuisine à l'intérieur et à l'extérieur. Vous savez faire plaisir à ceux que vous aimez et êtes entouré d'une véritable cour, en plus du cercle de vos intimes.

Du 13 au 19 juillet: La pleine Lune du 13 en Capricorne favorise vos rapports avec vos frères et sœurs, cousins et voisins. Vos relations sont simples et chaleureuses. Le travail passe pour vous après le plaisir, vous êtes en vacances ou devriez l'être. Le temps est idéal pour voyager un peu.

Du 20 au 26 juillet: En forme physiquement, vous êtes capable de faire des efforts et de vous surpasser au travail. Il est possible que vous exerciez votre autorité avec tendresse et discernement sur des jeunes, des enfants.

Du 27 juillet au 2 août : Côté sentimental et intellectuel, vous avez des ressources insoupçonnées. Il faut les employer, ce serait terrible de perdre ce temps propice et de ne rien faire. La nouvelle Lune traîtresse du 29 en Lion parle de larmes et de chagrin ; soyez souple et tolérant, cela vous aidera.

CHIFFRES CHANCEUX

5-8-17-21-22-34-35-49-50-67

AOÛT

Un tête-à-tête avec soi-même, c'est une pensée qui fait frémir l'âme moderne.

Nietzsche

APPEL DU LARGE

Jupiter quittant le Lion le 27 août pour passer en Vierge, signe ami du vôtre, vous ressentez dès le début du mois un appel du large. Vos amis et relations amicales, sociales et professionnelles sont en partie responsables d'une tendance inhabituelle ou longtemps refoulée et qui sommeillait en vous : celle d'aller voir ce qui se passe ailleurs.

Août est idéal pour prendre de longues vacances, jamais vous ne les aurez tant appréciées, mais pour ce qui est du repos total, il faudra attendre une autre année sans doute, celle-ci est trop mouvementée.

ENVIE D'AILLEURS

Natif d'un signe fixe, vous n'aimez pas les longs déplacements et préférez rester sur place. Rien de plus normal puisque vous y êtes bien. Notez-le toutefois, cette année, plus précisément à compter de l'été, l'envie d'être ailleurs vous prendra fortement et fréquemment. Il vous faudra sans doute du temps pour vous décider, mais vous partirez, c'est certain.

Comme vous aurez attendu le bon moment, vous serez enchanté de ce que vous découvrirez ou redécouvrirez, selon le cas. Bien sûr il faudra voir dans chaque cas, mais le fait est que le goût de l'aventure vous tenaille. Homme ou femme, garçon ou fille, il vous faut du nouveau, c'est un désir que vous devrez satisfaire.

GOÛT DES DÉPARTS ET DES VOYAGES
Jamais le natif n'a été autant sollicité par l'appel de l'inconnu. Cela va du voyage traditionnel au voyage imaginaire où le rêve a sa large part. Mais il y en a un autre, le plus passionnant d'entre tous, le voyage intérieur. Rien n'est supérieur à la magie du temps présent, vécu dans l'instant même, en toute quiétude et dans la plénitude. Aucune satisfaction extérieure n'égale celle de se savoir vivant et aimant.

PREMIÈRE EXPÉRIENCE
Il semble être question de départs et de voyages en ce beau mois d'août. Bien, pourvu que vous rentriez pour le 23. Les événements extérieurs risquant de se bousculer, vous serez en sécurité. Même si vous ne courrez pas de véritables dangers à la dissonance du 30 août entre Jupiter passé en Vierge et Uranus en Poissons, mieux vaut mettre les chances de votre côté, surtout s'il s'agit d'une première expérience.

FAIRE TOMBER LES IDOLES
L'opposition Jupiter-Uranus expose à une recrudescence d'accidents d'avion et divers moyens de transport, à des tremblements de terre majeurs, à des procès ayant pour cause des scandales financiers, politiques ou moraux. Les pertes et les échecs ont tendance à être soudains. Revirements inattendus et spectaculaires chez les rois, les dirigeants et chefs religieux, les stars de cinéma et les riches de ce monde. Personne n'est à l'abri, l'argent n'achète pas le silence de certaines personnes décidées à faire tomber les idoles de leur piédestal. Vous pourriez être de ceux-là qui cherchent à rétablir un peu de justice sociale.

ESSAIS MÉDICAUX
Les essais médicaux, les tentatives de clonages et autres explorations du même type sont entrepris et réussis. Le code d'éthique à utiliser,

la procédure légale à suivre, l'appétit vorace que les êtres humains ont de dépasser leurs limites et d'atteindre l'immortalité, cela principalement à cause des avantages financiers qu'ils procureront à ceux qui seront les premiers dans la course, tout cela a de quoi inquiéter et troubler la conscience des plus sensibles dont vous êtes.

SAGE DÉCISION

Ce sont de bien grands problèmes moraux et spirituels que les hommes des années 2000 vont devoir résoudre. Cela vous passionne, mais vous préférez attendre d'en savoir plus long sur le sujet avant de vous prononcer. C'est un sain réflexe, une sage décision inspirée par le bon aspect que Saturne vous fait du Cancer où il séjourne. Pendant ce temps, le bon aspect que Jupiter vous fait de la Vierge vous oblige à une critique sévère des temps présents.

À CE PROPOS

À ce propos, la sagesse de Saturne vous est utile à bien des titres. Vous n'avez pas assez de vos 10 doigts pour y compter les erreurs et méfaits qu'elle vous a permis d'éviter depuis le 6 juin dernier. Remerciez la providence, Dieu, le Grand Manitou, le dieu que vous voudrez, mais soyez reconnaissant à l'Être suprême des bontés et des cadeaux dont il vous couvre, vous et sur ceux que vous aimez.

MOINS SAGE

Moins sages peut-être sont les Scorpion ascendant Gémeaux, Vierge, Sagittaire et Poissons, les natifs et les ascendants de ces signes doubles. Croyant posséder la vérité, ils sont dans l'erreur. Le fait d'éviter toute discussion à ce sujet serait sage pour le moment. En octobre et surtout en novembre, ils verront que vous aviez raison d'être sur vos gardes et s'excuseront de ne pas vous avoir crû sur parole…

HOROSCOPE HEBDOMADAIRE

Du 3 au 9 août: Vos dons psychiques se manifestent avec puissance. Vous vous sentez capable des plus grands efforts. Les jeux de hasard, les sports, la spéculation et les entreprises qui sont au service des jeunes et des enfants peuvent vous enrichir, mais il serait préférable d'éviter de mêler les sentiments et l'argent.

Du 10 au 16 août : La pleine Lune du 12 en Verseau vous rend méfiant. Votre famille est une source d'ennuis mais votre goût de vous amuser persiste. Votre vie amoureuse vous rend heureux, surtout si vous vivez dans la nature.

Du 17 au 23 août : Votre goût pour la gastronomie, les bons crus, la belle compagnie est satisfait. Vous déployez beaucoup de charme et faites des conquêtes faciles. Vous considérez passagèrement la vie comme un jeu, cela vous repose !

Du 24 au 30 août : La période est bonne pour vous côté sentimental, mais tout le monde n'a pas votre chance. La nouvelle Lune du 27 en Vierge vous rend critique mais généreux. Aider les autres devient votre priorité.

Du 31 août au 6 septembre : Sauf exception, les anxieux se calment, leur santé ne leur causant pas d'inquiétude. Vous êtes en forme pour affronter l'automne, vous vous divertissez dans des conditions particulièrement agréables. Vos amis et relations occupent une place de choix dans votre vie.

CHIFFRES CHANCEUX

8-9-13-22-23-35-44-45-59-61

SEPTEMBRE ET OCTOBRE

Les malheureux sont ingrats ; cela fait partie de leur malheur.

VICTOR HUGO

ESPOIRS RÉALISÉS

Deux très bons mois s'annoncent pour le Scorpion. Aidé par Jupiter et par Saturne, puis par Uranus pendant la première quinzaine de septembre, le natif se trouve en position de force. Cette période est marquée par la réalisation d'espoirs, par la chance, mais aussi par des relations bénéfiques avec des amis généreux haut placés.

AMITIÉS BÉNÉFIQUES

On note en effet un élargissement du cercle des amitiés bénéfiques. Des plans et de vastes projets se réalisent. Vous vous faites des amis à l'étranger ou devenez l'ami de gens de différentes cultures, ce qui élargit vos horizons et apporte de l'agrément et du changement dans vos habitudes. Scellez autant que possible les unions, groupes et ententes avant le 16 septembre, vous mettrez plus de chances de votre côté.

TOUT NOUVEAU TOUT BEAU

Tout nouveau tout beau peut-être, mais vous trouvez stimulant de rencontrer de nouvelles personnes, de faire des recherches et des travaux avec elles et de vous intéresser à des sujets controversés, qu'ils soient de nature spirituelle, matérielle, occulte ou parapsychique. Vous pouvez entreprendre des études et travaux personnels sans attirer la moquerie des autres. N'hésitez pas à suivre votre intuition et votre instinct, les deux vous guident bien. Ne craignez pas d'être déçu par des personnes de qualité, vous ne le serez pas.

NE PAS TOUT DÉVOILER

D'autres, par contre, pourraient envier votre bonheur et vouloir brouiller les cartes. À ce sujet, prenez soin de ne pas tout dévoiler et de garder pour vous votre bonne fortune et vos rencontres. Certains pourraient s'en montrer jaloux et tenter de faire avorter les projets que vous caressez en secret. La discrétion sur vos centres d'intérêts actuels est préférable. Comme cette tendance heureuse persistera pendant des mois sinon des années, il vous faudra vous faire à vos nouvelles conditions de vie.

DES GENS POSITIFS ET SATISFAITS

Mieux vaut taire ce qui vous rend heureux à ceux qui sont en manque d'amour, de projets ou d'argent, ça risquerait de vous les mettre à dos. Parlez plutôt de votre vie actuelle à des gens positifs et satisfaits de leur sort. Leur existence étant suffisamment palpitante, ils n'ont rien à vous envier. Au contraire, ils se réjouiront pour vous et tenteront de vous imiter si la chose les intéresse.

PLACE À L'AMOUR

Vénus, belle planète d'amour, arrive dans votre signe le 9 octobre. Elle y séjournera jusqu'au 2 novembre prochain, ce qui vous laisse plusieurs belles semaines pour vous dédier à vos affections et à vos amours, à l'art et à la beauté, au charme et à la séduction. Vénus arrive : place à l'amour !

CE QU'IL FAUT SAVOIR

Ce qu'il faut savoir c'est que, quand Vénus voyage dans votre signe, elle a une connotation extrêmement passionnée, voire excessive. On dit qu'elle rend inquiet et jaloux en amour, et parfois aussi en amitié. Laissez-vous aller à vos sentiments, mais sans oublier la sagesse et la pondération.

En amour et en amitié, comme en toute chose, la modération doit primer ; sinon le chaos s'installe. Ce n'est pas ce que vous désirez. Surveillez donc les mouvements de votre cœur. Si les émotions vous chavirent, ce n'est pas bon signe. Éloignez-vous temporairement de l'objet de votre convoitise, ce sera plus sain.

QUELLE CHANCE VOUS AVEZ

Si vous êtes libre, l'être compatible, le compagnon idéal, le partenaire de vie et d'amour dont vous rêviez est disponible et prêt à vous aimer. Si vous êtes déjà engagé dans une relation amoureuse, les heures ne seront que plus vaporeuses et plus sensuelles. Pourvu que la possessivité exclusive ne s'empare pas de vos sens et de votre esprit, tout va bien. Vous êtes un homme aimé et aimant, une femme chérie autant qu'amoureuse. Quelle chance vous avez !

Joyeux anniversaire aux natifs du premier décan !

HOROSCOPE HEBDOMADAIRE

Du 7 au 13 septembre : Les confitures, les marinades et les conserves remplissent vos armoires, vous êtes fier du travail accompli. C'est la rentrée, il vous faut penser aux études et consolider vos amours et vos amitiés. La pleine Lune du 10 en Poissons parle de chance pure, mais fugace : à saisir au vol.

Du 14 au 20 septembre : Des sentiments secrets vous habitent. Occupé à préparer l'automne, vous avez peu de temps pour rêver. L'argent rentre bien et vous avez un bon jugement en affaires, c'est un plus.

Du 21 au 27 septembre : Capable de retenir des détails importants, vous apprenez et enseignez bien. Votre dévouement et votre générosité vous honorent. Vous ferez des visites à l'hôpital, en prison ou dans des lieux clos lors de la nouvelle Lune du 25 en Balance.

Du 28 septembre au 4 octobre : Vos relations intimes sont ardentes, passionnées et mouvementées. Rien de banal ne vous intéresse sexuellement. Vous êtes capable de prouesses spectaculaires dans les sports. Les enfants sont robustes, surtout ceux de sexe masculin. Le fils aîné réussit et fait honneur.

Du 5 au 11 octobre : Votre nature passionnée a parfois besoin d'être exorcisée. Votre amour peut être intense au point d'en devenir violent. Votre partenaire est fidèle, bien, sinon gare ! La pleine Lune du 10 en Bélier accroît votre appétit sexuel.

Du 12 au 18 octobre : Si votre instinct sexuel est maîtrisé, il se transformera en une ferveur mystique, mais cela ne se produira guère avant l'âge moyen. Au cours de votre jeunesse, vous êtes tout feu tout flamme. Attention de ne pas vous brûler ! Cette semaine promet des revenus provenant d'une rente, d'une pension ou d'un héritage.

Du 19 au 25 octobre : Le Soleil entre dans votre signe, votre santé se raffermit. Des questions financières pourront s'améliorer après un mariage. Votre tendance passionnelle persiste et se renforce, la nouvelle Lune du 25 en Scorpion en fait preuve. Votre fertilité est accrue, soyez-en averti.

Du 26 octobre au 1er novembre : Vous bénéficiez d'une bonne santé et d'avantages matériels et financiers importants. Les placements en biens mobiliers et immobiliers sont très avantageux, les bonnes occasions fourmillent : ventes, achats, vous avez le choix.

CHIFFRES CHANCEUX

4-8-16-28-37-44-45-51-65-70

NOVEMBRE ET DÉCEMBRE

Ne prends pas une hache pour éloigner la mouche du front de ton ami.

PROVERBE CHINOIS

DE GRANDS MOIS

Grands mois que novembre et décembre pour vous, natif du Scorpion. Marquant votre anniversaire, novembre vous apporte une sensation de mieux-être et de joie. Vous célébrez l'événement à plusieurs reprises et avec différents parents et amis, c'est une période que vous attendez toujours impatiemment. Cette année, novembre promet d'être proche de vous par le portefeuille, cela ne saurait vous déplaire. Des gains substantiels sont prévus, mais il y a un mais…

DEUX ÉCLIPSES

Deux éclipses auront lieu ce mois-ci. La première se tient en Taureau, signe opposé au vôtre, le 8 novembre. Lunaire et totale, elle tend à provoquer chez vous une perte d'énergie psychique. Si votre ascendant est Taureau, Scorpion, Lion ou Verseau, vous pourriez avoir besoin de soins spécialisés. En cas de déprime persistante ou de symptômes d'épuisement professionnel, voyez un médecin ou un psy sans tarder. Si ce n'est pas le cas, tant mieux, vous aurez des moments de spleen, mais ils ne dureront pas.

ON EN OUBLIE SON MAL

Cela n'empêche pas vos affaires de bien se porter et l'argent de rentrer, mais un accrochage, une peine ou un revers affaiblit le moral autour de cette date. Il peut s'agir de votre partenaire amoureux ou de votre associé qui perd courage. Rien à craindre, vous aurez ce qu'il faut pour remédier à son état dépressif. Les bonnes nouvelles sont si impressionnantes qu'on en oublie son mal!

PRÉSENCE ET AMOUR

La deuxième éclipse est solaire et totale aussi, mais comme elle se tient en Sagittaire, signe qui n'a rien en commun avec le vôtre, vous êtes protégé, la santé physique tient bon. Un ascendant Sagittaire, Vierge, Poissons ou Gémeaux serait moins propice, mais rien de sérieux. Si vous avez des gens de ces signes dans votre entourage, portez-leur une attention particulière. Ils ont besoin de vous, de vos soins mais surtout de votre présence et de votre amour.

GAINS SUBSTANTIELS

Si des gains substantiels sont annoncés pour la fin d'octobre et le début de novembre, toute la fin de l'an 2003 favorise les affaires d'argent et le commerce. Les ventes et les achats d'immeubles, les travaux de construction, de démolition ou reconstruction vous occupent, vous êtes imbattable en ces domaines. Si vous êtes ascendant Vierge ou Cancer, c'est le Pérou : l'abondance, la fin de vos ennuis financiers si vous en aviez et le début d'une série de gains importants qui se continuera en 2004.

DYNAMO

De quoi vous réjouir et célébrer votre anniversaire de naissance comme il se doit. Vous concentrer sur ce qui va bien est ce qui vous garantit santé, force et succès. Ne pensez à rien de négatif et vous vaincrez les influences mauvaises, si par malheur il s'en trouvait autour de vous. En réalité, vous êtes votre propre dynamo.

Bon anniversaire aux Scorpion des deux derniers décans.

HOROSCOPE HEBDOMADAIRE

Du 2 au 8 novembre : C'est la semaine idéale pour réorganiser vos affaires. L'éclipse lunaire totale du 8 en Taureau exige de remettre au 2 décembre toute action, décision ou signature. Soyez attentif !
Du 9 au 15 novembre : Vous avez besoin de sécurité. Ne prêtez pas sans de solides garanties écrites. Cette semaine favorise les gestionnaires, administrateurs, fonctionnaires, politiciens et syndicalistes. Tout est légal et bien fait.

Du 16 au 22 novembre : Vous avez recouvré votre santé morale, le goût de rire et de vous amuser vous reprend. Vous avez de la chance dans votre vie sentimentale et sexuelle, votre fertilité est élevée. Vos affaires progressent.

Du 23 au 29 novembre : L'éclipse solaire totale du 23 en Sagittaire est expliquée plus haut. En principe, vous êtes en santé et capable d'aider ceux qui le sont moins. Votre résistance suscite l'admiration de tous.

Du 30 novembre au 6 décembre : Vous affirmez votre personnalité avec cran. Des changements, déménagements et transformations sont à prévoir et à planifier pour janvier prochain. Vos amours se portent à merveille.

Du 7 au 13 décembre : La pleine Lune du 8 en Gémeaux vous rajeunit. Possédant la santé et tout ce qu'il faut pour en jouir, vous constatez avec étonnement votre propre chance. Partagez-la et soyez généreux.

Du 14 au 20 décembre : Les Fêtes de fin d'année approchent. Décorations, chants et musique, vous aimez que la tradition se maintienne et faites tout pour égayer les longues nuits et les courtes journées de ce début hiver.

Du 21 au 27 décembre : Vous mettez de l'amour, de la beauté et de la sensibilité dans les tâches les plus humbles. Vous aimez faire plaisir à ceux que vous aimez. La nouvelle Lune du 23 en Capricorne vous rend plus communicatif mais aussi plus économe. Ne le soyez pas trop, c'est Noël !

Du 28 au 31 décembre : L'arbre décoré, les petits plats cuisinés, les cadeaux emballés, tout est en place pour célébrer la nouvelle année. Si vous avez les moyens offrez-vous un super cadeau. Après l'année que vous venez de passer, vous avez droit à ce qu'il y a de meilleur !

CHIFFRES CHANCEUX

8-13-22-23-35-37-44-45-59-60

Cher Scorpion, bonne année 2004 !

Sagittaire

DU 23 NOVEMBRE AU 22 DÉCEMBRE

1er DÉCAN : DU 23 NOVEMBRE AU 1er DÉCEMBRE
2e DÉCAN : DU 2 DÉCEMBRE AU 11 DÉCEMBRE
3e DÉCAN : DU 12 DÉCEMBRE AU 22 DÉCEMBRE

Compatibilité sexuelle et amoureuse

La compatibilité sexuelle et amoureuse entre les signes du zodiaque ayant été commentée de toutes sortes de manières, je me permets de porter à votre attention les constatations suivantes basées sur des données millénaires. Vous verrez qu'elles sont encore aussi justes de nos jours qu'elles l'ont été au cours des siècles passés.

Dans cette analyse, j'ai utilisé le Soleil natal comme point de départ, mais il faut retenir que c'est la planète Mars qui régit la sexualité proprement dite. Les recherches que j'ai entreprises tendent à nous apporter une meilleure connaissance de nous-mêmes dans ce que nous avons de plus personnel, de plus intime, de plus secret. Par extension, cela nous aidera à comprendre les besoins de nos partenaires de vie.

En abordant le sujet de la compatibilité, je ne vous propose pas de règles vous dictant la manière de mener votre vie sexuelle. Cependant, vous le constaterez certainement, sexualité et astrologie font bon ménage. C'est un duo sur lequel on aurait avantage à compter plus fréquemment. Naturellement, en vous livrant à vos observations, vous devrez tenir compte de votre signe ascendant. Car il arrive que deux personnes dont les signes ne sont pas en accord aient des ascendants qui, eux, sont parfaitement compatibles. Vous l'aurez compris, il convient, là comme ailleurs, d'examiner toutes les riches possibilités dont nos natures humaines sont dotées en tenant compte de l'influence des astres sur nos vies.

Ces notions générales vous indiquent donc vos tendances naturelles. Je crois sincèrement qu'elles pourront vous inciter à aller plus loin dans la recherche de l'harmonie sexuelle. Ne serait-ce qu'à ce titre, je suis persuadée qu'elles vous seront utiles.

SAGITTAIRE-SAGITTAIRE

Lorsque deux entités dynamiques et indépendantes s'unissent sexuellement, le résultat peut varier entre l'apothéose sexuelle et le fiasco complet, selon l'endroit où les partenaires se sont rencontrés la première fois. Cette union, passionnée et excessive parce que tous deux sont dominateurs en amour, a peu de chance de durer. Elle est trop intense.

Dans la solitude, le Sagittaire s'épuise. À deux, cela peut devenir exténuant. L'harmonie est plus fréquente et plus réussie peut-être chez les couples homosexuels.

SAGITTAIRE-CAPRICORNE

C'est l'union de l'impossible. Le Sagittaire est brûlant de passion, son partenaire est figé par cette même passion. Ils s'attirent, mais arrivent rarement à communiquer sexuellement de manière satisfaisante. L'un veut tout, l'autre ne veut rien, du moins il le prétend. Comment lui faire plaisir s'il se tait, s'il ne dit rien de ce qu'il aime ? Là réside tout le problème.

Un seul regard suffit à les rapprocher et à les séparer. Peut intéresser les voyageurs, ceux qui recherchent l'exotisme…

SAGITTAIRE-VERSEAU

Ici, la notion romantique est plus forte que l'attrait sexuel. Tous deux sont en quête d'aventure et rêvent d'une île déserte où ils pourraient consommer leur amour. S'ils la trouvent, ils connaîtront des moments d'une chaude passion qui risque de ne pas faire long feu. Le Verseau partira à la recherche de nouveaux plaisirs, l'autre voyagera.

La relation sexuelle est rarement complète mais un grand amour et des ascendants compatibles peuvent tout changer.

SAGITTAIRE-POISSONS

Ils se rencontrent par hasard dans un lieu étrange et font l'amour ensemble. Le Sagittaire est très sexué, le Poissons l'est moins, mais leur romantisme les rapproche. Si l'un est trop souvent absent, l'autre ira chercher ailleurs sa sécurité affective et sexuelle. Dans les cas extrêmes, cela pourra tourner au drame.

Quand l'homme est Sagittaire et la femme Poissons, l'union est souvent vouée à l'échec. Le contraire semble être plus viable.

SAGITTAIRE-BÉLIER

Deux fortes natures aimant les plaisirs charnels se retrouvent. C'est le partage d'une belle sexualité, le climax est presque impossible à rater. Le Bélier est rapide au lit et pas romantique pour deux sous, mais l'amour du Sagittaire peut le transformer, du moins en apparence. Cela pourra suffire à les rendre heureux tous les deux.

Malheur à celui qui trompera l'autre. Sa fierté sera à jamais blessée, le mal sera irréparable, le bris, définitif.

SAGITTAIRE-TAUREAU

Voici un déploiement d'énergie sexuelle harmonieuse. Les deux partenaires sont romanesques, sensuels et sensibles aux odeurs, les phéromones jouent un rôle puissant dans leur relation. Leur attrait pour les voyages les rapproche. Ils aiment faire l'amour dans des circonstances étranges. Luxe et volupté les lient irrémédiablement. Amour total, sans tabous.

L'usure du temps peut à peine ternir leur liaison. La passion qu'ils se vouent devient parfois un culte, une religion.

SAGITTAIRE-GÉMEAUX

La rencontre est belle mais difficile et comporte rarement des suites heureuses. Le Sagittaire est séduit par l'aisance sexuelle du Gémeaux, il fait de son mieux pour le suivre, mais le rythme à tenir est parfois ardu. Il reproche au Gémeaux son manque de passion et celui-ci se lasse de ce partenaire toujours au paroxysme de l'amour.

Le couple court plus de chances de réussite en amitié amoureuse que dans une relation conjugale. Les relations sont meilleures dans les unions hétérosexuelles.

SAGITTAIRE-CANCER

Le Sagittaire passe de la plus violente ardeur sexuelle à l'indifférence glaciale. Le sensible Cancer se donne et le regrette parfois. Il a peine à garder le contact et cet éloignement le mine à petit feu. Tous les deux ont le goût des voyages, une belle synergie est possible si l'amour est réciproque. Hélas ce n'est pas toujours le cas…

La combinaison peut être superbe ou dramatique dans toutes les formes de relations sexuelles. Les asexués s'adorent aussi.

SAGITTAIRE-LION

Voici deux passionnés à la recherche d'une satisfaction sexuelle maximale. Dominants de nature, ils visent tous deux à se rendre maître de la relation sexuelle et à réduire l'autre à l'esclavage. Rêve impossible évidemment, les deux étant trop forts pour se rendre. Rencontre plus heureuse chez les couples de même sexe.

Le nirvana est le but ultime mais les partenaires l'atteignent rarement. Ils sont trop ardents, ils doivent faire l'amour deux fois plutôt qu'une pour se satisfaire.

SAGITTAIRE-VIERGE

Ce sont deux signes doubles dont les tendances sexuelles s'apparentent, mais qui ne peuvent s'aimer sans se faire du mal. Le premier contact sexuel est décevant. Beaucoup d'amour et de soumission est demandé à la Vierge. Vivant dans l'ombre de son partenaire, elle ne demeure elle-même que dans l'acte sexuel. Il lui faut beaucoup d'abnégation.

L'échangisme et la bisexualité font parfois partie du plaisir. Ces deux natures sensibles feront mieux de se séparer bon amis que de se détruire.

SAGITTAIRE-BALANCE

Sexuellement compatible, ce couple crée une atmosphère passionnelle autour de lui. Tous deux sont séduisants ; ils aiment le flirt et l'aventure. Ils savent monter ensemble au septième ciel des amants et frôlent souvent le nirvana. La beauté, l'art et la musique suscitent en eux un élan amoureux et un état de grande créativité.

Intéressant dans toutes les formes de sexualité, mais il semble que ce soit les couples de même sexe qui réussissent le mieux.

SAGITTAIRE-SCORPION

En principe, cette union n'est pas souhaitable. Il faut un thème de comparaison pour se prononcer sur les chances de succès d'un tel couple. La nature aventureuse et indépendante du Sagittaire s'adapte mal aux exigences sexuelles du Scorpion. L'un aime la romance, l'autre l'action. Ils sont loin l'un de l'autre...

L'union est possible en tant qu'expérience, mais le sexe ne sera bon que si le Scorpion a des enfants ou s'il en veut. Sinon, c'est raté.

Prévisions annuelles

Année libératrice
C'est une année libératrice qui attend le Sagittaire en 2003. La majorité des tendances planétaires lui sont favorables. Pour lui, les choses pencheront du bon côté, il peut en être certain. Sans être paradisiaque, ce qui va se produire dans sa vie est extrêmement positif. Il en a le pressentiment et le ressent dans toutes les fibres de son être : il pourra enfin vivre la vie qu'il aime et cela, sans qu'il ait besoin de s'imposer des limites trop contraignantes. La belle vie quoi ! Un régal qui ne s'est pas présenté depuis des mois, voire des années.

Réaliser ses rêves et ses ambitions
En ce début d'année, le Sagittaire a l'exaltante impression de pouvoir réaliser ses rêves et ses ambitions. Il sait qu'ils sont sur le point de se réaliser. Un vent de jeunesse, de fraîcheur et de renouveau habite son corps, son cœur, son âme et son esprit. Il a le pressentiment que l'année sera bonne et il s'en réjouit d'avance, à raison, il faut le préciser.

Beau cadeau
On le sait, le Sagittaire tient plus que tout à sa chère liberté. Emprisonné depuis de longs mois par un flot de limitations et d'obstacles, aux prises avec des obligations familiales et sociales et devant se battre au travail et dans ses entreprises privées, il recouvre en grande partie sa liberté chérie. C'est le plus beau cadeau qu'il pouvait espérer !

Événements heureux
Si ces événements heureux ne sont pas immédiats, ils sont suffisamment proches pour rendre ce début d'année agréable et pour encourager ses efforts, afin qu'il puisse arriver triomphant au mois de juin prochain, ce mois qui promet d'être à lui seul une fête. Les barrières tombent, les tensions relâchent leur emprise, faisant place à plus de chance et d'aisance.

À VOTRE RYTHME

D'ici là, ne vous empêchez pas de vivre à votre rythme, cher Sagittaire. Vous trouverez plusieurs raisons d'être stimulé. Des difficultés occasionnelles se pointeront mais, à tout prendre, les bons côtés dépassent largement les mauvais, c'est une assurance confortable.

Vos élans vers l'expansion et votre optimisme sont en progrès. Vos amis sont en haut lieu, vos sympathies ici et à l'étranger sont nombreuses, vous êtes recherché dans divers milieux, respecté et écouté. En tant que juge, avocat, politicien, guide spirituel, voyageur, enseignant, architecte, soignant, médecin, psychologue, étudiant ou spécialiste en sciences occultes, vous êtes prodigieux.

DONS ET TALENTS

On peut compter sur votre honnêteté et sur vos capacités. Vous êtes un as dans votre métier, un missionnaire dans votre profession, un philosophe et un prophète. Et puis, on vous écoute ; à vous de mettre à profit les nombreux dons et talents que le ciel vous a donnés. Vous êtes privilégié et le savez pertinemment.

POSITION DE FORCE

Votre maître, le grand bénéfique Jupiter, voyageant en Lion, signe ami, de janvier à la fin du mois d'août, vous êtes en position de force à l'étranger et avec les étrangers. Les voyages vous sont favorables et ils seront sécuritaires, sauf à certains moments dont nous reparlerons le temps venu. Les échanges sont multiples, allant des idées aux produits réalisés, de l'importation à l'exportation, des études à l'enseignement d'une langue étrangère, d'un accompagnement en voyage jusqu'à la diplomatie.

On vous confie une mission importante que vous remplirez avec soin. Votre réputation est bonne, le travail bien fait. L'argent rentre régulièrement et récompense vos efforts, rien de plus naturel !

CADEAUX DU CIEL

L'idéalisme et la générosité qui sont votre apanage sont responsables d'avantages sociaux, matériels et financiers que vous retirerez de janvier à la fin du mois d'août. Inutile de dire que vous devriez profiter abondamment des cadeaux que le ciel met à votre disposition.

Les bontés de la Providence sont infinies, vous n'avez pas raison de retenir le geste ou la décision que vous préméditez, passez aux actes.

DÉTENTE ET LIBÉRATION

Saturne passant en Cancer en juin cesse son opposition et par le fait même allège votre fardeau. En fait de sentiments de détente et de libération, on ne fait guère mieux. Vous appréciez le fait d'avoir moins de contraintes, mais vous semblez aimer assumer les responsabilités que l'on vous confie. Les membres de votre famille peuvent compter sur vous. Pilier de la société, vous ne les laisserez pas tomber.

PAIX SOUHAITÉE

Il se peut que votre conjoint ou votre associé décide de vous laisser la liberté de faire à votre guise. Ne refusez pas cette offre, ni les propositions de paix et de réconciliation qui viendront de l'extérieur. Vos bonnes intentions persisteront, vous l'obtiendrez, cette paix souhaitée. Vous la méritez entièrement, nul ne dira le contraire!

LES BONS MOMENTS

Les bons moments abondent en 2003, mais la période allant de la mi-juin à la mi-août est sublime. Le début de juillet en particulier est fantastique. Les événements tournent en votre faveur sur le plan familial, social et professionnel. L'argent ne manque pas. Des héritages et gains fortuits sont possibles. Si la chance pure n'y est pour rien, votre travail et vos efforts passés sont largement récompensés.

INVESTIR SAGEMENT

Octobre et novembre sont également prometteurs. Des gains et des profits découlant de placements en biens mobiliers et immobiliers s'annoncent. Il convient d'investir sagement et raisonnablement, tenant compte du passage de Jupiter en Vierge, signe en mauvais aspect avec le vôtre en septembre. Limitez vos dépenses superflues à partir de ce mois et jusqu'à la fin de l'année, la prudence valant mieux que le regret.

PLUTON

Pluton voyageant toujours dans votre signe, vous avez appris à vivre avec les chambardements et les transformations brusques que cela entraîne dans votre état de santé, votre vie privée, vos affaires d'argent et dans tout ce qui vous concerne. C'est au tour des natifs du 9 au 15 décembre de recevoir sa visite. Pour eux, la vie est inégale, mais comporte de bons moments. Ils n'ont pas à s'inquiéter indûment, une aide céleste viendra à leur rescousse en temps opportun et pratiquement «sur demande».

PAS DE DRAMES

Pas de drames à escompter, Jupiter et Saturne accordant le jugement nécessaire pour vous permettre de réparer les erreurs passées et d'acquérir la sagesse de ne pas les répéter. Ceux qui ont de l'expérience courent moins de risques. Connaissant leurs possibilités et leurs limites, ils ne craignent pas le changement. Santé et sécurité demeurent leur priorité. Avec Pluton chez soi, mieux vaut prévenir que guérir !

URANUS JOUE DES TOURS

Planète de l'imprévisible, Uranus visite le Poissons, jouant des tours aux natifs du 23 au 30 novembre. Ceux-ci éprouvent de la difficulté à demeurer calmes et réfléchis. De mars à la mi-septembre, ils tendent à ruer dans les brancards et sont instables. Ils semblent capricieux ; en fait ils sont à l'écoute d'une voix intérieure qui les guide mal. Ils doivent se méfier de leur intuition et ne rien décider en quatre minutes : ils sont sûrs d'avoir tort et de le regretter.

ÂGES DIFFICILES

Bousculé dans ses habitudes, le Sagittaire trouve peu de choses capables de l'aider à se stabiliser et à se reprendre en main. Les âges difficiles sont de 20 à 22 ans, de 37 à 42 ans, de 58 à 63 ans et de 82 à 84 ans. Si vous êtes du groupe ou si vous avez quelqu'un dans votre vie qui est concerné, vous pourrez voir le carré d'Uranus à l'œuvre. Il est immanquable dans sa soudaineté, son extravagance, son inconséquence.

Tout envoyer promener

Certains d'entre vous ont le goût de tout envoyer promener, de tout quitter, de fuguer, de partir sans laisser d'adresse, inquiétant ainsi ceux qui les aiment. Il faut savoir que les gestes accomplis en catastrophe sont parfois nécessaires et salvateurs. Les personnes concernées sont les seules à pouvoir en décider. Nul ne peut porter de jugement sur leur conduite, elle leur appartient.

S'il vous prend des envies

S'il vous prend des envies de vous déguiser, de vous transformer en une personne qui ne vous ressemble pas, de conduire une auto ou une moto à cent à l'heure, de changer d'entourage et de comportement, demandez-vous pourquoi et réfléchissez. Il se peut que vous le regrettiez. Ce que vous ferez pendant cette période se répercutera sur les 22 prochaines années de votre vie, c'est un pensez-y bien. Admettre ce fait et vous en souvenir devrait vous aider à prendre des décisions éclairées.

Remédier à la situation

Si vous êtes né entre le 23 et le 30 novembre, donc touché par le carré d'Uranus, vous pouvez remédier à la situation en étant généreux de votre temps avec les malades, en vous dévouant pour une bonne cause, en dépensant votre énergie gratuitement et en vous donnant avec ardeur à ceux que vous aimez. Le défoulement viendra naturellement si vous suivez ce mode d'emploi magique. Cela n'a rien de sorcier, comme vous pourrez le constater, il suffira d'être averti et d'y penser au bon moment.

Éclipses

Une seule éclipse solaire vous affecte cette année. Elle se produit le 23 novembre dans votre signe, au Sagittaire. Solaire et totale, elle requiert de la prudence côté santé et sécurité. Ne vous mettez pas à risque et soignez-vous, cela s'impose. L'éclipse solaire partielle du 31 mai en Gémeaux demande un peu d'attention de votre part. Votre conjoint ou votre associé peut écoper plus que vous. Ça ne vous consolera pas, mais vous avez l'énergie voulue pour traverser cette éclipse. C'est de la précédente dont nous nous occuperons le temps venu.

CHANCE PURE

La chance pure, celle qui nous tombe dessus sans que nous le méritions, celle-là ne vous sera pas présente de janvier à la mi-avril. N'attendez rien d'elle et ne laissez rien au hasard. Par la suite, elle sera neutre et sans effet, ce qui signifie que vous devrez faire sans elle. Avec l'apport de Jupiter pendant les huit premiers mois de l'année et de Saturne pendant les six derniers mois, vous n'avez rien à envier à personne. Vous saurez vous débrouiller.

C'est confirmé, vous n'avez rien connu de mieux depuis des lunes. L'an neuf promet de vous choyer, vous n'avez qu'à lui sourire et le tour sera joué.

Bonne année nouvelle, cher Sagittaire !

Prévisions mensuelles

JANVIER

Lorsque l'âme est régénérée, le corps et l'ambiance le sont aussi.

EMMET FOX

DÉBUT D'ANNÉE EXCITANT

C'est un début d'année excitant qui vous attend, cher Sagittaire. La Lune voyage dans votre signe le 1er janvier, ce qui ajoute du piquant à votre personnalité et vous met en valeur. Il est bon de se sentir aimé et important, non seulement au sein de la famille mais aussi parmi ses amis et ses relations. Vous profitez d'un bon vent et vous êtes populaire. Choisissez bien vos engagements et choyez ceux que vous aimez autant que vos moyens vous le permettent.

EN VOYAGE

Il est possible que vous commenciez l'année sous des cieux plus doux et plus chauds. En voyage en pays ensoleillés, vous ne sauriez mieux choisir. Si vous le pouvez, optez pour cette solution ne serait-ce que pendant quelques jours. En commençant l'année ailleurs, vous courrez la chance de changer le cours de votre destin. Cela peut paraître bizarre, mais l'expérience le prouve hors de tout doute. Si vous êtes ici de corps, vous serez ailleurs d'esprit. Ça pourrait suffire à vous rendre heureux.

AMOUR ILLIMITÉ ET INCONDITIONNEL

Un amour illimité et inconditionnel illumine votre vie. Amour pour une personne, pour vos enfants et vos parents, pour vos amis et globalement pour le genre humain. Belle planète d'amour et de sensibilité, Vénus visite votre signe du 7 janvier au 4 février prochain. Cette période sera propice à vos amours et à vos amitiés. Les sentiments qui vous animeront seront passionnés et sincères, entiers et parfois excessifs, mais c'est dans votre nature et vous ne la changerez pas.

UN MARIAGE

Un mariage, une liaison amoureuse, une association d'amour ou d'affaires décidé impulsivement pourrait s'avérer heureux. Cependant, remettez de préférence la signature de documents engageants à la période qui s'étend de la mi-juin à la mi-août prochain. Vous mettrez ainsi toutes les chances de votre côté. Si la chose vous tente, passez aux actes et bonne chance. Jupiter dans le signe ami du Lion dit que la chose se fera à l'étranger ou avec un étranger. Vous aimez tout ce qui est exotique, ça ne devrait pas vous décevoir.

EXTÉRIORISATION DE L'ÉNERGIE

Il faut absolument trouver le moyen d'extérioriser votre énergie. Entrant dans votre signe le 16 janvier pour y rester jusqu'au 4 mars prochain, Mars vous pousse dans le dos. Vous avez peine à rester en place et bougez continuellement. Aimant ce qui est vif et agile, vous adorez la vitesse. Attention qu'il n'en soit pas ainsi dans votre vie sexuelle, sinon nous aurons des surprises, et vous aussi !

PÉRIODE PROPICE À L'ACTION

Bénéficiant d'une longue période propice à l'action directe, à la volonté de parvenir à votre but, à la détermination et à la réalisation de vos désirs, vous exorcisez le trop-plein d'énergie qui vous habite par la pratique des sports, l'exercice physique ou la danse. Dans le tir à l'arc et le maniement des armes, vous excellez. Vous avez aussi du goût pour la chasse et les explorations. Attention, le démon de la vitesse peut vous prendre. Au volant, c'est dangereux à tout âge. Pour me rassurer, ralentissez.

SEXUELLEMENT

Que vous fassiez ou non de l'exercice, c'est sexuellement que vous exultez et que vous excellez. Si vous ne pouvez pas faire l'amour pour une raison ou pour une autre, consolez-vous en faisant du bénévolat. C'est une de vos portes de sorties préférées et tant de gens ont besoin de réconfort… Merci pour votre sollicitude et pour votre générosité !

HOROSCOPE HEBDOMADAIRE

Du 1ᵉʳ au 4 janvier : Le jour de l'An est superbe mais la nouvelle Lune du 2 en Capricorne vous rafraîchit les idées et vous ramène à la réalité. Non qu'elle soit déplaisante, mais elle est plus sérieuse que vous ne l'êtes et plus tempérée.

Du 5 au 11 janvier : L'amour envahit votre vie et vous comble. Beauté, charme, volupté, vous êtes irrésistible. Coup de chance dans les arts pour les artistes, les créateurs, les artisans de la mode et de la coiffure.

Du 12 au 18 janvier : Vous avez du mal à rester en place. Vous avez de la chance en amour et votre vie sexuelle promet d'être active. Votre personnalité prend de l'ampleur, vous avez de l'autorité sur les enfants. La pleine Lune du 18 en Cancer favorise votre foyer et votre famille.

Du 19 au 25 janvier : Vénus et Mars étant dans votre signe, rien ne vous résiste. Vos qualités sont à leur meilleur : persuasion, sens de la vente, de la promotion et du marketing. Vous faites preuve d'excellence dans votre travail, métier, ou profession.

Du 26 janvier au 1ᵉʳ février : Votre ardeur se manifeste dans vos convictions. Votre énergie est superbe, vous pouvez guérir ou vous autoguérir, mais voir un médecin serait plus sûr. La nouvelle Lune du 1ᵉʳ en Verseau favorise les voyages.

CHIFFRES CHANCEUX

3-9-12-26-27-35-44-45-59-60

FÉVRIER

L'amour est à ceux qui y pensent.

MARCEL ACHARD

PASSION ET RAISON

Votre santé est bonne, vos nerfs sont solides, vos réflexes sûrs et votre esprit est alerte. Vous avez tout en somme pour être heureux. Puisque c'est le mois des amoureux, parlons d'amour. Il semble qu'à compter du 4 février la passion doive céder le pas à la raison. Cela ne vous plaît pas, mais c'est ainsi. Il est possible que vous établissiez des balises et imposiez des conditions viables à votre couple, mais il faudra faire preuve de bonne volonté et de beaucoup d'amour pour vous en tenir à cela. Pourvu que la jalousie ne vienne pas gâcher vos chances de bonheur…

MATCH D'AMOUR

Pour des raisons incontrôlables, il semble que des questions d'argent prennent le dessus sur vos sentiments. Ce n'est pas mauvais en soi, mais ça implique un changement de rythme ou même d'adresse. Si vous aimez suffisamment votre partenaire, vous le suivrez. Sinon, vous resterez où vous êtes et vous serez content d'y être. Votre indépendance supporte mal les concessions. Si votre amour est un Capricorne, sauvez-vous avant qu'il ne vous embobine. Ce n'est pas un match de boxe que vous souhaitez, mais un match d'amour!

L'ÉNERGIE EST TOUJOURS LÀ

Par chance, l'énergie est toujours là, présente et gratifiante. Vos forces convergent vers un même but: celui d'aimer les autres, de les accepter et de tout faire pour parvenir à une certaine sérénité. Vous êtes de ceux sur qui l'on peut compter en toute occasion. Plus la chose est pressante, plus vous êtes efficace et indispensable.

PARMI LES ÉLUS

Sexuellement au summum de vos possibilités, votre séduction n'a pas de limite. Vous plaisez, vous êtes attirant et votre magnétisme attire des gens de qualité. Vous aimez fréquenter le beau monde et celui-ci vous accueille les bras ouverts. Peu de personnes peuvent se vanter d'avoir autant de chance en ce moment, vous êtes parmi les élus.

CONSTATATION

Doué d'une mémoire fidèle, vous vous souvenez de tout et n'oubliez jamais l'offense qu'on vous a faite. Ce n'est pas un reproche mais une constatation. Vous tendez à oublier le passé, à pardonner et à laisser de côté certains préjugés qui assombrissaient jadis votre esprit. Libre de regrets et de remords, vous recherchez la tranquillité. C'est un signe de sagesse, de plénitude et d'évolution positive.

ASCENDANTS MOINS FAVORABLES

Le 16 février, l'opposition de Jupiter à Neptune se faisant en Lion et Verseau, les ascendants moins favorables sont Lion, Verseau, Taureau et Scorpion. Sans être dramatique, la période requiert de la prudence à l'endroit du feu, de l'air et de l'eau. Les croisières et voyages en avion ne sont pas souhaitables. Il y a risque de scandales financiers ou autres. Soyez averti, ne déjouez pas la loi et vous serez à l'abri.

Cher Sagittaire, bonne Saint-Valentin!

HOROSCOPE HEBDOMADAIRE

Du 2 au 8 février: Haute pression sanguine, saignements, fatigue du cœur, hémorragies, problèmes à l'œil droit, tout cela ou l'un de ses problèmes pourra vous inciter à voir un médecin et à suivre ses conseils. Soyez prudent et réduisez votre vitesse au volant, il y a des risques d'accident.

Du 9 au 15 février: Bien dépensée, votre énergie se renouvelle aisément. Sinon, une courte mais douloureuse maladie peut se déclarer, une chirurgie sera nécessaire. Soyez sans crainte, tout rentrera dans l'ordre.

Du 16 au 22 février: La pleine Lune du 16 en Lion parle d'orgueil, de noblesse et de fierté. Montrez-vous sous votre jour le plus attrayant. Vous semblez jouer une grosse partie, il faut être à la hauteur.

Du 23 février au 1ᵉʳ mars: Tout va bien, mais gare à vos tendances à l'autorité agressive. Si vous êtes une femme, tenez-vous loin des hommes jaloux et brutaux. Des problèmes sont en vue pour votre père ou avec lui, ou pour votre mari. Votre fils aîné peut courir des risques.

CHIFFRES CHANCEUX

9-10-20-26-28-39-40-41-55-70

MARS ET AVRIL

Partons à la recherche de la pierre précieuse qui brille et chante dans notre être tout entier.

ERVIN SEAL

MISER SUR L'ÉNERGIE AFFECTIVE

Miser sur l'énergie affective et sur la joie que procure le partage ouvre les portes d'un paradis amoureux pareil à celui que vous concevez. Vous avez vos propres idées au sujet de l'amour. Rien ne vous oblige à changer vos principes de base, mais plus de modernité dans l'expression de vos sentiments pourrait vous rapprocher de gens différents dont vous appréciez la compagnie.

AMITIÉS PARTICULIÈRES

Vénus se promène en Verseau, signe du XXIe siècle, et cet aspect avantage les amitiés particulières, les relations non conventionnelles, la collaboration et les unions de fait. Que vos amours ne soient pas celles de tout le monde, soit, le principal étant que vous soyez heureux dans ce que vous vivez, en santé et bien dans votre peau. Rien ne vaut un brin de fantaisie pour garder la forme et pour rester jeune !

AMOUR PLATONIQUE

Le mois favorise la sexualité, mais celle-ci n'est pas indispensable à votre bonheur. Vous pouvez très bien aimer et ne pas avoir de contact charnel avec l'être aimé. L'amour platonique n'est pas exclu, il peut être prédominant et ce n'est pas vous qui vous en plaindrez.

Vous n'aimez pas vous engager définitivement, vous tenez à votre liberté et n'êtes pas prêt à la sacrifier. Opter pour la relation platonique serait donc un choix judicieux.

DÉPENDANCE AFFECTIVE

Sentimentalement, vous préférez une association d'esprit et ne vous contentez pas d'une relation purement sexuelle. L'indépendance vous préserve des remous intérieurs que certains subissent et dont ils deviennent dépendants. La dépendance affective n'est pas votre tasse de thé. À ce niveau, vous ne courez aucun risque, mais d'autres pourraient en souffrir. Éloignez les teignes et les pompeurs d'énergie, vous avez besoin de toutes vos forces pour remporter la partie qui se joue actuellement.

FRÈRES, SŒURS, ENTOURAGE

Vous avez de la chance grâce à vos frères et sœurs ou avec eux, de même qu'avec vos cousins, votre belle-famille, vos amis et les gens qui vous entourent. Vous êtes capable d'établir des relations agréables avec ceux que vous fréquentez. Vous les aimez, l'équation est simple, le résultat, agréable. Jusqu'à vos voisins qui se mêlent de vous faciliter la vie. Vous avez de la veine, vous ne pouvez le nier.

COMMUNICATIONS

Vos études, vos recherches en communications, les petits voyages de plaisir dont vous rêvez, tout se décide rapidement et vous rapporte des bénéfices immédiats ou à venir. Vous êtes en sécurité pour la plupart, mais pour être plus sûr, lisez le paragraphe qui suit. Certains d'entre vous préféreront sans doute remettre les déplacements à plus tard.

URANUS ET L'AVION

Uranus étant symboliquement lié à l'avion, l'électricité, les moyens de communication rapides et ultramodernes comme l'ordinateur et l'Internet, les natifs du 23 au 30 novembre doivent éviter de se frotter de trop près à ces éléments entre le 10 mars et la mi-septembre. Uranus qui transite par le Poissons vous fait un carré et ce mauvais aspect et vous expose à des accidents. Prévenu, vous éviterez de tomber dans un piège, si tentant soit-il. Le coup de foudre aurait de lourdes conséquences. J'espère pour vous que vous ne succomberez pas!

DÉDAIN DES CONVENTIONS

Chez ces natifs, le dédain des conventions doit être contrôlé. Nous vivons dans une société qui exige que vous fassiez des concessions, par exemple au niveau du code d'éthique, du comportement et de la tenue vestimentaire. Le contraire pourrait jouer en votre défaveur. N'exagérez pas l'originalité qui vous caractérise. Un peu est beaucoup, beaucoup serait trop.

C'est Pâques le 20 avril, joyeuses Pâques à tous et à toutes!

HOROSCOPE HEBDOMADAIRE

Du 2 au 8 mars: La nouvelle Lune du 2 en Poissons vous recommande la prudence du côté de votre santé. Méfiez-vous des refroidissements; pour éviter les mauvais rhumes, portez des chaussures et des vêtements adéquats. L'humidité froide est votre pire ennemie en cette saison.

Du 9 au 15 mars: Il y a de la nervosité dans l'air; votre famille est cause de soucis. Si cela vous mène à l'insomnie, une clinique du sommeil vous aidera. Votre vie amoureuse de porte bien, votre énergie vous porte davantage vers l'argent que vers le sexe.

Du 16 au 22 mars: Vous vivez une période chanceuse. Vous ne manquez de rien et vivez dans l'abondance. La pleine Lune du 18 en Vierge vous rend agité et tristounet, ne compromettez pas votre réussite pour un caprice.

Du 23 au 29 mars: Vous avez de bons rapports avec les jeunes et les enfants. Votre facilité à prendre la parole vous permet de vous faire des amis. Des rencontres ou des communications téléphoniques apportent des solutions à vos problèmes de travail et d'argent.

Du 30 mars au 5 avril: La nouvelle Lune du 1er en Bélier favorise votre efficacité, votre sûreté de jugement, votre précision. Votre communication est aisée et positive, tant au plan intellectuel que social et matériel.

Du 6 au 12 avril: Il est possible que vous éprouviez une déception sentimentale ou connaissiez un conflit dans vos rapports familiaux. On ne trouve pas dans votre foyer la chaleur, la douceur, la paix souhaitée. Chercher ailleurs aggraverait les choses… Soyez patient!

Du 13 au 19 avril: Vous vivez une confusion sentimentale. Trop d'influences contradictoires entrent en jeu, vous ne savez plus où vous en êtes. La pleine Lune du 16 en Balance favorise l'amitié et les relations sociales et professionnelles.

Du 20 au 26 avril: Ayant la chance d'être entouré de collaborateurs inventifs et dynamiques, le succès vous vient aisément. Des voyages sont en vue, agréables et rentables, mais décidés inopinément. Vous apprenez des choses nouvelles, c'est stimulant.

Du 27 avril au 3 mai: Votre attrait pour la technique, l'électricité, les moyens de transport efficaces et rapides vous ménage de beaux moments. La nouvelle Lune du 1er en Taureau favorise votre romantisme; la musique, l'amour et les beaux sentiments sont présents.

CHIFFRES CHANCEUX

5-6-20-21-35-37-44-45-59-60

MAI

Une fois ta décision prise, libère-toi des pensées et des inquiétudes car il y aura des milliers d'autres décisions à prendre.

CARLOS CASTANEDA

LE SAGITTAIRE EST HEUREUX

En mai, le Sagittaire est heureux. Fier et indépendant, il fait montre d'originalité dans ses façons d'agir et cultive les imprévus. Il plaît et se fait des amis chez les sommités de ce monde et les personnalités bien en vue. Aimant bien paraître, il se sent à son meilleur dans les endroits élégants.

Ce n'est pas tant qu'il recherche la belle société, mais on le réclame. On a besoin de sa présence pour animer les réceptions et les soirées qui autrement seraient d'un ennui total. Lorsque le Sagittaire est là, on est sûr de s'amuser. Personne ne boudera l'événement, ce sera un succès. Cela le rend heureux, on le serait à moins!

ÉCLIPSE EN FIN DE MOIS

Deux éclipses se préparent ce mois-ci. Lunaire et totale, la première se fait le 15 mai en Scorpion. Rien à redire, elle n'a pas de conséquences néfastes. Solaire et annulaire, donc de moindre intensité, la deuxième se fait le 31 mai en Gémeaux, signe opposé au vôtre. Rien de grave mais votre santé étant plus fragile, vous devriez lui porter plus d'attention.

Il se peut que votre conjoint ou votre associé soit souffrant, cela vous incommode, mais c'est sans gravité réelle. Ne rien entreprendre de nouveau et d'important entre le début mai et la mi-juin serait prudent.

C'est fête des Mères ce mois-ci : bonne fête aux mamans Sagittaire !

HOROSCOPE HEBDOMADAIRE

Du 4 au 10 mai : Vous montrez de la combativité au service de la collectivité et de l'idéalisme, vous aimez vous rendre utile. Votre esprit avant-gardiste et vos goûts futuristes dérangent parfois. L'ancien vous intéresse peu ; vous êtes moins conservateur que vous ne l'étiez, vous faites des progrès.

Du 11 au 17 mai : L'éclipse lunaire totale du 15 en Scorpion est sans effet, sauf pour les ascendants Scorpion, Lion, Verseau ou Taureau. Si vous en êtes, soignez votre moral, il est en chute libre. Les personnes qui n'ont pas ces ascendants se portent très bien.

Du 18 au 24 mai : Vous aimez la nature, alors sortez prendre l'air. Vous avez trop d'énergie pour ne rien faire : jardinez, faites du bénévolat ou de la lecture à ceux qui ne voient pas, visitez ceux qui sont seuls.

Du 25 au 31 mai : Votre santé ou celle de votre conjoint peut laisser à désirer. L'éclipse solaire annulaire du 31 en Gémeaux vous affaiblit moralement. Reprenez confiance, un champion ne se décourage jamais.

CHIFFRES CHANCEUX

3-9-12-24-25-37-41-42-55-69

JUIN ET JUILLET

Ah, tout est bien qui finit bien !

JULES LAFORGUE

ENFIN LIBRE! OUI, MAIS…
Juin et juillet vous permettent de vous retrouver seul pour faire face aux responsabilités de la vie. Enfin libre, oui, mais il y a des si et des conditions. Votre attachement au foyer et à votre famille vous empêche d'être totalement libre. Quand, comme vous, on a le cœur attaché, on ne se défait jamais entièrement de ses sentiments. Il en reste quelque chose, des beaux souvenirs pour la plupart, et qui consolent des absences dues à l'éloignement passager ou définitif. C'est la vie!

ALLÈGEMENT DES TÂCHES
Vos tendances casanières et votre désir de conserver vos possessions immobilières et foncières vous protègent. L'économie et la prévoyance vous ayant fait prendre de solides assurances et faire des placements pour vos «vieux jours», vous êtes sauf. Vous avez besoin d'une mémoire fidèle pour gérer vos biens comme il convient; par chance, la vôtre est intacte. Rien à craindre de ce côté.

MOINS DOUX POUR CERTAINS
Si juin vous est éminemment favorable, il semblera moins doux à certains natifs dont l'ascendant est Lion, Verseau, Taureau ou Scorpion. L'opposition de Jupiter à Neptune se refaisant comme en février dernier, les mêmes recommandations sont de mise. Rien de dramatique, étant donné l'ampleur des protections planétaires accordées. Relire ces passages vous sera utile.

MAGNIFIQUE POUR…
La plupart des natifs jouissent d'une période magnifique qui va du 15 juin au 15 août. Ces deux mois représentent un moment fort, une apothéose. Les jours qui entourent le 24 juin sont particulièrement favorables aux ascendants Cancer, Poissons et Scorpion. Ceux qui en sont, les gens d'expériences autant que les jeunes audacieux, trouveront de l'emploi et seront appréciés au travail et dans la société en général.

L'ANCIEN ET NOUVEAU

L'ancien et le nouveau faisant bon ménage, vous tirez profit des deux tendances. Conservatisme et indépendance s'entremêlent harmonieusement, vous atteignez des sommets dans votre vie personnelle, sociale et professionnelle et vous faites des envieux. Si vous n'avez pas un tel ascendant, tant pis, vous êtes quand même avantagé par rapport au milieu et au domaine où vous exercez votre compétence.

LE 1ᴱᴿ JUILLET

Le 1ᵉʳ juillet et les dates entourant ce jour sont étourdissants. Quel que soit votre ascendant, le beau trigone de Jupiter en Lion, signe ami, à Pluton dans votre signe, accroît vos gains et profits matériels. Changements majeurs, transformations gigantesques, revirements soudains, tout prend une tournure excitante et bénéfique. On a rarement vu pareille accumulation de bons pronostics, j'espère que vous en tirerez le maximum.

ÉCOUTEZ VOTRE VOIX INTÉRIEURE

Que vous changiez de *look*, d'environnement, de direction au niveau du travail et du choix de carrière, que vous partiez au loin ou déménagiez, tout est pour le mieux. Vous fiant à votre super instinct, vous n'aurez pas peur de vous tromper. Écoutez votre voix intérieure et suivez le chemin vers lequel le destin vous pousse, vous trouverez ce que vous cherchez.

C'est la fête des Pères en juin, la fête nationale des Québécois le 24 juin, la fête nationale des Canadiens le 1ᵉʳ juillet, la fête nationale des Français le 14 juillet : bonne fête à tous !

HOROSCOPE HEBDOMADAIRE

Du 1ᵉʳ au 7 juin : Vous vivez une période agréable, vous ressentez un soulagement énorme. Les autres le remarquent et vous en font mention. Vos relations sont peut-être superficielles, mais elles sont plaisantes.

Du 8 au 14 juin : Lorsqu'il est question de vacances, vous êtes libre de faire vos choix. Ne vous laissez pas influencer, faites comme il vous plaît. La pleine Lune du 14 en Sagittaire accroît votre popularité. Qui vous aime vous suivra.

Du 15 au 21 juin : L'été vous plaît. Vous êtes en forme, mais si vous êtes du premier décan, vous êtes tendu. Physiquement ou sexuellement, quelque chose cloche et vous tracasse. Trouvez ce qui ne va pas et cherchez des solutions à votre problème.

Du 22 au 28 juin : L'eau et le feu ne font pas bon ménage. Tempérez vos passions, sinon vous aurez des ennuis de santé, d'amour et de sexe. Votre cœur est hypersensible, votre sexe trop exigeant ; trouvez la juste mesure.

Du 29 juin au 5 juillet : La nouvelle Lune du 29 en Cancer favorise le foyer et la sécurité. C'est le moment de vous réfugier dans vos rêves et de visualiser vos désirs. Ils peuvent se réaliser. Le confort matériel vous est assuré.

Du 6 au 12 juillet : Cette semaine vous invite à vous reposer, à prendre soin de vos fleurs, à prendre l'air, à faire du sport et du camping. Vous avez besoin de jeunes gens en santé et optimistes autour de vous, choisissez bien votre entourage.

Du 13 au 19 juillet : La pleine Lune du 13 en Capricorne met l'accent sur le côté pratique et matériel de votre vie. Occupez-vous de vos rentes, impôts, dettes et placements, faites votre comptabilité sérieusement. Tout change si vite.

Du 20 au 26 juillet : C'est la période idéale pour entreprendre des vacances prolongées et reposantes. Le stress principal ayant été évacué, il ne vous reste que le stress stimulant à protéger pour que votre bonheur dure. Un petit effort et ça y sera.

Du 27 juillet au 2 août : La nouvelle Lune du 29 en Lion accroît votre santé, votre magnétisme, votre charme et votre bonne fortune. Joli programme en perspective. Avec le Lion et le Bélier ou avec ces ascendants, vous faites des affaires d'or. Bravo !

CHIFFRES CHANCEUX

3-9-12-13-26-28-34-49-50-67

AOÛT ET SEPTEMBRE

Je peux suivre sans crainte la voie de l'amour. Quand je le fais, je suis tou-jours gagnant.

EMMET FOX

BEAU TEMPS, MAUVAIS TEMPS

Les mois vont souvent par paires dans votre cas, vous l'aurez remarqué. Signe double, les événements ont l'habitude de se produire en série. Vous avez des jumeaux ou il y en a dans la famille? Rien de plus normal. Chez vous, les alternances de beau temps et de mauvais temps se suivent à un rythme accéléré, il faut étaler les prévisions sur une période de deux mois pour qu'elles soient les plus justes possible. Et revoir son ascendant, il va sans dire!

NATIFS DU 12 AU 22 DÉCEMBRE

Août et septembre sont des mois mixtes. Malgré des variantes du point de vue de l'énergie physique, sexuelle et nerveuse, les 15 premiers jours d'août sont bons. Les natifs du 12 au 22 décembre sont aimés de leur maître, le grand Jupiter. Celui-ci leur fait des faveurs spéciales, ils ont raison d'être optimistes et de s'attendre au mieux, il se produira.

MULTICULTURALISME

Le Sagittaire s'enorgueillit à raison des bons rapports qu'il entretient à l'étranger avec les étrangers. Le multiculturalisme est au cœur de ses bonnes affaires d'argent. Source de plaisir et de gains financiers, le moindre effort rapporte, les contacts en haut lieu sont promis à la réussite. Ses voyages sont entrepris en toute sécurité, pourvu qu'il respecte ce qui suit.

RALENTIR LA MACHINE

Entre le 15 août et le 15 septembre, le Sagittaire fera bien de ralentir la machine et de se garder de se mettre dans le pétrin, la tendance devenant moins bienveillante pour les natifs. Rien de dramatique mais la prévention aura meilleur goût. Gare au scandale et prudence avec la justice, celle-ci serait implacable. Pour éviter le précipice, il ne faut entreprendre ni procès en divorce ni action juridique et respecter rigoureusement la loi. Certains goûteront à leur propre médecine, ils ne l'ont pas volé, il faut le dire…

RESTRICTIONS
Le 30 août, Jupiter en Vierge s'oppose à Uranus en Poissons. Ces deux signes étant en mauvais aspect avec le vôtre, cela oblige à des restrictions du côté de l'argent, des voyages et de l'innovation. Ce qui est entrepris pendant cette période risque de donner plus de peine que de plaisir, arrangez-vous pour remettre toute action importante au 15 septembre. À partir de là et jusqu'à la fin d'octobre, le ciel est clair et beau.

C'est la fête du Travail le 1er septembre ici, bon congé à tous!

HOROSCOPE HEBDOMADAIRE

Du 3 au 9 août: Cette semaine favorise l'épanouissement personnel et accroît le rayonnement et l'influence. L'optimisme prévaut, il est temps de penser à réaliser vos désirs, sans oublier de respecter vos limites.

Du 10 au 16 août: La pleine Lune du 12 en Verseau intensifie vos rapports avec vos frères et sœurs, votre parenté. Auto, moto, avion, ordinateur, Internet, tout ce qui est rapide vous fascine.

Du 17 au 23 août: Il fait chaud, prenez le temps de vous reposer. De longues vacances seraient idéales, mais vous profitez de vos voyages et déplacements pour faire des affaires. Vous joignez l'utile à l'agréable, et faites d'une pierre deux coups!

Du 24 au 30 août: Vous ressentez une impulsion nouvelle qui vous pousse aux études, aux affaires et à l'activité en général. Si vous êtes né entre le 23 novembre et le 5 décembre, respectez rigoureusement la loi partout et en tout lieu. La nouvelle Lune du 27 en Vierge est traîtresse, méfiez-vous.

Du 31 août au 6 septembre: Sagittaire ascendant Vierge, Poissons, Gémeaux ou Sagittaire, redoublez de prudence. Les excès de dépenses et folles entreprises sont déconseillés. Prenez soin de vous.

Du 7 au 13 septembre: Vous êtes libéré de lourdes obligations sociales et professionnelles, la pleine Lune du 10 en Poissons vous rend hypersensible. Vous reprenez des forces, mais rien n'est encore parfait. Soyez patient!

Du 14 au 20 septembre : Alcool, tabac, drogue, pilules non prescrites sont à mettre à la poubelle. Si vous faites une cure, les résultats se feront sentir en décembre. Avec de la détermination et du courage, vous y parviendrez.

Du 21 au 27 septembre : Les excès sont cause de dérèglements au niveau des cellules, hormones et protéines responsables de maladies. Évitez-les comme la peste. La nouvelle Lune du 25 en Balance est gaie.

Du 28 septembre au 4 octobre : Vous avez le cœur léger, l'amour et l'amitié ne manquent pas, vous profitez de ce côté de réconfort et de soutien. Pourvu que la santé persiste, le moral tiendra, c'est assuré.

CHIFFRES CHANCEUX

1-3-9-26-28-33-34-49-50-67

OCTOBRE

Le plus souvent, on cherche son bonheur comme on cherche ses lunettes quand on les a sur le nez.

FRANÇOIS DROZ

SORT ENVIABLE

À l'aise dans tous les milieux, le Sagittaire est bon politicien, bon orateur, bon polémiste et il est un excellent vendeur. Qu'il soit cinéaste, acteur, auteur, romancier, créateur d'image ou publiciste, il a du génie. La rétribution est à la hauteur. Matériellement à l'aise, il ne se plaint pas. Son sort est enviable, il a bien travaillé. S'il ne l'a pas fait, tant pis, il se reprendra. D'autres moments riches en possibilités se manifesteront bientôt, il n'a pas à s'inquiéter.

VIE LONGUE

L'allégement des tâches et des obligations tranquillise l'esprit et apaise l'âme. Une vie longue, pleine et satisfaisante est prévisible. Le respect des traditions finit par rapporter, vous en faites la preuve. On se regroupe autour de vous. Votre énergie est contagieuse, on croit en vous et on a raison de le faire, mais il vous faut poser des balises et prévoir vos limites, sinon on tentera d'abuser de votre bonne volonté, et par conséquent de vous. Si vous voulez ajouter des années à votre vie, refusez de vous engager plus que vous ne l'êtes, c'est amplement suffisant.

ÉNERGIE PHYSIQUE

Ne dépensez pas toute votre énergie pour les autres, gardez-en aussi pour vous-même. Vous avez besoin de vous ressourcer, de refaire le plein. On tend à exiger beaucoup de vous. Si on ne vous donne rien en retour, ne vous faites pas avoir. Acheter la paix à un prix trop élevé ne vous avantagera qu'à moitié. Mieux vaut parfois se tenir en terrain neutre…

VIE SEXUELLE

Ce n'est pas le nirvana ni l'apothéose dans votre vie sexuelle. Depuis la mi-juin et jusqu'à la mi-décembre, Mars toujours en Poissons complique la vie sexuelle et décourage l'effort suivi. Le travail, le sport et le sexe sont à entourer de soins et à traiter avec délicatesse, votre famille et votre foyer également. Méfiez-vous du feu et de l'eau. Si tout va bien, tant mieux, vous avez un ascendant fort et une Lune natale bien «aspectée», remerciez-en la Providence. Souvenez-vous que vous êtes mi-ange mi-démon, par conséquent capable du meilleur et du pire; ne l'oubliez jamais, cher Sagittaire!

HOROSCOPE HEBDOMADAIRE

Du 5 au 11 octobre: Si vous n'avez pas de tendance au tabagisme, à l'alcoolisme ou à la drogue, c'est bien. Mais si vous «entretenez des dépendances», défaites-vous au plus tôt de ces mauvaises habitudes. La pleine Lune du 10 en Bélier vous y aidera.

Du 12 au 18 octobre: Les natifs du 28 novembre au 7 décembre feraient bien de remettre à plus tard les divorces, actions en justice, voyages et grandes entreprises. La prudence avec les enfants et avec l'argent est aussi de mise pour eux. Les autres seront plus en forme et plus équilibrés, la justice est de leur côté.

Du 19 au 25 octobre: Le 1er novembre annonce des éléments nouveaux et positifs, soyez prêt à affronter l'inattendu et à agir vite.

La nouvelle Lune du 25 en Scorpion vous rend curieux : informez-vous plus à fond.

Du 26 octobre au 1er novembre : La période parle de sentiments secrets, de recherches concernant des sujets occultes que vous entreprenez à l'insu des autres ; mais elle insiste sur le fait qu'il faut agir de toute urgence : ça presse !

CHIFFRES CHANCEUX

3-9-12-29-30-41-42-55-57-69

NOVEMBRE

Il est simple d'avoir la force d'agir, et si malaisé de trouver un sens à l'action.

R. MUSIL

ÉCLIPSE LUNAIRE NEUTRE

Il se tient une éclipse lunaire totale le 8 novembre dans le signe du Taureau. Neutre, elle ne vous cause pas d'ennuis, en principe, mais un ascendant Taureau, Lion, Scorpion ou Verseau vous placerait dans une situation plus corsée. Et votre moral risquerait de chuter temporairement.

NE VOUS AFFOLEZ PAS

Ne vous affolez pas, la tendance devrait être passagère. Au besoin, voyez un psychologue, un ami cher ou une personne attentive qui vous écoutera avec ferveur et vous aidera à passer ce mauvais moment. Pour la plupart heureusement, cet effet est neutralisé. Vous aurez de l'énergie psychique en abondance et porterez secours aux déprimés. Ce n'est pas l'ouvrage qui manquera, vous pouvez en être certain !

ÉCLIPSE SOLAIRE TOTALE EN SAGITTAIRE

Une éclipse solaire totale se tenant le 23 novembre dans votre signe, tous les natifs sont touchés mais ceux qui sont nés autour de cette date le sont plus que d'autres, c'est normal. Santé et sécurité sont les points sur lesquels vous devez vous concentrer. Vous mettre à risque volontairement et consciemment serait provoquer le sort. Or, le sort n'aime pas la provocation…

SANS DRAMATISER
Sans dramatiser ni vous énerver, il serait préférable de ne rien changer à votre vie et à vos affaires et opter pour la routine pendant la période d'éclipses, soit du 26 octobre au 22 novembre. Une fois ce moment de tension passé, vous reprendrez vite vos forces et pourrez vivre la fin de l'année en toute quiétude, plus rien ou presque ne venant assombrir votre bonheur.

VÉNUS ARRIVE EN TROMBE
Après le chahut provoqué par les éclipses, la belle planète d'amour Vénus arrive en trombe dans votre signe, vous apportant la chance dont vous aviez justement besoin. Elle sera présente, non seulement en amour où elle excelle, mais aussi dans les affaires d'argent et de travail. Elle mettra également votre talent et votre créativité en valeur, c'est un plus.

COUP DE CŒUR
Les relations humaines que vous entretenez avec brio sont plaisantes, tous ceux qui vous entourent tombent sous le charme. Inutile de préciser que l'amour revient vous solliciter en hâte. Impossible de résister à l'appel de Vénus surnommée «la petite bénéfique». Un beau coup de cœur vous est promis. C'est une consolation, un stimulant sans égal.

Vive l'amour, vive l'amitié, vive les sentiments! En ces choses, vous êtes choyé et heureux. Par le cœur, on obtient tout de vous, de votre côté, vous savez obtenir tout des autres.

C'est votre anniversaire à compter du 23, le Soleil ne devrait pas bouder longtemps. Bon anniversaire à tous et à toutes!

HOROSCOPE HEBDOMADAIRE

Du 2 au 8 novembre : Les jours passés à deux sont synonymes de paix et d'harmonie. Taureau, Lion, Scorpion et Verseau sont en éclipse lunaire le 8. Ils ont le moral bas, essayez de leur redonner courage.

Du 9 au 15 novembre : Cette semaine est fatigante mais vous avez une intelligence vive et de bons réflexes. Vénus dans votre signe remplit votre cœur d'amour et de compassion, que ferait-on sans vous !

Du 16 au 22 novembre : Vos sentiments sont empreints d'une grande franchise. Exubérant et démonstratif, vous devez ménager votre santé et assurer votre sécurité. Les voyages sont à exclure pour l'instant ou à remettre.

Du 23 au 29 novembre : L'éclipse solaire totale du 23 en Sagittaire a été analysée plus haut. Sauf exceptions, vous saurez vite vous remettre d'une baisse de résistance physique.

Du 30 novembre au 6 décembre : Les sentiments d'affection qui vous lient à vos proches sont très forts. Ils vous protègent et vous gardent en sécurité. Vous avez beaucoup de sympathies en pays étrangers.

CHIFFRES CHANCEUX

9-12-13-28-30-31-47-48-50-67

DÉCEMBRE

Qui que tu sois, je te suis bien plus proche qu'étranger.

ANDRÉE CHÉDID

EXCELLENT MOIS

La majorité des natifs profite d'un vent d'hiver favorable. Le bel aspect de Jupiter en Vierge à Saturne en Cancer adoucit les angles, agrémente la vie et donne matière à travailler dans le sens d'une amélioration des conditions de vie, de la position sociale et matérielle et des contacts humains. Pour tout dire, c'est un excellent mois.

La vie devient plus chaleureuse. Des projets sont sortis des tiroirs, des écrits et des articles sont relus et peut-être publiés, des testaments et autres papiers importants sont remis en question. Vous avez changé, cher Sagittaire, vos actes le prouvent!

QUALITÉ DE VIE REMARQUABLE

Malgré la probabilité de difficultés financières ou juridiques dont certains ne doivent pas se surprendre, compte tenu des événements précédents, il n'en demeure pas moins que les deux dernières semaines du mois offrent des occasions de joie et de réjouissances rares. Votre qualité de vie s'améliore remarquablement, vous n'en revenez pas vous-même. C'est un miracle pensez-vous. Peut-être bien…

FIN D'ANNÉE ÉTONNANTE

La fin de l'année est absolument étonnante. Mars cessant de vous embêter, votre énergie est doublée, votre santé est plus stable, votre volonté s'exerce d'une façon qui vous satisfait, votre instinct est plus sûr. Vous pouvez vous faire confiance, vous êtes sûr de ne pas faire d'erreur ni sur la personne ni sur le sujet. Vous avez là de quoi couper le souffle, et j'exagère à peine.

NATIFS DU 8 AU 13 DÉCEMBRE

Reste que les natifs des environs du 8 au 13 décembre doivent exercer une certaine prudence. Jupiter en carré au Soleil natal accroît leur goût des excès, des risques à courir, des voyages et des dépenses luxueuses qu'ils n'ont pas toujours les moyens de s'offrir. S'endetter dans ce cas serait regrettable.

MARIAGE OU DIVORCE

Il peut être question de liaison amoureuse et de mariage, mais aussi de séparation et de divorce. Si c'est le cas, remettez vos projets à plus tard, vous n'êtes pas en condition. Évitez d'avoir recours à la loi, vous n'obtiendriez pas justice. L'an prochain apportera de meilleures conditions, n'en doutez pas. Vous réglerez vos ennuis plus aisément, un peu de patience vaut mieux que la précipitation, soyez-en assuré.

VU DE L'EXTÉRIEUR

Vu de l'extérieur, il semble que l'an 2003 ait été meilleur que 2001 et que 2002, selon votre date de naissance et votre ascendant. Celui-ci joue un rôle clé en destinée, n'oubliez pas de le consulter pour vous faire une idée convenable de ce qui vous attend.

L'ASCENDANT CHANGE LE JEU

Si les prévisions décrites manquent le point, c'est que l'ascendant change le jeu. Trouvez votre ascendant en lisant tout ce qui se dit et s'écrit sur le sujet. Avec ceux qui vous connaissent bien et à l'aide du livre *Les secrets des 12 signes du zodiaque* lu à haute voix et en leur compagnie, vous découvrirez aisément votre signe ascendant. Même sans l'heure de votre naissance, il est possible de le trouver.

Écrivez-moi au soin des Éditions de l'Homme ou sur mon site Internet personnel dont vous trouverez les adresses à la fin de cet ouvrage.

Au plaisir et bonne fin d'année, cher Sagittaire!

HOROSCOPE HEBDOMADAIRE

Du 7 au 13 décembre: La pleine Lune du 8 en Gémeaux accentue votre sensibilité et votre imagination. Cela vous tire les larmes, car vous êtes à fleur de peau. Les enfants sont parfois cruels et ingrats, c'est la vie...

Du 14 au 20 décembre: Retards, lenteurs, grèves et menaces de grèves vous laissent froid. Vous n'avez pas envie de voyager mais de rester sur place. Suivez votre instinct, il est sûr et vous guide vers votre mieux-être.

Du 21 au 27 décembre : Le courant est positif. Hyperactif, rapide, brave et courageux, vous êtes un exemple à suivre. La nouvelle Lune du 23 en Capricorne parle d'argent. Évitez le sujet à Noël, ce sera plus gai.

Du 28 au 31 décembre : Pourvu que vous ne donniez pas dans l'excès, tout va bien. Si vous jouez trop fort vous payerez la note, c'est la loi et elle est implacable. Célébrez avec ceux que vous aimez, mais gardez la juste mesure, surtout au volant. Les policiers font du zèle, soyez prudent.

CHIFFRES CHANCEUX

9-13-22-28-37-39-40-46-67-70

Cher Sagittaire, bonne année 2004 !

Capricorne

DU 23 DÉCEMBRE AU 20 JANVIER

1ᵉʳ DÉCAN : DU 23 DÉCEMBRE AU 31 DÉCEMBRE
2ᵉ DÉCAN : DU 1ᵉʳ JANVIER AU 10 JANVIER
3ᵉ DÉCAN : DU 11 JANVIER AU 20 JANVIER

Compatibilité sexuelle et amoureuse

La compatibilité sexuelle et amoureuse entre les signes du zodiaque ayant été commentée de toutes sortes de manières, je me permets de porter à votre attention les constatations suivantes basées sur des données millénaires. Vous verrez qu'elles sont encore aussi justes de nos jours qu'elles l'ont été au cours des siècles passés.

Dans cette analyse, j'ai utilisé le Soleil natal comme point de départ, mais il faut retenir que c'est la planète Mars qui régit la sexualité proprement dite. Les recherches que j'ai entreprises tendent à nous apporter une meilleure connaissance de nous-mêmes dans ce que nous avons de plus personnel, de plus intime, de plus secret. Par extension, cela nous aidera à comprendre les besoins de nos partenaires de vie.

En abordant le sujet de la compatibilité, je ne vous propose pas de règles vous dictant la manière de mener votre vie sexuelle. Cependant, vous le constaterez certainement, sexualité et astrologie font bon ménage. C'est un duo sur lequel on aurait avantage à compter plus fréquemment. Naturellement, en vous livrant à vos observations, vous devrez tenir compte de votre signe ascendant. Car il arrive que deux personnes dont les signes ne sont pas en accord aient des ascendants qui, eux, sont parfaitement compatibles. Vous l'aurez compris, il convient, là comme ailleurs, d'examiner toutes les riches possibilités dont nos natures humaines sont dotées en tenant compte de l'influence des astres sur nos vies.

Ces notions générales vous indiquent donc vos tendances naturelles. Je crois sincèrement qu'elles pourront vous inciter à aller plus loin dans la recherche de l'harmonie sexuelle. Ne serait-ce qu'à ce titre, je suis persuadée qu'elles vous seront utiles.

CAPRICORNE–CAPRICORNE

Deux bombes sexuelles font l'amour. C'est une rareté et pas toujours un bonheur. Il faut que ces deux solitudes ne s'isolent pas dans leur tour d'ivoire et qu'elles se rencontrent dans des circonstances propices. Sensuels et exigeants, les deux partenaires semblent plus satisfaits dans le couple hétérosexuel

Un travail, un métier, une carrière qui s'harmonise avec celle du partenaire peut servir de trait d'union, mais il faut que le sexe soit bon.

CAPRICORNE–VERSEAU

Sous son air froid, le Capricorne possède une sexualité vigoureuse et sensuelle. L'indépendant Verseau est séduit par la force qui émane de son partenaire. Il faut au Capricorne beaucoup d'autonomie et d'assurance pour attendre sans s'impatienter que le changeant Verseau se fasse une idée.

Le Capricorne cherche, le Verseau trouve, ce qui fait que le premier n'est jamais satisfait. Si celui-ci est dépendant affectivement, cela peut conduire au drame.

CAPRICORNE–POISSONS

Sensibilité, imagination et vulnérabilité réunissent ces deux signes. Dans leur relation sexuelle, ces qualités jouent un rôle majeur, mais il se peut que la froideur et les exigences du Capricorne lassent le langoureux Poissons. Le premier aime le sexe et l'action, le second préfère rêver à des amours impossibles…

S'ils fantasment tous les deux sur les mêmes sujets, l'union a des chances d'être réussie. Elle est meilleure dans les couples de même sexe.

CAPRICORNE–BÉLIER

Deux contraires s'unissent sexuellement dans le même but : la jouissance ultime et parfaite. La première fois peut décevoir. Deux volontés fortes se heurtent et s'affrontent. Qui des deux l'emportera, la guerre des sexes semble à son paroxysme dans ce couple qui réussit parfois à force de le vouloir.

L'attraction sexuelle est impulsive, mais elle peut se transformer en répulsion. Cette union n'est pas faite pour durer ; quand elle ne va pas, mieux vaut se séparer.

CAPRICORNE-TAUREAU

Deux natures fortement sexuées, sensuelles et exigeantes s'unissent l'une à l'autre. Le premier contact est une fête. La suite peut être passionnante, à condition que le froid Capricorne ne refuse pas les caresses du chaleureux Taureau. Autrement, ils iront chacun de leur côté, à la recherche de l'impossible.

L'action directe du Capricorne peut refroidir les ardeurs du sensible Taureau, mais généralement le résultat est positif.

CAPRICORNE-GÉMEAUX

Sexuellement, le premier est poids lourd, l'autre poids plume. Étrangement, on voit des couples ainsi formés dont la relation sexuelle, bien qu'épisodique, apporte de la satisfaction aux partenaires concernés. Le Gémeaux est prêt à tout; si le Capricorne le suit, ils vivront tous deux des aventures sexuelles hors du commun.

Il ne faut pas être timoré pour se fixer dans une telle union. Plus fréquent chez les couples homosexuels et parmi les échangistes.

CAPRICORNE-CANCER

Bizarrement, bien des couples ont cette signature astrale. Contraires de nature, ils s'attirent fortement. L'union charnelle est réussie et les deux y trouvent leur compte. Il arrive souvent que ce soit le Capricorne qui fasse les avances et que le Cancer se contente de suivre. Ils n'ont pas besoin de se parler pour se comprendre.

Le tangible affronte le rêve. S'ils se font du cinéma ensemble, il se peut que la satisfaction sexuelle dure longtemps.

CAPRICORNE-LION

Attraction immédiate pouvant être fatale ou merveilleuse. Pas de demi-mesure pour ces êtres ambitieux jusque dans l'amour et le sexe. L'un flatte la vanité de l'autre et ce dernier répond par des caresses qui font son bonheur. Tous deux se complètent bien, mais doivent se méfier de la jalousie.

L'orgueil glacé du Capricorne et celui torride du Lion leur interdit de parler de sexe hors du lit. Dommage, ils en auraient long à se dire…

CAPRICORNE-VIERGE

Les abords sont difficiles mais avec le temps et un peu de pratique, ils en viennent à maîtriser l'art de l'amour et de l'érotisme. Entièrement compatibles, ils n'ont qu'à oser exprimer leur désir à l'autre pour que leur relation les propulse au septième ciel. Favorable à toutes les orientations sexuelles.

La sensualité des deux partenaires est cachée, mais non moins intense. Un regard, un attouchement et les voilà partis!

CAPRICORNE-BALANCE

Cette combinaison est difficile à évaluer. Un attrait sous forme de coup de foudre est possible, mais la déception remplace la passion dès que les partenaires se retrouvent à la verticale. Ils ne sont d'accord sur rien, ni même sur la façon de faire l'amour. L'essai sexuel n'est pas recommandé, il risque de tourner en attraction fatale, il faut être prudent.

Ce couple est basé sur la raison et sur l'intérêt plus que sur la sexualité. Deux ascendants compatibles donnent de meilleures chances.

CAPRICORNE-SCORPION

Se sachant à force égale, ils tentent rarement de se dominer l'un l'autre. La sexualité prédomine dans le couple, mais le manque de marques d'affection peine le sensible Scorpion. Une fois la chose faite, ils n'ont pas grand-chose à se dire. Mais il y a les enfants et le goût de procréer du Scorpion…

Lequel des deux partenaires osera dire à l'autre qu'il lui fait mal l'amour? Chacun restera dans son secret, frustré et peut-être malheureux.

CAPRICORNE-SAGITTAIRE

Le sexe est bon, mais la communication est difficile. L'attrait du début peut faire place à un désaccord profond que le Capricorne gardera enfoui en lui. Un boulet qu'il traîne par habitude ou par obligation. Par choix, les partenaires seront rarement ensemble longtemps. Ils sont plus heureux en amitié qu'en amour.

La liberté sexuelle et l'indépendance du Sagittaire déplaisent souverainement au rigide Capricorne. Ils se comprennent peu.

Prévisions annuelles

GAGNANTS SUR TOUTE LA LIGNE

L'an 2003 s'annonce bien pour le natif du Capricorne. Il reçoit d'une main et donne de l'autre, mais ce qu'il reçoit est toujours plus consistant que ce qu'il offre. Sauf pour quelques petits points noirs causés par sa planète maîtresse Saturne, il est gagnant sur toute la ligne.

LA VÉRITÉ

Voilà qui lui fera plaisir, mais c'est la vérité telle qu'elle s'exerce par le code astral auquel nous sommes tous plus ou moins soumis, selon notre expérience et notre degré d'évolution. Pour résumer, c'est une excellente année qui attend le Capricorne. Il doit se préparer mentalement et psychologiquement à recevoir ce que le ciel lui apporte de neuf. Il ne s'agit pas de banalités.

SURPRISES

Dès le mois de mars, le natif a un aperçu de ce que sera son avenir pendant les prochaines années. Ce qui se produit dans sa vie intime et personnelle est à couper le souffle. C'est à la fois stimulant, excitant, inattendu et perturbant. Lui qui n'aime pas les surprises, il appréciera celles que lui réserve le sort. Il n'a jamais rien vu de tel !

LES GRANDES LIGNES

Sans contredit, les grandes lignes de sa carte du ciel ressemblent davantage à un cercle amical et bienveillant qu'à un combat. Bien placé ou neutre par rapport à la plupart des planètes qui règlent les époques et les événements de notre Terre, il jouit d'une plus grande latitude en ce qui concerne ses échanges et ses relations interpersonnelles. S'il n'est pas suffisamment libre, il le devient par la force des choses ou par sa propre volonté, son propre choix.

REMUE-MÉNAGE

Une ouverture nouvelle sur la vie intérieure et sur le monde non manifesté se fait sentir. Ses sentiments et ses émotions sont remués, il s'attendrit et devient moins distant. On l'approche plus aisément, sans peur d'être rejeté. En sa compagnie, on se sent moins bête qu'avant, c'est un point en sa faveur. Il semble encourager les autres à aller vers lui et n'hésite pas à aller vers les autres, ce qu'il ne faisait jamais auparavant. Pour un remue-ménage, c'en est tout un !

VIRAGE À 90 DEGRÉS

Faisant partie des ultraconservateurs et des résistants, le Capricorne effectue un virage à 90 degrés dans sa façon de vivre et de penser. Changeant brusquement son fusil d'épaule, il épouse des causes et des idées nouvelles franchement plus conformes au monde dans lequel il vit. Il n'est pas trop tôt pour certains, il faut l'avouer.

Une attitude plus tolérante vis-à-vis d'autrui facilite ses rapports, que le natif soit une femme ou un homme, les deux sexes vivant à peu de choses près les mêmes expériences au niveau de l'intuition et de la créativité. C'est un cadeau d'Uranus qui gère justement l'intuition, le changement et la spontanéité.

IL SE MODERNISE

Le bel aspect que lui fait Uranus voyageant en Poissons du 10 mars au 15 septembre l'oblige à réviser ses anciennes valeurs et à revenir sur certaines positions qu'il entretenait par habitude ou par manque d'enthousiasme. Envisageant la vie sous un angle différent, il se modernise, voilà le mot qui décrit le mieux la chose.

ATTITUDE OLÉ OLÉ

S'opposant à son signe de juin à la fin de l'année, Saturne met un frein à des débordements qui auraient pu l'entraîner dans des aventures risquées pour sa santé et pour sa sécurité. Cette attitude exagérément «olé olé» se trouve tempérée par des responsabilités qu'il doit assumer. Il voudrait tout quitter, mais il ne peut pas. En réalité, c'est une faveur que lui fait son amie Saturne…

BIENFAIT

Des embûches retardent le plein épanouissement de sa nouvelle personnalité, mais au fond c'est en tant que chance qu'il faut considérer la chose. Se montrer capable d'être sage et réfléchi quand on est sous l'influence d'Uranus est une bénédiction. Il se rendra compte de l'impact bénéfique de son action par la protection contre les excès qu'elle lui imposera. Envers et contre tous, c'est un bienfait.

MOMENT DE TRANSITION

Dans le moment de transition qu'il traverse, le Capricorne peut compter sur une bonne part de raison venant tempérer sa passion. Ce n'est pas un mal mais un bien. Nous reviendrons sur l'opposition de Saturne et sur ses effets restrictifs et parfois bénéfiques, selon l'usage que l'on fait du sérieux auquel il nous oblige.

JUPITER ET LA CHANCE

Par chance, le grand bénéfique Jupiter accroît la chance de la fin août à la fin de l'année. Quatre mois où le travail donne un rendement optimal et où la facilité prédomine. Transitant par le signe ami de la Vierge, le grand bénéfique déverse ses largesses sur lui et lui octroie des cadeaux généreux qu'il va utiliser à bon escient. La terre, son élément fétiche, rapporte en santé, en sécurité et en bonheur. La toucher de ses mains recharge vos batteries.

À MOINS QU'IL NE CHANGE

Rationnel et pragmatique, le natif met à profit ses connaissances et son talent naturel. Il gagne de l'argent aisément et connaît une période faste. Reste que dépenser follement n'est pas dans ses habitudes. Économe et circonspect, il gaspille rarement ses biens. À moins qu'il ne change cette année, ce qui n'est pas exclu…

CHANCE PURE

La chance pure en destinée (nœud ascendant de la Lune) voyageant du 1er janvier au 14 avril en Gémeaux, il ne devra pas compter sur son aide pendant cette période, à moins d'être ascendant Gémeaux. Par contre, du 15 avril à la fin de l'année, la chance pure voyageant dans le signe ami du Taureau, tout est possible. Y compris les gains fabuleux aux jeux de hasard.

Sans qu'il soit nécessaire de tout miser au jeu, tenter raisonnablement le sort pourrait se révéler profitable. S'il joue avec des personnes qui ont du Taureau, de la Vierge et à plus forte raison du Capricorne comme lui, le gros lot n'est pas impensable. Mais n'allez pas le répéter, on dira que je veux l'acheter!

BONNE CHANCE

Cher Capricorne, n'oubliez pas de lire attentivement l'horoscope mensuel qui suit, il vous renseignera sur les périodes fertiles et sur les moments moins propices de l'année. Il y en a toujours pour nous compliquer la vie, autrement ce serait paradisiaque, par conséquent irréaliste. À tout événement, bonne chance, cher Capricorne! Le ciel vous favorise à plusieurs niveaux cette année, profitez-en abondamment.

En 2003, un nouveau Capricorne naît. Accueillons-le généreusement comme il se doit. Bonne année, cher Capricorne!

Prévisions mensuelles

JANVIER

Nous ne naissons pas seuls. Toute naissance est une connaissance.
PAUL CLAUDEL

JANVIER PLUS LENT

Vous le sentez, janvier est plus lent que d'habitude. En raison de complications administratives, de retards, de grèves et de menaces de grèves, rien ne bouge comme vous le souhaiteriez. Mercure dans votre signe rétrograde. Ne vous emportez pas, c'est une question de jours. Dès le 22 du mois, les choses redémarreront à grande vitesse, comme vous le voulez. Vous pourrez prendre votre envol.

MATIÈRE PRÉCIEUSE

Plusieurs natifs participent à des discussions et à des négociations sur une plus ou moins grande échelle. Quelques-uns se retrouvent au centre d'une controverse. Dossier chaud et embêtant, mais ils savent se défendre et défendre leurs intérêts. Réussissant à échapper aux retombées négatives qu'ils ont parfois provoquées eux-mêmes, leur lucidité leur permet de s'en tirer les mains blanches. Du moins en apparence… Élaborant des projets précis et ciblés, ils ne perdent pas leur temps. Le temps est devenu pour eux une «matière précieuse».

BELLE VITALITÉ

Le Soleil voyageant en Capricorne vous accorde une belle vitalité. Il encourage l'action à long terme. Tout ce qui est immédiat est bien fait, mais vos échéanciers sont plus larges, vous ne pouvez pas précipiter les choses et c'est bien ainsi. Profitez-en pour calmer votre système nerveux et digestif. Les abus du temps des Fêtes peuvent se faire sentir, prenez le temps de digérer avant de vous mettre au lit, vous dormirez mieux et serez plus en forme au réveil.

Note optimiste

Terminons ce survol de janvier sur une note optimiste en mentionnant qu'une bonne dose de raisonnement et de logique vous évitera la plupart de ces ennuis prévus et vous permettra d'aller chercher votre bien où là où il est, c'est-à-dire dans la santé, la sécurité et la stabilité.

Mercure dans votre signe vous souffle les bonnes réponses ce mois-ci. Écoutez-le et vous serez sûr de passer un mois bien meilleur que vous escomptiez, cela même si tout va bien.

HOROSCOPE HEBDOMADAIRE

1er au 4 janvier: L'année débute bien, mais il y a des risques de retards et de grèves. Évitez de jeter de l'huile sur le feu. La nouvelle Lune du 2 en Capricorne prévoit un mois intéressant et elle ne ment jamais.

Du 5 au 11 janvier: Votre santé est tenace, mais votre système nerveux peut craquer, vos réflexes manquent de justesse. Au travail et dans le sport, soyez prévoyant et attentif. Sexuellement, vous êtes très performant.

Du 12 au 18 janvier: Plein feu sur les discussions, les transactions et les affaires d'argent. De lourdes responsabilités sont sur vos épaules, vous les portez bravement. La pleine Lune du 18 en Cancer vous rend hypersensible. Votre conjoint vous déçoit, essayez de ne pas pleurer.

Du 19 au 25 janvier: Mercure reprenant son mouvement direct vous donne une intelligence éclairée, une repartie vive et de bons réflexes. Du point de vue commercial, personne ne vous arrive à la cheville.

Du 26 janvier au 1er février: Période hyperactive, vous n'arrêtez pas, mais ce rythme effréné vous plaît. Vous obtenez de bons résultats, c'est ce qui compte. La nouvelle Lune du 1er en Verseau parle d'argent.

CHIFFRES CHANCEUX

8-9-10-26-27-39-40-41-55-70

FÉVRIER

Penser, c'est réapprendre à voir, diriger sa conscience, faire de chaque image un lieu privilégié.

ALBERT CAMUS

QUEL BONHEUR

Quel bonheur, Vénus arrive en visite dans votre signe en février, mois dédié aux amoureux! On ne pouvait demander plus joli scénario. Comme dans un roman ou dans un film, mais de façon plus réaliste et plus concrète, l'amour est au rendez-vous. Cependant l'amitié amoureuse ou platonique pourrait aussi satisfaire aux besoins de votre cœur assoiffé d'amour et de reconnaissance. À vous de faire le choix.

VÉNUS EN CAPRICORNE

Vénus en Capricorne ne donne pas toute sa chaleur, mais elle enrichit votre personnalité de charme et de beauté et vous accorde plus de chance en matière d'affection et de sentiments. Vos rapports avec le sexe féminin sont adoucis et teintés de tendresse, votre sensibilité s'exprime sans douleur, vous pouvez dire votre amour et témoigner de l'affection sans crainte, vous ne serez ni repoussé ni découragé. Ces bonnes nouvelles vous soulèveront de joie, j'espère!

DOUZE JOURS AVANTAGEUX

Concernant les études, le travail, les voyages et les affaires d'argent, les 12 premiers jours du mois sont extrêmement avantageux. Agissez pendant que les autres dorment ou sont aux prises avec des ennuis et problèmes dont vous n'avez pas à vous culpabiliser. Il est dans votre intérêt de passer à l'action au plus vite. Ne lambinez pas et ne lésinez pas sur la quantité de temps, de travail et d'argent que vous devez investir: vous en avez les moyens et la force, procédez!

IMPACT

Pendant cette courte mais bonne période, Mercure accroît votre puissance physique, mentale et intellectuelle. Il donne de l'impact à vos actes et à vos décisions. Soyez sérieux, fiable et confiant sans être trop tatillon pour que tout se déroule comme prévu. Vous êtes fier d'avoir accédé à ce poste, trouvé cet emploi, découvert un employé compétent et honnête qui vous aidera dans votre travail. Bravo!

SURVEILLEZ SON ASCENDANT

Il serait sage de surveiller votre ascendant tout le mois et surtout vers le 16 février, date d'opposition entre Jupiter et Neptune en Lion et Verseau. Capricorne ascendant Lion, Verseau mais aussi Taureau et Scorpion, attention! Les risques de scandales financiers, religieux, politiques, légaux et sexuels abondent. Soyez prudent avec l'eau, les produits de la mer, les nourritures et les eaux peu fraîches et évitez les croisières et les séjours à la mer. Pas toujours rassurant.

Huit chances sur douze que vous ne soyez pas mêlé à ce problème. Même alors, vous avez la protection de Vénus tout le mois, ça vous préserve de tout mal grave. Je vous souhaite le meilleur en tout!

C'est fête de l'amour le 14 février, bonne Saint-Valentin à tous!

HOROSCOPE HEBDOMADAIRE

Du 2 au 8 février: Réservé et prudent dans vos affections, vous vous liez lentement, mais quand vous accordez votre affection, c'est pour toujours. Les études, les affaires et les voyages sont avantagés. Vous êtes d'une politesse exquise.

Du 9 au 15 février: Vous terminez une période de réflexion, vos pensées sont plus claires qu'avant. Vous allez sortir de votre réserve et ou de votre cage dorée pour occuper la place qui vous revient.

Du 16 au 22 février: La pleine Lune du 16 en Lion met l'accent sur l'orgueil et la fierté. On fait appel à votre sens de l'honneur et on obtient tout de vous. Des secrets sont révélés au grand jour, qui pourront déranger les ascendants Lion, Taureau, Scorpion et Verseau.

Du 23 février au 1er mars: La santé est meilleure, mais c'est au niveau du cœur et des sentiments que vous éclatez de joie. L'art et la beauté sous toutes leurs formes apportent à votre esprit et à votre âme des plaisirs raffinés.

CHIFFRES CHANCEUX

8-10-21-22-34-35-44-51-52-67

MARS ET AVRIL

Je doute de tout et j'espère tout.

MAREK HALTER

PRINTEMPS HYPERACTIF

Le printemps vous plonge dans un état d'exaltation. Une grande puissance physique, intellectuelle et sexuelle vous habite. Vous débordez littéralement d'énergie, vous agissez sous la poussée d'une intuition jamais ressentie auparavant, sinon depuis 1989. Il faut voir à employer vos forces de manière positive, sinon elles pourraient frapper de plein fouet, et avec une ampleur surprenante.

INTUITION FULGURANTE

Par son raisonnement logique, votre esprit contribue à encourager vos recherches du côté invisible des êtres et des choses. Vous êtes intéressé par le sujet, alors que cela vous répugnait auparavant. Votre intuition fulgurante est supérieure à votre raisonnement, mais vous êtes d'une lucidité étonnante devant les grands mystères de la vie, ce qui ne vous empêche nullement de voir à vos affaires et de travailler fort pour réaliser vos ambitions. Aucun doute, vous gardez les pieds sur terre.

Ces deux mois vous rapprochent rapidement du but visé. Voyez pourquoi vous êtes dans un état d'hyperactivité indescriptible en ce beau printemps 2003, alors que tout semble vous réussir. Mars et Uranus y sont pour quelque chose, soyez curieux, lisez ce qui suit.

MARS DANS VOTRE SIGNE

Planète d'action, de volonté, d'énergie et de sexualité, Mars transite ou voyage dans votre signe entre le 4 mars et le 21 avril prochain, accentuant chez vous vos forces et vos qualités. Cela n'arrive qu'une fois tous les deux ans, vous y intéresser de plus près est normal et salutaire.

AU TRAVAIL

Recevoir la visite de Mars dans son signe n'est pas de tout repos, mais cette planète vous aime, vous avez de la chance. Profitez de cette période faste pour affirmer votre personnalité et pour faire preuve de confiance en vous-même et en vos moyens. La perfection est le but visé et rien ne vous satisfera qui ne soit parfait. Vous vous connaissez, cher Capricorne. Au travail !

URANUS EN SIGNE AMI

Uranus passant le 10 mars et tout le reste de l'année en visite dans le signe ami du Poissons, vous recevez des ondes positives de ce passage astral. Vous aurez le coup de foudre pour une personne ou pour une idée. Un coup de chance inattendue et inespérée est également possible ainsi qu'un coup de tête de pure folie...

Selon votre âge, vos prédispositions et vos disponibilités, vous commencez quelque chose d'entièrement neuf. Quelque chose que vous n'avez jamais fait auparavant, ou que vous avez fait depuis si longtemps que vous l'aviez oublié. Et cela vous rend très heureux...

C'est Pâques le 20 avril, joyeuses Pâques à tous !

HOROSCOPE HEBDOMADAIRE

Du 2 au 8 mars : La nouvelle Lune du 2 en Poissons favorise les facultés extrasensorielles, les dons psychiques et surtout l'intuition supérieure. L'idée qui survient à la vitesse de l'éclair est la bonne, ne discutez même pas.

Du 9 au 15 mars : Vous ressentez le besoin d'exercice physique et de sport pour extérioriser sainement votre énergie. Sport et sexe sont indiqués pourvu que ce soit sans risques. Votre enthousiasme vous gagne des sympathies.

Du 16 au 22 mars : Une semaine où toutes vos qualités s'accroissent : magnétisme, attrait et intuition. Cela vous donne de bonnes idées à mettre en pratique à la pleine Lune du 18 en Vierge. Bien préparé, votre projet fonctionne au maximum.

Du 23 au 29 mars : Vous avez envie de vous aérer, de sortir, de vous amuser, de faire des voyages plus fréquents et de vous lancer dans de nouvelles études ou entreprises. Votre besoin de jeunesse vous permet de rencontrer des gens un peu bizarres.

Du 30 mars au 5 avril : La nouvelle Lune du 1er en Bélier indique un manque de disponibilité dû à une trop grande sensibilité aux autres. Ce qu'ils pensent et disent de vous ne doit pas vous faire changer d'un iota.

Du 6 au 12 avril : Étant d'un naturel peu conformiste, vous recherchez la présence de gens excentriques, très indépendants et très à la mode. Votre besoin d'être *in* vous incite à fuir ceux qui sont mis au rancart.

Du 13 au 19 avril : Afin de vous renouveler, vous quittez brusquement ceux qui vous entourent pour aller vers d'autres cieux. C'est votre droit et votre privilège, mais la pleine Lune du 16 en Balance pourrait vous faire pleurer.

Du 20 au 26 avril : Votre vie sexuelle et sportive diminue d'intensité, c'est un bienfait. Vous avez la ferme volonté d'arriver. Trop autoritaire, vous risquez de heurter les sensibilités et d'éloigner de vous ceux que vous aimez.

Du 27 avril au 3 mai : Votre cœur n'est pas très heureux, des problèmes de famille et au foyer sont possibles. La nouvelle Lune du 1er en Taureau apporte amour et réconciliation. Une bonne bouffe vous servira de prétexte.

CHIFFRES CHANCEUX

8-9-17-27-30-31-42-49-58-69

MAI

L'homme n'a rien de mieux à faire qu'essayer d'être en parfait accord avec lui-même.

SIGMUND FREUD

ÉCLIPSE LUNAIRE TOTALE

Il se fait dans le ciel de mai deux éclipses dont les effets sont neutres en ce qui vous concerne, mais dont il faut tenir compte. Lunaire et totale, la première se tient le 15 mai en Scorpion, signe sans effet négatif sur le vôtre. C'est de bon augure, pourvu que vous ne soyez pas ascendant Scorpion, Verseau, Lion ou Taureau. Si c'est le cas, il faut tenter de contrer les effets démoralisants de cette éclipse qui en affectera plusieurs. Sinon tant mieux, votre moral reste solide.

ÉCLIPSE SOLAIRE PARTIELLE

La deuxième éclipse est solaire et annulaire, donc partielle. Elle se tient le 31 mai en Gémeaux, signe qui vous est neutre. De moindre intensité, elle est sans effet négatif à moins d'un ascendant Gémeaux, Vierge, Poissons ou Sagittaire. La baisse de santé physique ressentie généralement ne semble pas vous affecter. Que votre santé soit bonne, voilà la tendance qui prévaut.

EN PRINCIPE, TOUT VA BIEN

Grâce au Soleil et à Mercure voyageant en signe ami du Taureau, vous êtes en forme, vos nerfs sont solides et résistants. Votre intellect et votre jugement sont lents, mais précis et efficaces alors que vos réflexes sont sûrs. Vénus en Taureau à compter de la mi-mai arrange vos affaires de cœur. Elle comble aussi vos besoins affectifs. Foyer, famille, maisonnée, travail, argent, jeux et sports, tout va bien.

Vous aimez la terre, le jardinage et les fleurs. Un petit effort et vous êtes récompensé. Votre maison est belle et remplie d'amour, c'est formidable !

C'est fête des Mères ce mois-ci, bonne fête aux mamans Capricorne !

HOROSCOPE HEBDOMADAIRE

Du 4 au 10 mai : Ce qui vous protège et vous apporte joie et bonheur c'est le plaisir que vous obtenez de vos amis et de la bonté dont vous faites preuve envers les pauvres, les malades, les déshérités du sort. Vos dons psychiques et votre intuition sont accrus de ce fait, vous êtes gagnant.

Du 11 au 17 mai : Vous souffrez un peu vous-même, mais l'amour que vous donnez vous permet d'oublier le mal. L'éclipse lunaire totale du 15 en Scorpion accroît chez vous votre propension à aider ceux qui sont dans le besoin.

Du 18 au 24 mai : Votre désir d'appartenir à des groupements secrets est accru, ainsi que celui de faire des études en sciences occultes ou cosmiques, de vous initier à l'ésotérisme honnête et intelligent. Vos chances de succès en ces matières sont très fortes.

Du 25 au 31 mai: Vous avez envie de vous divertir dans des circonstances agréables. Vous avez de la chance en amour, dans les jeux de hasard et avec les enfants. L'éclipse solaire annulaire du 31 en Gémeaux ne semble pas vous affecter.

CHIFFRES CHANCEUX

11-12-22-27-34-40-41-59-60-61

JUIN

Le sage atteint le but sans marcher.

LAO TSEU

BEL ÉTÉ MAIS...
C'est un bel été qui commence, mais la lourde Saturne se déplace le 3 juin dans le signe opposé du Cancer où elle séjournera pendant les deux prochaines années et demie. Rien de tragique, rassurez-vous, mais il convient de vous intéresser de près à l'affaire afin de désamorcer ce qui pourrait devenir plus sérieux.

OPPOSITION DE SATURNE
Coïncidant avec un bel aspect de Saturne à Uranus le 24 juin, l'opposition est moins dure pour le moment. Les natifs du début du signe, soit autour du 23 décembre, sont plus remués que d'autres dans leurs émotions ainsi que dans leur bien-être physique. Leur santé peut être affectée par intermittence ou la compassion pour leur conjoint ou pour leur associé pourrait devenir un fardeau. Il convient de réfléchir à ce qui vous retient sans tomber dans la déprime. Regardez, le soleil n'est pas loin.

LIBERTÉ OU DEVOIR
D'un côté Uranus donne un goût de liberté, d'absolu, de désertion. De l'autre, Saturne oblige à des devoirs et à des responsabilités. Entre la liberté et le devoir, quelle tendance choisirez-vous? Bien sûr, vous pouvez laisser tomber l'autre et les autres, selon votre niveau de conscience et votre âge, vous n'avez que vous-même comme juge.

ÂGES IMPORTANTS

Chose certaine, si vous avez 14, 21, 28, 35, 42 ans ou autres multiples de 7, vous feriez bien d'y penser avant de vous engager dans une relation à long terme, surtout si votre partenaire éventuel a des problèmes de santé physique ou psychique. Le mariage et l'association en affaires peuvent attendre, vous pas.

ASCENDANTS MOINS FAVORABLES

Parallèlement, il se fait dans le ciel du 3 juin une autre opposition, cette fois-ci entre Jupiter en Lion et Neptune en Verseau. Si vous avez la chance de ne pas être ascendant Lion, Verseau, Taureau ou Scorpion tant mieux. Les risques tels que je les ai indiqués en février dernier n'ont pas cours. Des scandales et bien d'autres choses déplaisantes, rappelez-vous. Relisez le texte pour savoir à quoi vous en tenir véritablement. Encore ici, les chances sont de votre côté.

AVANTAGES

Cela dit, la fin de juin apporte de nets avantages aux natifs dont l'ascendant est Poissons ou Cancer. Cependant, tous profitent d'un vent favorable dans les études, les communications, les voyages, le commerce, les déplacements, les rencontres et les affaires d'argent. L'eau peut être une source de bien-être et qui sait, de profits importants. La terre à son tour peut équilibrer le système et guérir les problèmes de santé et les maladies. Deux éléments à cultiver cet été.

DE QUOI SE RÉJOUIR

Antiquités et gadgets à la mode font le bonheur et peut-être la richesse des Capricorne. Politiquement dans le coup, ils accroissent leurs chances de gravir les échelons et de s'élever sur la scène sociale, artistique, politique et économique, ou tout simplement dans le milieu familial. Quand même, ils ont de quoi se réjouir!

Juin ne semble pas parler de vacances, mais à compter du 15 et surtout vers le 24 juin, un long séjour à la mer ou une croisière serait bienvenu. Ne vous gênez pas pour partir et reposez-vous bien!

C'est fête des Pères en juin, la fête nationale des Québécois le 24 juin, bonne fête à tous!

HOROSCOPE HEBDOMADAIRE

Du 1ᵉʳ au 7 juin : Si des amis veulent vous entraîner dans des affaires louches, gare à vous, la justice n'entend pas à rire ! À plus forte raison si des Lion, Verseau, Scorpion ou Verseau sont concernés ou si votre ascendant est l'un de ces signes. Tenez-vous loin, c'est plus prudent.

Du 8 au 14 juin : Les choses se déroulent mieux, vous éprouvez moins de stress et de pression et pouvez profiter du beau temps. La pleine Lune du 14 en Sagittaire parle de voyages et de contacts avec des étrangers.

Du 15 au 21 juin : Vous avez la possibilité d'accéder à de nouvelles fonctions au travail ou en politique. N'acceptez que si vous êtes en bonne forme physique et parfaitement au courant de ce qui se passe. À l'aveuglette, pas question.

Du 22 au 28 juin : Vous prenez des initiatives dans le but de vous rajeunir. Chirurgie esthétique ou soins spéciaux sont à votre portée. Vous semblez en parfaite sécurité. La modernisation des objectifs et des entreprises est favorable aussi.

Du 29 juin au 5 juillet : La nouvelle Lune du 29 en Cancer porte votre regard vers votre conjoint ou votre associé. Votre sensibilité est exacerbée, gare aux larmes, c'est mauvais pour les yeux que vous avez fragiles.

CHIFFRES CHANCEUX

10-23-24-30-31-45-46-57-58-60

JUILLET

La nouvelle apparition de l'enfant qui dort au fond de nous-mêmes exige attention et silence.

MICHEL BUTOR

SI VOUS AVEZ UN ASCENDANT DE FEU

Si vous avec un ascendant en signe de feu, soit Lion, Sagittaire ou Bélier, vous aimerez beaucoup ce juillet. Il sera bon pour tous, mais en particulier pour ces privilégiés du sort. Un bel aspect de trigone entre Jupiter en Lion et Pluton en Sagittaire donne du pouvoir à ceux qui en désirent, de la résistance physique et morale à ceux qui en manquent.

PAS ESSENTIEL

Mieux vaut avoir un tel ascendant, mais ce n'est pas essentiel. Une personne proche de vous et qui a cette chance fera l'affaire. Vous recevrez par son intermédiaire des cadeaux du sort qu'il faudra redistribuer et d'autres que vous pourrez garder. À vous de faire la part des choses. Vous procéderez de manière juste et responsable, on n'aura pas à se plaindre de vos services, ni de vos actes, ni de vos décisions.

RIEN N'EST PERDU

C'est le mois idéal pour réfléchir sur les valeurs humaines et spirituelles, mais il sera également favorable à l'élargissement de la conscience. Croyant ou agnostique, athée ou sceptique, peu importe, vous commencez à comprendre que tout n'est pas si simple ici-bas, et que des nuances sont à apporter dans nos prises de position face à l'au-delà. C'est la preuve que rien n'est jamais perdu!

PASSEZ UN BEL ÉTÉ

Pour plus de plaisir et de sécurité, partez vers le 13 juillet, vous passerez de meilleurs moments. Soleil et Mercure jusqu'au 13, Vénus tout le mois en Cancer plus Saturne, il se peut que vous ne puissiez faire tout ce que vous aimez, mais c'est ainsi. Ne boudez pas.

Soyez prudent dans l'eau et sur l'eau, cela présente de l'attrait mais aussi des risques. Porter sa ceinture de sécurité en bateau est essentiel, ne l'oubliez pas. Sur ce, passez un bel été et de bonnes vacances!

C'est la fête nationale des Canadiens le 1ᵉʳ juillet et la fête nationale des Français le 14 juillet, bonne fête à tous!

HOROSCOPE HEBDOMADAIRE

Du 6 au 12 juillet: Les autres prennent plus de place que vous. Ne vous battez pas contre le destin, faites de votre mieux et ça ira. Vous avez des réserves d'énergies, des secrets, des cachettes, et cela vous suffit.

Du 13 au 19 juillet: La pleine Lune du 13 en Capricorne attire l'attention sur vous. N'essayez pas de vous changer en courant d'air, ça n'ira pas. Faites face à la musique, et si elle est fausse, changez d'air.

Du 20 au 26 juillet: De courts voyages et des déplacements sont favorisés. Lorsqu'il s'agit d'apprécier la gastronomie et les bons crus, faites usage de modération. La mer, la pêche et l'eau, en somme tout ce qui se rattache à l'eau devrait avoir votre préférence.

Du 27 juillet au 2 août: La nouvelle Lune du 29 en Lion marque une remontée de votre courage et de votre énergie psychique. Une passion secrète vous habite, vous n'avez pas à tout dévoiler. Gardez votre secret.

CHIFFRES CHANCEUX

9–10–20–21–37–39–40–47–50–66

AOÛT

Faire un nouveau pas, prononcer un mot nouveau, voilà ce que les gens craignent le plus.

FEDOR DOSTOÏEVSKI

JUPITER EN SIGNE AMI

La planète la plus généreuse de notre système solaire, mis à part le Soleil qui est notre luminaire de jour, c'est Jupiter et celui-ci transite du 27 août à la fin de l'année par le signe ami de la Vierge. Cette longue période est par conséquent propice aux questions de travail, de santé et d'argent. Elle accroît l'optimisme et accorde chance et prospérité à qui fait un effort.

RÉCOMPENSE IMMÉDIATE

Si vous ne faites rien de constructif pendant ce temps, rien n'arrivera, c'est fatal. Mais si vous agissez, vous recevrez immédiatement une récompense. Voilà ce que promet le grand bénéfique Jupiter pendant cette période de quatre mois qui continuera en 2004. Aussi bien en être informé, vous saurez à quoi vous attendre et comment agir en certaines circonstances qui vous paraîtront tout à fait inédites.

EN MÊME TEMPS

En même temps, soit le 30 août, il se fait une opposition entre Jupiter en Vierge à Uranus en Poissons. Sans être trop bousculé par ces aspects, vous recevez moins de bienfaits que vous auriez pu en obtenir de Jupiter qui se trouve divisé entre la Vierge et vous. Quand même, il faut noter une protection à l'égard de ce qui se passe dans le monde et chez vous, dans votre milieu et votre entourage. C'est appréciable.

ASCENDANTS TOUCHÉS

Les ascendants touchés par cette dissonance sont les Vierge, Poissons, Gémeaux ou Sagittaire. En ce cas, ne vous exposez pas à la foudre ni au coup de foudre amoureux. Ne voyagez pas en avion et soyez prudent en auto, moto, dans les moyens de transport et dans vos communications. Le scandale rôde. Il peut éclater et emporter dans son sillage ceux qui y sont sensibles. Diminuez les risques en étant prévoyant et en demeurant sur vos gardes. La loi serait rigide et dure, ne vous exposez pas à ses foudres.

VOUS ÊTES CHANCEUX

Vous êtes chanceux, avouez-le. Malgré les luttes à mener, votre progression est constante, le succès se confirme. À travers les critiques et les difficultés qu'on tente de vous faire, vous parvenez au but que vous visiez et mettez un terme à une suite de déboires et de reculs dans l'ensemble de votre situation. La victoire a bon goût, c'est indéniable, mais elle est gagnée et méritée, nul ne prétendra le contraire.

MIEUX VAUT…

Il vaut mieux avoir Jupiter et Uranus pour soi que contre soi, vous en ferez l'expérience malgré la dissonance passagère qui se fait entre elles dans le lointain univers…

L'astrologie sert à déjouer les pièges que le sort nous tend, mieux vaut être au courant. J'espère que ces renseignements vous seront utiles et que vous terminerez le mois en bonne forme. Sinon faites-vous soigner, de nos jours tout se guérit. Ne dit-on pas que plaie d'argent n'est pas mortelle… Cette phrase vous reviendra à l'esprit non seulement en août mais au cours des mois qui suivront.

Bonnes vacances à tous et à toutes !

HOROSCOPE HEBDOMADAIRE

Du 3 au 9 août : On prévoit des déplacements rapides, des départs précipités, des voyages en bateau ou un séjour près de l'eau. Vous obtiendrez du succès dans vos démarches grâce à une argumentation convaincante. Vous êtes un bon vendeur, un bon promoteur, vous excellez dans les domaines de l'immobilier et des finances et en politique active.

Du 10 au 16 août : Pensez travail et ambition, mais n'oubliez pas les congés et les vacances. C'est la règle, il ne faut pas y déroger. La pleine Lune du 12 en Verseau met l'accent sur les valeurs matérielles.

Du 17 au 23 août : Vous avez des provisions d'énergies que vous déployez au besoin. On est surpris autour de vous, car on vous pensait fatigué, usé. Pas du tout, vous rebondissez et faites taire les envieux et les jaloux. Bravo !

Du 24 au 30 août : Ne vous mettez pas dans les pattes de ceux qui ont de la Vierge, du Poissons, du Gémeaux ou du Sagittaire. Si c'est votre signe ascendant, méfiez-vous des combines, ça peut être risqué. La nouvelle Lune du 27 en Vierge apporte la paix que vous recherchez.

Du 31 août au 6 septembre : Vous montrez de l'habileté dans le travail discret, les études entreprises en secret, la recherche et la détection, l'aide aux animaux et aux humains dépourvus de moyens. Votre dévouement est bienfaisant.

CHIFFRES CHANCEUX

9-12-24-25-37-39-41-48-52-67

SEPTEMBRE

Être libre, ce n'est point pouvoir faire ce que l'on veut, mais c'est vouloir ce que l'on peut.

JEAN-PAUL SARTRE

LES CHOUCHOUS DU SORT

Ce mois-ci, les chouchous du sort sont les Capricorne du 23 au 31 décembre. Gonflés à bloc par un soudain regain de confiance et d'enthousiasme, ils peuvent réussir aisément ce qui d'habitude leur demande des heures de labeur acharné. Jupiter leur fait d'énormes faveurs sous la forme d'occasions propices. Quand l'occasion est là, il faut vite la saisir!

MOINS PRESSÉS

Se sentant moins pressés à compter du 15 septembre, le natif profite des derniers mois de l'année pour revoir les mois passés et constater ce qui a fonctionné ou pas. Il met de l'ordre dans ses affaires et prend le temps de réfléchir. Uranus, revenant par rétrogradation en Verseau, lui ferme une porte. Il n'a pas à s'en faire, l'an prochain ramènera cette planète en Poissons et elle y restera pendant de nombreuses années. Ce qui a été commencé ou projeté se réalisera avec un peu de retard, mais se réalisera.

CE QUI VIENT D'AILLEURS

Le moment est favorable aux voyages à l'étranger, aux contacts et aux affaires traitées à l'étranger et ou avec des étrangers. Ce qui vient d'ailleurs a une saveur particulière. Vous ne manquez ni de nez ni de goût, c'est exact.

C'est la période idéale pour entretenir des relations avec des gens de haut savoir, vous passionner pour des études supérieures, philosophiques ou religieuses, pour entrer en contact avec des personnes influentes dans ces milieux, créant ainsi avec eux une relation positive.

RÉMUNÉRATEUR ET VIVIFIANT

Ce que vous entreprendrez avec des gens de langues et de cultures différentes des vôtres sera rémunérateur et vivifiant. Vos rencontres auront des suites heureuses et sans doute insoupçonnées, puisqu'elles pourraient entraîner une association d'affaires qui pourrait même déboucher sur un mariage. Ne ratez pas l'occasion qui passe, elle ne sera pas là tous les jours!

ASCENDANTS DE TERRE

Les ascendants de terre, Vierge, Capricorne et Taureau, ont droit à une large part du gâteau. Ils savent tabler sur le changement, et de ce fait récolter des profits intéressants. L'argent et les biens essentiels leur sont donnés en abondance. Ils ont plus de ressources financières que les autres et exercent leur supériorité sur les masses et sur les foules. Socialement et collectivement, ils s'imposent. Il faut compter avec eux dès maintenant, leur rôle dans la société est déterminant.

C'est le congé de la fête du Travail au Québec le 1er septembre, bonne fête à tous!

HOROSCOPE HEBDOMADAIRE

Du 7 au 13 septembre: Cette semaine est idéale pour faire de l'import-export et pour cultiver les relations à l'étranger. La pleine Lune du 10 en Poissons vous rend sentimental. Doux et tendre, vous avez du succès en amour.

Du 14 au 20 septembre: Des retards, des grèves et des lenteurs sont prévisibles dans les domaines de la santé et du travail. Votre cœur est insatisfait, votre caractère, bourru et grognon. Ne mêlez pas amour et carrière.

Du 21 au 27 septembre: Votre énergie est bonne, même si vous l'exprimez peu. Sur le plan sexuel et dans les sports, aucun problème. La nouvelle Lune du 25 en Balance vous rend hypersensible, les larmes sont proches du rire.

Du 28 septembre au 4 octobre: Surveiller votre santé, votre cœur, votre peau. Vos dents, vos ongles et vos cheveux peuvent manquer de calcium et vous, de vitamines. C'est l'automne, ne vous laissez pas aller, il faut garder la forme à tout prix.

CHIFFRES CHANCEUX

3-8-17-24-26-30-31-40-45-57

OCTOBRE

Paroles en amour font merveille.

La Fontaine

S'occuper de sa santé

Avec son amas planétaire en Balance, signe qui ne convient pas au vôtre, octobre vous recommande de vous occuper de votre santé. Sans faire d'excès ni d'extravagances en ce sens, de bons soins corporels – massages, bains de boue et autres – et au besoin une thérapie vous aideront à recouvrer le tonus si important aux Capricorne de tout âge.

Gains faramineux

Par ailleurs, la vie du Capricorne n'est pas dépourvue d'intérêt. La deuxième partie du mois est toute désignée pour voir aux affaires d'argent et de travail. Les gains peuvent être faramineux, ce qui est sûr c'est qu'ils dépassent la moyenne. Banques, prêts et emprunts, placements à moyens et longs termes, assurances, hypothèques, il sait où aller pour faire profiter son argent.

Son filon

Sa santé va mieux, ses forces nerveuses sont plus solides, les cellules de son cerveau fonctionnent bien et son jugement est sain. Cherchant quelque chose de nouveau à explorer, il découvre différentes façons d'orienter son talent et ses facultés. Il cherche un métier, une carrière ou une profession qui l'entraînerait vers un chemin de vie différent. Il prendra le temps qu'il faut mais il trouvera son filon, c'est décidé.

Vénus boude

Pendant la première semaine du mois, Vénus, de la Balance par où elle transite, vous boude. Inutile de forcer le jeu, rien n'y fera. Il se peut que le métier ou la carrière tienne trop de place dans votre vie et que vous n'ayez pas le temps de penser à l'amour, encore moins de le faire. Il est possible aussi que vous n'en ayez tout simplement pas envie.

Petit cadeau

Dès le 9, vous ressentez une joie nouvelle vous envahir. Votre plaisir de vivre est avivé, vos sens sont exacerbés, le goût du beau et du luxe vous reprend. Vous avez envie de briller et de vous faire remarquer par une personne qui vous intéresse et à qui vous plaisez. N'hésitez pas à lui offrir un petit cadeau, il sera apprécié. Vénus est passée en Scorpion, signe ami. Vous le verrez sans peine, c'est tellement évident.

PASSION AMOUREUSE
Une passion amoureuse peut vous envahir soudainement, faites en sorte que votre relation soit sans risque pour les deux partenaires. Vous pouvez utiliser l'énergie affective que provoque en vous Vénus de différentes manières, libre à vous d'en inventer de nouvelles si cela vous plaît!

MERCI
Votre énergie est puissante, mais vous semblez la dépenser en aidant les autres et en volant au secours de ceux qui souffrent. Mars, voyageant en Poissons depuis juin dernier vous pousse dans cette direction, et elle semble vous convenir.

Ayant beaucoup reçu, vous ressentez le besoin d'équilibrer les forces en donnant à votre tour à ceux qui sont dépourvus de tout. Pour votre générosité et pour vos bonnes actions, merci. Mais vous n'avez pas besoin de ça, c'est pour vous-même que vous agissez de la sorte, pas vrai?

HOROSCOPE HEBDOMADAIRE

Du 5 au 11 octobre : Ne provoquez pas le désir si vous ne voulez pas l'assouvir. On vous en tiendra rigueur. La pleine Lune du 10 en Bélier vous incite à la prudence dans votre vie privée. Trop de hâte nuit, c'est fatal.

Du 12 au 18 octobre : Vous avez l'amour bavard et parlez autant avec les yeux qu'avec le cœur. Votre passion est charnelle, passionnelle. Vous devez posséder l'autre. Si vos ardeurs sont partagées, il n'y a aucun problème à vous montrer tel que vous êtes, sinon…

Du 19 au 25 octobre : Vous avez une santé vigoureuse. L'humour noir qui vous caractérise s'exprime bien. On rit avec vous et non de vous. La nouvelle Lune du 25 en Scorpion vous émoustille.

Du 26 octobre au 1ᵉʳ novembre : Vos amis et relations vous aiment et vous comprennent. La communication s'établit aisément entre vous et les autres. Vos affaires d'argent prospèrent, vous avez de la chance.

C'est l'Action de grâces au Québec, le 13 octobre, bon congé à tous !

CHIFFRES CHANCEUX

5-8-14-26-27-31-32-49-53-64

NOVEMBRE

Hâte-toi, c'est la joie humaine et brillante qui t'attend au détour de ce monde.

TRISTAN TZARA

OPTIMISME

Le 1ᵉʳ du mois est sous l'enseigne de l'optimisme. Le ciel est bien disposé à l'égard de l'élite dont le Capricorne fait partie. Pourvu qu'il n'ait pas rompu les ponts avec son conjoint ou son associé. Il a besoin des autres pour construire et pour créer. Atteindre les sommets qu'il vise demande du soutien. Seul, il y parviendra plus difficilement. Pourquoi faire compliqué quand on peut faire simple !

COUP DE CHANCE

Il semble que ses partenaires d'affaires soient d'accord pour travailler avec lui dans une même direction. La roue de fortune tourne en sa faveur. Un grand coup de chance lui est promis entre la mi-octobre et la mi-novembre ; il s'en glorifie peu, mais son succès est important au point qu'il pourrait dépasser les frontières.

TERRAIN DE BASE

Quels que soient ses projets ou ses entreprises – tâches politique ou sociale, rôle d'éminence grise –, il a la capacité d'évaluer et de prévoir avec exactitude combien de temps, d'effort et d'argent il lui faudra investir pour mettre à jour le projet et le mener à bien, même si cela doit lui prendre des années. Le natif est branché, déterminé et soutenu par Jupiter. On ne pourrait imaginer mieux comme terrain de base.

Idéal ambitieux

Vous avez un idéal ambitieux, cher Capricorne. Il faut dire que vous l'assumez bien et que votre puissance au travail est sans pareille. Malgré deux éclipses qui ne vous touchent pas, la première lunaire et totale le 8 novembre en Scorpion, et la deuxième solaire et totale le 23 novembre en Sagittaire, vous passerez un bon mois.

HOROSCOPE HEBDOMADAIRE

Du 2 au 8 novembre : Les affaires sont meilleures si l'éclipse lunaire totale du 8 en Taureau ne vous touche pas. Les moins fortunés ont des ascendants Taureau, Lion, Scorpion ou Verseau. Ils doivent se protéger.

Du 9 au 15 novembre : Bons réflexes, intelligence pratique, sens logique et orgueil bien placé, cette période est visitée par le bonheur. Vos rapports avec les enfants sont basés sur le devoir davantage que sur le plaisir, mais ça va.

Du 16 au 22 novembre : L'automne est froid, mais vous avez toujours cette belle énergie qui vous guide vers ceux qui ont du cœur au ventre. La lâcheté n'est pas au programme, vous ferez votre devoir jusqu'au bout.

Du 23 au 29 novembre : L'éclipse solaire du 23 en Sagittaire affaiblit les ascendants Sagittaire, Gémeaux, Vierge et Poissons. Les autres ne sont pas à risques. Vénus arrive en visite, l'amour vole à votre secours !

Du 30 novembre au 6 décembre : La colère du ciel s'apaise. L'amour et les sentiments prédominent, vos talents artistiques et esthétiques sont mis en valeur, vos moyens financiers sont grands, tout semble bien aller.

CHIFFRES CHANCEUX

2-4-17-19-27-39-40-51-59-62

DÉCEMBRE

Atteindre le doute du doute, c'est le commencement de la certitude.

LÉON DAUDET

PATIENCE D'ANGE

Vous aviez une patience d'ange depuis des mois et, soudainement, la peau craque, les ailes s'effritent, l'ange tombe de son piédestal. À la mi-décembre, Mars qui gère l'action, le mouvement, l'instinct sexuel et la volonté, quitte le doux Poissons pour le fougueux Bélier. Ça fait des étincelles puisque ce signe n'est pas en harmonie avec le vôtre.

ÊTRE AVERTI

Rien de dramatique en soi, mais il vous faut être averti et vous préparer en conséquence. Célébrer la fin de l'année tranquillement serait bien. La paix, le confort du foyer, l'amour et l'affection des vôtres, ces éléments vous mèneront à 2004 en forme et en sécurité. Sexe, sports extrêmes, travail forcené et voyages en famille sont à déconseiller si vous voulez terminer l'année en beauté.

UN PEU DE SOLITUDE

Il se peut que vous n'ayez envie de voir personne, un peu de solitude ne vous fera pas de mal. Pourvu que vous ne soyez pas malade, c'est le principal. Les natifs du 23 décembre au 4 janvier sont plus exposés à des risques de grippes, de migraines, de saignements et de fatigue du cœur. Porter un casque protecteur et un équipement sécuritaire pour faire du sport est une précaution toujours de mise, mais quand on est en carré ou en mauvais aspect de Mars, cela s'impose.

PRENDRE SOIN DE SOI

Prendre soin de soi calmement, mais correctement pourra faire toute la différence. Bien sûr, skier à 100 à l'heure, conduire à 200 à l'heure et faire l'amour à voile et à vapeur peut vous tuer. Revoyez les «âges importants» mentionnés en juin dernier. Ne prenez pas ces statistiques à la légère, de grâce, car elles ont depuis trop longtemps fait leurs preuves…

H EUREUSEMENT V ÉNUS

Heureusement Vénus est là, dans votre signe et vous protège. Pour détourner le sort, utilisez les ondes bienveillantes de la belle Vénus en étant sérieux et fidèle dans vos amours, sincère et loyal dans vos amitiés et présent à vos enfants, parents et amis intimes. Vous terminez l'année sur une note joyeuse, en tant que personne adulte qui a compris bien des choses qu'elle ignorait avant. C'est ainsi que, petit à petit, l'oiseau fait son nid !

HOROSCOPE HEBDOMADAIRE

Du 7 au 13 décembre : La pleine Lune du 8 en Gémeaux incline à la légèreté. La jeunesse vous fait du bien ; entouré d'enfants et de jeunes gens vous êtes heureux. L'amour et le sexe sont bons, profitez-en.

Du 14 au 20 décembre : Vous manquez d'énergie, votre caractère se durcit. Des problèmes familiaux ou au foyer sont possibles. Restez calme et gardez le contrôle ; si vous vous affolez, c'est foutu. En cas de fièvre ou de fatigue du cœur, d'inflammation à l'œil droit ou de saignements, n'hésitez pas à consulter un médecin.

Du 21 au 27 décembre : Si vous préférez être seul pendant les Fêtes, libre à vous, mais la nouvelle Lune du 23 en Capricorne vous met en tête d'affiche, vous pourrez difficilement vous échapper. Joyeux Noël !

Du 28 au 31 décembre : L'année se terminera dans l'apothéose si vous investissez temps, argent et énergie. Pourquoi pas ! Vous célébrerez votre progrès matériel et votre avancement spirituel. D'une pierre deux coups !

CHIFFRES CHANCEUX

7-9-17-27-29-35-44-49-50-57

Bonne année, cher Capricorne !

Verseau

DU 21 JANVIER AU 19 FÉVRIER

1er DÉCAN : DU 21 JANVIER AU 30 JANVIER
2e DÉCAN : DU 31 JANVIER AU 9 FÉVRIER
3e DÉCAN : DU 10 FÉVRIER AU 19 FÉVRIER

Compatibilité sexuelle et amoureuse

La compatibilité sexuelle et amoureuse entre les signes du zodiaque ayant été commentée de toutes sortes de manières, je me permets de porter à votre attention les constatations suivantes basées sur des données millénaires. Vous verrez qu'elles sont encore aussi justes de nos jours qu'elles l'ont été au cours des siècles passés.

Dans cette analyse, j'ai utilisé le Soleil natal comme point de départ, mais il faut retenir que c'est la planète Mars qui régit la sexualité proprement dite. Les recherches que j'ai entreprises tendent à nous apporter une meilleure connaissance de nous-mêmes dans ce que nous avons de plus personnel, de plus intime, de plus secret. Par extension, cela nous aidera à comprendre les besoins de nos partenaires de vie.

En abordant le sujet de la compatibilité, je ne vous propose pas de règles vous dictant la manière de mener votre vie sexuelle. Cependant, vous le constaterez certainement, sexualité et astrologie font bon ménage. C'est un duo sur lequel on aurait avantage à compter plus fréquemment. Naturellement, en vous livrant à vos observations, vous devrez tenir compte de votre signe ascendant. Car il arrive que deux personnes dont les signes ne sont pas en accord aient des ascendants qui, eux, sont parfaitement compatibles. Vous l'aurez compris, il convient, là comme ailleurs, d'examiner toutes les riches possibilités dont nos natures humaines sont dotées en tenant compte de l'influence des astres sur nos vies.

Ces notions générales vous indiquent donc vos tendances naturelles. Je crois sincèrement qu'elles pourront vous inciter à aller plus loin dans la recherche de l'harmonie sexuelle. Ne serait-ce qu'à ce titre, je suis persuadée qu'elles vous seront utiles.

VERSEAU-VERSEAU

Ces deux natures indépendantes et sexuellement capricieuses qui s'unissent charnellement font l'amour comme des dieux au début, mais l'habitude use vite le plaisir de leurs découvertes. Autosuffisants et indépendants, ils refusent tous deux de se sentir attachés et cherchent l'impossible amour. La réalité les déçoit souvent.

Au mieux, ce sera une union pleine d'improvisation, de romantisme et d'extravagance. Aucun préjugé ni tabou ne teintera l'aventure.

VERSEAU-POISSONS

Le fantasque Verseau aime le timide Poissons. Ils s'attirent fortement, mais le sexe n'est pas ce qui les lie. Ils jouent à se provoquer sans s'allumer vraiment. Le Verseau est à la recherche d'une jouissance sexuelle toujours plus intense tandis que le Poissons se fait du cinéma. Ils s'adonnent parfois à des jeux érotiques.

C'est un couple sexuel non conformiste que la bisexualité, l'homosexualité féminine et masculine, et l'échangisme ne rebutent pas.

VERSEAU-BÉLIER

Ce couple a besoin d'extravagance dans sa vie sexuelle. La routine refroidit les deux partenaires, qui sont à la recherche de sensations fortes. Arrivant vite au climax, le Bélier déçoit le Verseau qui est plus difficile à satisfaire sexuellement. Tous deux aimant la découverte, ils doivent s'accorder des libertés, sinon ils s'ennuieront ensemble.

L'union est meilleure chez les couples hétérosexuels et chez ceux dont les tabous sont peu nombreux. La liberté sexuelle leur est indispensable.

VERSEAU-TAUREAU

Ils éprouvent un fort attrait sexuel, mais celui-ci se manifeste à contretemps. Ne vivant pas au même rythme, ils heurtent leurs sensibilités respectives. À ces deux êtres romanesques, la réalité sexuelle plaît moins que l'idéal qu'ils en ont. Ils sont presque toujours déçus après l'acte sexuel, mais ils recommencent tout de même.

Il faut beaucoup d'amour pour que cette relation satisfasse les deux protagonistes. L'union est plus satisfaisante chez les couples libres et ouverts.

VERSEAU-GÉMEAUX

Le sexe est dans l'air, mais si rien ne vient stabiliser la première tentative, la relation sexuelle a peu de chances d'être parfaitement réussie. Si les deux partenaires parviennent à inventer des façons de se faire plaisir, la jouissance qu'ils tireront l'un de l'autre sera sans limite. Aucun tabou ni préjugé ne résistera.

Les images suggestives et les paroles susurrées à l'oreille stimulent leur libido. Les films érotiques font partie de leurs jouets préférés.

VERSEAU-CANCER

Indépendance et dépendance se côtoient dans ce couple. Le magnétisme agit et, en moins de quatre minutes, le sort des partenaires est décidé. Tant mieux s'ils réussissent à s'aimer suffisamment pour prendre le temps d'étudier le corps de l'autre et surtout son imaginaire. S'ils se connaissent bien, le sexe sera meilleur. Les couples hétérosexuels semblent avantagés.

L'aventureux Verseau blesse parfois l'hypersensible et romantique Cancer. En cas de dépendance affective, c'est le drame.

VERSEAU-LION

Quelle joie pour le Verseau de dompter un Lion, et quelle victoire pour le Lion d'apprivoiser le Verseau rebelle. Ils sont si différents et si semblables qu'ils se plaisent instantanément. Le sexe est bon car le Lion est persistant et prêt à tout pour amener l'autre au septième ciel. Mais la tempête gronde au loin…

Le premier sacrifie parfois son bonheur à l'autre, mais celui-ci s'en accommode. La relation est meilleure chez les couples homosexuels. Il en résultera une bonne amitié.

VERSEAU-VIERGE

Le Verseau est inconstant, la Vierge tenace. Tous deux peuvent se faire plaisir sexuellement, mais l'intellect prend le pas sur le sentiment. L'érotisme est prioritaire. C'est la recherche de l'absolu, d'une jouissance experte ou rien ne va plus. Si les partenaires discutent de sexualité et connaissent bien la technique amoureuse, ils atteindront le nirvana.

Le paradis des amants leur est ouvert pendant un temps. La routine s'installant, la fougue diminue, mais ils restent complices.

VERSEAU-BALANCE

Voici deux grands émotifs à la recherche de la parfaite partie de plaisir. S'envoler dans une dimension plus vaste que la réalité et trouver l'extase est leur but. Ce n'est pas monnaie courante, sauf pour les jeunes qui ont une inépuisable énergie. Mais les plus âgés doivent faire des prodiges pour atteindre le climax, ce qui peut devenir éreintant…

La vie sexuelle de ce beau couple est avantagée, mais la Balance doit être innovatrice dans ses préliminaires sinon son amant Verseau se lassera.

VERSEAU-SCORPION

Quel que soit l'attrait sexuel qu'ils éprouvent l'un pour l'autre, ce couple a intérêt à limiter ses ébats et à se contenter d'une rencontre intime, et encore. L'indépendance du Verseau ne peut s'accommoder de la possessivité et de la domination que le Scorpion désire exercer sur lui. Il voudra s'en libérer quel qu'en soit le prix.

C'est une union à ne pas rechercher, l'affrontement pouvant comporter des risques pour les deux partenaires. L'aventure aurait moins de conséquences pour les eunuques!

VERSEAU-SAGITTAIRE

Ils se stimulent sexuellement et font l'amour comme si leur vie en dépendait, mais ils préfèrent courir la chance de rencontrer une personne qui leur procurera une satisfaction sexuelle encore plus intense. Dommage, car cette relation pourrait leur apporter le contentement qu'ils recherchent.

La libido du Verseau est faible, celle du Sagittaire est forte et alimente la passion. L'union est plus prometteuse chez les couples non conformistes.

VERSEAU-CAPRICORNE

Le Verseau est fou d'indépendance, le Capricorne est rigide dans ses principes. La satisfaction sexuelle atteint de rares sommets. L'intensité du désir charnel du Capricorne allume le capricieux Verseau. S'ils font des fantaisies et gardent leurs secrets, la relation sexuelle n'en sera que meilleure.

Le Verseau doit s'adapter à la forte nature du Capricorne. Ce n'est pas toujours le cas, il faut beaucoup d'amour des deux côtés.

Prévisions annuelles

LE SECRET DU VERSEAU
Le Verseau de 2003 ne ressemble à personne et demeure unique en son genre. On l'aime ou on ne l'aime pas, c'est une question d'affinités et de perceptions. Quand on l'aime, il faut que ce soit inconditionnellement, sinon on risque d'être déçu et malheureux plus souvent qu'à son tour. L'aimer et refuser de tenter de le comprendre, c'est là le secret avec le Verseau !

ANNÉE À VENIR
L'année à venir s'inscrit dans une phase libératrice et évolutive, mais elle demande du savoir-faire, de la vision. À l'affût de ce qui est ultramoderne et non conformiste, le natif ose l'impossible et tente le diable à plusieurs reprises en 2003. Sans nécessairement frôler la catastrophe, il la côtoie joyeusement. Il semble que ce soit par le biais d'un intermédiaire que les problèmes parviennent jusqu'à lui. Son conjoint ou son associé porte à ce niveau une lourde responsabilité.

LE VERSEAU ASSUME BRAVEMENT
Le Verseau ne blâme personne, il assume bravement sa personnalité et fait face aux réalités de la vie avec stoïcisme et courage. Même le scandale ne l'ébranle pas, il sait que des bases ont été posées sans son avis ou son consentement, et il résiste à l'envie de culpabiliser. La tête haute et le regard droit, il fixe son interlocuteur et le glace sur place. Qui osera lui lancer la première pierre ? Peu de gens en auraient l'envie, et ceux qui le voudraient feraient bien de s'abstenir !

IL A DE LA CHANCE
On peut dire que le Verseau a de la chance s'il ne chute pas de plusieurs crans sur l'échelle sociale, matérielle et professionnelle. Il connaît des moments où tout semble s'écrouler sous ses pieds, mais le ciel se porte toujours à sa rescousse et ne le laisse pas tomber, au

contraire. Il allégera son fardeau à compter de juin. Le stress diminue jusqu'à disparaître quasi totalement. Ouf, il respire mieux. Et pour cause !

FIN D'ANNÉE BRILLANTE

La fin d'année est brillante. Ce qui entravait la réalisation de ses désirs et l'empêchait d'avancer prend brusquement fin. Libéré d'un poids, soulagé d'une obligation filiale ou familiale lourde de conséquences, il est content d'être arrivé au port et peut enfin se détendre. La tension s'atténue, il est capable de vivre à son rythme et selon sa fantaisie. Ce n'est pas trop tôt, il vous le dira lui-même.

À quelque chose malheur est bon. En ce qui concerne le Verseau, ce dicton est particulièrement vrai cette année. Il en jugera avec plus d'exactitude le temps venu, soit à la fin de juin et après.

QUE SE PASSE-T-IL ?

Que se passe-t-il dans les planètes pour que ce branle-bas survienne dans sa vie et bouscule ses affaires ? Bien des choses, vous l'aurez compris. Voyons un peu l'essentiel du message des astres afin de retenir une conduite à suivre qui puisse mettre en valeur les bons moments et diminuer l'impact négatif des moments moins agréables, ces moments qui risquent d'influencer sa vie présente et à venir.

DU CÔTÉ LIBÉRATEUR

Du côté libérateur, cher Verseau, votre planète maîtresse Uranus voyage en Verseau depuis janvier 1996. Depuis ce temps, elle ne vous a pas laissé le temps de respirer. Ce même Uranus passe quelques mois cette année dans le signe suivant du Poissons. À partir de juin jusqu'à la mi-septembre, vous éprouvez moins d'urgence et pouvez réagir non seulement en fonction de l'intuition, mais conformément à la raison. Cela en soi sera vécu comme une véritable libération.

DU CÔTÉ CONTRAIGNANT

Du côté contraignant, Jupiter voyage dans le signe du Lion, signe s'opposant au vôtre, durant les huit premiers mois de l'année. Ce faisant, il se trouve en opposition à Neptune toujours en Verseau, votre signe. Cette dissonance vous touche personnellement, mais à des niveaux différents selon votre âge, votre condition actuelle et votre engagement familial, social et professionnel.

REVIREMENTS CRITIQUES
Février, la fin mai et le début juin vous exposent à des revirements de situations critiques. Prévenu d'avance, vous saurez désamorcer la bombe qui menace d'éclater et de faire des victimes innocentes, dont vous pourriez être… Puis, deux éclipses en mai et novembre exigent de votre part une attention particulière en ce qui concerne votre santé physique et morale.

CHUTES DE MORAL
Des chutes de moral sont à prévoir au moment de l'éclipse lunaire totale du 15 mai en Scorpion, signe en mauvais aspect avec le vôtre, et lorsque survient l'éclipse lunaire totale du 8 novembre en Taureau, signe également dissonant par rapport au vôtre. Ne plaisantez pas avec ces choses et efforcez-vous de remédier à toute situation conflictuelle risquant de vous rendre malade psychiquement. Dans certains cas, partir est une solution acceptable. À vous de réfléchir et de voir jusqu'où vous pouvez aller, jusqu'à quand vous pouvez tenir…

POUR LE RESTE
Pour le reste, l'an 2003 se déroule bien mais vous devrez agir sans l'aide de Saturne à compter de juin. La sagesse acquise au cours des deux dernières années et demie vous servira d'outil. Si cette qualité vous fait défaut, voyez des personnes qui ont de l'expérience, un bon jugement et de l'amitié pour vous ; cela pourra vous aider à vous protéger contre vous-même.

CHANCE PURE
La part de chance pure (nœud ascendant de la Lune) se déplaçant en Gémeaux, signe ami, du 1er janvier au 15 avril, sa protection vous est acquise pendant cette période. Après le 15 avril ne comptez pas sur elle. Voyageant en Taureau, dame chance vous est rébarbative. Elle boude et ne veut plus rien savoir de vous.

ASCENDANT TAUREAU

Si vous êtes ascendant Taureau, tout est différent, mais encore là rien n'est sûr. Chance pure d'un côté, manque de chance pure de l'autre, laquelle de vos deux tendances l'emportera? Souhaitons que vous n'ayez pas cet ascendant, vous serez moins tenté de défier le sort et de faire des sottises…

SI VOUS JOUEZ GROS

Si vous jouez gros jeu, attention, vous perdriez votre chemise et vos bas, sinon votre voiture et votre maison que ce ne serait pas étonnant. Vous voilà prévenu, à vous d'agir en conséquence ou de passer outre. C'est votre droit légitime, nul ne le conteste.

MISEZ SUR VOUS-MÊME

Misez plutôt sur vous-même, cher Verseau, vous avez plus d'intérêt à retirer que de pertes à subir. Il semble que vous ayez à compter de la mi-juin une belle part de liberté à prendre. Comme ça fait longtemps que vous l'attendiez, vous allez vous réjouir de la nouvelle et passer un bon moment.

Bonne année, cher Verseau!

Prévisions mensuelles

JANVIER

Le bonheur ne se rencontre que lorsqu'on ne pose pas de condition.
ARTHUR RUBINSTEIN

L'AN NEUF COMMENCE LE 17 JANVIER

Le 17 janvier, vous vous réveillez détendu et de bonne humeur. Pour vous, c'est le début de l'an neuf. Les circonstances vous laissent enfin plus de latitude. Poussez un grand soupir de soulagement, vous avez le droit. Nul doute, le début de l'année a été décevant. C'est terminé maintenant, n'y pensez plus et continuez votre route. À la place, lisez bien ce qui suit ; ça pourrait vous aider à déjouer le sort…

PREMIÈRE QUINZAINE LENTE

Si l'année en général est excellente, le début en est plutôt ennuyeux. La première quinzaine est lente. Sensuellement et sexuellement, vous êtes insatisfait. Vos sentiments sont passionnés voire excessifs, mais vous n'avez pas la possibilité d'exprimer votre amour et de vivre votre vie amoureuse et sexuelle comme vous l'entendez. C'est pour le moins frustrant, je vous l'accorde.

SAUTES D'HUMEUR

La situation vous contrarie. Vous avez des sautes d'humeur d'une rare intensité, parfois violentes dans leur soudaineté. Attention de ne pas tout briser impulsivement. Ce que vous avez mis des années à construire peut être détruit, balayé du revers de la main. Soyez sûr de ce que vous voulez obtenir comme résultat, sinon vous pourriez avoir de déplaisantes surprises.

VÉNUS ET MARS

Pourquoi cette exaspération ? Vénus en Scorpion fait un mauvais aspect à votre signe du 1er au 7 janvier, puis Mars voyage lui aussi en Scorpion du 1er au 17 du mois, ce qui envenime la situation. Il faut attendre votre anniversaire pour que votre santé et vos affaires de cœur se portent mieux. Par chance, si vous êtes du premier décan, un soulagement est rapidement apporté par le Soleil passant dans votre signe le 21. Le sourire vous revient toujours à ce moment-là de l'année.

DU CONTRÔLE

Pendant cette période, méfiez-vous de vos impulsions et de vos pulsions sexuelles. Celles-ci risquent de vous entraîner dans des luttes aussi dures que stériles qui pourraient nuire à votre métier ou à votre carrière. À cause de votre caractère explosif, votre position sociale et professionnelle peut être remise en cause et connaître des revers, il vous faut développer de la maîtrise, autrement ce sera difficile.

POINTS SENSIBLES

Surveillez vos points sensibles : cœur, sang, organes génitaux, anus et chevilles. Attention aux maladies transmissibles sexuellement ! En cas de battements irréguliers du cœur et de douleurs à la poitrine, voyez sans tarder un bon médecin ou un spécialiste. Suivez religieusement ses conseils, autrement à quoi bon. Pourquoi faire perdre le temps des autres si vous n'avez pas envie de vous soigner. Vous êtes le premier à pouvoir agir.

À SOUHAITER

Il est à souhaiter que vous ne fumiez pas, que vous n'abusiez ni d'alcool, ni de drogues, ni de médicaments non prescrits. Vous êtes à la merci de vos dépendances, soyez-en conscient et prenez les décisions et les résolutions qui s'imposent pour améliorer votre qualité de vie.

RÉJOUISSEZ-VOUS

Si vous n'avez eu aucune de ces tendances nocives, réjouissez-vous, votre ascendant et votre Lune natale sont bien positionnés. Soyez fier d'avoir déjoué le sort et remerciez la Providence de vous avoir évité l'accident, la maladie, qui sait la chirurgie. Si vous devez subir des traitements, essayez de remettre au 17 janvier. Vous aurez plus de facilité à vous remettre sur pied après cette date. Sinon, allez-y sans crainte, il ne faut pas remettre. Soyez brave, tout ira bien.

À compter du 21 janvier, les choses s'améliorent rapidement. Pour les natifs du début du signe dont c'est l'anniversaire, profitez bien des rayons stimulants du Soleil sur vous. Votre santé, votre énergie et votre rayonnement personnel sont accrus. Célébrez l'occasion comme il se doit, vous avez passé le cap, ça vaut la peine de le souligner.

Bon anniversaire aux Verseau du premier décan!

HOROSCOPE HEBDOMADAIRE

Du 1ᵉʳ au 4 janvier: Le jour de l'An est amusant, surtout si vous êtes en voyage en pays chaud mais la nouvelle Lune du 2 en Capricorne vous replace les pieds sur terre. Le travail et le devoir vous ramènent à la réalité, il faut reprendre le collier.

Du 5 au 11 janvier: Limitez vos déplacements et vos voyages. Gare à la jalousie et à la possessivité d'un homme jaloux, madame, monsieur, à l'exclusivité d'une femme dépendante. Sexuellement, le feu est au rouge, attendez.

Du 12 au 18 janvier: L'extrémisme est dangereux. Risques de jalousie, d'agressivité, de violence. Les passions sont exacerbées. Une ardeur insatisfaite peut rendre malade. La pleine Lune du 18 en Cancer tempère les ardeurs.

Du 19 au 25 janvier: Une aide vous arrive en temps opportun. Votre santé est meilleure, votre niveau de tolérance, accru, votre caractère, égal et plus souple. Votre vie sexuelle prend de l'éclat, la tension retombe.

Du 26 janvier au 1ᵉʳ février: Vos amis et relations jouent un rôle crucial dans le déroulement des choses. La nouvelle Lune du 1ᵉʳ en Verseau accroît votre chance. La partie n'est pas gagnée, mais vous progressez.

CHIFFRES CHANCEUX

4-7-11-12-29-30-41-42-56-65

FÉVRIER

Pour atteindre l'inaccessible, il faut sourire intérieurement.

ANDRÉ VELTER

RIEN N'EST IMPOSSIBLE

Rien n'est impossible à qui veut vraiment. Vous savez cela mieux que personne, cher Verseau, et il va falloir mettre cette belle assurance en pratique ce mois-ci pour éviter des complications pouvant aller de légèrement embêtantes à graves et sérieuses.

INDICES DE DIFFICULTÉS

Les indices de difficultés nous sont donnés par Jupiter en Lion s'opposant à Neptune dans votre signe. Ce n'est pas la fin de tout, bien sûr, mais si vous avez prévu le coup, vous n'aurez pas à subir de conséquences désagréables et tirerez votre épingle du jeu sans presque une égratignure. Des succès de toutes sortes sont même à prévoir dont vous pourrez vous glorifier!

CONDUITE IRRÉPROCHABLE

Pour arriver à ce résultat quasi miraculeux, vous aurez travaillé sans relâche depuis le 21 janvier et jusqu'au 16 février à liquider une dette financière ou karmique menaçant d'éclater au grand jour et de faire scandale. Vrai, on se scandalise pour peu de nos jours, mais votre conduite doit être irréprochable. Soit dit entre nous, ça n'a peut-être pas toujours été le cas…

De plus, il vous faudra continuer à fournir des efforts durant un bon moment car les ennuis relevant de votre responsabilité reviendront au début de juin. Ce qui signifie clairement que si vous n'avez pas été suffisamment sincère et honnête, vous aurez encore une fois des comptes à rendre.

SPÉCULATIONS DOUTEUSES

Si vous vous êtes lancé dans des spéculations financières ou boursières douteuses, attention! La balle pourrait rebondir dans votre camp. Vous devrez vous expliquer avec les autorités, sinon devant les tribunaux. Malheureusement, la loi risque d'être sévère à votre endroit. Cassante, et jusqu'à un certain point injuste même.

PUNITION SÉVÈRE

Vous avez peut-être commis une faute, mais la punition semble trop sévère. Souhaitons que ce ne soit pas le cas et que vous ayez toujours été un ange, irréprochable dans votre candeur naïve. Mais encore là, vous devrez le prouver, ce qui ne sera pas facile étant donné les gens qui sont en cause.

AVEC LES LOUPS

Vous commencez sans doute à comprendre pourquoi il convient de s'intéresser à cette affaire avant le 16 février, question de vous rassurer et de protéger vos arrières. Avec les loups, il faut hurler. Vous l'ignoriez? Eh bien, maintenant, vous le savez!

SÉPARATION, DIVORCE, MARIAGE

Disons tout de suite que le temps n'est pas à la séparation légale et au divorce, encore moins au mariage légal et conventionnel. Ce serait provoquer les foudres du sort, ne le faites en aucun prétexte. Prenez votre mal en patience. Il vous en coûterait de ne pas le faire, votre santé en serait affectée, votre vie sentimentale et vos affaires aussi. Ne faites pas de blagues, je vous en prie.

JUPITER ET LA LOI

À la fin du mois d'août et au cours de septembre, vous verrez plus clair et serez mieux placé pour faire valoir vos droits et pour défendre vos intérêts. Le brouillard se dissipant enfin, vous connaîtrez l'apaisement. Prenez ces avertissements au sérieux, cher Verseau! Jupiter et la loi ne font qu'un et quand cette planète nous boude, il ne faut pas tenter de l'affronter.

QUITTEZ LE BATEAU

Un mauvais Jupiter nous entraîne parfois dans des dédales peu recommandables et dont il sera difficile de sortir. En cas d'implication avec des gens peu scrupuleux ayant un penchant pour l'illégalité, la drogue et autres produits du même genre, gare à vous. Enfuyez-vous au bout du monde s'il le faut, mais quittez ce bateau instable avant qu'il ne soit trop tard. Il menace de couler, partez vite.

SI J'EXAGÈRE, TANT PIS

Bien des gens vous aiment, cher Verseau, ne dramatisez pas. Sachez que je mets les choses au pire, question d'aviver votre curiosité et de vous inciter à la prudence. Si j'exagère tant pis. Mieux vaut vous prévenir des difficultés possibles que de vous laisser tomber bêtement dans le piège. Aucun doute, vous ferez ce qu'il faut pour vous protéger et pour protéger ceux que vous aimez.

Sur ce, bonne Saint-Valentin et bon anniversaire !

HOROSCOPE HEBDOMADAIRE

Du 2 au 8 février : Le Soleil vous accorde santé et chaleur humaine. Des questions financières vous inquiètent, mais il n'en va pas que de vous. D'autres sont engagés, vous devez leur faire porter le poids de leurs responsabilités et n'assumer que les vôtres. Ça ira, vous verrez.

Du 9 au 15 février : Vous sentez que la tension monte d'un cran. Essayez de rester lucide et de ne pas prendre de mesures légales. Il est important de gagner du temps, voilà ce qu'il faut. À vous de trouver comment.

Du 16 au 22 février : Branle-bas général ravivé par la pleine Lune du 16 en Lion. Les riches, la royauté, les vedettes, les politiciens, bien des gens en place sont touchés par le scandale. Gardez les mains propres.

Du 23 février au 1er mars : Ne prenez pas de décisions importantes et n'essayez pas de tout régler hâtivement parce que vous avez le couteau sur la gorge. Rassurez-vous, on ne coupera rien. Le raisonnement est sûr, fiez-vous à votre jugement.

CHIFFRES CHANCEUX

5-12-14-28-31-32-44-45-59-60

MARS

Sens ton âme monter sur sa tige éternelle.

PAUL FORT

LA BELLE VÉNUS
La belle Vénus transitant par votre signe pendant tout le mois de mars, vous reprenez tout depuis le début et attaquez la suite d'un pied léger. Recevant un joyeux coup de pouce de la planète qu'on appelle avec raison la «petite bénéfique», votre santé est plus stable, votre beauté et votre charme sont accrus, vos talents artistiques et esthétiques sont en pleine effervescence.

Après Jupiter, c'est Vénus qui mène le bal de la chance et de la vertu. Valser avec elle est présage de bonheur !

LA MANNE PASSE
Bien dans votre peau, vous établissez des contacts faciles aussi bien avec les hommes qu'avec les femmes. Vous recevez des cadeaux, des compliments, des invitations qui flattent votre vanité. Rien de mal à cela, au contraire, il vous faut profiter largement des bonnes occasions qui se présentent au plan social et professionnel autant qu'au plan personnel et privé. Quand la manne passe, il ne faut pas rater le repas.

HARMONIE
Vous êtes réjouissant à voir, intéressant à fréquenter. On éprouve en votre présence des courants d'affection et de bons sentiments qui font du bien au cœur. D'ailleurs, le vôtre est heureux comme il ne l'a pas été depuis longtemps. Quand la couleur du ciel prend le bleu de Vénus comme c'est le cas actuellement, l'harmonie revient dans la vie et dans les amours. Que cela dure toujours, voilà mon vœu le plus ardent !

ALLÈGEMENT
Vous ressentez de l'allègement par rapport aux deux derniers mois : Uranus passant en Poissons vous détend. Sentant que le pire est derrière vous, vous respirez mieux. Sans oublier ce qui vient de vous arriver… Vous ne le ferez sans doute jamais, mais essayez de pardon-

ner l'offense qu'on vous a faite. C'est essentiel à votre bonne santé physique, morale et mentale.

OUBLIER VOS TRACAS

La chose peut paraître difficile, mais il faut vous intéresser à des sujets plus légers et plus drôles. Cela vous fera oublier vos tracas. Faites un effort et il sera récompensé, vous retrouverez le sourire et pourrez vous donner complètement à un travail que vous aimez, à vos amours et à la vie que vous chérissez et qui vous le rend bien.

PAS NOUVEAU

Voyez des personnes généreuses et intelligentes qui savent écouter. Elles comprennent votre dilemme sans vous juger. Riez de vos comportements inadéquats et parfois irréfléchis de ces derniers temps. Moquez-vous de vous-même, c'est la meilleure façon de désamorcer la bombe et de faire taire les critiques, envieux et méchants confondus. Il y en a toujours qui vous surveillent et vous jugent, ce n'est pas nouveau…

Vous avez bien des atouts en main, il ne vous reste qu'à en tirer parti et vous connaîtrez un mois de mars exceptionnel. Bravo et continuez!

HOROSCOPE HEBDOMADAIRE

Du 2 au 8 mars: La nouvelle Lune du 2 en Poissons accroît votre intérêt pour les aspects matériels de la vie. Vous discutez d'argent de façon raisonnable et intelligente et trouvez moyen de faire des compromis acceptables.

Du 9 au 15 mars: C'est une bonne période pour les amitiés et les amours. Votre vie sentimentale est avantagée, la chance tourne de votre côté en affaires et dans votre vie professionnelle, vous voguez sur un nuage!

Du 16 au 22 mars: La pleine Lune du 18 en Vierge accroît votre sens pratique et vous donne envie d'économiser du temps, de l'argent et votre santé. Gaspiller n'est pas votre dada, vous préférez la sécurité. C'est sage.

Du 23 au 29 mars: Études, travaux intellectuels, exercice physique, petits voyages et déplacements rapides, contacts avec les jeunes et les enfants, écriture, lecture, partage de bonnes nouvelles, tout va bien.

Du 30 mars au 5 avril : La nouvelle Lune du 1ᵉʳ en Bélier favorise l'action rapide. Vous passez de l'idée à l'acte en moins de deux. Vous pouvez travailler, voyager, faire l'amour ou du sport sans risques.

CHIFFRES CHANCEUX

11-12-27-29-34-35-41-42-50-67

AVRIL

Il n'est qu'un luxe véritable et c'est celui des relations humaines.
ANTOINE DE SAINT-EXUPÉRY

AVRIL EST UN BON MOIS

Avril ramène le printemps, c'est un bon mois pour le Verseau. Le Soleil voyageant en Bélier, signe en amitié avec le vôtre, augmente votre vitalité et vous permet d'améliorer votre santé et de consolider vos avantages personnels. La possibilité de réaliser vos objectifs est également accrue mais prenez garde de ne pas vous user à la tâche.

LA FLAMME DU DÉSIR

Votre cœur est plus calme ce mois-ci, mais à compter du 21 les choses s'animent. Vénus passant en Bélier et surtout Mars passant en Verseau, votre signe, voilà qui va secouer les natures les plus amorphes. La passion pour un temps refroidie reprend de plus belle. Rallumée, la flamme du désir. Vous faites de la haute voltige sentimentale et sexuelle. Souhaitons que vous ne vous cassiez pas la cheville !

BÉLIER À LA CLÉ

Avril se termine sur une note passionnelle dont vous semblez avoir le contrôle, rien ne risque de déborder ni d'aller trop loin si vous demeurez conscient de vos responsabilités conjugales, familiales et sociales et si vous refusez de céder à la passion. Un Bélier est à la clé. Voilà la boucle bouclée !

LE HIC

Le hic réside dans le fait que vous semblez moins disposé que d'habitude à raisonner juste. Nerveux, le jugement est moins sûr, les réflexes sont moins fiables. Il faut vous méfier de vous-même plus que des autres et ne rien signer de compromettant ni d'important. Et si on s'entête à vouloir vous faire inscrire votre signature sur un papier ou un document, refusez. Cette pression durera jusqu'au 12 juin, préparez-vous à une longue guerre des nerfs et n'oubliez pas vos provisions, elles seront utiles en cas d'urgence.

GARDEZ VOTRE SANG-FROID

Vos nerfs risquent de craquer sous la pression au foyer, il faut que vous gardiez votre sang-froid, quoi qu'il arrive. Mercure voyageant en Taureau vous perturbe mentalement et nerveusement. Essayez de récupérer des forces la nuit en dormant bien. En cas d'insomnie, voyez un médecin spécialiste en la matière, il en existe d'excellents dans des cliniques de sommeil.

PIRE ENNEMI

Votre pire ennemi durant la période du 5 avril au 13 juin est l'entêtement. Que puis-je ajouter à part cette mise en garde : il pourrait y avoir de graves conséquences. Faites confiance à votre instinct «animal». Ce que vous ressentez dans tout votre corps arrivera. La logique n'y peut rien, c'est ce sentiment avertisseur qu'il vous faut écouter, lui sait et vous prévient au bon moment.

AUTORITÉ REMISE EN CAUSE

L'autorité paternelle, celle de votre mari ou de votre patron, celle du gouvernement, de la loi ou de la société en général, toute forme d'autorité vous rebute souverainement. Vous tendez à ruer dans les brancards et à n'écouter que votre propre raison. Attention, danger ! Ce chemin est miné.

PROBLÈMES INTERFAMILIAUX

Redoublez aussi de prudence dans vos interventions avec vos collègues de travail et avec vos associés. Vous avez raison de craindre que la nervosité, l'agressivité, l'impatience et les hésitations que vous avez en ce moment nuisent aux bonnes relations familiales et à la solution de problèmes interfamiliaux, tant sur le plan matériel que sur le plan des échanges intellectuels et culturels.

Vos rapports avec les ados et les enfants sont à traiter avec soin. Ralentir au volant et dans le cours du travail quotidien serait bien avisé. Une fois votre système nerveux convenablement reposé, le mois se déroulera bien.

C'est Pâques le 20 avril, joyeuses Pâques à tous!

HOROSCOPE HEBDOMADAIRE

Du 6 au 12 avril: Si vous pouvez discuter de vos problèmes familiaux avec des amis sûrs, vous trouverez une solution à ce qui vous inquiète. Vos nerfs sont plus secoués qu'endommagés réellement, reposez-vous.

Du 13 au 19 avril: Vous sentez le besoin de prouver votre autorité sur ceux qui vous entourent, mais ça ne fonctionne pas. Dites-vous que c'est mieux ainsi. La pleine Lune du 16 en Balance apporte un baume sur vos plaies.

Du 20 au 26 avril: Vous défouler ou faire l'amour devient indispensable, sinon le couvercle va sauter. Faire du sport, du bénévolat et travailler physiquement sont aussi de bons moyens de dépenser votre trop-plein d'énergie.

Du 27 avril au 3 mai: Vous êtes en forme, mais vos nerfs se détraquent aisément. Votre énergie nerveuse et intellectuelle est faible, ne vous en demandez pas trop. La nouvelle Lune du 1er en Taureau vous rend hypersensible, ça peut vous rendre malade attention!

CHIFFRES CHANCEUX

1-17-22-23-30-45-46-51-63-70

MAI ET JUIN

Il n'y a pas de loi qui puisse régir l'harmonie entre les êtres. Elle ne peut être réalisée que par un effort constant de chacun.

ERICA JONG

CIEL COUVERT

Mai est un joli mois, mais cette année, pour vous, il est couvert. Un peu dramatisé aussi en raison du passage de Mars dans votre signe et d'un amas planétaire (plusieurs planètes) transitant en Taureau, signe en inimitié avec le vôtre. De plus, il se fait une éclipse lunaire totale le 15 mai en Scorpion, votre autre quadrature. On ne peut pas dire que ce soit la paix totale, mais voyons ce que nous pouvons tirer de bon de ces dissonances, tout en précisant que juin sera plus doux.

MARS EN VERSEAU

Mars voyage en Verseau tout le mois de mai, mais il quitte votre signe pour le Poissons à la mi-juin, ce qui détendra l'atmosphère. Mars n'est pas une planète mauvaise en soi, mais elle a un côté agressif et soudain qu'il convient de ne pas sous-estimer. Quand on a ce corps céleste sur soi, on le sent, c'est immanquable. Survient alors une vague d'énergie qu'il faut dépenser jusqu'à la limite pour ne pas qu'elle se retourne contre nous. Utilisée sainement, cette belle force d'action, de volonté et d'ambition ressentie vous gardera en sécurité.

LES PETITES CHOSES DE LA VIE

Soleil et Mercure plus Vénus arrivent en Taureau à la mi-mai et ce signe se trouvant en mauvais aspect avec le vôtre, rien ne va à votre goût dans les petites choses de la vie. En mai, foyer et famille sont source de peines et de soucis auxquels vous ne pouvez pas grand-chose. Vos nerfs sont mis à rude épreuve, votre cœur est insatisfait. Par la magie des étoiles, tout se remet en place vers le 10 juin. Une multitude de bons augures teintent les trois dernières semaines de juin.

ATTRACTION FATALE

Ne pas aimer qui ne nous aime pas est primordial. Une attraction fatale d'une rare amplitude est possible pendant cette période qui correspond à l'éclipse lunaire totale du 15 mai. C'est une aventure strictement sexuelle, mais très forte. Si vous avez des activités sexuelles débordant le cadre habituel, et même sans cela, protégez-vous. Les risques de maladies sexuelles étant aggravés, vous exposer, c'est tenter le diable.

SI INDÉPENDANT
Vous qui êtes si indépendant de nature, si prêt à vous envoler à la moindre occasion, ce n'est pas dans vos cordes. Démissionnez et tirez-vous vite de cet imbroglio romantico-sexuel. Vous n'y êtes pas à votre place. Heureusement, cela passera vite. Vers le 10 juin, tout sera oublié. Ou presque, pourquoi ne pas se souvenir des bons moments, n'est-ce pas...

ÉCLIPSE LUNAIRE TOTALE
Deux éclipses ont lieu au cours de ce mois. La première est celle qui nous intéresse. Se tenant le 15 mai dans le signe adverse du Scorpion, elle est lunaire et totale, ce qui augmente son intensité. Il n'y a pas lieu de paniquer mais de se rendre à l'évidence. Le moral peut chuter sérieusement, non seulement le 15 mai, mais pendant la période allant du 1er mai au 15 juin. Un mois et demi c'est long, mais mieux vaut prévenir que guérir.

SI VOUS ÊTES À PLAT
Si vous êtes à plat et que la déprime semble s'installer, réagissez en faisant quelque chose pour vous remonter le moral. Si rien ne fonctionne, voyez un conseiller ou une conseillère. C'est avec des personnes de votre sexe que vous réglerez le plus aisément vos problèmes. Prendre congé du 1er mai au 15 juin serait indiqué. De toute façon, vous n'accompliriez rien de transcendant au travail.

ÉCLIPSE SOLAIRE PARTIELLE
L'éclipse du 31 mai en Gémeaux est annulaire donc partielle et moins vindicative. Elle n'affecte votre résistance physique que si vous êtes ascendant Gémeaux, Vierge, Sagittaire ou Poissons. Tant mieux si ce n'est pas le cas. Si oui, surveillez votre santé, reposez-vous, prenez soin de vous.

Ascendants Cancer et Poissons
Un beau trigone entre Saturne en Cancer et Uranus en Poissons vous rend plus souple et plus raisonnable. Les ascendants Cancer et Poissons sont les plus choyés, mais tous les natifs bénéficient d'une part de chance dans leurs affaires sociales et politiques, ainsi que dans leurs nouvelles entreprises. Cela vous plaira sans l'ombre d'un doute.

Un mot sur Saturne
Un mot sur Saturne qui quitte le Gémeaux à votre grand soulagement. Cessant de vous opposer ses forces, cette planète lourde vous laisse en paix pour un long moment. Vous éprouvez un bien-être qui tarde à se manifester, mais les mois qui suivront seront plus légers. Vous aurez le loisir d'apprécier cette détente d'ici la fin de l'année.

C'est la fête des Mères en mai et la fête des Pères en juin : bonne fête aux mamans et aux papas du signe. C'est aussi la fête nationale des Québécois le 24 juin, bonne fête à tous !

HOROSCOPE HEBDOMADAIRE

Du 4 au 10 mai : Ne commencez rien de nouveau, ne déménagez pas, ne changez rien à vos affaires en ce moment. Vous feriez des bévues. Préférez au changement la routine sécurisante, le sport et le sexe, si c'est possible.

Du 11 au 17 mai : Petit train va loin comme on dit, le temps est au ralentissement des dépenses d'énergie morale et psychique. L'éclipse lunaire totale du 15 en Scorpion a été analysée plus haut, relisez ce passage.

Du 18 au 24 mai : Vous semblez avoir des réserves d'énergie physique à utiliser au moment opportun, ce qui vous empêche de sombrer dans la déprime. Entourez-vous de gens optimistes et équilibrés, ça vous aidera.

Du 25 au 31 mai : Votre moral remonte la pente, mais votre santé générale est à la baisse. Si l'éclipse solaire annulaire du 31 en Gémeaux ne vous affecte pas, c'est bien, sinon redoublez de prudence côté santé et sécurité.

Du 1ᵉʳ au 7 juin : Il y a amélioration dans toutes les sphères d'activité. Les nouvelles ne sont pas très bonnes, le cœur n'est pas très heureux, mais la santé se porte mieux et le moral est au beau fixe. C'est rassurant.

Du 8 au 14 juin : Quel changement ! Voyez comme les planètes disent la vérité : vous exultez soudainement de joie et de contentement. La pleine Lune du 14 en Sagittaire parle de vacances et de voyages.

Du 15 au 21 juin : Réchauffez-vous aux rayons solaires, mais ayez recours à une crème protectrice, des lunettes et un chapeau. Vous rayonnez littéralement : vous êtes en amour !

Du 22 au 28 juin : Votre nature froide s'adapte bien au climat actuel. Vous pouvez vous étendre à l'ombre et profiter de votre nouveau bien-être. Les ascendants Cancer et Poissons sont hautement favorisés.

Du 29 juin au 5 juillet : La nouvelle Lune du 29 en Cancer favorise l'eau et les plaisirs nautiques, la mer et les vacances. Les enfants et la famille sont au centre de votre vie. En leur compagnie, vous êtes bien.

CHIFFRES CHANCEUX

7-8-11-21-35-37-44-45-59-64

JUILLET

La liberté, c'est lorsque les autres ne peuvent plus rien pour vous.
MARCEL JULLIAN

HARMONIE CÉLESTE

Juillet est un excellent mois pour le Verseau. Il se fait dans le ciel du 1er juillet un beau trigone entre Jupiter en Lion et Pluton en Sagittaire. Cette harmonie céleste se reflète agréablement sur votre personne. Moins de stress et de tension, vous relâchez la machine et tirez moins sur les cordons nerveux, ce qui vous donne bon pied bon œil. Vous êtes en forme et en beauté, tout le monde le remarque.

SITUATION FINANCIÈRE

Votre situation financière se portant mieux de façon générale, vous profitez d'un temps fort et pouvez apporter des changements rapides et bénéfiques à votre façon de conduire vos affaires. Vous menez bien votre entreprise. Qu'elle soit petite ou grande, ses gains sont substantiels de la fin juin à la fin d'août, juillet étant particulièrement intéressant. Ce n'est peut-être pas la grande richesse, mais c'est à tout le moins l'aisance.

CŒUR ET SEXE AU NEUTRE

Votre cœur et votre sexe s'apaisent, mais cela ne trouble pas votre bonheur, au contraire. Vous profitez de ce calme apparent pour vous refaire des forces affectives et faire le plein d'énergie sexuelle. Tout cela se fait en douce, sans difficulté apparente, aussi subtilement que l'eau glisse sur la pierre et coule dans les deux urnes que vous déversez sur l'humanité. La leçon que vous avez apprise ne s'oubliera jamais, mais ce qui importe est que vous grandissiez. Et vous êtes bien, ce qui est mieux !

HOROSCOPE HEBDOMADAIRE

Du 6 au 12 juillet : Période détendue favorisant la bonne table, les bons vins, les grands crus. Votre goût pour la gastronomie se développe, vous affectionnez le végétarisme, mais comme la mode, ça peut très vite changer.

Du 13 au 19 juillet : Les plaisirs nautiques sont les meilleurs. Besoin d'eau à boire, d'eau pour jouer et pour vous baigner, d'eau pour vous rafraîchir. La pleine Lune du 13 en Capricorne en exige encore davantage !

Du 20 au 26 juillet : La semaine est favorable pour ceux qui travaillent dans les projets hydroélectriques, le cinéma, la télévision, l'informatique, l'aviation, l'industrie automobile, les communications et l'information.

Du 27 juillet au 2 août : La nouvelle Lune du 29 en Lion indique une sensibilité accrue qu'il vous faut contrôler, sinon des larmes couleront. C'est parfois utile pour nettoyer les glandes lacrymales, il est vrai…

CHIFFRES CHANCEUX

4-9-13-26-27-31-32-45-51-69

AOÛT ET SEPTEMBRE

La vie se rétrécit ou s'élargit selon le courage de chacun.

ANAÏS NIN

ATTÉNUE L'OPPOSITION

Le mois d'août atténue une opposition qui va s'attaquer à vos désirs et à vos espérances. L'autre et les autres cessent soudainement de vous compliquer la vie. Vous êtes libre d'agir à votre guise et pouvez compter sur une aide souterraine et cachée, mais non moins importante et bénéfique. Une personne qui a de la Vierge joue un rôle positif dans votre montée ou remontée au pouvoir.

FIN AOÛT

La fin du mois d'août surtout est extraordinaire. Plus rien n'intervient entre vous et votre désir. Votre conjoint, vos associés, personne n'est assez fort pour vous détourner de votre but et pour empêcher votre ascension. Après un an de piétinement, vous êtes au summum de vos dons et de vos possibilités et vous pouvez agir sans difficulté. Feu vert, allez-y !

ULTIME VICTOIRE

Les motifs de vos contrariétés disparaissent soudainement de votre horizon. De manière magique et mystérieuse, vous voilà plus libre qu'avant. Qu'allez-vous faire de cette liberté toute neuve? Tout dépend de vous et de vos projets présents et futurs, mais ce sera plus intéressant, vous pouvez en être certain. Une fois stimulé et parti, vous n'aurez guère de répit jusqu'à ce que vous ayez atteint l'ultime victoire!

SURVEILLER VOTRE ASCENDANT

Il faut surveiller votre ascendant, c'est le seul point qui puisse nuire à ces bons pronostics. Le mieux serait de ne pas être ascendant Vierge, Poissons, Gémeaux ou Sagittaire, ces signes se retrouvant au centre de l'opposition de Jupiter en Vierge à Uranus en Poissons, et par conséquent soumis à des difficultés au niveau des communications, du transport, de l'avion surtout. Il leur est déconseillé d'innover et de voyager à la fin d'août, ce serait provoquer le malheur.

SCANDALES, PERTES ET ÉCHECS

Si vous avez un ascendant dans l'un de ces signes, évitez de faire des changements ou des transformations dans l'organisation de vos affaires, de votre travail et de vos projets. Ne faites pas de publicité coûteuse et tapageuse et ne modifiez rien pour l'instant. Revirements, volte-face d'amis, scandales, pertes et échecs sont à prévoir.

«LE CIEL EST LA LIMITE»

Si vous n'avez rien en ces signes, vous n'avez rien à redouter, le ciel est la limite. Foncez sur l'obstacle, tout est possible. Une aura de protection secrète vous entoure et vous protège. Votre ange gardien y est peut-être pour quelque chose, pensez à le remercier de temps à autre.

SEPTEMBRE ET URANUS

Le 15 septembre, Uranus revient par rétrogradation en Verseau. Les natifs de la fin du signe, soit des environs du 17 février sont habités par une intuition assez impressionnante pour épater la galerie. S'ils se laissent aller à ce sentiment profond de savoir ce qui va se passer à l'avance, ils atteindront la célébrité ou se feront un nom dans le métier qu'ils exercent. Chose certaine, ils ne risquent pas de sombrer dans l'indifférence. Peu importe qu'on soit pour ou contre eux, ils soulèvent les passions!

INTUITION PURE

Dans les domaines suivants, psychologie, aéronautique, informatique, télévision, cinéma ou électricité, ils ont du génie et sont reconnus pour leurs mérites. On vante leur savoir, mais ils sont guidés par leur intuition pure, ce qui n'a pas grand-chose à voir avec la raison. Tout est question de terme et de dialectique, de conventions et d'intérêts communs.

La rentrée se fait aimablement et gentiment, vous n'avez qu'à vous laisser guider vers l'inconnu, tout est prévu pour vous en ce sens.

C'est fête du Travail au Québec le 1ᵉʳ septembre, bon congé à tous!

HOROSCOPE HEBDOMADAIRE

Du 3 au 9 août: Les événements s'opposent à vos désirs intimes, mais votre capacité de raisonner et de juger est intègre. Intellectuellement et nerveusement solides, vos réflexes vous tiennent à l'abri des ennuis.

Du 10 au 16 août: Votre sens critique et analytique est avivé, vos sens sont à fleur de peau. Votre cœur n'est pas heureux et vous devrez surveiller votre santé, mais la pleine Lune du 12 en Verseau vous redonne de l'élan.

Du 17 au 23 août: Vous ressentez un apaisement pénétrant: rien de semblable ni même de comparable depuis des lunes. À l'aise dans ce que vous vivez, vous faites des progrès sur le plan personnel et matériel.

Du 24 au 30 août: Les vacances vous plaisent. La nouvelle Lune du 27 en Vierge marque la rentrée et vous rappelle à l'ordre. Votre sens pratique s'accroît. Jupiter cesse son opposition le 27, vous feriez bien de noter cette date dans votre agenda.

Du 31 août au 6 septembre : Un énorme soulagement se fait sentir dans vos amours et vos affections. Sans raison vérifiable, vous allez mieux. Cessant d'avoir peur de tout et de rien, vous faites confiance à la vie.

Du 7 au 13 septembre : Votre énergie s'oriente vers les gains matériels, mais la pleine Lune du 10 en Poissons vous rend plus idéaliste. Vous cessez de parler et de penser à l'argent pour constater qu'il y a d'autres valeurs ici-bas.

Du 14 au 20 septembre : L'automne ne vous refroidit pas, au contraire, il réchauffe vos sens et vous rend accessible à la beauté et à la qualité de votre entourage affectif et sentimental. En amour, vous êtes choyé.

Du 21 au 27 septembre : Plusieurs éléments se trouvent favorisés en cette semaine : santé, énergie, amitiés et amours. Vous êtes enfin libéré de vos dettes d'impôts ou autres. Des héritages sont possibles. La nouvelle Lune du 25 en Balance accroît vos sens artistique et esthétique.

Du 28 septembre au 4 octobre : C'est une période où vous pouvez retirer des bénéfices de transactions hasardeuses qui ont le bonheur de bien tourner. Un procès se règle à votre satisfaction. Vos amours et vos amitiés occupent une place de choix.

CHIFFRES CHANCEUX

8-10-20-21-33-34-45-46-50-64

OCTOBRE

Il faut souffler sur quelques lueurs pour faire de la bonne lumière.

RENÉ CHAR

FOI ET ESPÉRANCE

Si vous avez la foi et cultivez l'espérance de jours meilleurs, octobre est votre mois fétiche. Soleil, Mercure et Vénus, pour un temps en Balance, prônent la paix et l'équilibre, la justice et l'équité, l'amour et la fraternité. C'est tout à fait le genre d'influence planétaire qui vous convient.

AGIR VITE

Dans les questions affectives et sentimentales, vous devez agir pendant que la belle planète d'amour Vénus transite par la Balance, un signe ami. Ainsi placée, elle vous fait des fleurs et vous offre de précieux cadeaux et avantages, soit une nature aimante et aimable, de la beauté, des talents artistiques et esthétiques, beaucoup de chance en amour et en amitié ainsi que dans vos relations humaines. En somme, tout ce qu'il vous faut pour être heureux, mais vous devez vous hâter.

ÉTUDES, TRAVAIL, VOYAGES

Études, travail et voyages vous sont profitables et sécuritaires jusqu'au 23 octobre, moment où le Soleil et Mercure entrent en Scorpion, signe qui n'est pas en amitié avec le vôtre. Prenez avantage de cette période d'intelligence vive, de bons réflexes et de chance pour vous placer solidement les pieds dans la sphère qui vous intéresse.

HORIZONS ÉLARGIS

Vos horizons sont élargis maintenant, cher Verseau. Voyez haut et grand, tout vous est devenu ou redevenu possible, ne le sentez-vous pas ? C'est vrai, n'hésitez pas à le croire et préparez-vous à cette nouvelle aventure. L'avenir ne vous réserve que du bon, croyez-en les planètes, elles ne mentent jamais !

C'est l'Action de grâces le 13 octobre, bon congé à tous !

HOROSCOPE HEBDOMADAIRE

Du 5 au 11 octobre: De bonnes dispositions vous font aimer de tous. Votre rébellion est chose du passé, vous vous intégrez au milieu. À la pleine Lune du 10 en Bélier, vous trouvez un emploi ou engagez du personnel.

Du 12 au 18 octobre: Les études, le commerce, les voyages et les échanges chatouillent votre curiosité. Ce que vous ne savez pas, vous l'apprenez, ce que vous savez déjà, vous l'enseignez. Vous participez ainsi à l'évolution humaine.

Du 19 au 25 octobre: Vous avez besoin de suppléments alimentaires, vous vous alimentez mal. La nouvelle Lune du 25 en Scorpion attise votre rancune. Oubliez le passé et ne pensez qu'au présent: lui seul vous appartient.

Du 26 octobre au 1er novembre: Vous avez tendance à faire du charme à contretemps. Ce n'est pas le moment de remettre en question votre vie sentimentale ni de changer d'emploi. Si possible, ne modifiez rien dans votre vie actuellement.

CHIFFRES CHANCEUX

4-7-11-21-24-39-40-47-55-69

NOVEMBRE

Il n'est jamais trop tard pour avoir une enfance heureuse.

Tom Robbins

PAS FAMEUX

Novembre n'est pas mauvais dans les grandes lignes, mais il n'est pas fameux sur le plan de la santé psychique et morale, non plus qu'en ce qui concerne la réussite sociale et professionnelle. Il semble que vous orientez inadéquatement votre énergie et que vous soyez en train de saper votre succès à la base. Comme si vous vouliez détruire ce que vous avez construit de main de maître jusqu'ici. Étrange conduite pour une personne qui, comme vous, a tant à offrir et à attendre de la vie.

ÉCLIPSE LUNAIRE TOTALE

Ce qui vous chamboule et vous met dans un drôle d'état, c'est l'éclipse lunaire totale du 8 novembre en Scorpion, signe en inimitié avec le vôtre comme vous le savez sans doute maintenant. À la suite de quoi le moral peut chuter gravement et la déprime prendre le dessus. Si cela prend des proportions inquiétantes, ne négligez pas de voir un psychologue. Sachant à quoi vous en tenir, vous remonterez la pente plus rapidement.

Gardez-vous d'apporter des changements importants dans votre vie privée de la fin octobre à la fin de novembre, cette période étant restrictive. De toute façon, il est possible que vous n'ayez envie de rien. Ce serait un mal pour un bien...

ÉCLIPSE SOLAIRE TOTALE

L'éclipse solaire totale du 23 novembre en Sagittaire n'affecte que les Verseau ascendant Sagittaire, Gémeaux, Vierge et Poissons. Si vous avez un de ces signes pour ascendant, redoublez d'attention prudente à l'égard de votre santé et de votre sécurité personnelle. Ne laissez rien au hasard en ces choses et veillez jalousement sur votre bien-être. Les chances sont à huit contre quatre pour vous, souhaitons que votre ascendant soit autre.

Le 11 novembre est le jour du Souvenir, ne gardez que les bons!

HOROSCOPE HEBDOMADAIRE

Du 2 au 8 novembre : Prévoyant l'éclipse lunaire totale du 8 en Taureau, voyez des gens jeunes, en santé et optimistes et laissez tomber ceux qui altèrent votre courage et grugent votre énergie psychique.

Du 9 au 15 novembre : Vos énergies nerveuse et intellectuelle sont accrues, vous retrouvez l'équilibre et êtes capable de vous défendre. Les voyages prennent de l'intérêt, vous désirez tout faire et tout voir.

Du 16 au 22 novembre : La santé est bonne, les réflexes sont sûrs, le jugement est solide. Vous pouvez travailler, faire du sport et faire l'amour, voyager et étudier, apprendre et enseigner sans vous fatiguer.

Du 23 au 29 novembre : L'éclipse solaire totale du 23 en Sagittaire a été étudiée plus haut, voyez quels sont ses effets. En principe vous êtes en bonne santé, résistant, capable d'agir dans le sens de vos intérêts.

Du 30 novembre au 6 décembre : Vos amis et relations sociales et professionnelles tiennent une place prépondérante dans votre vie actuelle. Ils vous aiment et vous les aimez, rien de plus à ajouter.

CHIFFRES CHANCEUX

5-8-13-22-23-35-41-42-57-63

DÉCEMBRE

Que ta vie ne soit qu'espoir.

JOËL BOUSQUET

DÉCLENCHEMENT

Le déclenchement attendu se produit vers la mi-décembre, mais c'est tout le mois qui est excitant. Le déblocage se fait sentir dans vos affaires d'argent, de métier ou de carrière, mais c'est dans les relations interpersonnelles et dans les communications que s'inscrit le meilleur de ce mois. Rapidité de corps et d'esprit, tempérament vif et guerrier, âme ardente, vous êtes tout entier animé d'une flamme nouvelle.

HAVRE DE PAIX

Vous êtes un flambeau, une lumière, un phare pour ceux qui cherchent. Un aimant, un espoir pour ceux qui doutent. Un havre de paix pour qui la désire. Mais vous n'êtes pas inactif pour autant, loin de là. Voyez dans ces pages ce qui se passe à la mi-décembre. Jamais vous n'avez fait autant d'activités diverses, jamais vous n'avez pris autant d'engagements contradictoires, le tout en harmonie avec vous-même. Vous êtes incroyable !

Vénus entre dans votre signe le 21 décembre où elle séjournera jusqu'en janvier 2004. Vous terminez l'année sur une note très heureuse. Récapitulez ce qui s'est passé au cours des mois écoulés, vous constaterez avec émotion qu'ils ont été très constructifs. Sur ce, bonne année 2003, cher Verseau !

HOROSCOPE HEBDOMADAIRE

Du 7 au 13 décembre : La pleine Lune du 8 en Gémeaux favorise vos contacts avec la jeunesse. Jeune de corps et d'esprit, vous aimez faire du sport avec les petits. C'est exactement ce dont vous avez besoin.

Du 14 au 20 décembre : Entouré de collaborateurs dynamiques et enthousiastes, vous terminez l'année à la hausse. Des gains viennent combler vos besoins et il en reste pour les plaisirs et pour les cadeaux. Vous préparez la période des fêtes avec soin, rien ne manque à votre bonheur.

Du 21 au 27 décembre : La nouvelle Lune du 23 en Capricorne vous rend économe. Ne le soyez pas trop, à Noël offrez-vous ce que la vie a de mieux. Vénus entre dans votre signe le 21, promettant un beau Noël rempli d'amour, de santé, de chance et de prospérité.

Du 28 au 31 décembre : Une brève récapitulation de l'année qui se termine vous permet d'évaluer vos progrès et de mesurer le chemin parcouru. Vous n'en revenez pas, et il y a de quoi !

CHIFFRES CHANCEUX

6-8-16-19-22-27-39-48-58-68

Bonne année nouvelle, cher Verseau !

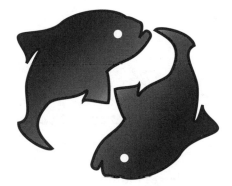

Poissons

DU 20 FÉVRIER AU 20 MARS

1er DÉCAN : DU 20 FÉVRIER AU 28 FÉVRIER
2e DÉCAN : DU 1er MARS AU 10 MARS
3e DÉCAN : DU 11 MARS AU 20 MARS

Compatibilité sexuelle et amoureuse

La compatibilité sexuelle et amoureuse entre les signes du zodiaque ayant été commentée de toutes sortes de manières, je me permets de porter à votre attention les constatations suivantes basées sur des données millénaires. Vous verrez qu'elles sont encore aussi justes de nos jours qu'elles l'ont été au cours des siècles passés.

Dans cette analyse, j'ai utilisé le Soleil natal comme point de départ, mais il faut retenir que c'est la planète Mars qui régit la sexualité proprement dite. Les recherches que j'ai entreprises tendent à nous apporter une meilleure connaissance de nous-mêmes dans ce que nous avons de plus personnel, de plus intime, de plus secret. Par extension, cela nous aidera à comprendre les besoins de nos partenaires de vie.

En abordant le sujet de la compatibilité, je ne vous propose pas de règles vous dictant la manière de mener votre vie sexuelle. Cependant, vous le constaterez certainement, sexualité et astrologie font bon ménage. C'est un duo sur lequel on aurait avantage à compter plus fréquemment. Naturellement, en vous livrant à vos observations, vous devrez tenir compte de votre signe ascendant. Car il arrive que deux personnes dont les signes ne sont pas en accord aient des ascendants qui, eux, sont parfaitement compatibles. Vous l'aurez compris, il convient, là comme ailleurs, d'examiner toutes les riches possibilités dont nos natures humaines sont dotées en tenant compte de l'influence des astres sur nos vies.

Ces notions générales vous indiquent donc vos tendances naturelles. Je crois sincèrement qu'elles pourront vous inciter à aller plus loin dans la recherche de l'harmonie sexuelle. Ne serait-ce qu'à ce titre, je suis persuadée qu'elles vous seront utiles.

POISSONS-POISSONS

Chez ces deux natures lymphatiques, l'entente sexuelle est rare. Les partenaires se plaisent, mais ils se ressemblent trop. Leur attrait est plus romantique que sexuel. L'un fera ce que l'autre désire pour lui faire plaisir, sans en retirer de jouissance physique. On comprendra que ça puisse rater…

L'aventure sexuelle est agréable mais insatisfaisante pour les partenaires. À la limite, l'union est meilleure pour les couples de même sexe.

POISSONS-BÉLIER

Le premier est doux et lent, le second prompt et rapide. Le Bélier va directement au but sans trop de préparation, tandis que le Poissons s'endort parfois sur les préliminaires. Difficile d'arriver au climax dans de telles conditions. Cette relation dure le temps d'un flirt et se révèle meilleure lorsque l'homme est Poissons, et la femme Bélier.

Le masochisme du Poissons rencontre le sadisme du Bélier. Dans les cas de dépendance affective, cela peut devenir tragique.

POISSONS-TAUREAU

Le passif Poissons est abasourdi par l'intensité passionnée du Taureau. Ils ont les mêmes besoins de tendresse et d'amour, mais l'un est capricieux et lent sexuellement alors que l'autre est exigeant et jaloux. S'ils s'aiment c'est le paradis, sinon ce sera peut-être l'enfer. Leur attrait pour l'art et pour la beauté les rapproche.

L'union est plus fréquemment réussie chez les couples hétérosexuels, mais toutes les tendances y trouvent leur plaisir. À moins que l'un des partenaires souffre d'érotomanie…

POISSONS-GÉMEAUX

Ce duel perpétuel ne garantit pas la satisfaction sexuelle. L'un des deux prend la maîtrise du couple, habituellement le Gémeaux. Réduit à l'état d'esclave sexuel, le Poissons navigue de son mieux dans les eaux troubles où le conduit son partenaire. En principe, ils sont incompatibles.

Cette union favorise les jeux sexuels, ceux-ci pouvant être sadomasochistes et mener à des excès regrettables et parfois dangereux.

POISSONS-CANCER

C'est la rencontre de deux impossibles, car le rêve prend le pas sur la réalité. L'union est difficilement réalisable, bien que sexuellement idéale. Les débuts sont laborieux, la question étant de savoir lequel des deux partenaires fera les avances et amorcera les jeux sexuels. Si c'est toujours le même, tous deux se lasseront. On a beau se faire du cinéma, il faut aussi y mettre de l'action…

Cette union est plus réussie chez les couples hétérosexuels, même si elle se prête à tous les genres de relations. Le but des partenaires, avoué ou non, est de se prolonger, de procréer.

POISSONS-LION

Ils se regardent, s'admirent et se craignent. Il est difficile pour le langoureux Poissons de capter l'attention du fougueux Lion, mais quand c'est fait plus rien ne leur résiste. Leur union se construit sur un coup de foudre. C'est naturellement trop beau pour durer, mais l'aventure vaut la peine d'être tentée. Cupidon aidant, on ne sait jamais…

Si le Poissons garde son mystère et si le Lion aime l'eau fraîche, tout est possible. Sinon c'est la douche froide pour les deux partenaires.

POISSONS-VIERGE

Ces deux natures à l'opposé l'une de l'autre ne se plaisent sexuellement qu'une fois sur deux. C'est leur ascendant qui déterminera la suite. Le Poissons est confus, parfois timide sexuellement et la Vierge l'est autant que lui. Ils s'amusent surtout s'ils forment un couple libre, mais la jouissance ne s'obtient pas sans effort.

La réussite est plus fréquente chez les couples homosexuels et chez les échangistes, car les interdits doivent être absents de la joute amoureuse.

POISSONS-BALANCE

Cette rencontre sexuelle doit être basée sur l'amour pour amener les partenaires au paradis des amants. Ils s'attirent irrésistiblement, mais une relation d'amitié amoureuse prévaudra sur la relation sexuelle. Amants de la beauté et de l'esthétique, ils feront l'amour dans des circonstances et dans des conditions exceptionnelles.

La compatibilité est meilleure chez les couples de même sexe, mais l'aventure est très stimulante et s'accommode de toutes les formes de sexualité et de fantaisies sexuelles.

POISSONS-SCORPION

Aux antipodes l'une de l'autre, ces deux natures s'attirent et se plaisent au premier regard. Le sexuel Scorpion réchauffe de son souffle chaud le frileux Poissons. S'ils s'adonnent à des jeux érotiques improvisés et s'amusent en faisant l'amour, c'est gagné. Sinon l'un des deux s'ennuiera et partira pour ne plus revenir.

La création et la procréation sont leurs buts. S'ils ne sont pas jaloux, leur vie sexuelle sera fabuleuse. Elle sera meilleure chez les couples hétérosexuels.

POISSONS-SAGITTAIRE

Que de complications dans cette relation sexuelle!

Les deux partenaires sont doubles de nature. À eux deux ils sont quatre et leurs jeux sexuels sont quasiment inutiles. Le Sagittaire aime l'aventure et les voyages, le Poissons suit et s'autosuffit. En cas d'infidélité, celui-ci n'est pas trop malheureux. Le climax est rare, mais quand il est là, il est de qualité.

Idéal pour les couples libres sexuellement, car la dépendance affective et la jalousie peuvent tout gâcher...

POISSONS-CAPRICORNE

Le manque d'humour est flagrant dans cette rencontre sexuelle. Distrait, le Poissons paraît indifférent aux avances du Capricorne. Pressé d'arriver au but, celui-ci ne pense qu'à cela. C'est un amour de vacances ou une union basée sur l'ambition. Ça peut sembler une réussite, mais l'un des deux joue la comédie.

Les chances de réussite sont meilleures chez les couples hétérosexuels, pourvu que la femme ne soit pas une masochiste ou une victime consentante...

POISSONS-VERSEAU

Sexuellement compatibles, ces deux natures sont très différentes l'une de l'autre. Le placide Poissons, peu curieux sexuellement, plaît à l'indépendant et capricieux Verseau. L'indifférence apparente du premier séduit le second par sa façon de ne se scandaliser de rien. Dans ce couple, les tabous n'existent pas.

La complète satisfaction n'est pas garantie, mais l'union est intéressante pour tous les genres de couples et débouche souvent sur une amitié amoureuse.

Prévisions annuelles

HORS NORMES

Une année exceptionnelle attend les natifs du Poissons en 2003.

Quelque chose de rare et d'inattendu se produit sans avertir. Grâce à un seul effet de leur volonté et de leur esprit de décision, leur vie peut changer du tout au tout. Pour connaître la pleine expansion de la liberté promise par les planètes il faut attendre juin, mais plusieurs natifs ressentent dès janvier une amélioration notable de leurs forces physiques, morales et psychologiques.

L'attente est élevée. Les natifs pressentent une année «hors normes» et ils ont raison. De l'action, il y en aura! Un fait est sûr, aucun Poissons ne s'endormira dans son aquarium cette année...

VISITE D'URANUS

Visite en rafale d'Uranus passant en Poissons de mars jusqu'à la mi-septembre. La vie des natifs du début du signe surtout est bousculée, chambardée, mais en réalité tous les autres ressentent l'urgence de profiter du moment présent, misant sur les occasions qui se présentent inopinément et jouant le tout pour le tout.

Vous n'avez pas eu la visite d'Uranus dans votre signe depuis 84 ans, cher Poissons, la chose n'est pas fréquente vous admettrez.

UN NOUVEAU JOUR

Vous savez maintenant qu'il se passe quelque chose d'inhabituel dans votre ciel natal. Si on vous fait la moindre proposition durant ce laps de temps n'hésitez pas à dire oui. Vous avez toutes les raisons d'accepter; de toute façon, vous ne pouvez pas refuser tant le projet est emballant et original, la situation, excitante et nouvelle. Un nouveau jour va se lever. Suivez votre intuition et il sera radieux.

DEUX CHANCES UNIQUES

Que vos ailes vous portent ici ou ailleurs, peu importe, le principal étant de vivre votre vie à fond et sans vous soucier du reste. Difficile pour un natif de ne pas avoir peur, mais cette année il le faut absolument. Autrement, vous risquez de rater les deux chances uniques qui se présenteront probablement de manière maladroite, mais qui valent la peine d'être soigneusement étudiées et mises à profit.

Ne jugez pas sur les apparences et foncez droit devant vous, cher Poissons, vous ne le regretterez jamais, Uranus et moi vous le promettons!

DE LA MI-JUIN À LA MI-AOÛT

Il se passe des choses extrêmement positives dans la vie privée et les affaires d'argent des natifs cette année. Durant la période allant de la mi-juin à la mi-août les occasions se multiplient. Passant en juin dans le signe ami du Cancer, la lourde Saturne fait un bel aspect à Uranus en Poissons. Vous bénéficiez d'avantages sociaux et matériels accrus et disposez de suffisamment d'argent et de pouvoir pour agir librement. Capable de vous faire une place au soleil par vos propres moyens, vous parvenez à vos fins. «À cœur vaillant rien d'impossible!»

PARTICIPER ACTIVEMENT

Vous pouvez participer à des mouvements de groupe et à des changements politiques et économiques touchant votre famille, votre milieu de travail, votre métier ou votre profession. Toutes proportions gardées, votre apport à la société est majeur. Avec le temps, vous réussirez à imposer vos idées et vos concepts, même s'ils sont perçus comme irréalistes en ce moment. Patience, l'avenir prouvera que vous aviez raison.

PERSONNALITÉ

Votre personnalité est à la fois sage et novatrice, rangée et imprévisible, conservatrice et par ailleurs très moderne. Vous trouvez moyen d'allier l'ancien et le nouveau avec une étonnante facilité. Sachant expliquer les choses et les rendre accessibles à tous, vous intéressez des gens de condition modeste, des personnalités et des gens haut placés. Parce que vous êtes honnête et convaincu, on est disposé à vous aider à réaliser vos ambitions. Souvent aussi, on suit vos conseils.

FORMULE MAGIQUE

Étrange comme l'âge compte peu dans votre cas. Quel que soit le vôtre, ne craignez pas d'être ridicule et suivez votre rythme, obéissez à votre fantaisie. On finira par comprendre et par accepter vos points de vue. N'oubliez pas de mêler l'ancien et le nouveau, c'est la formule magique cette année pour les natifs du Poissons!

ÉCLIPSE À SURVEILLER

L'éclipse solaire totale du 23 novembre 2003 est à surveiller. Se tenant en Sagittaire, signe en mauvais aspect avec le vôtre, une baisse de résistance physique est à prévoir aux environs de cette date. Il serait souhaitable d'éviter de faire des projets importants et de voyager au loin de la fin d'octobre au début de décembre.

PÉRIODE ASSEZ DÉLICATE

La période du 15 août au 15 septembre semble assez délicate. L'opposition de Jupiter en Vierge à Uranus en Poissons, votre signe, déconseille les décisions subites, les déménagements, les changements d'emploi et de rythme de vie ainsi que les poursuites légales, celles-ci risquant de se retourner contre vous. Il faut suivre les règles et, surtout, ne pas provoquer la justice pendant cette période.

MESURES DE PRÉCAUTION

Des mesures de précaution seront utiles. Nous en reparlerons le temps venu, mais en attendant relisez attentivement ce paragraphe et notez ces dates dans votre agenda afin de prévoir et déjouer les tendances négatives. Ne prenez pas mes avertissements à la légère: sans être dramatique la situation est sérieuse.

Vous avez une belle année devant vous, ne laissez pas ces dernières remarques empêcher votre joie d'éclater à l'aube de la nouvelle année, ce serait un péché, assurément!

Sur ce, bonne année nouvelle, cher Poissons!

Prévisions mensuelles

JANVIER

L'estime de soi-même est le plus grand mobile des âmes fières.
JEAN-JACQUES ROUSSEAU

EXCELLENT DÉBUT D'ANNÉE

Vous connaissez un excellent début d'année. Les planètes se liguent pour intercéder en votre faveur et le ciel est généreux à votre égard. Les dons et cadeaux dont il vous gratifie importent plus que les présents matériels qu'on vous offre. Votre bien-être et votre équilibre valent tous les trésors de la terre, vous ne le savez que trop. C'est pourquoi vous apprécierez tant la nouvelle année.

Amusez-vous bien et célébrez ce qui vous attend en 2003. Ça vaut la peine, vous ne tarderez pas à le constater.

VOUS PORTEZ CHANCE

Sur le plan de l'énergie affective et sexuelle, vous êtes choyé. Rarement aussi en forme, vous atteignez le zénith sentimentalement et sexuellement si vous le désirez. Votre charme est éclatant, votre magnétisme irrésistible et, plus encore, vous portez chance. La nouvelle se répand comme une traînée de poudre : un de vos proches est (ou a été) chanceux, votre réputation de porte-bonheur grandit.

INDÉPENDANCE

Pour cette raison et parce que vous restez vous-même en toute occasion, on réclame votre compagnie dans les cercles et les milieux qui vous étaient jadis fermés. Acceptez les invitations qui vous plaisent et délaissez les autres, mieux vaut un peu d'indépendance, surtout à l'égard de personnes qui se prennent pour d'autres. Vous savez ce que je veux dire…

UNE MULTITUDE DE PROJETS

Vénus et Mars, toutes deux en Scorpion, signe ami, font que vous avez une multitude de projets et que vous fourmillez d'idées nouvelles. Votre façon engagée et enthousiaste d'envisager les choses déteint sur ceux qui vous entourent. Vous êtes leur rayon de soleil, mais en réalité ce sont les bons rayons de Vénus, planète d'amour et de bonté, et ceux de Mars, planète d'action et d'instinct, qui vous rendent aussi attrayant.

MAISON PLEINE DE RIRE

Si vous êtes seul c'est que vous l'avez choisi. Sinon ce n'est pas la compagnie qui manque à l'aube de cette nouvelle année. La maison est pleine de rires, de joie, de musique, d'artistes en herbe ou accomplis, de créateurs en mal d'identité, de buts à poursuivre. Hospitalier et généreux, vous les guidez vers le destin qui est le leur, leur indiquant la direction à suivre pour parvenir à un état de bien-être matériel autant que spirituel.

NOMBREUX AMIS

Dire que vous avez de nombreux amis et admirateurs serait un euphémisme ; vous en avez plus que vous pouvez en désirer. Essayez de limiter vos dépenses d'énergie, de sorte qu'à la mi-janvier, quand Mars et Vénus passeront en Sagittaire, vous en ayez encore en réserve. Ce signe est en mauvais aspect avec le vôtre, vous le savez sans doute. Il n'est pas bon de tout donner, cher Poissons. Il faut en garder pour vous...

HOROSCOPE HEBDOMADAIRE

Du 1er au 4 janvier : Le jour de l'An est excellent, mais la nouvelle Lune du 2 en Capricorne accroît les risques de grèves et de ralentissements dans le domaine des études, des écoles, du monde en général, de la politique et des affaires. Cela ne semble pas vous affecter, vous êtes tout à votre bonheur.

Du 5 au 11 janvier : Stabilisez votre relation sentimentale et réglez tout conflit affectif et sexuel avant le 8 de préférence. Vous aurez plus de facilité à replacer les choses. Sinon, attendez-vous à des complications.

Du 12 au 18 janvier : Votre énergie est bonne jusqu'au 17, régler tout conflit avant cette date serait idéal. La pleine Lune du 18 en Cancer vous rend sentimental et hypersensible. On dirait qu'il pleut dans vos yeux…

Du 19 au 25 janvier : Méfiez-vous des impulsions violentes qui pourraient vous faire rater une occasion ou différer un projet. Prenez le temps de vous «refroidir» les sangs avant de discuter affaires.

Du 26 janvier au 1ᵉʳ février : Vos points sensibles à surveiller sont le foie, les poumons et les hanches ; attention aussi aux saignements. La nouvelle Lune du 1ᵉʳ en Verseau règle un problème. Ne vendez pas la peau de l'ours avant de l'avoir tué, soyez prudent.

CHIFFRES CHANCEUX

7-10-20-21-35-37-44-45-59-60

FÉVRIER

L'avance que prennent les femmes changera le vécu de l'amour, aujourd'hui plein d'erreurs.

RAINER MARIA RILKE

IL SE PASSE DES CHOSES

Il se passe des choses au-dessus de nos têtes. Sans y être personnellement engagé, vous êtes sensible à ce qu'il advient à notre monde. En ce sens, les événements de février affectent votre façon de vivre et de penser, du moins jusqu'à un certain point.

ASCENDANTS EN SIGNES FIXES

Le 16 février donne lieu à une opposition entre Jupiter en Lion et Neptune en Verseau. En principe, cet aspect négatif ne vous regarde pas, mais des scandales d'envergure et des événements déplorables en rapport avec l'eau sont possibles. Les ascendants en signes fixes tels les Lion, Verseau, Taureau et Scorpion n'ont pas un sort enviable.

SI TEL EST LE CAS

Si tel est le cas, une conduite irréprochable au plan personnel et sexuel vous épargnera bien des déboires. Éviter tout conflit légal, boire de l'eau pure, manger des aliments sains et fuir les croisières ou les bords de mer, toutes ces mesures pourront vous mettre à l'abri. En cas d'empoisonnement ou d'infection, suivez les conseils des autorités et du médecin traitant. Huit chances sur douze qu'il n'en soit pas ainsi, optons pour cette dernière solution voulez-vous?

PROBLÈME D'ÉNERGIE

Votre niveau d'énergie est bas ou artificiellement élevé, ce qui est parfois pire. Il convient de revoir votre façon de vivre au quotidien, de repenser votre rythme et vos habitudes de vie, de façon à mieux les adapter à vos besoins personnels selon votre état de santé, votre âge et vos fonctions sociales et professionnelles.

RÉDUIRE LES DÉPENSES

Réduire les dépenses de temps, d'argent et d'énergie vous permettra de préserver vos ressources financières et vous ménagera des jours longs et heureux. Vous avez beaucoup fait, il est temps de vous reposer. Mais la détente sera courte, dès le mois prochain vous retrouverez la forme et serez sollicité de tous côtés. Préparez-vous pour bientôt à des événements surexcitants bien qu'amusants. Cela vous aidera à subir les restrictions que vous vous imposerez par devoir. Vous y gagnez, persistez.

PAR CHANCE

Par chance, votre cœur se porte bien. Vos sentiments sont illuminés, intenses, chaleureux. À l'aise dans votre peau, vous établissez des contacts faciles aussi bien avec les hommes qu'avec les femmes. Les gens sérieux et profonds, à l'esprit scientifique développé, vous plaisent davantage. En retour, vous les intéressez à vos idées qui étaient jadis jugées comme étant farfelues et irrationnelles. Tout le monde peut se tromper, ne leur en veuillez pas.

VIE SOCIALE ET MONDAINE

Vos besoins d'une vie sociale et mondaine vous incitent à rencontrer des amis, à sortir, à voir du monde, à vous animer et à partager vos plaisirs ainsi que vos plans et projets avec d'autres personnes. Cela se fait dans des conditions particulièrement agréables. Votre popularité croît, votre chance grandit, votre renommée s'étend. Vous êtes chanceux en amitié et en amour. De quoi meubler ce février par ailleurs assez étrange…

C'est la fête des amoureux le 14 février, bonne Saint-Valentin! Bon anniversaire aux natifs du premier décan du Poissons!

HOROSCOPE HEBDOMADAIRE

Du 2 au 8 février: Redoutez les conflits avec vos patrons, vos collègues ou employés et soignez votre santé, en particulier le foie, les poumons et les hanches. Les sports violents et de compétition sont à bannir de vos activités.

Du 9 au 15 février: Des excès de travail et d'ambition nuisent à votre réussite sociale et professionnelle. Vous utilisez bien mal votre énergie; par contre vos amours sont gratifiantes, vos amitiés essentielles et nourrissantes.

Du 16 au 22 février: La pleine Lune du 16 en Lion favorise l'orgueil et le sens de l'humour. Vous avez le goût de vous amuser, de voir ou de vous procurer des œuvres d'art, de renouveler votre garde-robe et de chanter la vie.

Du 23 février au 1er mars: Vos sentiments amoureux et affectifs sont forts, mais votre énergie sexuelle est au plus bas. Vos amis et relations occupent une place de choix, le travail et le sport vous tiennent occupé, votre santé est bonne.

CHIFFRES CHANCEUX

1-11-12-29-30-42-43-50-57-69

MARS

Deviens qui tu es.

NIETZSCHE

ENVIE DE LIBERTÉ

Le mois de mars apporte aux natifs du Poissons une envie de liberté rarement ressentie auparavant. Jeunes et moins jeunes ont le goût des choses nouvelles. Ce qui appartient au passé vous indiffère, seule la découverte vous allume. Des sensations que vous n'arrivez pas à qualifier vous habitent et vous animent, vous ne pouvez pas rester en place et devez bouger, c'est plus fort que vous. Pourvu que ce soit nouveau et différent, vous êtes preneur.

URANUS EN POISSONS

Uranus passant en Poissons, votre signe, explique l'excitation que vous ressentez soudainement. Et ce n'est qu'un début, apprenez à vous relaxer et à vous détendre de façon naturelle, sinon vous finirez par avoir des difficultés à dormir et à vivre normalement. Il ne faudrait pas que vous ayez des tics, des palpitations, de l'arythmie cardiaque ; ménagez votre système nerveux et diminuez la pression autant que possible.

QUE VOUS ARRIVE-T-IL ?

Que vous arrive-t-il au juste, nul ne saurait le dire mais votre degré d'intuition est tellement juste et fort que vous n'en revenez pas vous-même. Apprendre à utiliser cette intuition pure de façon quotidienne est ce qu'il vous reste à faire. Vous aurez plusieurs années pour apprivoiser cette faculté supérieure, avec le temps cela viendra.

DONS PSYCHIQUES ET MAGNÉTIQUES

Vous excellez dans les soins que vous apportez aux pauvres et aux déshérités du sort. Malades, déprimés, dépendants des paradis artificiels, rien ne vous rebute. Vos dons psychiques et magnétiques sont mis au service du soulagement de la misère humaine, mais ils servent aussi à résoudre les énigmes et les mystères qui jalonnent votre vie depuis votre naissance jusqu'à aujourd'hui, et ils sont nombreux. Quel est votre héritage, votre hérédité véritable? Vous cherchez et trouvez des réponses à plusieurs de vos questions.

GROUPES SECRETS

Votre désir d'appartenir à des groupes secrets vous conduit à vous joindre à des gens originaux, sympathiques et compatissants qui, comme vous, travaillent dans un seul but: démystifier et vulgariser les sciences et connaissances occultes. Le caché fait partie de votre quotidien autant que le palpable et le tangible. Les plans matériel et spirituel ne font qu'un dans votre esprit avant-gardiste, vous êtes en progression constante sur la voie du savoir ésotérique. Plus vous apprenez, plus vous constatez que vous ne savez rien, c'est signe que vous avancez dans la bonne direction!

POUVOIR D'ATTRACTION

Vous avez le don d'attirer et de retenir l'attention de personnes jeunes, intelligentes et audacieuses, à qui rien ne fait peur. Votre pouvoir d'attraction est décuplé. Imaginer la force mise à votre disposition et rendue disponible par cette planète imprévisible et parfois violente, Uranus, qui passe en Poissons, votre signe, est quasi impossible. Utiliser ce pouvoir de façon responsable est votre devoir.

LES PETITES CHOSES

Dans les petites choses, tout va bien. Mercure voyage aussi en Poissons et le Soleil le rejoint à la fin du mois. Votre santé est bonne et votre intellect fonctionne bien. La qualité de votre raisonnement logique et rationnel n'est pas au-dessous de votre intuition, bien au contraire. L'un aidant l'autre, vous savez exactement ce que vous devez faire et quand le faire. Reste qu'il y a des secrets que vous ne pouvez pas dévoiler. Vous ne le devez pas, car le temps n'est pas venu. Attendez le moment propice, il viendra. Patience, vous avez tout le temps!

Bon anniversaire aux natifs des deux derniers décans du Poissons!

HOROSCOPE HEBDOMADAIRE

Du 2 au 8 mars : La nouvelle Lune du 2 en Poissons met en évidence votre personnalité, vos dons occultes et votre intuition. Demeurez discret à ce sujet et faites des expériences pour vous-même, vous verrez ce qu'il convient de faire plus tard.

Du 9 au 15 mars : Votre sensibilité est extrême, vos sentiments sont profonds. Votre raisonnement est davantage basé sur l'émotion que sur l'analyse. Essayez de rationaliser vos jugements et voyagez si la chose vous plaît, vous êtes en sécurité.

Du 16 au 22 mars : La pleine Lune du 18 en Vierge exacerbe votre sens critique. N'utilisez pas cette façon de faire avec les autres, ils vous en voudront et penseront que vous voulez les détruire. Soyez conciliant.

Du 23 au 29 mars : Pressentant l'avenir proche et lointain, vous tentez de faire comprendre certaines choses à ceux que vous aimez. Mais c'est en vain, ils ne veulent rien entendre. Libre à eux. Viendra le moment où ils devront se rendre à l'évidence…

Du 30 mars au 5 avril : La nouvelle Lune du 1er en Bélier indique que votre tour est passé et qu'il est temps de céder la place à d'autres plus jeunes et plus fous que vous. L'argent est au centre de votre échiquier.

CHIFFRES CHANCEUX

1-2-15-23-25-36-38-49-51-66

AVRIL

Plonge   regard dans ton âme. C'est là ton seul espoir.

WILHELM REICH

PÂQUES   LE PRINTEMPS

Pâques   le printemps vous rendent gai. Primesautier et enthousiaste,   s avez des quantités d'émotions à partager avec ceux que
vous a   ez, et ils sont nombreux. Votre cœur n'est pas un autobus,
mais   que, il y a de la place pour des personnes de différentes cultures   orientations sexuelles; c'est ce qui fait votre force et vous
distir   e des autres. Poissons, c'est le printemps. Renaissez avec lui
et e   rez des jours meilleurs, ils sont déjà en herbe et tentent de
rejo   re le ciel.

VÉ   S, BELLE PLANÈTE D'AMOUR

V   s, cette belle planète d'amour, voyage dans votre signe jusqu'au
2   ril. Elle rend fertile vos amitiés et vos amours, et favorise plus
p   culièrement les artistes et artisans. Ce qui flatte l'œil, le goût, le
t   cher, l'ouïe et l'odorat vous plaît. Si vous êtes un artiste ou un
     ateur, la période est chanceuse et vous met en vedette. Le succès
     nt aisément.

SSION AMOUREUSE

Une passion amoureuse peut se déclencher grâce aux phéromones.
La personne qui vous intéresse peut avoir Vénus comme planète
maîtresse, elle peut être Taureau ou Balance de signe solaire ou avoir
cet ascendant. Si c'est le cas, ne refusez pas l'amour qu'elle vous offre,
c'est le plus beau cadeau de Vénus, planète dite «en exaltation» dans
votre signe, et par conséquent jouant un rôle significatif.

AMÉLIORE LA SANTÉ

Vénus en Poissons améliore la santé et favorise l'art et la beauté sous
toutes leurs formes. Si vous travaillez dans des entreprises reliées à
ces domaines, un succès populaire vous est assuré. Sachez capitaliser
sur vos talents, de nos jours tout se monnaye. Ne travaillez pas gratuitement à moins que vous n'ayez le désir de faire du bénévolat, ce
qui est toujours valorisant et bénéfique.

CHARME CAPITEUX

Votre charme est capiteux. Ce que vous dégagez séduit les hommes et les femmes indifféremment. À vous d'attirer les énergies positives et de refuser les forces négatives qui ne manqueront pas de tenter de vous subjuguer et d'altérer votre jugement. Les forces négatives peuvent tenter ce qu'elles voudront, vous ne céderez pas. Avec délicatesse et tendresse, vous obtiendrez ce que vous désirez. Avril sera un mois que vous n'oublierez pas pour diverses raisons, la principale étant la santé, l'amour et la chance qu'il apportera.

C'est Pâques le 20 avril, Joyeuses Pâques à tous et à toutes!

HOROSCOPE HEBDOMADAIRE

Du 6 au 12 avril : Vos énergies nerveuse et intellectuelle sont à un niveau élevé. Le moment est favorable pour entreprendre des démarches concernant le choix des études, d'un métier ou d'une carrière ; il convient à la lecture et aux activités physiques et mentales.

Du 13 au 19 avril : Conférences, symposiums, publication, édition et travaux d'écriture sont favorisés. La pleine Lune du 16 en Balance avantage les sentiments, les arts, les artistes et les créateurs. L'amour mène le bal.

Du 20 au 26 avril : La semaine est idéale pour régler des questions financières, payer des taxes et des impôts, et comptabiliser revenus et dépenses. Si vous n'êtes pas expert en la matière, demandez conseil, on vous aidera.

Du 27 avril au 3 mai : Vous pouvez écrire une histoire et laisser libre cours à votre imagination. La vôtre est fertile, pourquoi ne pas l'utiliser de manière rentable ? La nouvelle Lune du 1er en Taureau accroît vos chances dans les communications et parle de maison, de terrains et d'argent.

CHIFFRES CHANCEUX

8-10-20-21-35-39-41-42-59-68

MAI

Allez souvent vous recueillir dans la nature ! Alors, vous serez en état de comprendre les œuvres des hommes.

GONZAGUE DE REYNOLD

INTÉRESSANT MALGRÉ TOUT

Mai est intéressant malgré tout. Bien que deux éclipses marquent le mois, vous traversez une période plutôt heureuse qui s'avérera bénéfique en fin de course. La route qui mène à la réussite peut être rocailleuse mais vos efforts seront couronnés de succès. Un peu de patience et de persévérance vaut la peine, surtout ne lâchez pas !

CAS PAR CAS

Certains natifs doivent être considérés comme des «cas par cas» et s'octroyer des soins particuliers au plan physique, moral, psychologique ou mental. Le carré de Saturne n'étant pas terminé et celui de Pluton persistant, soyez attentif au moindre symptôme. Même sans douleur ni avertissement préalable, vous pourriez être affecté. Une dépression masquée peut être réprimée puis éclater au grand jour. Les glandes tendent à s'engourdir aisément chez les natifs du Poissons ; par conséquent, ceux-ci doivent réagir avant qu'il ne soit trop tard. C'est le seul problème qu'ils ont à redouter.

NATIFS DU 13 AU 20 MARS

Les personnes qui sont nées entre le 13 et le 20 mars sont susceptibles de mal vieillir et de s'user prématurément au travail. Elles doivent prendre les mesures qui s'imposent pour conserver le plus longtemps possible leur jeunesse et leur bonne santé. Étant directement placées dans le carré de Saturne, elles peuvent être saisies de déprime au moment le moins opportun.

Prévenus de ces risques, elles feront le maximum pour enjoliver leur vie de manière à continuer à l'aimer avec passion, sans trop s'inquiéter de ce qui vient. L'avenir y veillera, il le fait toujours, c'est son rôle.

SE MARIER, S'ASSOCIER

À cause du carré de Saturne, il est indiqué de se délester de toute responsabilité trop lourde et de s'alléger au maximum au point de vue social, familial et financier. Se marier ou s'associer en affaires avant le 15 juin est dangereux, donc prohibé. Quelques jours de plus ou de moins, pourquoi ne pas se donner toutes les chances quand on en a le privilège. Si vous êtes né autour de ces dates, à vous d'en prendre note ou de refuser l'aide céleste. Nous sommes libres. C'est à la fois notre plus grand bonheur et notre plus grand malheur !

NATIFS DU 7 AU 13 MARS

Les natifs du 7 au 13 mars sont impliqués dans le carré de Pluton. Cela veut dire que leur corps et leur esprit peuvent donner des signes de fatigue, parfois d'épuisement. L'épuisement professionnel est à redouter pour certains qui ont abusé de leurs forces et négligé leur santé jusqu'ici. On est sujet à tout âge à des maladies déconcertantes ; faire analyser sa formule sanguine régulièrement et voir son médecin tous les six mois est recommandé. Ne ratez pas un rendez-vous avec votre conseiller en santé, c'est ce qu'il y a de plus important.

« LA PÉDALE DOUCE »

Pour la plupart, les natifs n'ont pas lieu de s'inquiéter. S'il leur faut mettre « la pédale douce » dans leurs activités ou leurs projets, ils ne devraient pourtant rien abandonner. Ce qui tarde à venir n'est pas mort mais seulement en dormance. L'aide extérieure se fait rare en ce moment. Ce n'est pas faute de vouloir, mais ceux qui désirent participer à votre affaire ne le peuvent pas, ils ont des raisons sérieuses pour ne pas agir. Faites-leur confiance, ils y parviendront une fois les vilaines éclipses passées.

PROTECTIONS OCCULTES

Soleil, Mercure et Vénus transitant une partie du mois par le Taureau, signe ami du vôtre, vous avez des protections occultes ou cachées que rien ne peut empêcher. Sachant cela, lisez tranquillement ce qui suit et prenez note des conseils et des dates indiqués. Selon votre expérience et vos propres dispositions, vous agirez en conséquence.

ÉCLIPSE LUNAIRE TOTALE

Il y a éclipse lunaire totale le 15 mai en Scorpion, un signe ami. Aucun problème n'est à redouter pour vous, bien que ceux qui ont un ascendant Scorpion, Taureau, Lion ou Verseau puissent ressentir une baisse morale et psychique. En cas de déprime ou d'état d'âme menaçant de mal tourner, voyez un spécialiste en la matière. Il vous aidera à déjouer les pièges que le sort vous tend au niveau mental et spirituel. Il semble bien que ce soit là que tout se joue présentement.

ÉCLIPSE SOLAIRE ANNULAIRE

L'éclipse du 31 mai en Gémeaux, signe en mauvais aspect avec le vôtre, est annulaire, donc moins intense qu'une éclipse totale. Cela veut dire qu'elle frappe moins fort. Quand même, assurez-vous de ne rien commencer de nouveau qui soit important entre le 1er mai et le 15 juin. Vous éviterez ainsi des déceptions et des désagréments, ce qu'on commence en période d'éclipse étant voué à l'échec à plus ou moins brève échéance, disons une année ou deux au plus. Si le geste vaut la peine d'être accompli, attendez au 15 juin ou après, vous mettrez ainsi toutes les chances de votre côté.

SOYEZ DISCRET

La mi-juin apporte la résolution du problème qui vous préoccupe. D'ici là, soyez discret. Ne révélez pas vos intentions à votre famille ou à vos proches et n'en parlez pas publiquement. Quand on est du signe, mieux vaut se taire qu'en dire trop, tous les Poissons vous le confirmeront!

C'est fête des Mères ce mois-ci, bonne fête aux mamans Poissons!

HOROSCOPE HEBDOMADAIRE

Du 4 au 10 mai : Des grèves sont à redouter affectant les communications et les transports. Études et examens peuvent être remis à plus tard. Vous semblez indifférent à ce qui se passe, votre vie est pourtant si excitante…

Du 11 au 17 mai : C'est une période hyperactive malgré l'éclipse lunaire totale du 15 en Scorpion. Pour en savoir davantage, lisez ou relisez plus haut. En principe votre moral est solide, votre courage est à toute épreuve et votre psychisme, équilibré.

Du 18 au 24 mai : On vous demande de garder des secrets, cela vous pèse mais il faut respecter la parole donnée. Utilisez votre intuition et écoutez les conseils qu'elle suggère, vous serez heureux en amour et en amitié.

Du 25 au 31 mai: Faites provision de sommeil et de santé avant l'éclipse solaire du 31 en Gémeaux et voyez plus haut pour de plus d'informations. Si vous êtes malade, ne négligez pas de vous faire soigner. Cela ne devrait pas durer.

CHIFFRES CHANCEUX

9-10-26-28-31-32-44-45-59-70

JUIN ET JUILLET

La sagesse suprême, c'est d'avoir des rêves assez grands pour ne pas les perdre du regard tandis qu'on les poursuit.

WILLIAM FAULKNER

BEAUX MOIS D'ÉTÉ

Juin et juillet sont deux beaux mois d'été à vivre intensément. Ils contiennent du jamais vu, de l'inédit, des surprises étonnantes. Un cadeau du sort vous est destiné. Ayant beaucoup peiné pour arriver là où vous êtes, vous appréciez les récompenses offertes gracieusement par ce sort généreux et faites en sorte de capitaliser sur vos avantages. Nul doute à ce sujet, vous aimerez juin, et juillet encore davantage.

LIBERTÉ ET SAGESSE

Ce n'est pas le calme plat loin de là, mais vous disposez de plus de liberté et de sagesse. Ces qualités réunies vous permettent de passer un été hors du commun. J'exagère pensez-vous? Attendez la suite, vous m'en direz des nouvelles par courriel, ou en m'écrivant par l'intermédiaire de mon éditeur dont vous trouverez les coordonnées dans le présent ouvrage.

SATURNE EN SIGNE AMI

La redoutée Saturne a la réjouissante idée de séjourner dans le signe ami du Cancer qu'elle visite à compter du 3 juin. Ce passage ou transit planétaire vous est bénéfique. Il contient de belles promesses qu'il tiendra au cours des deux prochaines années et demie.

Il procurera de l'attachement au foyer, à la famille, le respect des traditions et des valeurs établies, le désir de possessions foncières et immobilières, l'économie et la prévoyance visant à assurer la stabilité de l'avenir et la sécurité des vieux jours. La mémoire est une redoutable alliée…

Aide précieuse

Au lieu de mettre un frein à l'épanouissement et à la joie de vivre, Saturne vous réconcilie avec certains devoirs et limitations auxquels il faudra vous habituer. L'aide précieuse de Saturne ramène la paix de l'âme et de l'esprit, procure la sérénité devant les faits accomplis et rend possible l'acceptation des défauts et des manques, mais aussi des forces et des qualités. On note aussi un sens aigu des responsabilités, mais porté aussi légèrement que possible.

Un saint, une sainte

On vous confie une tâche, une mission importante dont vous vous acquittez consciencieusement, mais que vous effectuez sans effort. Dans votre esprit, liberté et devoir ne vont pas l'un sans l'autre. Capable de vous sentir libre à l'intérieur de vos obligations, vous êtes un exemple à suivre. Sans être un saint ou une sainte, vous devez admettre que vous êtes admirable. Même ceux qui vous critiquent ne peuvent pas penser autrement. Vous ralliez l'opinion de la majorité et attirez les bons courants d'autrui ; ce sont des atouts que vous ne voudrez pas sous-estimer.

Brève opposition

La brève opposition du 3 juin entre Jupiter en Lion et Neptune en Verseau se refait comme en février dernier. Relisez plus haut pour en savoir davantage. Les ascendants Lion, Verseau, Taureau et Scorpion sont tendus et peut-être secoués. Suivez les conseils donnés, cela vous épargnera des conflits.

Nés au lever du soleil

En revanche, le 1er juillet marque un temps fort pour les natifs et les ascendants nommés plus haut. Un beau trigone de Jupiter en Lion à Pluton en Sagittaire accroît leur part de chance et intensifie leur pouvoir d'action. Les Poissons qui ont un ascendant Sagittaire, Gémeaux, Vierge ou Poissons sont doublement dans les bonnes grâces du sort. Nés au lever du Soleil, vous êtes Poissons ascendant Poissons. Si c'est votre cas, quelles merveilleuses choses vous attendent, bravo !

Du 15 juin au 15 août

Même si les choses vont plutôt mal dans le monde, vous vous en tirez bien. La période du 15 juin au 15 août est excellente et pour certains elle sera grandiose. La vie se fait belle et bonne sans restriction. Le 24 juin, le beau trigone de Saturne en Cancer à Uranus en Poissons, autre signe d'eau, est actif durant toute cette période. Ce temps fort est marqué par des événements qui laissent des traces. Toutes vos initiatives sont favorisées. Développez un projet ou amorcez quelque chose de neuf, cela fonctionnera au-delà de vos espérances.

Longues vacances

Vous pouvez prendre de longues vacances reposantes, voyager en train et en avion, mais les croisières et les bords de mers sont particulièrement intéressants. Attendez-vous à une ascension, à une progression, à une reconnaissance qui pourrait bien être publique et sociale. Même si vous êtes loin de chez vous, on vante vos qualités et votre savoir-faire. Vous ne manquez pas de popularité !

Modernisation

Cette force planétaire vous incline à accéder à de nouvelles fonctions sociales, politiques ou professionnelles. Certes vous avez du mérite, mais il y a un facteur de chance dans ce qui se produit actuellement. Place au renouvellement et à l'amélioration, au rajeunissement des concepts et des techniques de travail, à la modernisation des appareils technologiques.

Mars en Poissons

Vous avez le pouvoir de secouer la routine et pouvez y parvenir remarquablement. Le ciel vous aime, nul ne peut rien contre cela, surtout que Mars, planète d'action, d'instinct, de volonté et de sexualité arrive en visite dans votre signe le 16 juin pour y séjourner plus longtemps qu'à l'accoutumée, soit jusqu'à la mi-décembre. Ce passage ne peut pas passer inaperçu, nous en reparlerons plus loin.

Ce qui se produit est électrique et terrestre, il allie le moderne et l'ancien. C'est soudain, inespéré, sage et fou à la fois, tel vous entendez toute chose. Cela peut transformer votre vie de fond en comble, pour peu que la chose vous intéresse et que vous daigniez en faire l'effort. Ce bon aspect se faisant en signe «négatif ou féminin», vous devez consentir à y mettre du vôtre pour que tout le bien qui vous est destiné vous parvienne. Poussé par les forces cosmiques bienveillantes, vous ferez cet effort, c'est indubitable.

Vous n'allez pas rater l'occasion qui se présente, dites-moi que non. Ce serait vraiment dommage! Pareille occasion ne se présentera pas d'ici longtemps, soyez-en conscient.

C'est fête des Pères le 17 juin, et la fête nationale des Québécois le 24 juin: bonne fête à tous et à toutes!

HOROSCOPE HEBDOMADAIRE

Du 1er au 7 juin: Saturne vous favorise à compter du 3, mais vous êtes sous son influence depuis un moment déjà. L'expérience compte autant que les études, dites aux intéressés ce que vous pensez, un point c'est tout.

Du 8 au 14 juin: Le risque en amour c'est l'attrait qui s'exerce entre deux personnes. Deux aventures amoureuses en même temps sont possibles, reste à choisir celle qui vous rendra heureux. La pleine Lune du 14 en Sagittaire ajoute à la confusion. Gare aux larmes, c'est parfois mauvais pour les yeux.

Du 15 au 21 juin: Tout se remet au beau soudainement. La sagesse et l'expérience vous auront servi. Terminé le duel amoureux ou affectif, arrive le temps de vous brancher et vivre dans la paix et l'harmonie.

Du 22 au 28 juin: Le sort vous apporte un petit coup de pouce en ce qui concerne l'argent, le travail où la profession, avec un paroxysme le jour du 24 qui active toute la semaine et plus. Vous n'en revenez pas. Croyez à votre chance et soyez heureux!

Du 29 juin au 5 juillet: La nouvelle Lune du 29 en Cancer favorise la vie au foyer, les déménagements, les voyages en bateau ou sur l'eau, les vacances et les séjours à la mer ou au lac, les bonnes bouffes et les grands crus, l'hospitalité et la gastronomie.

Du 6 au 12 juillet: L'amour de la nature et des animaux comble vos besoins de beauté. Tout sur le plan sentimental vous ravit. Vous connaissez des joies de qualité, du «rarement vécu avant», et c'est bon.

Du 13 au 19 juillet: La pleine Lune du 13 en Capricorne vous ramène aux réalités de la vie, mais cela vous convient. C'est le temps des vacances; si vous ne les avez pas prises, il est temps d'y songer. Accordez-vous du bon temps, la vie est courte, le temps doux est précieux.

Du 20 au 26 juillet: L'eau, la terre et l'air font bon ménage. Vous alliez les nouvelles idées aux anciennes connaissances et les résultats sont surprenants dans leur actualité. On s'intéresse à vous en haut lieu.

Du 27 juillet au 2 août: La nouvelle Lune du 29 en Lion vous permet d'œuvrer auprès de personnalités connues dont la réputation dépasse les frontières. Sinon vous trouverez dans l'entourage de vos collègues des gens intelligents à intéresser à vos projets.

CHIFFRES CHANCEUX

2-4-15-18-23-25-36-38-49-50

AOÛT

C'est déjà commencer de changer la vie que de le désirer ardemment.
JEAN-LOUIS BÉDOUIN

LE VENT DANS LES VOILES
Jusqu'au 15 du mois, vous avez le vent dans les voiles et pouvez voyager, prendre des vacances, aller au bout du monde si ça vous chante, vous ne courez pas de risques. À compter du 15 août, vous êtes invité à plus de prudence, une opposition planétaire se tenant le 30 août entre Jupiter en Vierge, votre signe opposé, et Uranus en Poissons, votre signe. C'est chez vous que ça se passe, soyez plus attentif.

PRÉVOIR
Il serait bon de réduire vos dépenses de temps, d'énergie et d'argent, question de voir ce qui se passe de l'autre côté du mur avec votre conjoint ou votre associé. Évitez les voyages en avion, limitez vos déplacements en auto, méfiez-vous de la foudre et de l'électricité. La terre et l'eau présentent des risques ; glissements de terrain, inondations et dégâts d'eau sont possibles. Le fait de prévoir les épreuves vous aidera à limiter leurs dégâts.

LA PREMIÈRE QUINZAINE
Ce que vous avez de mieux à faire, c'est de profiter pleinement de la première quinzaine et réduire vos activités et ambitions le reste du mois afin d'arriver en septembre en forme et en contrôle de vos pulsions et impulsions. Demeurez sur vos gardes jusqu'au 15 septembre, moment où vous serez libre d'agir à votre guise, mais sans dépasser la mesure. Voilà ce que vous devriez faire, idéalement...

ÊTRE ATTENTIF
Mars voyageant toujours dans votre signe incite tous les natifs, en particulier ceux du 21 février au 5 mars, à être attentifs à leur santé et à leur sécurité, veillant à éviter les conflits avec l'autorité et avec le sexe opposé, surtout s'il s'agit d'un père ou d'un mari jaloux, madame, d'une épouse ou d'une maîtresse jalouse, monsieur.

AGRESSIVITÉ
Votre agressivité croît, veillez à bien dépenser votre énergie de façon qu'elle ne se retourne pas contre vous. Les risques accidentels sont

accrus. Les pères, époux et fils aînés sont fragilisés, conseillez-leur la prudence au travail et au volant ainsi que dans leurs activités sportives et suivez ces conseils vous-même, question d'apaiser vos inquiétudes.

LE MOIS EST BON

Pourvu que vous teniez solidement les guides de votre destinée sans vous laisser aller au pessimisme ou à la fatalité, le mois est bon. Une énergie puissante vous est donnée, à vous de l'utiliser à des fins utiles et productives. Le sexe est bon ; si vous en avez l'occasion, n'hésitez pas à vous donner du plaisir. C'est aussi un excellent exutoire.

HOROSCOPE HEBDOMADAIRE

Du 3 au 9 août : L'été se passe bien, mais vous semblez inquiet et nerveux, vous êtes irrité sans raison valable. Votre conjoint ou votre associé vous pose problème. Sans le vouloir sans doute, il requiert de l'attention. Restez calme…

Du 10 au 16 août : Votre énergie demande à être bien canalisée si vous souhaitez éviter les blocages. Des activités sexuelles et sportives sont au programme, de même que des occasions d'agir et d'exercer votre volonté. Il faut vous trouver des moyens de vous extérioriser. La pleine Lune du 12 en Verseau parle de secrets et de mystères, de choses cachées et envoûtantes.

Du 17 au 23 août : Vous avez besoin de vacances. Si vous travaillez, faites-le discrètement et dans la tranquillité. Une passion secrète vous habite, vous êtes heureux, seul ou à deux.

Du 24 au 30 août : Vos penchants pour la gastronomie et les bons crus sont satisfaits et vous profitez des plaisirs que procurent l'eau et la mer, les croisières. La nouvelle Lune du 27 en Vierge et Jupiter passant dans ce signe vous expose à des revers, à de la critique, à des difficultés légales avec votre conjoint ou votre associé.

Du 31 août au 6 septembre : Les personnes de l'entourage occupent une place enviable. Cela vous procure une certaine paix. Prenez soin de vous autant que des autres et évitez les excès coûteux.

CHIFFRES CHANCEUX

7-14-17-26-27-37-39-48-55-67

SEPTEMBRE ET OCTOBRE

Telle est la vie : tomber sept fois et se relever huit fois.

POÈME JAPONAIS

AUTOMNE CALME

L'automne se fait plus calme. La sérénité semble vouloir s'installer pour un temps. Il y a de la sagesse dans vos actes, de la réflexion dans les décisions que vous prenez. Un sentiment de stabilité imprègne votre vie affective et sentimentale. Vos amours sont fidèles et sérieuses, plus que stimulantes sexuellement, et vous éprouvez du confort dans la relation que vous vivez. C'est un pas dans la bonne direction.

CHANCE

Même quand vous jouez ou faites du sport, vous prenez la chose au sérieux. Vous préférez les jeux dans lesquels l'intellect a de l'importance. Vous aimez les enfants et ils vous le rendent bien. Votre relation avec eux est saine et honnête. Vous savez vous organiser une vie intime, facile et agréable. Vos affaires d'argent sont bonnes. Dans le domaine de la spéculation boursière et financière ainsi que dans les jeux de hasard, vous avez beaucoup de chance. Tentez le sort, il pourrait vous être favorable.

GRAND AMOUR

Votre charme irrésistible vous vaut des conquêtes faciles et nombreuses, pour peu que vous en ayez l'inclination. La période qui va de la mi-septembre à la fin octobre est excellente sur ce plan. Le grand amour peut se pointer et être au rendez-vous, ou se ranimer et reprendre de plus belle selon les circonstances. Ne soyez pas rebelle, acceptez ce qui vous est offert. Il faut jouir de la vie sans inhibition. Vous avez suffisamment attendu votre tour, n'ayez pas de complexes.

C'est le congé de la fête du Travail le 1er septembre, jour d'Action de grâces le 13 octobre. Bons congés à tous !

HOROSCOPE HEBDOMADAIRE

Du 7 au 13 septembre : Évitez de signer des contrats, de sceller un mariage, une association d'affaires, cela pourrait donner lieu à des complications. Divorce et séparation sont prohibés du 27 août jusqu'à la fin de l'année. La pleine Lune du 10 en Poissons vous met en vedette.

Du 14 au 20 septembre : Votre perception extrasensorielle de l'avenir est rassurante. Que la chose soit due à votre intuition ou à vos pressentiments, ce qui se passe en vous est étonnant. Ayez foi en vous-même, vous avez les qualités requises pour réussir.

Du 21 au 27 septembre : Si vous devenez insomniaque ou hypocondriaque, voyez un spécialiste. La nouvelle Lune du 25 en Balance replace les choses en perspective vous avez des ressources.

Du 28 septembre au 4 octobre : Votre santé est bonne, vos nerfs sont solides, votre intelligence fonctionne à plein rendement et votre jugement est sain. Vous étudiez et enseignez bien et faites de bonnes affaires, tout s'arrange.

Du 5 au 11 octobre : L'amour passion est de retour. Votre vie sexuelle est excitante et élaborée, les jeux et sports vous intéressent et une remise en forme s'impose. La pleine Lune du 10 en Bélier parle d'argent.

Du 12 au 18 octobre : Des intérêts ou de problèmes liés aux taxes et aux impôts sont à prévoir. Ne vous inquiétez pas, vous épargnerez. Il vous sera possible de trouver des ententes à ce sujet. Vos relations avec les jeunes sont enrichissantes. Votre cœur est passionné mais généreux.

Du 19 au 25 octobre : Le ciel est bien disposé à votre égard, profitez-en pour faire des provisions de santé et de bonheur. Votre vie sentimentale est satisfaisante, vous parvenez à vous épanouir grâce à vos activités sexuelles et sportives. La nouvelle Lune du 25 en Scorpion vous permet de réaliser vos ambitions secrètes, bravo pour les succès remportés !

Du 26 octobre au 1ᵉʳ novembre : L'étude des langues, de la philosophie ou des cultures étrangères vous fascine et vous rapporte autant en argent qu'en contentement de soi. Il est bon de s'intéresser à ce qui se passe dans le monde.

CHIFFRES CHANCEUX

9-13-22-23-35-40-41-56-57-70

NOVEMBRE ET DÉCEMBRE

Si le «je t'aime» ne veut rien dire d'autre que «je m'aime», l'avenir de l'amour, c'est l'échec.

MARC CHABOT

UN DÉBUT FORMIDABLE

Le début de novembre est formidable. Des éléments nouveaux agrémentent votre quotidien et ajoutent à l'esprit de fête qui prévaut. Des amis de la Balance, du Scorpion et du Sagittaire célèbrent ensemble leur anniversaire, votre vie est pleine de surprises et d'événements inattendus. Même vos opposants ne trouvent pas matière à vous critiquer, vous avez une chance incroyable côté social et professionnel. Si vous êtes sans travail, vous en trouvez un à votre mesure et dont vous pourrez vous enorgueillir.

PLACEMENTS RENTABLES

À la suite d'un bel aspect entre Jupiter en Vierge et Saturne en Cancer, vous avez plus de facilité à imposer vos vues et vos idées, à vous faire accepter dans la famille et dans la société. Vos placements d'argent sont rentables, le moment est propice à régler des affaires immobilières et foncières et pour mettre de l'ordre dans vos investissements à long terme. Vos polices d'assurances confirment l'importance que vous accordez à la sécurité matérielle.

BESOIN DE SÉCURITÉ

Vous avez besoin de sécurité et de garanties solides si vous prêtez de l'argent ou si vous avancez des fonds. Le sens des responsabilités vous oblige à prendre des mesures pour vous assurer un avenir confortable ainsi qu'à ceux qui dépendent de vous. Tout est fait pour que vous ayez l'esprit en paix. Ceux qui ont du Cancer ou du Taureau par le signe solaire ou l'ascendant sont vos amis et confidents. Vous avez confiance en eux, ils sont dignes de votre amitié.

POINT À SURVEILLER

Le point à surveiller en cette fin d'année: l'éclipse lunaire totale du 8 novembre en Taureau. Sans ascendant Taureau, Lion, Scorpion ou Verseau, vous êtes à l'abri de la dépression et de l'épuisement professionnel. Si vous êtes touché, veillez à soigner tout malaise psychique au plus tôt. Il s'agit d'une éclipse totale, elle est par conséquent plus sérieuse que d'autres.

PLUS GRAVE

L'éclipse solaire totale du 23 novembre en Sagittaire, signe en mésentente avec le vôtre, est plus grave. Concernant la réussite sociale et professionnelle, vous risquez de vous nuire au lieu de vous aider. Vos comportements agressifs et vos critiques acerbes ne peuvent que diminuer votre résistance physique et morale et vous rendre antipathique. Ne soyez pas vindicatif, mais tolérant, c'est la meilleure recette pour déjouer le sort quand il se fait mauvais comme ce peut être le cas en ce moment.

SANTÉ ET SÉCURITÉ

Évitez autant que possible d'apporter des changements dans votre vie privée et au travail entre le 1er novembre et le 7 décembre. Si ces changements sont indispensables, essayez de gagner du temps. Ne faites aucun geste définitif dans quelque domaine que ce soit et préoccupez-vous surtout de mettre votre santé et votre sécurité hors de la portée des malveillants.

L'ÉNERGIE EST POSITIVE

En cas de malaises au foie ou aux poumons, voyez un spécialiste sans tarder, vous recevrez des soins adéquats. Mars séjournant dans votre signe jusqu'à la mi-décembre, une chirurgie mineure est possible. Ne vous tracassez pas et, si c'est possible, agissez de telle sorte que cela ne soit pas nécessaire. Si vous ne pouvez l'éviter, faites-le avec confiance. Votre énergie est positive, rien ne vous menace. C'est une belle assurance que les planètes vous offrent en cette fin d'année 2003.

HOROSCOPE HEBDOMADAIRE

Du 2 au 8 novembre : La semaine est intéressante malgré l'éclipse lunaire totale du 8 en Taureau. Relisez les « Points à surveiller » pour plus de détails. Soyez prudent du côté affectif et sentimental, l'éparpillement pourrait vous causer des problèmes.

Du 9 au 15 novembre : Malgré votre nervosité excessive, votre santé tient le coup. Vous avez la chance de pouvoir vous détendre dans les moments les plus difficiles. Souhaitons que la «crise» soit de courte durée.

Du 16 au 22 novembre: Hyperactif, vous êtes partout en même temps. Votre don d'ubiquité se remarque, on en parle autour de vous et ailleurs si vous êtes une personnalité connue. Votre bonheur est évasif…

Du 23 au 29 novembre: L'éclipse solaire totale du 23 en Sagittaire apporte une baisse de résistance physique. Souhaitons que vous ayez pris des précautions au cours des semaines précédentes afin d'arriver à l'éclipse au meilleur de votre forme.

Du 30 novembre au 6 décembre: Votre système nerveux est résistant, votre sommeil plus réparateur, mais votre santé peut requérir des soins plus attentifs. Suppléments alimentaires et vaccins vous sont recommandés.

Du 7 au 13 décembre: La pleine Lune du 8 en Gémeaux vous rend maussade et hypersensible. Vous êtes indécis, ne brusquez rien. Votre conjoint a des solutions à vos problèmes, vous feriez bien de l'écouter et aussi, de respecter la loi.

Du 14 au 20 décembre: Votre cœur est sage, vos sentiments sont stables et l'amour est bon. Mars quitte votre signe le 16 décembre pour passer en Bélier, un soulagement se fait sentir, votre tension baisse d'un cran.

Du 21 au 27 décembre: Tout va bien, mais les natifs du 1er au 10 mars doivent éviter les excès et profiter des congés pour se reposer. La nouvelle Lune du 23 en Capricorne favorise l'amitié. Joyeux Noël!

Du 28 au 31 décembre: La période invite à réfléchir sur l'année qui se termine. Vous avez connu bien des expériences et vécu bien des émotions. Malgré des contrariétés mineures, l'année se termine bien.

CHIFFRES CHANCEUX

2-22-23-34-37-40-48-55-58-60

Bonne année 2003, cher Poissons!

Positions de la Lune et du Soleil en 2003

Date	Soleil	Lune
1er janvier	Soleil en Capricorne	Nouvelle Lune en Capricorne
2 janvier	Soleil en Capricorne	Lune en Capricorne
3 janvier	Soleil en Capricorne	Lune entrant en Verseau à 22 h 58
4 janvier	Soleil en Capricorne	Lune en Verseau
5 janvier	Soleil en Capricorne	Lune en Verseau
6 janvier	Soleil en Capricorne	Lune entrant en Poissons à 05 h 58
7 janvier	Soleil en Capricorne	Lune en Poissons
8 janvier	Soleil en Capricorne	Lune entrant en Bélier à 16 h 16
9 janvier	Soleil en Capricorne	Lune en Bélier
10 janvier	Soleil en Capricorne	Lune en Bélier
11 janvier	Soleil en Capricorne	Lune entrant en Taureau à 04 h 49
12 janvier	Soleil en Capricorne	Lune en Taureau
13 janvier	Soleil en Capricorne	Lune entrant en Gémeaux à 17 h 09
14 janvier	Soleil en Capricorne	Lune en Gémeaux
15 janvier	Soleil en Capricorne	Lune en Gémeaux
16 janvier	Soleil en Capricorne	Lune entrant en Cancer à 02 h 57
17 janvier	Soleil en Capricorne	Lune en Cancer
18 janvier	Soleil en Capricorne	Pleine Lune en Cancer entrant en Lion à 09 h 30
19 janvier	Soleil en Capricorne	Lune en Lion
20 janvier	Soleil entrant en Verseau à 06 h 54	Lune entrant en Vierge à 13 h 33
21 janvier	Soleil en Verseau	Lune en Vierge
22 janvier	Soleil en Verseau	Lune entrant en Balance à 16 h 24

DATE	SOLEIL	LUNE
23 janvier	Soleil en Verseau	Lune en Balance
24 janvier	Soleil en Verseau	Lune entrant en Scorpion à 19h10
25 janvier	Soleil en Verseau	Lune en Scorpion
26 janvier	Soleil en Verseau	Lune entrant en Sagittaire à 22h27
27 janvier	Soleil en Verseau	Lune en Sagittaire
28 janvier	Soleil en Verseau	Lune en Sagittaire
29 janvier	Soleil en Verseau	Lune entrant en Capricorne à 02h31
30 janvier	Soleil en Verseau	Lune en Capricorne
31 janvier	Soleil en Verseau	Lune entrant en Verseau à 07h45
1er février	Soleil en Verseau	Nouvelle Lune en Verseau
2 février	Soleil en Verseau	Lune entrant en Poissons à 14h56
3 février	Soleil en Verseau	Lune en Poissons
4 février	Soleil en Verseau	Lune en Poissons
5 février	Soleil en Verseau	Lune entre en Bélier à 00h45 minutes
6 février	Soleil en Verseau	Lune en Bélier
7 février	Soleil en Verseau	Lune entrant en Taureau à 13h00
8 février	Soleil en Verseau	Lune en Taureau
9 février	Soleil en Verseau	Lune en Taureau
10 février	Soleil en Verseau	Lune entrant en Gémeaux à 01h46
11 février	Soleil en Verseau	Lune en Gémeaux
12 février	Soleil en Verseau	Lune entrant en Cancer à 12h20
13 février	Soleil en Verseau	Lune en Cancer
14 février	Soleil en Verseau	Lune entrant en Lion à 19h05
15 février	Soleil en Verseau	Lune en Lion
16 février	Soleil en Verseau	Pleine lune en Lion entrant en Vierge à 23h24
17 février	Soleil en Verseau	Lune en Vierge
18 février	Soleil entrant en Poissons à 21h01	Lune entrant en Balance à 23h49
19 février	Soleil en Poissons	Lune en Balance
20 février	Soleil en Poissons	Lune en Balance
21 février	Soleil en Poissons	Lune entrant en Scorpion à 01h10
22 février	Soleil en Poissons	Lune en Scorpion

DATE	SOLEIL	LUNE
23 février	Soleil en Poissons	Lune entrant en Sagittaire à 03 h 47
24 février	Soleil en Poissons	Lune en Sagittaire
25 février	Soleil en Poissons	Lune entrant en Capricorne à 08 h 12
26 février	Soleil en Poissons	Lune en Capricorne
27 février	Soleil en Poissons	Lune entrant en Verseau à 14 h 26
28 février	Soleil en Poissons	Lune en Verseau
1er mars	Soleil en Poissons	Lune en Verseau
2 mars	Soleil en Poissons	Lune entrant en Poissons à 22 h 27
3 mars	Soleil en Poissons	Nouvelle Lune en Poissons
4 mars	Soleil en Poissons	Lune entrant en Bélier à 08 h 31
5 mars	Soleil en Poissons	Lune en Bélier
6 mars	Soleil en Poissons	Lune entrant en Taureau à 20 h 37
7 mars	Soleil en Poissons	Lune en Taureau
8 mars	Soleil en Poissons	Lune en Taureau
9 mars	Soleil en Poissons	Lune entrant en Gémeaux à 09 h 39
10 mars	Soleil en Poissons	Lune en Gémeaux
11 mars	Soleil en Poissons	Lune entrant en Cancer à 21 h 54
12 mars	Soleil en Poissons	Lune en Cancer
13 mars	Soleil en Poissons	Lune en Cancer
14 mars	Soleil en Poissons	Lune entrant en Lion à 05 h 07
15 mars	Soleil en Poissons	Lune en Lion
16 mars	Soleil en Poissons	Lune entrant en Vierge à 08 h 53
17 mars	Soleil en Poissons	Lune en Vierge
18 mars	Soleil en Poissons	Pleine Lune en Vierge entrant en Balance à 09 h 44
19 mars	Soleil en Poissons	Lune en Balance
20 mars	Soleil entrant en Bélier à 20 h 01	Lune entrant en Scorpion à 09 h 39
21 mars	Soleil en Bélier	Lune en Scorpion
22 mars	Soleil en Bélier	Lune entrant en Sagittaire à 10 h 34

DATE	SOLEIL	LUNE
23 mars	Soleil en Bélier	Lune en Sagittaire
24 mars	Soleil en Bélier	Lune entrant en Capricorne à 13 h 45
25 mars	Soleil en Bélier	Lune en Capricorne
26 mars	Soleil en Bélier	Lune entrant en Verseau à 19 h 52
27 mars	Soleil en Bélier	Lune en Verseau
28 mars	Soleil en Bélier	Lune en Verseau
29 mars	Soleil en Bélier	Lune entrant en Poissons à 04 h 27
30 mars	Soleil en Bélier	Lune en Poissons
31 mars	Soleil en Bélier	Lune entrant en Bélier à 15 h 06
1er avril	Soleil en Bélier	Nouvelle Lune en Bélier
2 avril	Soleil en Bélier	Lune en Bélier
3 avril	Soleil en Bélier	Lune entrant en Taureau à 03 h 21
4 avril	Soleil en Bélier	Lune en Taureau
5 avril	Soleil en Bélier	Lune entrant en Gémeaux à 16 h 25
6 avril	Soleil en Bélier	Lune en Gémeaux
7 avril	Soleil en Bélier	Lune en Gémeaux
8 avril	Soleil en Bélier	Lune entrant en Cancer à 05 h 37
9 avril	Soleil en Bélier	Lune en Cancer
10 avril	Soleil en Bélier	Lune entrant en Lion à 14 h 55
11 avril	Soleil en Bélier	Lune en Lion
12 avril	Soleil en Bélier	Lune entrant en Vierge à 20 h 08
13 avril	Soleil en Bélier	Lune en Vierge
14 avril	Soleil en Bélier	Lune entrant en Balance à 21 h 43
15 avril	Soleil en Bélier	Lune en Balance
16 avril	Soleil en Bélier	Pleine Lune en Balance entrant en Scorpion à 21 h 17
17 avril	Soleil en Bélier	Lune en Scorpion
18 avril	Soleil en Bélier	Lune en Scorpion entrant en Sagittaire à 20 h 53
19 avril	Soleil en Bélier	Lune en Sagittaire
20 avril	Soleil entrant en Taureau à 08 h 04	Lune entrant en Capricorne à 22 h 21

DATE	SOLEIL	LUNE
21 avril	Soleil en Taureau	Lune en Capricorne
22 avril	Soleil en Taureau	Lune en Capricorne
23 avril	Soleil en Taureau	Lune entrant en Verseau à 02 h 59
24 avril	Soleil en Taureau	Lune en Verseau
25 avril	Soleil en Taureau	Lune entrant en Poissons à 11 h 03
26 avril	Soleil en Taureau	Lune en Poissons
27 avril	Soleil en Taureau	Lune entrant en Bélier à 21 h 55
28 avril	Soleil en Taureau	Lune en Bélier
29 avril	Soleil en Taureau	Lune en Bélier
30 avril	Soleil en Taureau	Lune entrant en Taureau à 10 h 27
1er mai	Soleil en Taureau	Nouvelle Lune en Taureau
2 mai	Soleil en Taureau	Lune en Taureau entrant en Gémeaux à 23 h 28
3 mai	Soleil en Taureau	Lune en Gémeaux
4 mai	Soleil en Taureau	Lune en Gémeaux
5 mai	Soleil en Taureau	Lune entrant en Cancer à 11 h 43
6 mai	Soleil en Taureau	Lune en Cancer
7 mai	Soleil en Taureau	Lune entrant en Lion à 21 h 47
8 mai	Soleil en Taureau	Lune en Lion
9 mai	Soleil en Taureau	Lune en Lion
10 mai	Soleil en Taureau	Lune entrant en Vierge à 04 h 32
11 mai	Soleil en Taureau	Lune en Vierge
12 mai	Soleil en Taureau	Lune entrant en Balance à 07 h 43
13 mai	Soleil en Taureau	Lune en Balance
14 mai	Soleil en Taureau	Lune entrant en Scorpion à 08 h 15
15 mai	Soleil en Taureau	Éclipse de Lune et Pleine Lune en Scorpion à 23 h 41
16 mai	Soleil en Taureau	Lune entrant en Sagittaire à 07 h 44
17 mai	Soleil en Taureau	Lune en Sagittaire 13 h 53

DATE	SOLEIL	LUNE
18 mai	Soleil en Taureau	Lune entrant en Capricorne à 08 h 04
19 mai	Soleil en Taureau	Lune en Capricorne
20 mai	Soleil en Taureau	Lune entrant en Verseau à 11 h 02
21 mai	Soleil entrant en Gémeaux à 07 h 13	Lune en Verseau
22 mai	Soleil en Gémeaux	Lune entrant en Poissons à 17 h 42
23 mai	Soleil en Gémeaux	Lune en Poissons
24 mai	Soleil en Gémeaux	Lune en Poissons
25 mai	Soleil en Gémeaux	Lune entrant en Bélier à 04 h 00
26 mai	Soleil en Gémeaux	Lune en Bélier
27 mai	Soleil en Gémeaux	Lune entrant en Taureau à 16 h 33
28 mai	Soleil en Gémeaux	Lune en Taureau
29 mai	Soleil en Gémeaux	Lune en Taureau
30 mai	Soleil en Gémeaux	Lune entrant en Gémeaux à 05 h 33
31 mai	Soleil en Gémeaux	Lune en Gémeaux Éclipse de Soleil à 00 h 21
1er juin	Soleil en Gémeaux	Lune entrant en Cancer à 16 h 28
2 juin	Soleil en Gémeaux	Lune en Cancer
3 juin	Soleil en Gémeaux	Lune en Cancer
4 juin	Soleil en Gémeaux	Lune entrant en Lion à 03 h 26
5 juin	Soleil en Gémeaux	Lune en Lion
6 juin	Soleil en Gémeaux	Lune entrant en Vierge à 10 h 52
7 juin	Soleil en Gémeaux	Lune en Vierge
8 juin	Soleil en Gémeaux	Lune entrant en Balance à 15 h 31
9 juin	Soleil en Gémeaux	Lune en Balance
10 juin	Soleil en Gémeaux	Lune entrant en Scorpion à 17 h 40
11 juin	Soleil en Gémeaux	Lune en Scorpion
12 juin	Soleil en Gémeaux	Lune entrant en Sagittaire à 18 h 13
13 juin	Soleil en Gémeaux	Lune en Sagittaire
14 juin	Soleil en Gémeaux	Pleine Lune en Sagittaire entrant en Capricorne à 18 h 39
15 juin	Soleil en Gémeaux	Lune en Capricorne 23 h 25

DATE	SOLEIL	LUNE
16 juin	Soleil en Gémeaux	Lune entrant en Verseau à 21 h 42
17 juin	Soleil en Gémeaux	Lune en Verseau
18 juin	Soleil en Gémeaux	Lune en Verseau
19 juin	Soleil en Gémeaux	Lune entrant en Poissons à 01 h 58
20 juin	Soleil en Gémeaux	Lune en Poissons
21 juin	Soleil entrant en Cancer à 15 h 12	Lune entrant en Bélier à 11 h 07
22 juin	Soleil en Cancer	Lune en Bélier
23 juin	Soleil en Cancer	Lune entrant en Taureau à 23 h 16
24 juin	Soleil en Cancer	Lune en Taureau
25 juin	Soleil en Cancer	Lune en Taureau
26 juin	Soleil en Cancer	Lune entrant en Gémeaux à 12 h 14
27 juin	Soleil en Cancer	Lune en Gémeaux
28 juin	Soleil en Cancer	Lune en Gémeaux
29 juin	Soleil en Cancer	Nouvelle Lune en Cancer à 00 h 01
30 juin	Soleil en Cancer	Lune en Cancer
1er juillet	Soleil en Cancer	Lune entrant en Lion à 09 h 14
2 juillet	Soleil en Cancer	Lune en Lion
3 juillet	Soleil en Cancer	Lune entrant en Vierge à 16 h 17
4 juillet	Soleil en Cancer	Lune en Vierge
5 juillet	Soleil en Cancer	Lune entrant en Balance à 21 h 21
6 juillet	Soleil en Cancer	Lune en Balance
7 juillet	Soleil en Cancer	Lune en Balance
8 juillet	Soleil en Cancer	Lune en Scorpion à 00 h 45
9 juillet	Soleil en Cancer	Lune en Scorpion
10 juillet	Soleil en Cancer	Lune en Sagittaire à 02 h 49
11 juillet	Soleil en Cancer	Lune en Sagittaire
12 juillet	Soleil en Cancer	Lune entrant en Capricorne à 04 h 22
13 juillet	Soleil en Cancer	Pleine Lune en Capricorne
14 juillet	Soleil en Cancer	Lune entrant en Verseau à 06 h 39
15 juillet	Soleil en Cancer	Lune en Verseau
16 juillet	Soleil en Cancer	Lune entrant en Poissons à 11 h 15
17 juillet	Soleil en Cancer	Lune en Poissons

Date	Soleil	Lune
18 juillet	Soleil en Cancer	Lune entrant en Bélier à 19 h 21
19 juillet	Soleil en Cancer	Lune en Bélier
20 juillet	Soleil en Cancer	Lune en Bélier
21 juillet	Soleil en Cancer	Lune entrant en Taureau à 06 h 49
22 juillet	Soleil en Cancer	Lune en Taureau
23 juillet	Soleil entrant en Lion à 04 h 05	Lune entrant en Gémeaux à 19 h 43
24 juillet	Soleil en Lion	Lune en Gémeaux
25 juillet	Soleil en Lion	Lune en Gémeaux
26 juillet	Soleil en Lion	Lune entrant en Cancer à 07 h 24
27 juillet	Soleil en Lion	Lune en Cancer
28 juillet	Soleil en Lion	Lune entrant en Lion à 16 h 18
29 juillet	Soleil en Lion	Nouvelle Lune en Lion
30 juillet	Soleil en Lion	Lune entrant en Vierge à 22 h 28
31 juillet	Soleil en Lion	Lune en Vierge
1er août	Soleil en Lion	Lune en Vierge
2 août	Soleil en Lion	Lune entrant en Balance à 02 h 49
3 août	Soleil en Lion	Lune en Balance
4 août	Soleil en Lion	Lune entrant en Scorpion à 06 h 13
5 août	Soleil en Lion	Lune en Scorpion
6 août	Soleil en Lion	Lune entrant en Sagittaire à 11 h 12
7 août	Soleil en Lion	Lune en Sagittaire
8 août	Soleil en Lion	Lune entrant en Capricorne à 12 h 03
9 août	Soleil en Lion	Lune en Capricorne
10 août	Soleil en Lion	Lune entrant en Verseau à 15 h 24
11 août	Soleil en Lion	Lune en Verseau
12 août	Soleil en Lion	Pleine Lune en Verseau Lune entrant en Poissons à 20 h 20
13 août	Soleil en Lion	Lune en Poissons
14 août	Soleil en Lion	Lune en Poissons
15 août	Soleil en Lion	Lune entrant en Bélier à 04 h 01
16 août	Soleil en Lion	Lune en Bélier
17 août	Soleil en Lion	Lune entrant en Taureau à 14 h 54

Date	Soleil	Lune
18 août	Soleil en Lion	Lune en Taureau
19 août	Soleil en Lion	Lune en Taureau
20 août	Soleil en Lion	Lune entrant en Gémeaux à 03 h 42
21 août	Soleil en Lion	Lune en Gémeaux
22 août	Soleil en Lion	Lune entrant en Cancer à 15 h 45
23 août	Soleil entrant en Vierge à 09 h 09	Lune en Cancer
24 août	Soleil en Vierge	Lune en Cancer
25 août	Soleil en Vierge	Lune entrant en Lion à 00 h 49
26 août	Soleil en Vierge	Lune en Lion
27 août	Soleil en Vierge	Nouvelle Lune entrant en Vierge à 06 h 28
28 août	Soleil en Vierge	Lune en Vierge
29 août	Soleil en Vierge	Lune entrant en Balance à 09 h 42
30 août	Soleil en Vierge	Lune en Balance
31 août	Soleil en Vierge	Lune entrant en Scorpion à 12 h 01
1er septembre	Soleil en Vierge	Lune en Scorpion
2 septembre	Soleil en Vierge	Lune entrant en Sagittaire à 14 h 33
3 septembre	Soleil en Vierge	Lune en Sagittaire
4 septembre	Soleil en Vierge	Lune entrant en Capricorne à 17 h 52
5 septembre	Soleil en Vierge	Lune en Capricorne
6 septembre	Soleil en Vierge	Lune entrant en Verseau à 22 h 16
7 septembre	Soleil en Vierge	Lune en Verseau
8 septembre	Soleil en Vierge	Lune en Verseau
9 septembre	Soleil en Vierge	Lune entrant en Poissons à 04 h 08
10 septembre	Soleil en Vierge	Pleine Lune en Poissons
11 septembre	Soleil en Vierge	Lune entrant en Bélier à 12 h 10
12 septembre	Soleil en Vierge	Lune en Bélier
13 septembre	Soleil en Vierge	Lune entrant en Taureau à 22 h 51
14 septembre	Soleil en Vierge	Lune en Taureau
15 septembre	Soleil en Vierge	Lune en Taureau
16 septembre	Soleil en Vierge	Lune entrant en Gémeaux à 11 h 33
17 septembre	Soleil en Vierge	Lune en Gémeaux
18 septembre	Soleil en Vierge	Lune en Gémeaux

Date	Soleil	Lune
19 septembre	Soleil en Vierge	Lune entrant en Cancer à 00h08
20 septembre	Soleil en Vierge	Lune en Cancer
21 septembre	Soleil en Vierge	Lune entrant en Lion à 10h04
22 septembre	Soleil en Vierge	Lune en Lion
23 septembre	Soleil entrant en Balance à 06h48	Lune entrant en Vierge à 16h06
24 septembre	Soleil en Balance	Lune en Vierge
25 septembre	Soleil en Balance	Lune entrant en Balance à 18h50
26 septembre	Soleil en Balance	Nouvelle Lune en Balance
27 septembre	Soleil en Balance	Lune entrant en Scorpion à 19h53
28 septembre	Soleil en Balance	Lune en Scorpion
29 septembre	Soleil en Balance	Lune entrant en Sagittaire à 20h58
30 septembre	Soleil en Balance	Lune en Sagittaire
1er octobre	Soleil en Balance	Lune entrant en Capricorne à 23h22
2 octobre	Soleil en Balance	Lune en Capricorne
3 octobre	Soleil en Balance	Lune en Capricorne
4 octobre	Soleil en Balance	Lune entrant en Verseau à 03h46
5 octobre	Soleil en Balance	Lune en Verseau
6 octobre	Soleil en Balance	Lune entrant en Poissons à 10h21
7 octobre	Soleil en Balance	Lune en Poissons
8 octobre	Soleil en Balance	Lune entrant en Bélier à 19h09
9 octobre	Soleil en Balance	Lune en Bélier
10 octobre	Soleil en Balance	Pleine Lune en Bélier
11 octobre	Soleil en Balance	Lune entrant en Taureau à 06h06
12 octobre	Soleil en Balance	Lune en Taureau
13 octobre	Soleil en Balance	Lune entrant en Gémeaux à 18h46
14 octobre	Soleil en Balance	Lune en Gémeaux
15 octobre	Soleil en Balance	Lune en Gémeaux
16 octobre	Soleil en Balance	Lune entrant en Cancer à 07h42
17 octobre	Soleil en Balance	Lune en Cancer
18 octobre	Soleil en Balance	Lune entrant en Lion à 18h42
19 octobre	Soleil en Balance	Lune en Lion
20 octobre	Soleil en Balance	Lune en Lion

DATE	SOLEIL	LUNE
21 octobre	Soleil en Balance	Lune entrant en Vierge à 02 h 02
22 octobre	Soleil en Balance	Lune en Vierge
23 octobre	Soleil entrant en Scorpion à 16 h 10	Lune entrant en Balance à 05 h 28
24 octobre	Soleil en Scorpion	Lune en Balance
25 octobre	Soleil en Scorpion	Nouvelle Lune en Scorpion à 06 h 10
26 octobre	Soleil en Scorpion	Lune en Scorpion
27 octobre	Soleil en Scorpion	Lune entrant en Sagittaire à 04 h 56
28 octobre	Soleil en Scorpion	Lune en Sagittaire
29 octobre	Soleil en Scorpion	Lune entrant en Capricorne à 05 h 38
30 octobre	Soleil en Scorpion	Lune en Capricorne
31 octobre	Soleil en Scorpion	Lune entrant en Verseau à 08 h 42
1er novembre	Soleil en Scorpion	Lune en Verseau
2 novembre	Soleil en Scorpion	Lune entrant en Poissons à 14 h 53
3 novembre	Soleil en Scorpion	Lune en Poissons
4 novembre	Soleil en Scorpion	Lune en Poissons
5 novembre	Soleil en Scorpion	Lune entrant en Bélier à 00 h 04
6 novembre	Soleil en Scorpion	Lune en Bélier
7 novembre	Soleil en Scorpion	Lune entrant en Taureau à 11 h 30
8 novembre	Soleil en Scorpion	Lune en Taureau
9 novembre	Soleil en Scorpion	Pleine Lune en Taureau Éclipse totale de Lune en Taureau
10 novembre	Soleil en Scorpion	Lune entrant en Gémeaux à 00 h 15
11 novembre	Soleil en Scorpion	Lune en Gémeaux
12 novembre	Soleil en Scorpion	Lune entrant en Cancer à 13 h 11
13 novembre	Soleil en Scorpion	Lune en Cancer
14 novembre	Soleil en Scorpion	Lune en Cancer
15 novembre	Soleil en Scorpion	Lune entrant en Lion à 00 h 49
16 novembre	Soleil en Scorpion	Lune en Lion
17 novembre	Soleil en Scorpion	Lune entrant en Vierge à 09 h 37
18 novembre	Soleil en Scorpion	Lune en Vierge
19 novembre	Soleil en Scorpion	Lune entrant en Balance à 14 h 43
20 novembre	Soleil en Scorpion	Lune en Balance

DATE	SOLEIL	LUNE
21 novembre	Soleil en Scorpion	Lune entrant en Scorpion à 16h43
22 novembre	Soleil entrant en Sagittaire à 12h44	Lune en Scorpion
23 novembre	Soleil en Sagittaire	Nouvelle Lune en Sagittaire à 16h04 Éclipse totale de Soleil en Sagittaire
24 novembre	Soleil en Sagittaire	Lune en Sagittaire
25 novembre	Soleil en Sagittaire	Lune entrant en Capricorne à 15h32
26 novembre	Soleil en Sagittaire	Lune en Capricorne
27 novembre	Soleil en Sagittaire	Lune entrant en Verseau à 16h49
28 novembre	Soleil en Sagittaire	Lune en Verseau
29 novembre	Soleil en Sagittaire	Lune entrant en Poissons à 21h26
30 novembre	Soleil en Sagittaire	Lune en Poissons
1er décembre	Soleil en Sagittaire	Lune en Poissons
2 décembre	Soleil en Sagittaire	Lune entrant en Bélier à 05h57
3 décembre	Soleil en Sagittaire	Lune en Bélier
4 décembre	Soleil en Sagittaire	Lune entrant en Taureau à 17h31
5 décembre	Soleil en Sagittaire	Lune en Taureau
6 décembre	Soleil en Sagittaire	Lune en Taureau
7 décembre	Soleil en Sagittaire	Lune entrant en Gémeaux à 06h27
8 décembre	Soleil en Sagittaire	Pleine Lune en Gémeaux
9 décembre	Soleil en Sagittaire	Lune entrant en Cancer à 19h12
10 décembre	Soleil en Sagittaire	Lune en Cancer
11 décembre	Soleil en Sagittaire	Lune en Cancer
12 décembre	Soleil en Sagittaire	Lune entrant en Lion à 06h41
13 décembre	Soleil en Sagittaire	Lune en Lion
14 décembre	Soleil en Sagittaire	Lune entrant en Vierge à 16h08
15 décembre	Soleil en Sagittaire	Lune en Vierge
16 décembre	Soleil en Sagittaire	Lune entrant en Balance à 22h48
17 décembre	Soleil en Sagittaire	Lune en Balance
18 décembre	Soleil en Sagittaire	Lune en Balance
19 décembre	Soleil en Sagittaire	Lune entrant en Scorpion à 02h21
20 décembre	Soleil en Sagittaire	Lune en Scorpion

DATE	SOLEIL	LUNE
21 décembre	Soleil en Sagittaire	Lune entrant en Sagittaire à 03h17
22 décembre	Soleil entrant en Capricorne à 02h05	Lune en Sagittaire
23 décembre	Soleil en Capricorne	Nouvelle Lune en Capricorne à 02h56
24 décembre	Soleil en Capricorne	Lune en Capricorne
25 décembre	Soleil en Capricorne	Lune entrant en Verseau à 03h14
26 décembre	Soleil en Capricorne	Lune en Verseau
27 décembre	Soleil en Capricorne	Lune entrant en Poissons à 06h11
28 décembre	Soleil en Capricorne	Lune en Poissons
29 décembre	Soleil en Capricorne	Lune entrant en Bélier à 13h09
30 décembre	Soleil en Capricorne	Lune en Bélier
31 décembre	Soleil en Capricorne	Lune en Bélier

Usage pratique des tableaux lunaires

Le fait de connaître les transits lunaires vous permet de mieux planifier les événements importants de votre vie : chirurgie, soins dentaires et de beauté, anniversaire de naissance ou de mariage, etc. Selon la position de la Lune, certaines activités sont recommandées ou déconseillées.

LUNE EN BÉLIER

CONSEILLÉ

Commencer quelque chose de nouveau, négocier, diriger une entreprise, recruter de la main-d'œuvre, chercher un emploi, régler les affaires urgentes, agir avec autorité, commencer un projet d'envergure, créer, innover, prendre des décisions rapides, tenter sa chance, prendre des risques, s'amuser, faire du sport, parler franc, partir à l'aventure, exprimer sa sexualité sainement, prendre soin des enfants et des personnes âgées, effectuer un voyage rapide, faire le ménage, cuisiner au four, utiliser les plantes aromatiques ou des épices (ail et piment), préparer un repas exotique, aller au restaurant, déclarer son amour et protéger les adolescents.

DÉCONSEILLÉ

Amorcer une relation amoureuse, s'engager dans un procès ou dans un conflit, établir de nouvelles relations, pratiquer des sports sans protection suffisante, être audacieux, se disputer avec des aînés, se vanter, être égoïste, aller chez le dentiste, conduire vite ou en état d'ébriété, manquer de tact, imposer sa volonté, être jaloux, agressif et dominateur, porter du rouge, des perles et des rubis (en cas de violence), manier des armes, se faire opérer à la tête ou aux organes de la tête (sauf en cas d'urgence absolue).

LUNE EN TAUREAU

CONSEILLÉ

Être persévérant (actions ou idées), s'occuper de sa vie sentimentale et affective, lire, se reposer, semer tout ce qui germe lentement mais vigoureusement, tricoter, acheter des vêtements sobres et élégants, soigner son apparence, économiser, prendre rendez-vous avec son gérant de banque, demander des faveurs féminines, entreprendre une cure d'amaigrissement ou de rajeunissement, acheter une maison, investir dans les objets d'art, de luxe et de plaisir, faire l'amour, faire un enfant, écouter de la musique, transplanter, investir dans l'immobilier, rénover, consulter son naturopathe ou son médecin, commencer un nouvel emploi, prier, méditer sur l'amour et l'amitié.

DÉCONSEILLÉ

Voyager en bateau, s'obstiner, s'entêter, s'occuper des affaires urgentes, paresser, jalouser, envier, être exagérément gourmand, essayer de nouvelles recettes, être crédule en amour, croire aux promesses, prêter de l'argent sans garantie, être cruel, abuser des drogues, de l'alcool, des médicaments et du sexe, être mesquin, offrir des cadeaux trop onéreux, se faire opérer au cou, à la gorge ou aux seins (sauf en cas d'urgence).

LUNE EN GÉMEAUX

CONSEILLÉ

S'occuper d'affaires financières (commerce, banque et produits bancaires), déménager, écrire, faire un petit voyage pour régler des dettes, signer des contrats, prendre des dépuratifs, faire de la publicité, étudier, enseigner, porter des vêtements neufs, se joindre à un club social ou à un groupe, couper ses cheveux, se rajeunir, méditer, flirter, aller voir un bon spectacle, commencer une cure de désintoxication, cultiver les bonnes relations avec l'entourage, jouer aux échecs, prendre soin des bébés et des enfants, danser, voyager, bouger, avoir recours à tout ce qui s'appelle flair, ingéniosité, dextérité et intelligence.

DÉCONSEILLÉ

Se marier, prendre des engagements fixes, se fiancer, s'associer en affaires, calomnier, juger les gens en quatre minutes, être infidèle, être intime avec les jeunes, les subalternes, les patrons et les collègues de travail, transplanter ou planter, acheter une maison, s'énerver, critiquer, mentir, voler, être hypocrite, se croire invincible, faire des promesses, fuguer, se faire opérer aux bras, aux mains, aux bronches, aux épaules ou aux poumons.

LUNE EN CANCER

CONSEILLÉ

S'occuper d'affaires sentimentales et familiales, recevoir à dîner, servir un bon vin, apporter des fleurs à sa conjointe, à sa mère ou à sa belle-mère, voyager à la campagne et sur l'eau, veiller aux affaires de la maison, s'occuper des ancêtres et des aînés, lire, préparer la fin de sa vie, se protéger et protéger les siens, être romantique, faire ou écouter de la musique, prendre un tonique fortifiant, faire des provisions, demander des faveurs féminines, porter du blanc et du gris perle, être doux et gentil, cultiver des plantes aquatiques et des légumes (pomme de terre, chou, laitue), transplanter.

DÉCONSEILLÉ

Se marier, prêter de l'argent, rompre avec la tradition, se disputer avec sa mère, sa conjointe ou les femmes en général, être misogyne, divulguer des secrets, commencer un régime amaigrissant, couper du bois, être capricieux, provoquer le sort, regretter le passé, être exagérément sensible, être trop maternel et protecteur, se faire opérer à l'estomac, à la poitrine ou aux côtes.

LUNE EN LION

CONSEILLÉ

Acheter et vendre, avoir des relations avec des gens haut placés et des diplomates, donner une grande réception, porter des vêtements de qualité, porter des bijoux, aller au théâtre, manger des fruits secs et des noix, penser aux vacances, aux jeux et aux sports, s'occuper de ses enfants, aller chez le dentiste, prouver son amour, prendre du soleil raisonnablement, faire du bateau, lancer un livre ou un disque, aller à la chasse, jouer aux jeux de hasard, être généreux, voyager, se dorloter, tailler des arbres et des arbustes.

DÉCONSEILLÉ

S'associer en affaires, se marier, déménager, se vanter, investir à la Bourse, bouder les bonnes manières, se surmener, scandaliser s'entêter, tricher, jouer à la vedette, se montrer gourmand, rechercher exagérément la gloire, planter, semer, subir une opération au cœur, au dos ou aux yeux (sauf en cas d'urgence).

LUNE EN VIERGE

CONSEILLÉ

Travailler dans les champs, tailler et greffer des arbres, commencer un nouvel emploi, travailler minutieusement, calculer, analyser, critiquer dans un but positif, nettoyer, faire un grand ménage, jeter ce qui ne sert plus, entreprendre des études ou se recycler, lire, téléphoner, communiquer, entretenir l'amitié, économiser, aller voir son garagiste ou son médecin, porter des vêtements sobres et élégants, être d'une propreté absolue, assister à une conférence ou à une rencontre, collectionner, classer, faire des recherches médicales ou autres, viser la perfection en tout.

DÉCONSEILLÉ

Critiquer, être indécis et jaloux, s'inquiéter indûment, couper les cheveux en quatre, s'occuper des affaires sentimentales, voyager sur l'eau, s'occuper d'immobilier, se priver par avarice, être tatillon et obsédé par la propreté, subir ou pratiquer des opérations au bas-ventre et aux organes du système digestif.

LUNE EN BALANCE

CONSEILLÉ

S'intéresser à l'amour, au mariage et aux associations, demander et accepter du soutien des femmes, s'occuper de tout ce qui doit pousser et germer rapidement, s'acheter et porter des vêtements de luxe et à la mode, avoir recours aux soins de beauté et d'esthétique, décorer sa maison, choisir des couleurs, traiter ses cheveux, consulter son avocat ou son notaire, se joindre à un club social chic, acheter des livres, des disques et des fleurs, assister à des spectacles, user de tact et de diplomatie, manger légèrement, entretenir l'harmonie, sortir en amoureux ou dans le but de faire des rencontres si on est libre, investir dans les objets d'art, les bijoux et les objets de cuivre, porter uniquement des teintes pastel ou claires.

DÉCONSEILLÉ

Entreprendre un voyage en bateau, déménager, commencer un nouvel emploi, faire des changements importants à la maison, parler sans réfléchir, pratiquer des sports violents ou trop durs, paresser, vivre aux crochets des autres, faire des dépenses excessives pour impressionner, être snob, rechercher la vie gaie et facile, être superficiel, se laisser avoir par la flatterie mensongère, tomber dans le libertinage, se faire opérer aux reins ou pour des calculs biliaires.

LUNE EN SCORPION

CONSEILLÉ

User de tact et de diplomatie, transformer, rénover, consulter son médecin ou son chirurgien, faire des recherches (détection et enquête), étudier la chimie ou en faire, acheter une maison, ouvrir un compte d'épargne, emprunter de l'argent, faire de la grande cuisine, faire son testament, s'interroger sur la vie et la mort, étudier ses rêves, visiter les antiquaires, cultiver les épices et les plantes aromatiques et en utiliser, enseigner, acheter une auto, un bateau et un avion, faire une cure de santé, se défouler sexuellement ou dans les sports, se protéger et s'assurer.

DÉCONSEILLÉ

Voyager, entamer un procès ou s'engager dans un conflit, se marier, divorcer, s'occuper d'affaires financières, discuter fort, se battre, se venger, couper du bois, braver la mort, être impitoyable et cruel, jaloux et possessif, s'amuser avec des armes, des couteaux et des outils tranchants, dominer, manipuler, critiquer pour détruire, avoir une vie sexuelle dépravée, abuser de l'alcool, des drogues et des médicaments, se faire opérer aux parties génitales, à l'anus ou au bas-ventre.

LUNE EN SAGITTAIRE

CONSEILLÉ

Se marier, s'associer, se fiancer, semer, planter des céréales, des herbes et des fleurs, traiter des fruits qui ont un goût agréable et doux, s'intéresser aux animaux de race, se réconcilier, voyager sur l'eau, commencer une nouvelle entreprise, importer ou exporter, écrire, enseigner, commencer des études supérieures ou spécialisées, éditer, publier, être indépendant, pardonner, être optimiste, demander des faveurs et des autorisations, chasser, pêcher, se promener dans la nature, avoir des contacts avec des étrangers, acheter des pierres précieuses, aider financièrement, prêter de l'argent.

DÉCONSEILLÉ

Mentir ou exagérer, acheter et vendre des métaux, dicter aux autres leur conduite, imposer ses idées, se vanter, parier, être attiré par l'exotisme et l'extravagance, faire des excès de table et d'alcool ou des exploits sexuels pour épater les autres, se faire opérer aux hanches et aux cuisses, aux poumons et aux voies respiratoires, au foie ou à la rate.

LUNE EN CAPRICORNE

CONSEILLÉ

Commencer un nouvel emploi et de longs travaux, acheter ou vendre une maison, une ferme, un terrain ou un vignoble, avoir des rapports avec des politiciens, des gérants de banque et des administrateurs, ouvrir un compte d'épargne, économiser, manger et boire peu, se vêtir de ses plus beaux habits, être ponctuel, être sérieux, avoir le sens des responsabilités, s'occuper des aînés, faire de l'alpinisme ou aller à la montagne, visiter les antiquaires, se maîtriser, être autonome, cultiver l'amour du travail bien fait et le respect de soi.

DÉCONSEILLÉ

Provoquer un conflit, être dur et avare, se montrer trop exigeant et perfectionniste, s'occuper d'affaires juridiques, changer et échanger de l'argent, déclarer son amour, se marier, faire de l'humour aux dépens des autres, négliger sa santé et son apparence, être hyperambitieux, s'évader dans l'alcool ou les drogues, avoir des principes élastiques, tomber dans la corruption, le pessimisme et le découragement, subir une opération aux genoux ou pour des calculs biliaires.

LUNE EN VERSEAU

CONSEILLÉ

Déboiser, transformer, motoriser, électrifier, faire de l'aménagement forestier et des travaux agricoles dans les forêts, les champs et les jardins, s'occuper de nouveaux domaines, acheter des appareils électroménagers, un ordinateur, une automobile et un avion, commencer un régime amaigrissant, transformer ou acheter une maison, voyager par plaisir, aller chez le dentiste, l'astrologue ou le psychologue, aller au cinéma, écouter la radio ou la télévision, faire de la photographie, faire partie d'une coopérative, recevoir des amis, se joindre à des sociétés financières importantes.

DÉCONSEILLÉ

Prêter de l'argent, s'endetter, voyager en avion, commercer sur une grande échelle, être trop indépendant, avoir des préjugés, se montrer trop original ou excentrique, rompre sans raison des relations amoureuses ou amicales, bouder la mode et le progrès, choquer par plaisir, persister dans l'erreur, se mettre en colère, casser des objets, se faire opérer aux chevilles ou aux mollets.

LUNE EN POISSONS

CONSEILLÉ

S'occuper de choses paisibles, voyager, prêter de l'argent, se protéger, s'assurer, porter du bleu, écouter parler les autres, s'intéresser à des projets secrets, pratiquer des arts, écouter de la musique romantique, parler doucement, pardonner, être généreux et tendre, prendre soin de l'amitié, de l'amour et de la famille, visiter les malades et les prisonniers, répondre au courrier, commencer un régime amaigrissant, couper ses cheveux pour obtenir une repousse rapide, prendre soin des enfants et des petits animaux, boire beaucoup d'eau, faire des investigations, se reposer, se détendre, manger légèrement des aliments purs et sains, porter des chaussures confortables.

DÉCONSEILLÉ

Hésiter, faire deux choses à la fois, être hypersensible ou trop émotif, manquer de cohérence, subir l'influence de gens peu recommandables, fréquenter des endroits louches, couper du bois, cuisiner au four, pleurer sur soi-même, avoir des complexes de culpabilité et d'infériorité, déprimer, voler, mentir, se plaindre, abuser de l'alcool et des drogues, faire des transactions financières importantes (en relation avec les métaux), travailler le sol, entreprendre ce qui doit être terminé rapidement, se faire opérer aux pieds.

Table des matières

Pour joindre l'auteur :
C.P. 5051
Sainte-Adèle (Québec) J8B 1A1
andreedamour@yahoo.com
Site Internet : http ://ca.geocities.com/andreedamour

Notes

Notes

Notes

Notes

Notes

Notes

Notes